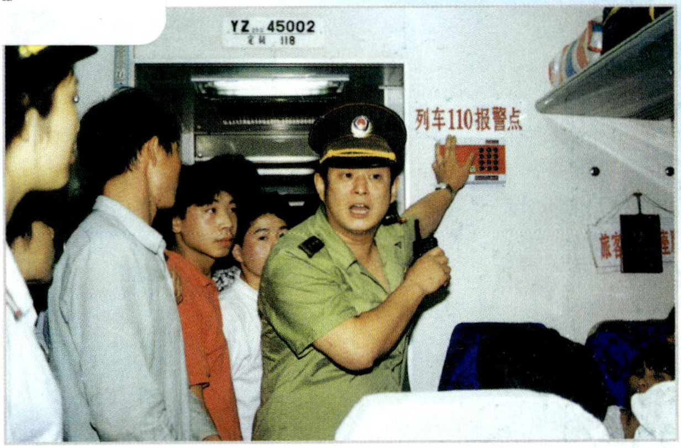

列车上也有了“110”

今非比，特殊服务上火车。为提高警力的迅速反应能力和列车防范的科技含量，自1998年5月起，柳州铁路局相继在柳州至上海的479/480次和柳州至北京西的157/158次上安装列车“110”报警器，做到“有求必应，有警必接，有难必帮，有险必救”。1999年4月5日起，该局还将“知识经济型服务”搬到列车上，列车员在工作中给旅客充当“小翻译”、“小导游”、“小医生”等。

经营活，火车也可搞租赁。为适应市场需求，自1997年3月起，柳州铁路局在旅客列车行李上推出“租赁经营”新举措。首先将北海至成都122次旅客列车尾部隔离出租给货物运输代理商，使空置的车厢产生效益。去年4月、9月，该局又分别在南宁至昆明的501次和广州至重庆的319次列车上，每天加挂两节或一行李车厢，以包租的方式，长期租给个体户经营百货运输；1999年7月，柳铁又与个体老板共同合作，对湛江至武昌列车的行李车进行特别水箱和控温系统制作，以固定货位方式包租给个体老板开办海鲜运输业务。目前，该局正着手将海鲜活运扩大到柳州至北京、北海至成都、湛薄至贵阳等线。不拘一格租火车，使柳铁的行包收入从1996年至1999年平均年递增率达到10%以上，成为全国增长最快的铁路局之一。

火爆的站车市场

运鲜货，“绿色通道”帮你忙。今年初，柳局与中商铁合作开辟了以湛江站为起点的全国铁路第一条“鲜活果菜快运直达绿色通道”，使琼、桂、粤三省区反季节瓜菜的北运速度、时间均比以前缩短近一半，而且做到提速不提价。该局还决定把直达快运范围扩大到其他货物。

面对激烈的市场竞争，该局集装箱运输中心适时推出了“中取来宾，西进南昆，南下钦（州）北（海）防（城港），辐射沿线经济吸引区”的营销策略，把铁路集装箱运输送上山（贵州）、下海（北海）、进园（广西横县茶园）、入厂（糖厂、汽车厂），在为企业排忧解难的同时，也开创了该局集装箱运输新天地。

柳州铁路局在进行企业改革的进程中，不断探索，不断创新，使企业成为追求“社会效益、企业效益最佳结合”的市场主体。1999年完成运输营业收入268853万元，比上年增加29168万元，完成利润总额比经营目标减亏1.5亿元，并提前一年实现了铁道部下达的2000年盈亏目标。

大量原煤通过新建的南昆铁路源源不断地运往各地

广西壮族自

99.9.29.自治区统计局召开全区地市统计局长会议，传达国家统计局有关会议精神，研究下一步的工作。（吕琪摄）

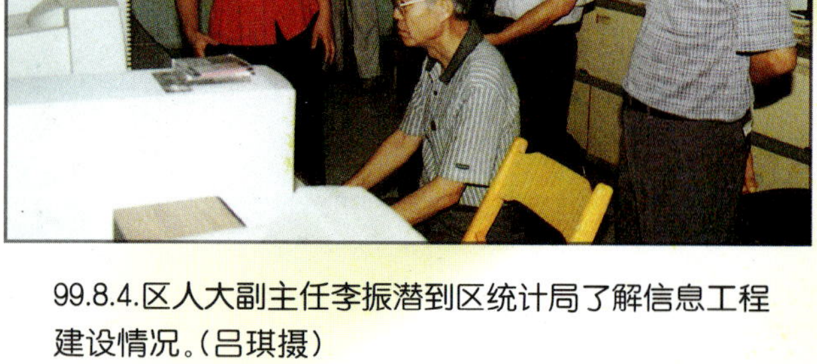

99.8.4.区人大副主任李振潜到区统计局了解信息工程建设情况。（吕琪摄）

2000年7月6～7日，上半年全区经济形势分析座谈会在南宁召开。（吕琪摄）

治区统计局

2000年3月30日，国务院召开电视电话会议，安排部署第五次全国人口普查工作，自治区主席李兆焯（左三）、副主席王汉民（左四）及自治区有关单位的同志参加了会议。（吕琪摄）

图为自治区人口普查领导小组副组长、自治区统计局局长廖新华和自治区人口普查办公室主任、自治区统计局副局长邹伟忠到柳州市检查全区流动人口、人户分离人口普查专项试点工作。（柳州市人普办提供）

主考官巡查统计专业技术初、中级资格考试考场。（吕琪摄）

局领导在本局举行庆祝中国共产党成立79周年歌咏比赛中高歌《团结就是力量》。

广西华盛集团有限责任公司

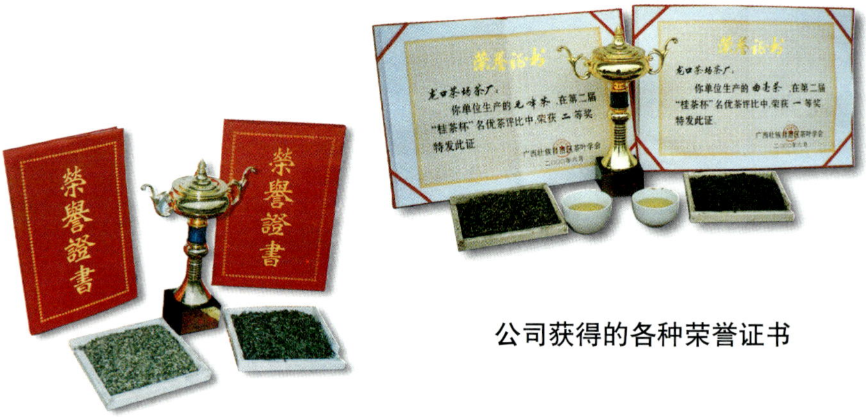

公司获得的各种荣誉证书

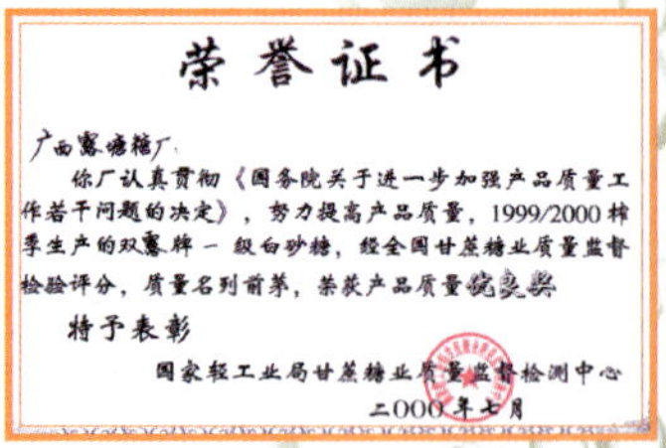

荣誉证书

广西露塘糖厂：

你厂认真贯彻《国务院关于进一步加强产品质量工作若干问题的决定》，努力提高产品质量，1999/2000榨季生产的双露牌一级白砂糖，经全国甘蔗糖业质量监督检验评分，质量名列前茅，荣获产品质量优良奖

特予表彰

国家轻工业局甘蔗糖业质量监督检测中心

二000年七月

广西华盛集团有限责任公司经广西壮族自治区人民政府批准成立。注册资金为30142万元。

广西华盛集团有限责任公司包含有一、二、三产业，共有21家成员单位分布在广西 的南宁、桂林、柳州、玉林、梧州、北海、河池和百色等地市。主要生产经营柴油机、焊接管、煤炭、水泥、白糖、服装、茶叶、书写纸、汽车修理及配件和农副产品，并开展商贸旅游服务。

本公司拥有一批骨干生产基地，现有六家水泥厂，年生产能力140万吨；三家糖厂、日榨生产能力5000吨；二家造纸厂、年生产能力1.8万吨；一家柴油机厂，年产135系列柴油机能力4000台；三家 茶叶加工厂，年生产能力1500吨。其中有的产品获国家省部级名优产品奖，露塘制糖造纸厂生产的双露牌一级白砂糖获国家产品质量优良奖。龙口茶厂生产的曲毫茶系列产品，毛峰茶系列产品，均分别获广西第二届“桂茶杯”名优茶评比一等奖和二等奖。

广西广西华盛集团有限责任公司热切希望得到社会各界的支持和帮助，竭诚与区内外各界人士合作，共创美好的明天。

公司生产的白砂糖

广西统计年鉴

GUANGXI STATISTICAL YEARBOOK

2000

广西壮族自治区统计局　编

（总第18期）

中国统计出版社
China Statistics Press

（京）新登字 041 号

ISBN 7-5037-3220-2

图书在版编目（CIP）数据

广西统计年鉴 2000/广西统计局编．－北京：中国统计出版社，2000.8

ISBN 7－5037－3220－2/C－1731

Ⅰ.广... Ⅱ.广... Ⅲ.社会经济统计－统计资料－广西－2000－年鉴 Ⅳ.C832.67－54

中国版本图书馆 CIP 数据核字（2000）第 27957 号

广西统计年鉴－2000

作　　者/广西壮族自治区统计局

责任编辑/陈越月

E－mail/ yearbook@stats.gov.cn

责任校对/黄贵忠

封面设计/广西华达印务有限公司

出版发行/中国统计出版社

通信地址/北京市西城区三里河月坛南街 75 号　中国统计出版社

电　　话/（010）63262295

印　　刷/广西南宁包装印刷集团公司

经　　销/广西区统计信息咨询服务中心

开　　本/787×1092 毫米

字　　数/118 万

印　　张/32.5

印　　数/1－3500 册

版　　别/2000 年 9 月第 1 版

版　　次/2000 年 9 月第 1 次印刷

书　　号/ISBN 7－5037－3220－2/C.1731

定　　价/168.00 元

编者说明

《广西统计年鉴－2000》是一部全面反映广西壮族自治区社会和经济发展情况的资料性年刊。

全书内容包括:行政区划和自然资源;综合;人口;从业人员和职工工资;固定资产投资;能源消费与库存;财政、金融及保险;物价;人民生活;环境保护及城市公共设施;城市概况;农业;工业;建筑业;交通、运输和邮电通讯业;批发零售贸易和餐饮业;对外经济贸易和旅游业;教育、科技及文化事业;体育,卫生及其他;六大经济区域主要经济指标;各地、市、县基本情况等 22 个部分。在各篇末附有《主要统计指标解释》,对主要统计指标含义,统计范围,统计方法,以及历史变动情况作了简要说明。

由于统计制度和统计体系的改革,对年鉴中某些统计指标数据相应作了调整,并作了脚注,以方便读者使用。

我们在编辑过程中,得到了地、市、县各级统计部门及有关单位的大力支持,谨此表示感谢!

广西壮族自治区统计信息咨询服务中心

广西壮族自治区统计信息咨询服务中心是自治区统计局主管的一个综合性信息咨询机构，是广西统计系统对政府、企业和社会提供咨询服务的主要窗口，是目前我区最具权威的信息咨询、市场调查机构之一，中心具有法人资格，财务独立。

中心以国家统计局在全国的社会经济信息调查网络和地方调查系统为依托，具有计算机、信息、网络、人才四大优势和信息资源丰富、智力密集、反馈迅速、资信权威四大特点。中心每年定期编印、发行《广西统计年鉴》，向国内外客户提供统计资料，同时，承接国内外客户委托的项目整体策划、问卷设计、方案实施、数据处理、提供调查报告等。

中心设综合和咨询调查二个科，分财务、咨询、调查、计算机管理四个室。有召开各类专题分析、项目座谈、产品测试等会议的会议室、监控室及各种专用设备（如电视机、录音机、录像机、摄像机等）。

多年来，中心曾单独或协助客户围绕消费者、制造商、经销商及投资环境等方面进行大量的入户问卷调查、街头访问、电话访问、深度访问、组织各类座谈会、产品派发、产品留置、质量追踪、市场占有率分析及产品需求预测等工作，深受海内外客户的高度赞誉和信任。

主　任：卢金邦　　电　话：（0771）5877615(传真)
副主任：卢增勤　　电　话：（0771）5877615
综合科：（0771）5864621　　调查科：（0771）5867028
单位地址：广西壮族自治区南宁市新竹路11号　　邮码：530022
E-mail:GSCISC@PUBLIC.NN.GX.CN　或 GSCISC@163.NET

柳州华锡集团有限责任公司

柳州华锡集团有限责任公司是国家特大型企业，国家100户建立现代企业制度试点单位之一，全国512户重点企业之一。现有资产总额27亿元，职工15000余人，其中各类专业技术人员3000余人。可生产锡、铅、锌、锑、铟、银、镉等各系列产品几十种，其中有7种荣获省部级以上优质产品奖。《金海牌》锡锭获国家质量金质奖，1992年在伦敦金属交易所注册，远销世界几十个国家和地区。

华锡集团拥有得天独厚的资源优势，所辖矿山单位所在地大厂矿区有锡、铅、锌、锑、铟、银、镉等多种有色金属伴生，其中锡、锑储量居全国第一，铟的储量比世界其他国家已探明储量的总和还要多，具有极高的综合利用价值和广阔的发展前景。

公司总经理张友宝（左一）在即将投产的锌铟生产基地。

1999年，华锡集团产锡21347吨，比上年增长24.4%；产电铅10412吨，比上年增长50.93%；高铅锑4682.75吨，比上年增长0.83%；精锑2948.3吨，比上年增长222%；银30.33吨，比上年增长65.8%；完成工业总产值(90年不变价)12.8975亿元，比上年增长37.28%；工业增加值6.4512亿元，比上年增长35.63%；产品销售收入12.815亿元，比上年增长38.58%；实现税费2.18亿元，比上年增长28.64%，实现利润总额3839万元，比上年增长55.49%。

公司综合办公大楼

董事长：李万富
总经理：张友宝
电　话：0772-2610111
传　真：0772-2612186
邮政编码：545006
地　址：广西柳州市桂中大道

华锡集团车河选矿厂

广西法院阔步迈

年初，自治区高级人民法院召开了全区法院院长会议，黄任文院长在会上作了题为《以改革精神全面推进我区法院工作，以新的面貌走向新的世纪》的工作报告。报告回顾了1999年全区法院工作，提出了2000年的工作任务和要求，确定了今年全区法院工作的总思路。会后，全区法院认真抓好会议精神的贯彻落实，上半年的工作取得了可喜的变化：一是审判工作继续加强，办案质量和效率有了新的提高。1至6月，全区法院受理各类一、二审、再审案件76544件，审结54167件，结案率为70.77%。各类案件在审限内审结的比上年同期有较大提高，积案减少，较好地发挥了审判工作，为维护社会稳定，保障和促进经济发展的职能作用；二是执行工作有了新的突破。1至6月，全区法院共收执行案件52823件，执结2741件，分别比上年同期上升34.88%和122.29%。执结标的金额44亿多元，比上年同期上升300%；三是各项改革稳步推进，力度加大。上半年，全区法院根据最高人民法院下发的《人民法院五年改革纲要》的要求，积极推进和深化审判方式、审判管理和人事制度等方面的改革，有的法院已实施审判长和独任审判员选任制，以此带动其他工作的改革。全区法院改革工作取得明显成效，有力地促进了审判工作的开展和办案水平的提高；四是队伍建设进一步加强。全区法院结合开展“三讲”和三讲“回头看”活动，大力加强领导班子和队伍建设，并在干警中广泛掀起学习江

7月中旬，自治区高级法院召开全区中级法院院长会议。会上，黄任文院长传达了全国法院加强基层建设工作会议精神，同时总结了上半年的工作，部署下半年的任务。

自治区高级法院立案庭举行申诉再审案件申诉人举证听证会。

向新世纪

总书记“三个代表”重要思想的热潮，明确审判工作的指导思想，切实提高政治思想水平，领导班子和广大干警的政治素质有了新的提高。与此同时，在全区法院中继续开展以“双满意”为主要内容的争先创优活动，开展“文明窗口”活动，开展向各种先进模范典型的学习活动，弘扬正气，激励干警，进一步树立起人民法院和人民法官的良好形象；五是物质装备建设有了进一步改善，为进一步做好新形势下的审判工作创造了条件。

下半年，全区法院通过贯彻全国法院加强基层建设工作会议精神，决心把法院整体工作再推上一个新的台阶，以新的姿态阔步迈向新世纪。

2月24日，全区法院院长会议暨表彰大会在南宁召开。会议回顾了1999年全区法院的工作，部署2000 年的工作任务，表彰了一批荣获 1999 年度的先进单位和个人。

2月26日，自治区高级法院举行首次法官证书颁发仪式，自治区党委书记曹伯纯、副书记马庆生，自治区人大常委会主任赵富林，最高人民法院副院长曹建明等领导，接见了接受颁发证书的部分法官代表。

自治区高级法院黄任文院长接见荣获表彰的自治区政法系统人民满意的政法单位的法院代表。

自治区高级法院黄任文院长与中级法院院长鉴定2000年度“双文明”目标管理责任状。

广西壮族自治区地质矿产厅

根据国务院关于地勘队伍实行属地化管理的改革精神，经国土资源部与自治区人民政府会商，地矿部广西地质矿产勘查开发局于1999年7月21日划归广西，实行属地化管理，并改称广西壮族自治区地质矿产勘查开发局。根据自治区党委、自治区人民政府《关于自治区党委和自治人民政府机构设置的通知》。2000年4月由自治区地质矿产厅、土地管理局、海洋局和测绘局共同组建自治区国土资源厅，原自治区地矿厅的职能全部划入自治区国土资源厅。

1999年11月5日，全国政协港澳台办主任、原地矿部部长朱训（左四），在自治区政协副主席袁正中（左一）陪同下，参观广西地矿部门新开业的柳州奇石城

1999年，自治区地矿厅认真贯彻《自治区人民政府关于进一步整顿矿产勘查开发秩序实现全区矿业秩序全面好转的通知》（桂政发[1999]12号）和国土资源部、自治区人民政府关于换发勘查许可证、采矿许可证的有关规定，把矿业秩序治理整顿和换证作为地矿行政工作的重点。在自治区人民政府统一领导和有关部门积极配合下，经过各级地矿行政主管部门的努力，矿业秩序治理工作取得明显成效。自治区重点矿区矿业秩序治理工作组三次深入南丹大厂矿田，先后依法取缔并永久封闭非法矿窿19个，关闭并撤离6个，责令停产整顿、限期整改11个，限期封闭窿口并撤离20个。采取综合治理方法，在治乱的同时，规范勘查活动，对安全隐患区进行界定并提出防治方案和措施，依法核定有关矿山企业矿区范围协调有关方面利益，处理因采矿造成的居民生活上的遗留问题。协助河池区矿业秩序治理领导小组对环江北山矿区进行治理整顿，对违法采矿的4个矿窿实行永久性封闭，撤除一批设备，依法没收违法采出矿产品3400多吨，对变相转让采矿权的矿山企业实施了行政处罚，对采空区的安全隐患进行实测、界定并提出整治方案。煤炭、黄金、建材三个重点矿种矿业秩序治理整顿效果明显。在重点矿区和重点矿种矿业秩序治理整顿的推动下，全区矿业秩序治理整顿工作进展顺利。据不完全统计，在治理整顿期间，全区查处无证采矿570个，取缔非法采矿372个，吊销采矿许可证114个，注销采矿许可证714个，查处越界开采39起，责令停产整顿385个，限期整顿31个，没收矿石8367.4吨，被罚款的矿山358个，促进了全区矿业秩序的全面好转。1999年11月，国土资源部工作组对我区矿业秩序治理整顿工作进行了检查验收，充分肯定了我区的治理整顿工作，并正式行文确认我区矿业秩序实现了会面好转。

1999年8月，自治区人大常委会副主任张慕洁（左三）在罗城县矿山企业进行矿产资源管理立法调研

每年的4月22日为世界地球日。1999年4月22日，自治区地矿厅机关干部走上街头，开展防治地质灾害的宣传

我区被国土资源部列为换证试点省、区之一，搞好换证是1999年地矿行政的一项重要工作。根据自治区人民政府的有关规定，在换证工作中坚持完成时间服从质量，把换证同矿业秩序治理整顿、缴纳矿产资源补偿费等工作紧密结合起来，矿业秩序未治理好，矿业权纠纷未协调好、未缴或严重拖欠矿产资源补偿费、未缴矿业权使用费、资料不符合要求的不予换证，登记发证机关建立换证工作责任制，不越权发证，换证后及时备案。因措施得力，全区换证工作顺利。至1999年底，全区勘查许可证的换证工作基本完成，应换领采矿许可证的矿山6925个已换5559个，换证率80.27%。通过换证，解决矿业纠纷164起，因不符合办矿条件、布局不合理和煤炭关井压产等原因关闭矿山1644个，调整了矿业结构，减少了矿山数量，扩大了矿山企业规模，促进了矿业经济的发展。

编制《广西1999年汛期地质灾害防治预案》，提前做好防治准备工作。据不完全统计，1999年全区发生地质灾害215起，造成人员死亡157人，重伤23人，直接经济损失5400万元。对46处突发性地质灾害进行了调查，其中滑坡12处，塌陷10处，地裂6处，泥石流2处。4月22日是世界地球日

广西地质矿产勘查开发局

1999年5月，国土资源部长寿嘉华（右二）在自治区地矿厅厅长罗在明（右一）等陪同下视察由广西地矿建设工程发展中心承建的深能油码头

组织开展了防治地质灾害科普宣传教育活动，在南宁市街道悬挂大型标语数十条，展出板报10余块，设宣传点2处，散发宣传材料万余张，电视台播放有关专题片。通过宣传，唤起了人们保护地质环境的意识。

1999年，广西地质矿产勘查开发局（简称广西地勘局）有直属单位26个，在职职工8702人。全年开展各类地质工作项目92个，投入地勘事业费1.33亿元，提交各类地质报告8份，铅锌、金、高岭土等一些矿种新增了探明储量。完成1：5万区域地质调查面积2875平方公里，1：5万地球化学扫面1515平方公里，1：20万区域重力测量5000平方公里，1：50万区域环境地质调查10.7万平方公里。完成机械岩心钻探2.84万米，工程施工钻探8.76万米。安排地质科研项目16项，其中部级5项，局级11项，完成科研报告13份。年内有3项获自治区科技进步三等奖和计算应用优秀成果三等奖。

1999年，广西地勘局实施“四三二一”工程，推进战略性结构调整，加快企业化进程，推动地勘生产力的发展。全局全年完成产值5.41亿元，总收入5.32亿元，实现增加值1.94亿元，年末资产总量8.48亿元，净资产3.64元。收入中矿业收入5760万元，地勘业收入1.75亿元，建筑施工收入1.96亿元。

在矿业秩序治理整顿期间，大新锰矿护矿队拆除违法采矿者的采矿设备

广西隆安县凤凰山银矿，是广西地矿局勘查的大型银矿床，银的平均品位达309克/吨。图为该矿的一个采矿坑口

由广西地矿局、广西地矿建设工程发展中心合资建设的正大酒店，被誉为钦州港第一楼。2000年元月13日，国家旅游局批准该酒店为三星级旅游涉外饭店

广西地矿局桂林地勘院利用特有技术对桂柳高速公路的滑坡进行锚固治理

南宁烟草集团

南宁烟草集团创立于1995年9月，是广西首家跨地区的烟草企业集团，由南宁市、南宁地区和百色地区的31个烟草工商成员单位组成，集农、工、商、贸于一体，集团母公司为南宁烟草（集团）有限责任公司。公司全面负责南宁市和南宁、百色两地区的烟叶种植、收购和卷烟生产、销售工作。到1999年底止，共有在册员工3993人，其中大专以上文化程度999人，专业技术人员831人；总资产19.18亿元；固定资产原值7.53亿元；净资产4.92亿元；工业现价产值9.17亿元。

集团自成立以来，坚持以市场为导向，以名优卷烟产品“刘三姐”为龙头，狠抓原料、产品、市场、人才、科技五个基础，走农工商一体化的经营道路，初步形成了以一业为主，多种经营的“大烟草”格局。集团所辖的南宁、百色二地区的10万亩国家级优质烟叶基地生产的优质烟叶为集团创名牌产品提供了坚实可靠的原料保障。集团下属的南宁、武鸣二个卷烟厂，拥有从德国、意大利、英国等国引进的具有国际90年代先进水平的制丝、卷接、包装和检测设备，年生产卷烟能力达45万箱，主导产品除广西唯一的“国优”品牌“刘三姐”系列特制和长咀刘三姐、特醇新品刘三姐、硬盒刘三姐、特醇刘三姐和普通刘三姐外、还有“真龙”、“金花茶”、“高峰”、“槐花”、“达妮”等广西名优品牌，产品除在广西区内销售外，还销往北京、上海、辽宁、江苏、浙江、内蒙古等十几个省、市、自治区。“名烟刘三姐，好味人人知”风靡大江南北。

为保护国家财政收入，维护企业合法权益，保证消费者的身心健康，近年来，南宁烟草集团投入大量人力、物力、财力开展“打私打假打非”活动。积极清理整顿卷烟市场，取得了显著效果，有力地维护了卷烟市场经营秩序，促进了销售。1999年，共端掉地下卷烟批发、烟丝加工窝点400多个，查扣各类违法卷烟20000多件，总标值近5000多万元；缴获各种制假材料和工具一大批。

几年来，集团充分发挥了集约经营和规模经营的优势，在激烈的市场竞争中逐步站稳了脚跟，经济效益稳步增长，1995年至1999年，共实现税利26亿多元，是广西国有工业企业税利大户，多次被评为广西南宁市经济效益先进单位，企业产品也在行业和广西区内获各种表彰：1998年刘三姐牌获广西著名商标奖；1995年、1998年刘三姐系列牌号获广西名牌产品称号；1999年达妮牌香烟获广西著名商标奖。

南烟集团近期目标是在三年内发展成为年生产卷烟40—50万箱，年创工商税利超10亿元，建立城乡网点400余个，种植优质烟叶10万担以上，农、工、商进一步发展的国家大型企业集团，形成一业为主、多种经营的“大烟草”格局。

广西电力有限公司

由广西电力有限公司控股的广西“桂冠电力”股票于2000年3月23日在上海证券交易所隆重上市。图为国家电力公司副总经理谢松林（左）、广西电力有限公司总经理马远躲（右）为“桂冠电力”鸣锣开市。

广西电力有限公司于1998年5月26日正式挂牌成立，它是由广西电力工业局改制而成。1999年在国家电力公司和自治区党委、自治区人民政府的正确领导下，广西电力有限公司坚持以邓小平理论为指导，认真贯彻党的十五届三中、四中全会精神，以深化改革为动力，以转变观念为根本，以安全生产为基础，以市场需求为导向，以经济效益为中心，以电网建设与改造为重点，扎实工作，促进了公司的全面发展，两个文明建设取得了新的成绩。

1999年广西电力有限公司完成售电量200.92亿千瓦时，比上年增长9.03%；全年电网频率、电压合格率保持部颁水平，责任频率合格率为99.98%；实现资产保值增值率102.94%；实现投资收益率8.37%；实现利税11.2亿元（其中：利润总额完成3.1亿元）；工业企业全员劳动生产率13.87万元／人，比上年提高9%。加强安全生产管理，电力生产、基建实现人身死亡“零目标”。认真开展电网调度系统安全年活动，较好地完成了国庆50周年、澳门回归庆典活动、99南宁国际民歌节以及千禧之年庆祝活动主要城市的安全保供电任务，得到了各级地方政府的充分肯定。全年累计完成基建投资（不含城乡电网工程）8.63亿元，投产4座220千伏变电站，变电容量510兆伏安；4条220千伏线路，共188.16千米。为了促进龙滩水电站的早日上马，公司从1992年开始进行施工前的准备工作，已完成前期费用6亿元。由国家电力公司、广西电力有限公司、广西开发投资有限责任公司、贵州省基本建设投资公司共同出资组建的龙滩水电开发有限公司于1999年12月26日正式挂牌成立，必将大大推动龙滩水电站的建设。广西已上报了9个城市电网改造项目共计投资21.51亿元，1999年实际完成投资1.6亿元。广西农网建设与改造总规模为69.64亿元，由广西电力有限公司负责的规模为45.61亿元，涉及48个县（区、市郊），已有42个县（区、市郊）开工实施农网建设与改造工程，1999年完成投资5.04亿元。农电管理体制改革顺利进行，并取得了阶段性成果，已与42个县（区、市郊）签订了代管协议。城乡电网建设与改造工程的启动，对拉动内需，促进国民经济增长，减轻农民电费负担将起到积极的作用。

广西电力有限公司在加强物质文明建设的同时，注重加强精神文明建设并取得了明显成效。公司所属单位已全部获得县级以上文明单位称号，到1999年底，有19个单位（其中多经系统1个）获国家电力公司、自治区级文明单位称号；10个单位获地、市级文明单位称号；河池供电局和南宁供电局用电管理所被评为全国创建文明行业工作先进单位；南宁供电局用电管理所南国街营业厅在被原电力部定为“全国城市供电营业示范窗口”的基础上，又被中央文明委、国家电力公司定为“全国精神文明创建活动示范点”；柳州供电局沙塘500千伏变电站、梧州供电局平浪变电站、北海供电局电费收核班和南宁供电局电力抢修中心、岩滩水电厂发电部等5个集体被命名为国家级“青年文明号”。公司所属9个供电局均开展了“文明窗口”创建活动，并以推行城市供电营业规范化服务达标为重点，推动公司行风评议各项工作的开展。通过自治区电力行风评议员对全区电力部门行风的问卷调查，行风的综合满意率达82.5%；公司所属9个供电局行风综合满意率达89%，行风建设取得了阶段性成果。

联系人：王发兴　　联系电话：5692814
地址：南宁市民主路6号广西电力有限公司
邮码：530023

由广西送变电建设公司参加承建的目前我国最大的天生桥500千伏换流站工程（投运部分）被评为优良工程。

1999年12月29日，岩滩水电厂垂直升船机建成并试运行成功。

團結奮進 共鑄輝煌

廣西烟草專賣局局長
廣西烟草公司經理　鄧家珍

广西烟草概况

广西壮族自治区烟草专卖局（公司）创建于1983年8月，现下辖2家烟草集团（南宁烟草集团、甲天下烟草集团），6家分公司，家县公司，10家卷烟工业企业（其中柳州烟厂为国家大型企业，南宁、武鸣、钟山烟厂为国有中型企业，4家地方烟厂均为小型企业）、卷烟年产能力120万箱。全行业有干部职工12000余人。

自国家实行烟草专卖专营制度以来，广西烟草行业发生了深刻变化。特别是1993年以来，“两烟”生产攀高峰，效益连年跃上新台阶。1年行业全面扭亏增盈，实现利税突破10亿元，使广西烟草行业成为全区的税利和财政支柱之一。1996年初，区局提出了“九五”期间抓好“生产、产品开发、市场培育、人才培养、科技进步”五个战略重点，现已初见成效。1997年实现利税17.3亿元，1998年，因受经济大环境及全国优卷烟价格下滑影响，完成利税15.6亿元，上缴卷烟消费税、增值税11.34亿元，占全区“两税”收入13.35%.广西烟草行业的崛起，带动了河池、色、钟山、富川等一大批老、少、边、山、穷地（市）县的经济发展，使成千上万的农民脱贫致富，地方财政不断增加。

一、产品结构。目前，广西卷烟形成了以“刘三姐”、“甲天下”为“拳头”的系列产品，并投入规模生产，仅此两个牌号年产销量达30万约占区产卷烟总量1/3。“刘三姐”分别于1987、1988年被中共十三大、七届全国人大一次会议指定为大会用烟，誉满全国。随着全国卷烟市势的变化，按照“扶优限劣”的原则，逐年调整、优化产品结构，从高起点改造老产品，研制新产品，陆续推出特醇“刘三姐”、特醇“甲天精装“刘三姐”、精装“甲天下”、“金利来”、“蝶猫”、“真龙”等一批具有浓郁地方民族特色、装潢精美、工艺考究的产品。1995年，“刘三姐”国家局授予“全国名优卷烟牌号”，标志广西卷烟上档次、上水平。1998年底至今年初，又开发了特制“甲天下”、珍品“甲天下”、特制“刘三特别长咀“刘三姐”等高税高利产品，在市场上反映良好。

二、技术改造。“八五”期间，全区烟草行业完成技改投资32149万元，立项51项，实际完成48项，重点完成制丝线改造4条，引进90年国际先进水平的卷接包装设备10台套，4家大中型企业卷烟生产车间实现了恒温恒湿自动控制。“九五”后三年，拟投入技改资金3.6亿元，重装备南宁、柳州两厂。目前，南宁卷烟厂已建立计算机管理信息系统(NCMIS)，该项目在全国烟草系统具有领先水平。至1997年上半年，全区草系统卷烟流通领域计算机信息管理网络投入使用，并开通到全区80个县公司。今年内，将通过引进新设备，在南宁、柳州厂分别建立起一个代化样板车间，区局机关计算机管理系统也将建成。

三、烟叶生产。广西的烤烟品质经化学检测分析和中国烟草学会考察团专家评定，“烟叶桔黄，油润丰满，原烟香气质好，香气量足，吃味净，劲头大，燃性好，可与进口优质烟叶媲美”。“八五”期间，确定钟山、富川、武鸣、隆林等10个县为烟叶生产重点县，实行“三化”种推行“政府+公司+农户”生产模式，大力扶持种植大乡、大村、大户，推广应用新技术，使烟叶生产有了一个大的发展，5年共收购烟叶15万公斤，比“七五”期间增长了74.89%。1995年，由于自然灾害等多种原因，烟叶生产有所滑坡.1996年广西烟草行业把烟叶生产摆到“九五”

具有现代规模的卷烟车间

“五大战略重点”之首，种植烟叶30余万亩，收购烟叶近40万担，实现了恢复性起步。同时，在全区实施“烟叶扶贫工程“，为烟农无偿提供种子、技术及专项物资补贴，帮助大批农民种烟脱贫致富，受到自治区党委、政府的重视。1999年下达种植计划17万亩，收购烟叶40万担。

四、专卖管理。由于广西地理位置特殊，使广西成为全国走私卷烟活动猖獗的地区之一，又是制假贩假卷烟的“重灾区”。因此，专卖管理工作难度相当大。为了保护国家财源，保护广大消费者利益，广西烟草专卖局以《中华人民共和国烟草专卖法》为尚方宝剑，制定了“端窝点，堵源头，标本兼治”的方针，加大专卖执法力度，一方面，主动争取各地党委、政府的支持，自治区人民政府先后出台了关于“加强烟草专卖管理”、“打击制售假冒商标卷烟整顿市场”等文件，还加强与各级公安、工商、检察等执法部门的协调，积极开展打私打假专项斗争，特别是对宾阳、昭平、贺州的打假贩假及沿海、沿边地区的走私贩私的专项治理，震慑了违法分子。另一方面在工厂设置了执法检查室，部分县设备了烟草检察室。1995年以来，在设立卷烟下伸批发网点的同时，设立下伸专卖管理分局（所），销售与专卖同时下伸，有效地发挥了在专卖体制下搞活卷烟流通的优势。1995年，广西烟草专卖局被国家烟草专卖局授予“全国烟草系统打假工作先进集体”，获国家经贸委、工商行政管理局、技术监督局授予“全国打击生产和经销假冒伪劣商品违法行为先进单位”殊荣。

1998年，由于受假冒卷烟、走私烟、非正常渠道烟冲击，我区卷烟市场秩序受到严重干扰，区产烟销售量大幅度下降，实际销售比计划少20万箱，产品市场占有率仅为49%，按工商单箱利税2200元计，全年减少利税达4亿元，对全区财政收入是一个很大损失。这引起了自治区人民政府的高度重视，1998年下半年至今年以来，自治区人民政府先后在全区组织开展清理烟丝市场和清理整顿卷烟市场专项斗争，取得了较显著的效果。5月底止，全区收缴走私烟3681.14件、假冒商标卷烟8465件、非正常渠道卷烟10112.06件、烟丝（叶）1821419.75公斤，端窝点805个，收缴制假机械42台（套）。全区卷烟市场秩序逐渐好转。

五、企业改革。在内部管理体制上，全面推行“人事、分配、劳动用工”三项制度；在企业结构体制上，积极推进跨地区烟草企业集团的组建工作，于1995年、1996年分别挂牌成立“南宁烟草集团”、“甲天下烟草集团”，经过二、三年的运行，两家集团公司已初步显示出规模经营的优势，促进了企业结构、产品结构和资源配置的优化，提高经济效益；在卷烟流通体制上，建立健全城乡批发网络，推行连锁经营和送货制，减少体外循环。同时，坚持“一业为主”，发展“多种经营”，努力形成大烟草格局，不断拓展业务范围，壮大行业实力。目前烟草投资的南宁国际大酒店经营状况良好。

展望未来，任重道远，广西烟草行业将进一步调整生产和流通布局，优化产品结构，提高经济效益，为广西经济建设和增加国家资金积累再立新功，以全新的企业形象迈入二十一世纪。

1999年3月22日，国家烟草专卖局局长倪益瑾（左二）视察南宁烟草集团

原国家烟草专卖局局长江明在广西考察

“甲天下”烟草集团销售门市部

柳州地区地质矿产局

柳州地区地质矿产局领导班子成员在研究矿业发展“十五”规划。从右至左为：郭燕副局长、李福海副局长、覃建林局长、兰星平副局长、柏桂艳纪检组长。

柳州地区行政公署地质矿产局是代表地区行署对辖区内的矿产资源进行行政管理，为《矿产资源法》的执法主体，依法行政，依法管理。

柳州地区矿产资源丰富，种类多，分布广，在已发现的54种矿种中，探明储量并开发的有煤、铜、铅、锌、重晶石等26种，矿产地105处，其中大型5处、中型26处、小型74处，探明矿产总储量达18亿吨，潜在经济价值约1500亿元，其中煤、重晶石的储量和产量均居全区之首，锌矿保有金属量名列全区第二位。矿业年生产总值达16亿元，已成为我地区产业经济支柱之一。今后柳州地区矿业发展的思路是：加大一个“引”（引资勘查开发），加强一个“法”（依法办矿、依法治矿、依法管矿），建立七大矿业基地及重晶石矿、锡铜矿、石膏矿、铅锌矿、钒矿、煤矿、铀矿；保护生态环境、强化“五统一、交易市场、源头管理”等模式，努力使矿产业真正成为柳州地区的支柱产业，实现矿业经济快速发展。

地址：柳州市三中路92号
邮编：545001
电话：(0772)2814014

柳州地区地质矿产局办公大楼。

正在崛起的广西乡镇企业

自治区乡镇企业管理局是自治区人民政府主管全区乡镇企业的职能部门。近年来，在各级党委、政府的领导下，各级乡镇企业管理部门围绕乡镇企业的战略性结构调整，认真履行规划、协调、监管、服务的职能，促进了广西乡镇工业的快速发展，为振兴广西经济作出了应有的贡献。1999年，全区乡镇工业企业达17.38万个，从业人员136.45万人，实现工业总产值822.8亿元，完成工业增加值143.5亿元。为贯彻自治区党委“三大战略、六大突破”的战略决策，实施“1234610”工作思路，加快发展广西乡镇工业，自治区乡镇企业管理局提出了着重抓好“123”的构想。一是突出一个重点。即大力推进乡镇工业结构调整，促进产业升级和结构优化。要加快发展农副产品加工业，积极发展优势和特色产业和产品，重点发展水果、蔬菜、畜牧水产、土特产品的加工、储藏、保鲜、运销业，实行贸工农一体化，推动农业的商业化、专业化生产，实现农业增值和农民增收。争取今年全区乡镇企业新上农副产品加工项目58个，总投资13亿元，新增产值34亿元。要实施名牌战略，大力发展名特优新产品。今年乡镇企业计划开发新产品360个以上，创

局领导亲自主持召开全区乡镇企业上半年经济运行分析会。

自治区名优产品100个以上。二是推进两个转变。即推进乡镇企业的机制向市场经济转变，经济增长方式由粗放型向集约型转变。通过推进乡镇企业所有制结构多元化，积极探索各种有效的资产组织形式和经营方式，尽快建立起适应市场经济要求的产权制度、利益机制和发展机制，推动乡镇企业制度创新和机制创优。要通过大力推进技术创新，加大技改投入力度，引进先进适应技术，加大乡镇企业人才的培训和引进，实现乡镇企业增长方式的转变。三是抓好“三个结合”。首先，要抓好与推进农业产业化经营相结合，通过扶持骨干“龙头”企业，办好村级贸工农一体化公司，提高乡镇企业加工农副产品的能力和水平，带动特色农业发展；其次，要抓好与小城镇建设相结合。以建设乡镇工业小区为重点，积极引导乡镇工业相对集中、连片发展，改变乡镇工业布局分散的状况；再次，要抓好与外向型经济相结合。要抓住西部大开发的机遇，加快对外开放的步伐，加大项目招商引资的力度，主动迎接沿海先进地区的产业转移和经济辐射，积极调整乡镇企业出口产品结构，开拓海外市场。

局领导考察乡镇企业

广西柳州钢

柳钢集团公司总经理蔡小琪

1999年，柳钢继续深化三项制度改革，相继推出了领导干部动态考核制度、技术人员职称评聘分开制度、末位淘汰制度等，拉大收分配差距，活工资比例上升至80%。

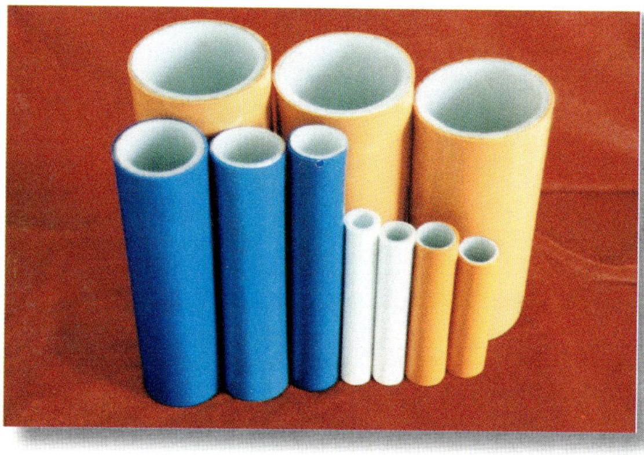

柳钢投资400万元成立的管业公司开发生产的铝塑复合管，可广泛用于建筑、食品、化工等行业，其寿命为普通锌管的5倍，目前可供应1216-5363等七种规格的产品。

一九九九年是柳钢近年来生产经营取得最好成绩的一年，产品产销率和货款回笼率双双超过100%，实现利税2.47亿元，利润4544万元，并自筹资金2亿余元完成了中板四辊轧机改造及650厂

(集团)公司

柳钢1999年推出的国家专利产品－－多节式球型轮胎，具有免充气、不怕扎、承载力强、弹性好，乘骑轻松等特点，是替代充气式自行车、手推车、摩托车轮胎的理想产品。

1999年6月，柳钢投资1.5亿元从意大利引进的中板精整线竣工投产，使柳钢具备了全规格提供中厚板的能力。

1999年柳钢钢产量突破了110万吨，图为先进的3# 方坯连铸机。

棒材生产线改造工程，使柳钢具备了全规格提供中厚板及建材的能力，目前柳钢主管钢铁产品有：中板、圆钢、螺纹钢、薄板、线材、角钢、槽钢等。1999年产钢110万吨，生铁118万吨，钢材加商品坯105万吨。

咬住目标 真抓实干

为全面完成城市建设各项任务而努力工作

——南宁市建设局局长 叶士寿

我局是南宁市建设行政主管部门，负责南宁市城市公用事业、市政设施、环境卫生、建筑管理、综合开发等建设管理工作，下属30多个企事业单位，多年来为改善城市投资环境，提高城市总体功能作出了积极的贡献。

1999年是南宁市城市建设各项工作深入发展的一年。一年来，我们以创建精神文明建设先进城市和再创全国卫生城、城市环境综合整治优秀城为目标，以完成迎接建国50周年大庆重点工程项目建设为重点，深入开展城市环境综合整治工作。为了确保计划实施，创一流水平，我们强化目标责任制领导，促使各项工作按计划推进。经过一年的努力，市政重点工程的快速环道秀厢路中段、竹溪路南段、厢竹路北段等工程进展达到预定目标；朝阳溪大坑口至十三中段完成了两岸截污管铺设和河床清淤、铺砌工程、琅东污水处理厂进行了通水试运转，填补了我市污水处理设施的"空白"。市民关注的为民办实事项目的长罡岭路修整竣工通车，改造完成23条小街小巷路面排水和42条小街小巷路灯，如今这批街巷道路平坦、光洁明亮、旧貌换新颜。新增加103辆公共汽车投入了营运，市民乘车难进一步得到缓解。此外，整治一批街区排涝设施和建筑施工现场，加强文明施工管理，净化市容环境，促使城市环境综合整治提高到一个新的水平。1999年我局荣获了南宁市"创卫生城市"、"环境综合整治优秀城市"和"创全国精神文明建设先进城市"、"创全国优秀旅游城市"先进单位称号。

南宁市建设局领导班子，左一李俊副局长、左二黄燕辉副局长、左三叶士寿局长，右三钟海礼书记、右二李孔聚副书记、右一覃光泉副局长。

新开发的南湖区

市中心的民族大道

中国燕兴桂林公司

中国燕兴桂林公司成立于1985年，是中国兵器装备集团总公司在广西唯一的直属企业，主要经营摩托车及其零配件、汽车、家用电器等。公司部设在桂林市，在南宁、柳州、玉林、北海、贺州、河池、平南、荔浦、钦州、贵港、梧州、百色等主要城市设有十二个直属分公司，二十九个全资连锁店，4个加盟型连锁店，加上分布在各县市较为稳定的四十多个分销商，在广西已形成较完善的销售和服务网络，具有年销售汽车一千辆、摩托车五万辆、零售率达75%的销售能力，年销售额超过五亿元，是广西“两车”销售市场最具影响力的公司。

中国燕兴桂林公司遵循“把一流的产品和一流的服务带到消费者身边”的经营宗旨，使其成为嘉陵、建设、洛嘉、益豪、五羊本田、天津本田、新大洲、春兰、富士达、轻骑、豪爵、长铃、建设雅马哈、南方雅马哈、昌河、神龙富康、柳微、长安、松花江等国内著名厂家的区域代理商、特约经销商和特约维修站。

“满意在燕兴”，燕兴人不断为自己提出更高的要求，并为此不懈努力，公司在投入大量资金改善环境和添置先进维修检测设备的同时，还在同行业倡导以“服务竞争”取代低层次的“价格竞争”，率先承诺燕兴的客户可在燕兴任何网点享受全面“三包”和上门维修等服务。

公司连续六年被广西区和桂林市消费者协会评为“无假冒伪劣商品经销单位”和“质量信得过单位”，并一直在桂林市农行保持“AA级信用企业”称号，是广西壮族自治区的百强企业。

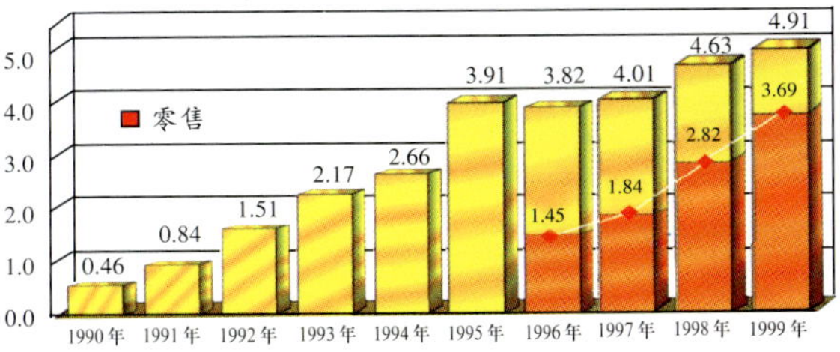

历年摩托车销售数量增长状况(单位：万辆)

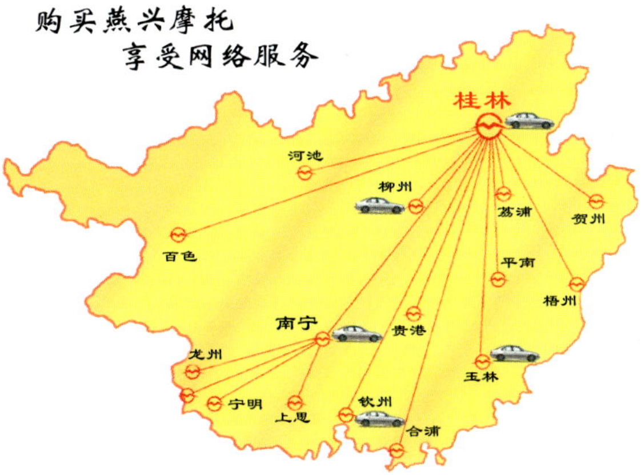

公司每月召开一次经营活动分析会，研究市场，分析现状，交流经验，制定对策。

1999年是燕兴的“服务年”，中国燕兴维修配件中心落成开业，标着燕兴的服务水平上到了一个新的台阶。

GXEJ

广西建工集团第二建筑工程有限责任公司

广西建工集团第二建筑工程有限责任公司是国有建筑一级资质企业，公司一成立就肩负起三线建设的重任，转战桂西北山区，历时15年，建成工厂30多座，取得升板、滑模、V型板、大孔砼、预应力砼等10多项科研技术成果。艰苦的环境，炼就了技术过硬、作风过硬、特别能战斗的二建队伍。

1980～1999年建成优良工程近400项，其中南宁电信枢纽大楼被评为国家建设部优质样板工程。自1992年南宁市开展“邕城杯”工程质量评比活动以来，已摘取“五连冠”殊荣，南宁市江南电信生产楼、广西电力大厦、区财政大厦、区政协大厦获区优，明园新都酒店、区政协大厦获鲁班奖。

公司在南宁设有土建、装饰、机械施工、设备水电安装等11个分公司，在厦门、海口、北海、防城港、柳州、桂林、钦州等市设有分公司，还有3家房地产以及10多家合资合作多元经营实体。在非洲冈比亚、几内亚设有经理部及合资企业两家。至今取得科技成果奖63项，达国内先进技术水平26项、区内先进25项。综合经济实力明显增强，生产经营稳步式发展，主要经济技术指标位居全区同行业前列。总产值在91年突破亿元大关后，连续三年大幅度增长，1994年达到7.34亿元，95年达到8.4亿元，被评为广西最大经营规模建筑企业十强第一名、中国500家最大规模和最佳经济效益施工企业之一。近年来，公司获得50多项市级以上荣誉称号，其中连续九年被评为自治区重合同守信用企业，荣获自治区先进企业、广西企业管理优秀奖、全国施工技术进步先进企业、全国先进施工企业、全国建设系统精神文明建设先进单位等荣誉称号。1998年通过ISO90国际质量体系认证，使企业的管理水平跃上了新阶，并与国际接轨。

南宁电信枢纽大楼，高15层，建筑面积16221m^2，建设部优质样板工程。

广西政协大厦，高16层，建筑面积17782m^2，中国建筑工程鲁班奖。

南宁明园新都酒店，建筑面积24575m^2，中国建筑工程鲁班奖。

自治区党委书记曹伯纯、自治区人大副主任李振潜等领导在西藏布达拉宫广场亲切接见广西少数民族运动员代表。

立足实干 全面发展

——1999年广西体育工作概况

1999年，我区体育工作坚持以邓小平理论和党的基本路线为指针，深入贯彻党的十五大精神和自治区党委“三大战略、六大突破”的重大决策，努力适应社会主义市场经济的需要，认真落实《全民健身计划纲要》和《奥运争光计划纲要》，按照广西体育工作“五子”思路和“三字经”目标要求，全面实施全民健身“样板工程”、竞技体育“尖子工程”、体育产业“创业工程”、队伍建设“素质工程”，加强法制建设，各项工作取得了显著成绩。

群众体育健康发展。各级全面启动全民健身“样板工程”计划，全区确定9个城市街道办事处和6个体育先进县为第一批全民健身样板工程点。经过一年的努力，所有样板点的室外健身路径和室内健身器材已全部到位并安装完毕。完成了区体育局与南宁市政府共同投资兴建的三个具有全国一流水平的全民健身广场的定点工作，其中工人文化宫“全民健身广场”已投入使用；年内，全区共举办各类体育活动2752次，参加活动人数达20多万人次，玉林市、南宁和贺州地区成功地举办了运动会；自治区举办了区直机关第三届运动会，第四届全区残疾人运动会，组团参加全国第六届少数民族体育运动会取得了比赛项目2金、6银、5铜的好成绩；全年共培训和审批社会体育指导员1815名，其中一级社会体育指导员1530名，二级社会体育指导员285名；年内有615.5万适龄学生参加《国家体育锻炼标准》测试，有560.7万学生达标，占参加测试学生总数的93.2%；年内有93个乡(镇)、8个城市街道办事处被评为全区体育先进乡(镇)和体育先进社区；全区21万老年体协会员长年活跃在城乡，成了一道独特的体育风景线。

自治区副主席吴恒到著名举重教练杨国荣家亲切慰问体育老专家。

竞技体育取得新成绩。根据广西竞技体育“灵、小、短、水”的优势，及时对全区131个业余训练网点重新进行了调整布局，完善了项目设置；积极采取多种形式，对全区670名教练员和345名裁判员进行了培训，有效地提高了教练员、裁判员队伍的业务素质；年内共完成了23项4114人次参赛的青少年锦标赛任务，举办和承办了17项国际性和全国性的比赛，全区共有30人打破51项全国和30项全区纪录；为备战全国第九届运动会，自治区体育局成立了九运会办公室，编制了《广西备战九运会工作网络图》，建立了“1113”科技攻关领导小组和冬训督查小组，筹措了专项备战经费，制定了夺牌争分的目标责任制，落实了严格训练的各项措施，运动员的基本素质和技战术水平明显提高。我区优秀运动队参加全国和世界比赛共获奖牌213枚。其中世界大赛获金牌3枚、银牌4枚、铜牌1枚、国际性比赛获金牌21枚、银牌18枚、铜牌1枚、亚洲比赛获金牌5枚、银牌枚、铜牌2枚、全国比赛获金牌43枚、银牌54枚、铜牌59枚。涌现了一批新秀和苗子。

自治区体育局局长谢向东深入到运动队中调查研究工作。

体育产业初见成效。全区销售体育彩票6000多万元额度，为我区体育事业筹措了2000多万元的发展资金；组织专门课题组，完成了全区体育产业的抽样调查任务，为制定我区体育产业的发展规划、产业经营政策等提供了依据；各级体育部门充分利用现有场馆和人才资源，进一步拓宽开发体育产业渠道，收到了较好的经济效益，其中自治区体育局所属场、馆、所和基地，全年创收700多万元；自治区体育局制定下发了《广西壮族自治区体育市场管理条例(暂行)》和体育市场经营项目中的游泳、台球、健美健身、拳击散手的从业条件，完成了《广西壮族自治区体育市场管理条例(暂行)实施细则》的修改稿，使体育市场的管理逐步走上轨道；对外交往活跃，年内共与36个国家和地区交流、比赛93次。

1999年世界武术锦标赛南拳冠军黄春妮。

队伍建设得到加强。按照中央和自治区党委的统一部署，区体育局和县处以上领导班子以及处以上领导干部开展了以“讲学习、讲政治、讲正气”为主要内容的“三讲”教育活动，各级领导班子和领导干部的思想理论素质明显提高，工作作风明显转变，辨别是非能力明显增强。年内举办思想政治工作研讨会1期，举办体育改革与发展专课讲座2次，举办教练员培训班4期、裁判员培训班11期，并组织293名干部参加各种学历学习，选派93名干部到党校和体育院校深造，有效地提高了干部队伍的业务素质。

南宁市积极开展全民健身活动，图为舞龙队在文化宫全民健身广场表演。

目　　　　录
CONTENTS

一、行政区划和自然资源
CHAPTER 1. DIVISIONS OF ADMINISTRATIVE AREAS AND NATURAL RESOURCES

二、综　　合
CHAPTER 2. GENERAL SURVEY

三、人　　口

CHAPTER 3．POPULATION

四、从业人员和职工工资

CHAPTER 4．EMPLOYMENT AND WAGE

六、能源消费与库存

CHAPTER 6. CONSUMPTION AND STOCK OF ENERGY

七、财政、金融及保险

CHAPTER 7. FINANCE,BANKING AND INSURANCE

八、物　　价

CHAPTER 8. PRICE

九、人民生活

CHAPTER 9. PEOPLE'S LIVELIHOOD

十、环境保护及城市公共设施

CHAPTER 10. ENVIRONMENTAL PROTECTION AND PUBLC FACILITIES IN CITIES

十一、城市概况

CHAPTER 11. GENERAL SURVEY OF CITIES

十二、农　　业

CHAPTER 12. AGRICULTURE

十三、工　　业

CHAPTER 13. INDUSTRY

十四、建筑业

CHAPTER 14. CONSTRUCTION

十五、交通、运输和邮电通讯业

CHAPTER 15. TRANSPORTATION, POSTAL AND TELECOMMUNICATIONS SERVICES

十六、批发零售贸易和餐饮业

CHAPTER 16. WHOLESALE, RETAIL TRADE AND CATERING TRADE

十七、对外经济贸易和旅游业

CHAPTER 17. FOREIGN ECONOMY,TRADE AND TOURISM

十八、教育、科技和文化

CHAPTER 18. EDUCATION, SCIENCE AND CULTURE

十九、体育、卫生、社会福利及服务业

CHAPTER 19. SPORTS, PUBLIC HEALTH, SOCIAL WELFARE AND OTHERS

二十、六大经济区域主要经济指标

CHAPTER 20. BASIC INDICATORS OF THE SIX ECONOMIC ZONES

二十一、各地、市国民经济基本情况

CHAPTER 21. BASIC INDICATORS OF NATIONAL ECONOMY BY REGION

二十二、各县(市)国民经济基本情况

CHAPTER 22. BASIC INDICATORS OF NATIONAL ECONOMY BY COUNTY

一、行政区划和自然资源

表1—1　行　政　区　划

（1999年底）　　　　单位：个

地、市单位	地级单位	市数			县数			乡镇数			自治区辖市城(郊)区
		合计	地级市	县级市	合计	县	自治县	合计	乡	镇	
全　区	14	19	9	10	71	59	12	1361	628	733	29
南宁市	1	1	1	–	2	2	–	52	16	36	6
柳州市	1	1	1	–	2	2	–	37	11	26	5
桂林市	1	1	1	–	12	10	2	146	81	65	5
梧州市	1	2	1	1	3	3	–	66	7	59	3
北海市	1	1	1	–	1	1	–	27	3	24	3
防城港市	1	2	1	1	1	1	–	32	18	14	2
钦州市	1	1	1	–	2	2	–	61	1	60	2
贵港市	1	2	1	1	1	1	–	85	28	57	2
玉林市	1	2	1	1	4	4	–	119	22	97	1
南宁地区	1	1	–	1	11	11	–	173	80	93	–
柳州地区	1	1	–	1	9	6	3	138	91	47	–
贺州地区	1	1	–	1	3	2	1	67	17	50	–
百色地区	1	1	–	1	11	10	1	184	130	54	–
河池地区	1	2	–	2	9	4	5	174	123	51	–

表 1—2 行政区划一览表

（1999 年）

地及地级市名称	县及县级市、县级区名称
南宁市	兴宁区 新城区 城北区 江南区 永新区 郊区 邕宁县 武鸣县
柳州市	城中区 鱼峰区 柳南区 柳北区 郊区 柳江县 柳城县
桂林市	秀峰区 叠彩区 象山区 七星区 雁山区 阳朔县 临桂县 灵川县 全州县 兴安县 永福县 灌阳县 龙胜各族自治县 资源县 平乐县 荔浦县 恭城瑶族自治县
梧州市	万秀区 蝶山区 郊区 岑溪市 苍梧县 藤县 蒙山县
北海市	海城区 银海区 铁山港区 合浦县
防城港市	防城区 港口区 东兴市 上思县
钦州市	钦南区 钦北区 灵山县 浦北县
贵港市	港北区 港南区 桂平市 平南县
玉林市	玉州区 北流市 容县 陆川县 博白县 兴业县
南宁地区	凭祥市 横 县 宾阳县 上林县 隆安县 马山县 扶绥县 崇左县 大新县 天等县 宁明县 龙州县
柳州地区	合山市 鹿寨县 象州县 武宣县 来宾县 融安县 三江侗族自治县 融水苗族自治县 金秀瑶族自治县 忻城县
贺州地区	贺州市 昭平县 钟山县 富川瑶族自治县
百色地区	百色市 田阳县 田东县 平果县 德保县 靖西县 那坡县 凌云县 乐业县 田林县 隆林各族自治县 西林县
河池地区	河池市 宜州市 罗城仫佬族自治县 环江毛南族自治县 南丹县 天峨县 凤山县 东兰县 巴马瑶族自治县 都安瑶族自治县 大化瑶族自治县

表 1—3　土地、气候及森林

指　　标	单　位	1999 年
土　　地		
土地总面积	万平方公里	23.67
在土地面积中各类土地所占比重	%	100.0
中山(海拔 800 米以上)	%	23.5
低山(海拔 400－800 米)	%	15.9
丘陵(海拔 200－400 米)	%	28.9
# 石山	%	18.4
台地(海拔 200 米以下)	%	6.3
气　　候		
各地的年平均气温	℃	17.1—23.5
各地的年日照时数	小时	1073—2328
各地的年降水量	毫米	940—2425
各类气候点全区总面积的比重	%	100.0
湿润气候区(干燥度于 1.0)	%	50.0
半湿润气候区(干燥度 1.0－1.49)	%	49.0
半干燥气候区(干燥度 1.5－2.0)	%	1.0
森　　林		
森林面积	万公顷	816.66
森林蓄积量	万立方米	31000
森林覆盖率	%	39.29

表1—4 主要河流基本情况

(1999年)

河流名称	流域面积（万平方公里）	年径流量（亿立方米）	水利资源蕴藏量（万千瓦）	流域面积占全区总面积的比重(%)
全区总计	-	-	2133	-
#红水河	4.14	708.8	690.0	18.6
郁江	6.18	357.0	355.86	28.2
黔江	8.87	1394		37.5
西江	20.21	2004	25.82	85.4
桂江	1.81	177.2	146.2	7.7
南流江	0.92	33.76	49.06	3.9
柳江	4.2	404.0	341.82	17.8
贺江	0.84	55.57		3.5

表1—5 各地区气象情况

(1999年)　　单位:气温:℃　降水量:毫米

地区	平均气温	平均最高气温	平均最低气温	极端最高气温	极端最低气温	年降水量
南宁地区	21.8	26.8	18.5	37.0	-1.9	1232
柳州地区	21.3	25.6	18.2	36.4	0.4	1835
桂林地区	19.6	23.9	16.5	36.2	-2.2	2018
梧州地区	20.5	25.6	17.0	36.6	-3.5	1592
玉林地区	22.5	27.2	19.2	35.8	0.8	1375
百色地区	22.4	27.6	18.8	37.5	1.0	1058
河池地区	21.4	25.7	15.8	36.5	2.0	1370
钦州地区	22.9	26.9	20.0	37.0	3.6	1796

注:气象资料由自治区气象局提供。

二、综　合

合 卷 二

表 2—1 国民经济和社会发展主要指标

指　　标	单　位	1978 年	1995 年	1998 年	1999 年
人口与就业					
人　　口					
年末总人口	万 人	3402	4543	4675	4713
非农业人口	万 人	360	745	806	817
农业人口	万 人	3042	3757	3816	3841
就　　业					
从业人数	万 人	1456	2383	2499	2515
#职工人数	万 人	237	343	335	329
#国有经济	万 人	199	283	263	259
乡村劳动者	万 人	1219	1965	2068	2080
城镇失业人数	万 人	10.3	10.1	13	12
宏观经济					
国 民 核 算					
国内生产总值	亿 元	75.85	1497.56	1903.04	1953.27
第一产业	亿 元	30.88	449.64	574.25	554.48
第二产业	亿 元	25.81	535.86	678.19	695.83
第三产业	亿 元	19.16	512.06	650.60	702.96
人均国内生产总值	元	225	3304	4076	4148
支出法国内生产总值	亿 元	75.85	1497.56	1903.04	1953.27
#最终消费	亿 元	59.22	993.95	1308.67	1342.88
居民消费	亿 元	50.14	754.12	952.63	978.81
政府消费	亿 元	9.08	239.83	356.04	364.07
资本形成总额	亿 元	26.80	618.75	650.55	645.64
固定资本	亿 元	20.89	423.37	573.10	629.07
存货增加	亿 元	5.91	195.38	77.45	16.57
固定资产投资					
全社会固定资产投资总额	亿 元	9.71	423.37	571.70	620.20
#国有单位	亿 元	9.61	216.29	276.58	303.47
集体单位	亿 元	0.10	57.00	62.58	60.54
#基本建设	亿 元	9.61	157.10	240.53	263.00
更新改造	亿 元	–	68.56	69.72	70.10
新增固定资产	亿 元	5.47	358.81	475.85	487.00

表 2—1 续表 1

指　　标	单　位	1978 年	1995 年	1998 年	1999 年
财　　政					
财政总收入	亿 元	14.32	133.29	185.50	201.09
#地方财政收入	亿 元	14.32	79.44	119.67	133.56
人均财政总收入	元	42.56	295	399	428
地方财政支出	亿 元	20.78	140.59	198.36	224.98
物　　价					
居民消费价格总指数	%	100.0	118.4	97.0	97.7
城市居民消费价格总指数	%	99.8	118.0	97.1	97.2
农村居民消费价格总指数	%	100.0	118.6	96.8	98.2
商品零售价格总指数	%	100.0	116.4	96.3	97.2
农产品收购价格总指数	%	103.5	119.0	86.6	87.6
利用外资					
签订利用外资协议额	亿美元	–	10.41	6.42	6.91
实际利用外资额	亿美元	–	9.64	12.83	9.21
产　　业					
农　　业					
耕地面积	千公顷	2625	2614	2655	2658
农林牧渔业总产值(当年价格)	亿 元		698.28	865.90	844.78
主要农产品产量					
粮　食	万 吨	1082.3	1553.3	1702.11	1722.49
油　料	万 吨	17.74	45.35	54.41	54.73
甘　蔗	万 吨	377	2556	3582	3220
猪牛羊肉	万 吨		160.94	205.61	213.72
水产品	万 吨	11.71	103.29	217.52	230.93
工　　业					
工业总产值(当年价格)	亿 元	69.97	1463.17	1727.68	1667.33
#国有工业	亿 元	55.17	582.59	498.02	436.88
主要工业产品产量					
钢	万 吨	19.02	88.78	112.82	118.85
成品钢材	万 吨	16.27	80.50	94.48	108.27
生铁	万 吨	32.09	96.76	127.07	132.01
十种有色金属	万 吨	1.77	27.27	43.97	52.31
发电量	亿千瓦时	49.5	217.29	245.00	253.42
原煤	万 吨	828	1391	1015	816
农用化肥	万 吨	23.75	43.12	48.69	46.14

表 2—1 续表 2

指　　标	单　位	1978 年	1995 年	1998 年	1999 年
水泥	万 吨	224	1980	2008	2063
机制糖	万 吨	25.10	178.12	344.60	374.30
建筑业					
建筑企业年末从业人数	万 人	21.82	101.92	70.84	67.18
建筑业总产值	亿 元	4.99	274.26	348.74	302.17
竣工房屋面积	万平方米	265	3517	4433	3958
交通运输业					
货运量	万 吨	-	28620	32671	30862
#铁路	万 吨	2118	5072	5364	5293
客运量	万 人	6389	34317	39670	41009
#铁路	万 人	1368	2819	2576	2496
公路通车里程	公 里	29773	40904	51073	51378
铁路通车里程	公 里	1715	2473	3089	3109
港口货物吞吐量	万 吨	622	1717	2235	2505
邮电通信业					
邮电业务计费总量	万 元	3272	205600	526645	654364
电话用户					
城市	万 户	2.56	65.65	134.76	164.93
农村	万 户	4.34	11.04	31.92	45.42
国内商业					
社会消费品零售总额	亿 元	33.59	532.48	734.02	791.27
对外经济贸易和旅游					
进出口总额	亿美元	2.69	32.11	29.84	17.53
进口	亿美元	0.20	9.65	5.66	5.06
出口	亿美元	2.49	22.46	24.18	12.47
旅游人数	万 人	5.42	41.85	52.43	77.68
金融保险业					
金融机构存款	亿 元	18.75	1152	1792	2010
金融机构贷款	亿 元	46.18	1056	1516	1719
国内保险承保额	亿 元	-	1419	2808	2477
教育　科技　文化					
教　　育					
高等学校在校学生	万 人	2.09	6.00	7.88	9.19
中等专业学校在校学生	万 人	4.07	11.67	15.23	16.13

表 2—1 续表 3

指　　标	单 位	1978 年	1995 年	1998 年	1999 年
普通中学在校学生	万 人	221	194	252	267
小学在校学生	万 人	512	640	604	569
科　　技					
县以上科研机构数	个		230	232	226
各类专业技术人员	万 人		69.19	75.58	77.60
文　　化					
图书出版量	万 册	8550	25397	28632	27161
杂志出版量	万 册	697	4630	4612	5053
报纸出版量	万 份	25680	47475	54234	55421
家庭　生活　环境					
家　　庭					
家庭总户数	万 户	661	1020	1092	1110
城镇居民平均每户家庭人口	人		3.30	3.16	3.15
农村居民平均每户家庭人口	人		5.32	4.94	4.87
居　　住					
城镇居民人均居住面积	平方米		14.51	16.38	17.13
农村居民人均生活用房面积	平方米		18.21	21.64	22.68
城镇居民人均可支配收入	元	289	4792	5412	5619
农村居民人均纯收入	元	120	1446	1972	2048
城乡居民储蓄存款余额	亿 元	3.90	735.50	1150	1257
工资和福利					
工资总额	亿 元	12.50	172.31	193.28	204.36
职工平均工资	元	543	5105	5779	6254
职工保险福利费	亿 元		17.36	19.07	12.56
离退休退职职工保险福利费	亿 元		30.24	43.26	45.69
卫　　生					
卫生机构数	个	4865	5571	13387	13319
#医院	个	1205	1709	1791	1864
医院病床	张	43500	78788	81273	83218
医生人数	人	25988	55346	59981	60754
市政建设					
自来水供应量	亿 吨		16.62	13.77	13.82
排水管道长度	公 里		2142	2730	2788
环　　境					
园林绿地面积	公 顷		37350	41216	41669
治理污染资金使用额	亿 元		3.32	1.71	3.67
安排治理项目	个		1002	344	596
工业废水处理量	万 吨		42227	40349	42536
工业粉尘回收量	万 吨		135	207	228

表 2—2 国民经济和社会发展结构指标

单位：%

指　　标	1978年	1995年	1998年	1999年
人口与就业				
人　口				
城乡结构				
非农业人口	10.58	17.05	17.43	17.34
农业人口	89.42	82.95	82.56	82.66
性别结构				
男	51.53	52.26	52.23	51.65
女	48.47	47.74	47.76	48.35
就　业				
产业结构				
第一产业	80.5	66.2	64.8	64.4
第二产业	10.5	11.7	11.3	11.0
第三产业	9.0	22.1	23.9	24.6
就业结构				
国有单位	13.65	11.75	10.52	10.29
城镇集体单位	2.61	1.90	1.56	1.39
城镇私营企业和个体劳动者		2.57	3.28	3.78
乡村劳动者	83.72	82.62	82.75	82.70
其他经济类型单位		0.58	1.89	1.84
宏观经济				
国民核算				
国内生产总值产业结构				
第一产业	40.71	30.03	30.18	28.39
第二产业	34.59	35.78	35.64	35.62
第三产业	25.26	34.19	34.19	35.99
国内生产总值支出结构				
最终消费	78.08	66.37	68.77	68.75
居民消费	84.67	75.87	72.79	72.89
农村居民	76.88	57.05	58.89	57.86
城镇居民	23.12	42.95	41.11	42.14
政府消费	15.33	24.13	27.21	27.11
资本形成总额	35.33	41.32	34.18	33.05
固定资本	77.95	68.42	88.09	97.43
存货增加	22.05	31.58	11.91	2.57
净出口	-13.41	-7.69	-2.95	-1.80
固定资产投资				
经济类型结构				
国有单位	98.97	51.09	48.38	48.93
集体单位	1.03	13.46	10.95	
个体及私人	–	21.32	26.80	26.50
#农村	–	69.84	64.00	63.23
其他经济单位	–	14.13	13.87	

表 2—2 续表 1

指　　标	1978 年	1995 年	1998 年	1999 年
资金来源结构(国有单位)				
国家预算资金	77.00	2.68	6.30	9.06
国内贷款	–	29.06	17.65	18.48
利用外资	–	7.49	10.26	7.47
自筹资金	22.89	43.00	50.02	46.36
其他投资	0.11	17.77	15.77	18.63
财　　政				
财政支出结构				
教育支出		21.54	18.19	18.17
农业支出	10.84	11.04	10.32	6.72
基本建设	38.23	6.06	6.82	8.48
利用外资				
实际利用外资结构				
对外借款	–	30.13	30.91	30.81
外商直接投资	–	69.46	69.09	69.19
外商其他投资	–	0.41	– –	– –
能源生产与消费				
能源生产总量结构				
原煤	75.2	50.9	44.1	40.5
原油	–	1.3	0.5	0.6
天然气	–	...	...	...
水电	24.8	51.6	55.4	58.9
产业经济				
农　　业				
农林牧渔业产值结构				
农　　业	79.47	54.84	55.00	53.84
林　　业	5.14	4.64	4.36	4.44
牧　　业	14.19	32.11	30.48	31.00
渔　　业	1.20	8.41	10.16	10.72
工　　业				
轻重工业结构(全部工业)				
轻工业	54.64	47.54	52.69	48.77
重工业	45.36	52.46	47.31	51.23
工业产值结构(规模以上)				
国有工业	82.61	57.55	53.63	47.96
集体工业	17.39	25.24	18.43	15.26
其他经济类型		17.21	27.94	36.78

表 2—2 续表 2

指　　标	1978 年	1995 年	1998 年	1999 年
建筑业				
建筑企业总产值结构				
国有经济	73.15	23.14	22.68	30.44
地方	92.39	78.75	78.57	77.90
部属	7.61	21.25	21.43	22.10
城镇集体经济	26.85	10.84	13.87	15.59
乡镇企业及其它经济	－－	66.02	63.45	53.97
运 输 业				
客运量结构				
按运输方式分				
#铁路	21.41	8.21	6.49	6.09
公路	72.44	87.49	90.76	91.23
水运	5.99	3.47	1.98	1.90
货运量结构				
按运输方式分				
#铁路	35.99	17.72	16.42	17.15
公路	45.83	72.28	78.00	76.86
水运	18.18	10.00	5.58	5.98
国内商业				
社会消费品零售总额结构				
按城乡分				
城　镇	52.60	53.20	55.10	55.30
农　村	47.40	46.80	44.90	44.70
按经济类型分				
国有经济	92.62	27.17	16.00	15.29
集体经济	7.38	14.96	14.00	13.01
私营经济	...	2.03	2.00	2.76
个体经济	...	36.60	47.00	50.50
其他经济单位	...	19.24	21.00	18.44
对外经济贸易和国际旅游				
出口商品结构(边境贸易)				
农副产品		15.79	10.37	9.02
工业产品		47.48	27.79	40.20
生产资料		18.97	3.35	8.18
其　　它		17.76	61.50	42.60
进口商品结构(边境贸易)				
农副产品		57.44	17.17	24.24
工业产品		25.33	15.94	17.24
生产资料		1.43	3.08	4.63
其　　它		15.80	63.81	53.89
来华旅游人数结构				
外国人		73.46	53.29	47.85
华　侨		0.81	1.22	0.36
港澳台同胞		25.73	45.49	51.79
教育　科技　文化				
教　育				
在校学生结构				
大 学 生	0.3	0.7	0.9	1.0
中 学 生	30.5	27.9	31.9	34.2
小 学 生	69.2	71.4	67.2	64.8
专任教师结构				
大　　学	1.11	2.28	2.4	2.5
中　　学	36.6	37.9	40.0	40.56
小　　学	62.3	59.8	57.6	56.94
科技				
各类专业技术人员结构				

表 2—2 续表 3

指　　标	1978 年	1995 年	1998 年	1999 年
工程技术人员		15.44	15.90	15.61
农业技术人员		2.88	2.95	2.94
科学研究人员		0.48	0.42	0.41
卫生技术人员		13.22	13.10	13.05
教 学 人 员		47.64	49.05	50.05
家庭　生活　环境				
家　　庭				
家庭户结构				
1－3 人户		32.92	34.50	35.81
4－6 人户		55.55	56.27	56.22
7 人及以上户		11.53	9.23	7.97
生　　活				
城镇居民消费结构				
#食品类		51.0	46.3	44.34
衣着类		8.8	7.4	6.6
用品及其他		9.5	7.3	7.4
居　住		8.1	12.9	12.80
福　　利				
职工保险福利费结构				
国有单位		88.15	85.83	81.12
城镇集体单位		7.92	9.39	6.80
其他单位		3.93	4.78	12.08
离退休人员结构				
国有单位		83.35	82.09	81.29
城镇集体单位		15.26	13.56	12.96
其他单位		1.39	4.35	5.75
卫　　生				
医生结构				
中　医	15.69	17.14	15.54	14.98
西医师	46.79	62.35	61.13	65.60
其　它	37.52	20.48	23.33	19.42
医院床位结构				
县以上医院	89.15	93.95	95.36	97.42
其　它	10.85	6.05	4.64	2.58
环　境				
治理污染资金使用结构				
治理废水		53.83	55.99	43.10
治理废气		30.68	21.40	36.83
治理固体废物		11.36	8.66	3.68
治理噪声		1.17	0.83	0.20
其　他		2.96	13.12	16.19

表 2—3 按人口平均的国民经济主要指标

指　　　标	单　位	1985 年	1990 年	1995 年	1998 年	1999 年
国内生产总值	元/人	471	1066	3304	4076	4148
工农业总产值	元/人	644	1443	4784	5573	5352
农林牧渔业总产值	元/人	281	601	1546	1861	1800
工业总产值	元/人	363	842	3239	3712	3552
轻工业	元/人	196	465	1540	1956	1732
重工业	元/人	167	377	1699	1756	1820
发电量	千瓦时/人	213	299	481	526	540
糖产量	公斤/人	16.8	33.0	40	74	80
耕地面积	公亩/人	6.6	6.2	5.8	5.7	5.7
粮食产量	公斤/人	291	334	344	366	367
油料产量	公斤/人	5.9	6.0	10.0	12	12
水果产量	公斤/人	10	22	59	70	86
猪牛羊肉产量	公斤/人	16	22	45	44	45
水产品产量	公斤/人	5	8	23	47	49
国有单位固定资产投资	元/人	63	98	479	594	646
地方财政收入	元/人	66	112	176	257	284
地方财政支出	元/人	78	155	311	426	477
外贸出口额	美元/人	10	17	50	39	27
普通高等学校在校学生	人/万人	8	9	13	17	19
中等专业学校在校学生	人/万人	13	17	26	33	34
普通中学在校学生	人/万人	300	332	427	540	567
小学在校学生	人/万人	1372	1321	1410	1291	1208
医院病床数	张/万人	15	16	17	18	18
卫生技术人员	人/万人	24	25	26	27	27
#医生	人/万人	11	12	12	13	13

表 2—4 主要经济效益指标

指　　　标	单　位	1985 年	1990 年	1995 年	1998 年	1999 年
一、综　　合						
社会劳动生产率(国内生产总值,当年价)	元/人	988	2129	6284	7615	7766
每万元国内生产总消费能源(当年价)	吨标准煤	5.57	2.91	1.51	1.27	1.27
每百元投资新增国内生产总值	元	429	655	354	333	315
财政总收入占国内生产总值	%	11.15	10.43	8.90	9.75	10.04
二、工　　业						
独立核算工业企业全员	元/人	12078	25728	63025	77968	93508
劳动生产率(总产值,当年价)						
国有工业	元/人	13779	29441	60841	71787	73473
集体工业	元/人	7453	16121	52553	104039	105871
独立核算工业企业资金	%	20.9	16.1	8.1	4.0	5.2
利税率						
国有工业	%	20.9	17.3	8.0	3.2	3.6
集体工业	%	20.6	11.2	7.1	5.8	6.6
工业总产值能源消耗(标准煤,当年价)	吨/万元	6.98	3.59	1.60	1.4	1.0
三、农　　业						
生猪出栏率	%	48.3	57.5	108	117	122
四、固定资产投资						
固定资产投资建设项目投产率						
国有单位	%	66.0	91.0	88.7	77.4	69.6
#基本建设	%	66.1	88.5	98.1	69.4	64.9
更新改造	%	64.7	95.4	82.0	88.9	78.5
集体单位	%	80.2	78.5	74.9	88.8	88.7
房屋建筑面积竣工率(含房地产)	%	50.8	55.1	57.3	79.0	81.5
国有单位	%	50.8	54.5	54.2	47.1	60.6
集体单位	%	50.8	62.2	66.6	73.2	88.2

表 2—5 国内生产总值

(按当年价格计算)

年份	国内生产总值(亿元)	第一产业	第二产业	工业	建筑业	第三产业	#交通、运输、仓储和邮电业	#批零贸易和餐饮业	人均国内生产总值(元/人)
1978	75.85	30.88	25.81	23.29	2.52	19.16	3.67	4.43	225
1979	84.59	37.43	27.98	25.12	2.86	19.18	3.71	3.98	246
1980	97.33	43.91	30.79	27.78	3.01	22.63	4.79	5.00	278
1981	113.46	52.39	33.01	29.71	3.30	28.06	5.06	10.40	317
1982	129.15	62.93	34.72	30.98	3.74	31.50	5.36	11.36	354
1983	134.60	63.36	37.09	32.39	4.70	34.15	5.93	11.17	363
1984	150.27	66.01	43.26	36.97	6.29	41.00	6.88	12.31	399
1985	180.97	77.18	54.69	45.92	8.77	49.10	7.70	14.56	471
1986	205.46	85.27	69.03	58.41	10.62	51.16	9.04	12.30	525
1987	241.56	99.53	81.79	70.96	10.83	60.24	11.53	13.55	607
1988	313.28	117.72	100.69	86.38	14.31	94.87	15.72	28.23	770
1989	383.44	148.99	109.97	97.11	12.86	124.48	20.44	44.41	927
1990	449.06	175.61	118.45	104.79	13.66	155.00	25.79	57.53	1066
1991	518.59	192.68	141.02	123.66	17.36	184.89	38.65	62.03	1211
1992	646.60	229.13	187.48	161.44	26.04	229.99	49.14	74.92	1490
1993	871.70	245.60	321.10	273.03	48.07	305.00	61.16	101.66	1982
1994	1198.29	329.96	469.81	404.59	65.22	398.52	69.52	130.96	2675
1995	1497.56	449.64	535.86	461.25	74.61	512.06	93.02	168.97	3304
1996	1697.90	531.51	587.37	503.32	84.05	579.02	111.95	200.72	3706
1997	1817.25	579.14	614.07	524.49	89.58	624.04	120.06	223.52	3928
1998	1903.04	574.25	678.19	569.90	108.29	650.60	125.04	243.50	4076
1999	1953.27	554.48	695.83	579.26	116.57	702.96	145.30	260.33	4148

表2—6 国内生产总值指数

(按可比价格计算,以上年为100)

年份	国内生产总值	第一产业	第二产业	工业	建筑业	第三产业	#交通、运输、仓储和邮电业	#批零贸易和餐饮业	人均国内生产总值
1978	111.7	102.3	100.2	100.0	103.6	148.2	119.5	123.6	109.1
1979	103.4	105.5	105.4	105.2	109.1	98.3	100.7	91.8	101.3
1980	110.2	112.6	107.5	108.5	92.1	110.2	129.2	114.9	108.2
1981	108.0	102.5	105.5	106.9	92.7	123.0	106.2	205.2	105.9
1982	112.5	118.5	105.0	104.1	114.7	110.6	106.9	106.8	110.5
1983	103.3	99.3	106.9	105.0	125.6	107.0	104.0	100.6	101.5
1984	106.9	97.8	113.6	112.6	122.0	115.5	117.8	108.0	105.2
1985	111.0	105.0	119.0	117.8	128.2	111.1	107.7	109.2	108.9
1986	106.4	105.7	118.1	119.4	109.2	93.7	106.5	79.8	104.6
1987	109.2	105.7	112.0	114.5	92.6	110.8	119.7	103.3	107.3
1988	104.5	93.8	108.8	108.1	115.0	114.2	117.6	137.3	102.3
1989	103.6	112.4	99.2	100.7	86.1	99.0	102.4	82.9	101.8
1990	107.0	108.5	106.4	106.6	104.3	105.8	93.3	96.8	105.2
1991	112.7	108.8	115.9	114.8	125.0	114.8	131.7	106.2	110.9
1992	118.3	112.9	128.0	127.9	128.5	116.6	119.7	112.8	116.8
1993	118.3	99.6	144.9	145.1	143.8	115.1	108.4	116.9	116.7
1994	115.2	106.0	127.3	128.3	120.0	110.7	111.7	104.2	113.2
1995	111.4	115.6	108.6	108.2	111.4	111.1	116.0	111.2	110.0
1996	108.3	107.2	109.3	109.4	108.8	108.2	113.5	113.3	107.2
1997	108.0	111.2	106.4	106.4	106.1	107.3	106.6	111.3	107.0
1998	109.1	105.8	113.9	113.2	118.9	106.4	103.4	112.8	108.1
1999	107.7	107.0	106.8	106.1	111.5	109.5	113.9	109.6	106.8

表2—7 支出法国内生产总值

（1978－1999年）

单位:亿元

年份	支出法计算的国内生产总值	最终消费	居民消费	农村居民	城镇居民	政府消费	资本形成	固定资本	存货增加
1978	75.85	59.22	50.14	38.55	11.59	9.08	26.80	20.89	5.91
1979	84.59	65.41	55.19	41.75	13.44	10.22	26.21	20.57	5.64
1980	97.33	77.79	65.62	49.28	16.34	12.17	29.08	26.76	2.32
1981	113.46	87.29	74.09	56.28	17.81	13.20	32.73	26.97	5.76
1982	129.15	105.45	89.60	71.17	18.43	15.85	30.56	19.11	11.45
1983	134.60	111.40	93.87	73.94	19.93	17.53	32.40	23.30	9.10
1984	150.27	126.73	102.82	80.34	22.48	23.91	36.51	34.42	2.09
1985	180.97	152.73	123.92	96.13	27.79	28.81	61.80	42.22	19.58
1986	205.46	169.14	137.65	102.06	35.59	31.49	72.04	55.21	16.83
1987	241.56	189.66	154.31	112.71	41.60	35.35	79.69	62.72	16.97
1988	313.28	251.93	196.36	134.04	62.32	55.57	104.29	75.63	28.66
1989	383.44	296.29	228.80	157.25	71.55	67.49	111.54	70.81	40.73
1990	449.06	346.68	265.41	180.03	85.38	81.27	107.40	72.60	34.80
1991	518.59	394.07	297.08	195.00	102.08	96.99	137.14	99.38	37.76
1992	646.60	445.12	328.31	212.95	115.36	116.81	227.39	150.11	77.28
1993	871.70	564.25	422.30	257.72	164.58	141.95	350.54	278.07	72.47
1994	1198.29	778.82	588.47	336.66	251.81	190.35	472.33	382.59	89.74
1995	1497.56	993.95	754.12	430.25	323.87	239.83	618.75	423.37	195.38
1996	1697.90	1202.63	919.89	544.74	375.15	282.74	596.99	483.57	113.42
1997	1817.25	1255.76	936.65	548.93	387.72	319.11	578.61	487.29	91.32
1998	1903.04	1308.67	952.63	560.99	391.64	356.04	650.55	573.10	77.45
1999	1953.27	1342.88	978.81	566.36	412.45	364.07	645.64	629.07	16.57

表 2—8 按支出法计算的国内生产总值

（按当年价格计算） 单位:亿元

	1998 年	1999 年
按支出法计算		
国内生产总值	1903.04	1953.27
最终消费	1308.67	1342.88
居民消费	952.63	978.81
农村居民	560.99	566.36
自给性消费	166.66	154.04
商品性消费	284.30	302.94
文化生活服务性消费	78.25	81.57
住房及水电消费	31.78	27.81
其中：住房消费	11.47	7.91
城镇居民	391.64	412.45
商品性消费	286.48	291.40
文化生活服务性消费	66.18	74.75
住房及水电消费	38.98	46.30
其中：住房消费	24.18	30.03
政府消费	356.04	364.07
资本形成总额	650.55	645.64
固定资本形成总额	573.10	629.07
第一产业	25.03	24.93
第二产业	135.16	154.56
采掘业	10.17	8.22
制造业	73.79	66.70
电力、煤气及水的生产和供应业	47.56	73.36
建筑业	3.64	6.28
第三产业	412.91	449.58
交通运输、仓储及邮电通信业	141.77	147.54
批发和零售贸易、餐饮业	10.61	11.94
金融保险业	3.83	5.33
房地产业	174.99	174.02
其他行业	81.71	110.75
存货增加	77.45	16.57
货物和服务净出口	-56.18	-35.25
出口	1298.42	1322.06
进口	1354.60	1357.31

表 2—9　国内生产总值构成

(1999 年,当年价)　　单位:亿元

	增加值	劳动者报酬	生产税净额	固定资产折旧	营业盈余
国内生产总值	1953.27	1287.10	204.02	194.97	267.18
第一产业	554.48	505.01	1.50	16.22	31.75
农业	329.10	299.74	0.89	9.62	18.85
林业	30.24	27.54	0.08	0.89	1.73
畜牧业	130.49	118.85	0.35	3.82	7.47
渔业	64.65	58.88	0.18	1.89	3.70
第二产业	695.83	363.96	145.00	78.00	108.87
工业	579.26	271.77	134.72	69.97	102.80
采掘业	74.10	48.17	10.37	5.65	9.91
制造业	456.99	210.20	113.68	49.22	83.89
电力、煤气及水的生产和供应业	48.17	13.40	10.67	15.10	9.00
建筑业	116.57	92.19	10.28	8.03	6.07
第三产业	702.96	418.13	57.52	100.75	126.56
农林牧渔服务业	4.97	4.01	0.23	0.37	0.36
地质勘探业、水利管理业	4.05	2.46	0.26	1.39	-0.06
交通运输、仓储及邮电通信业	145.30	110.24	7.86	31.83	-4.63
交通运输业和仓储业	120.90	103.75	5.83	12.12	-0.80
邮电通信业	24.40	6.49	2.03	19.71	-3.83
批发和零售贸易、餐饮业	260.33	86.51	33.00	14.54	126.28
批发和零售贸易业	210.42	81.24	30.48	13.00	85.70
餐饮业	49.91	5.27	2.52	1.54	40.58
金融保险业	16.75	14.32	9.97	5.71	-13.25
金融业	14.61	13.37	8.90	5.37	-13.03
保险业	2.14	0.95	1.07	0.34	-0.22
其他					
房地产业	42.64	4.02	1.52	20.99	16.11
房地产管理业	17.11	0.66	0.08	0.50	15.87
房地产开发与经营业	5.91	3.36	1.44	0.87	0.24
城市居民自有住房	7.14			7.14	
农村居民自有住房	12.48			12.48	
社会服务业	49.11	41.91	3.64	4.65	-1.09
卫生、体育、社会福利业	34.58	31.35	0.14	2.34	0.75
教育、文艺广播电影电视业	64.27	51.33	0.54	10.66	1.74
科学研究和综合技术服务业	5.57	4.33	0.21	0.68	0.35
国家机关、政党机关和社会团	60.83	53.38	0.15	7.30	
其他行业	14.56	14.27		0.29	

表 2—10 支出法国内生产总值指数

（以上年为 100）

年　份	支出法计算的国内生产总值	最终消费	居民消费	农村居民	城镇居民	政府消费	资本形成	固定资本	存货增加
1978	111.7	110.0	106.7	108.2	101.7	132.2	109.2	109.2	109.4
1979	103.4	101.6	100.3	97.3	110.4	108.5	91.8	92.3	90.8
1980	110.2	117.3	117.1	117.7	115.3	118.1	95.7	121.5	41.8
1981	108.0	111.5	112.2	114.1	106.4	107.9	99.9	89.4	220.8
1982	112.5	117.6	118.0	123.9	98.8	115.7	95.2	67.3	225.6
1983	103.3	104.3	103.5	102.9	105.9	108.7	106.3	130.1	73.1
1984	106.9	110.3	105.3	103.5	112.1	137.8	102.9	135.1	23.0
1985	111.0	110.8	111.3	110.4	114.6	108.8	161.1	115.0	833.1
1986	106.4	103.4	103.1	102.1	106.8	104.4	109.8	122.3	84.7
1987	109.2	104.6	104.5	102.9	110.2	104.8	102.5	105.1	94.7
1988	104.5	106.7	104.5	100.2	117.9	116.2	90.4	78.1	129.7
1989	103.6	95.6	98.8	100.7	93.6	83.5	110.9	97.1	137.5
1990	107.0	108.0	107.1	104.2	115.1	112.2	102.5	89.0	120.9
1991	112.7	113.0	111.3	108.6	116.8	118.5	112.5	115.7	105.9
1992	118.3	110.5	105.7	104.6	108.1	124.9	153.6	135.8	194.2
1993	118.3	106.4	109.2	102.0	122.8	99.3	151.8	196.0	81.4
1994	115.2	111.7	113.6	106.8	124.3	106.6	118.8	122.5	104.5
1995	111.4	112.3	113.7	115.9	110.7	108.2	122.8	107.0	193.8
1996	108.3	111.5	111.4	114.6	107.0	111.7	94.7	110.3	55.9
1997	108.0	107.9	104.8	103.6	106.5	117.8	97.2	100.5	81.3
1998	109.1	108.9	106.2	107.0	105.0	116.5	112.0	116.1	87.5
1999	107.7	107.5	107.9	108.9	106.4	106.4	104.3	114.4	23.1

表 2—11 支出法国内生产总值构成

（1978－1999）

单位：%

年份	支出法计算的国内生产总值	最终消费	居民消费	农村居民	城镇居民	政府消费	资本形成	固定资本	存货增加
1978	100	78.1	66.1	50.8	15.3	12.0	35.3	27.5	7.8
1979	100	77.3	65.2	49.4	15.9	12.1	31.0	24.3	6.7
1980	100	79.9	67.4	50.6	16.8	12.5	29.9	27.5	2.4
1981	100	76.9	65.3	49.6	15.7	11.6	28.8	23.8	5.1
1982	100	81.6	69.4	55.1	14.3	12.3	23.7	14.8	8.9
1983	100	82.8	69.7	54.9	14.8	13.0	24.1	17.3	6.8
1984	100	84.3	68.4	53.5	15.0	15.9	24.3	22.9	1.4
1985	100	84.4	68.5	53.1	15.4	15.9	34.1	23.3	10.8
1986	100	82.3	67.0	49.7	17.3	15.3	35.1	26.9	8.2
1987	100	78.5	63.9	46.7	17.2	14.6	33.0	26.0	7.0
1988	100	80.4	62.7	42.8	19.9	17.7	33.3	24.1	9.1
1989	100	77.3	59.7	41.0	18.7	17.6	29.1	18.5	10.6
1990	100	77.2	59.1	40.1	19.0	18.1	23.9	16.2	7.7
1991	100	76.0	57.3	37.6	19.7	18.7	26.4	19.2	7.3
1992	100	68.8	50.8	32.9	17.8	18.1	35.2	23.2	12.0
1993	100	64.7	48.4	29.6	18.9	16.3	40.2	31.9	8.3
1994	100	65.0	49.1	28.1	21.0	15.9	39.4	31.9	7.5
1995	100	66.4	50.4	28.7	21.6	16.0	41.3	28.3	13.0
1996	100	70.8	54.2	32.1	22.1	16.7	35.2	28.5	6.7
1997	100	69.1	51.5	30.2	21.3	17.6	31.8	26.8	5.0
1998	100	68.8	50.1	29.5	20.6	18.7	34.2	30.1	4.1
1999	100	68.8	50.1	29.0	21.1	18.6	33.1	32.2	0.8

表 2—12 国内生产总值构成项目比重

（1999 年，当年价） 单位：%

	增加值	劳动者报酬	生产税净额	固定资产折旧	营业盈余
国内生产总值	100.00	65.89	10.45	9.98	13.68
第一产业	28.39	25.85	0.08	0.83	1.63
农业	16.85	15.35	0.05	0.49	0.97
林业	1.55	1.41		0.05	0.09
畜牧业	6.68	6.08	0.02	0.20	0.38
渔业	3.31	3.01	0.01	0.10	0.19
第二产业	35.62	18.63	7.42	3.99	5.57
工业	29.66	13.91	6.90	3.58	5.26
采掘业	3.79	2.47	0.53	0.29	0.51
制造业	23.40	10.76	5.82	2.52	4.29
电力、煤气及水的生产和供应业	2.47	0.69	0.55	0.77	0.46
建筑业	5.97	4.72	0.53	0.41	0.31
第三产业	35.99	21.41	2.94	5.16	6.48
农林牧渔服务业	0.25	0.21	0.01	0.02	0.02
地质勘探业、水利管理业	0.21	0.13	0.01	0.07	
交通运输、仓储及邮电通信业	7.44	5.64	0.40	1.63	−0.24
交通运输业和仓储业	6.19	5.31	0.30	0.62	−0.04
邮电通信业	1.25	0.33	0.10	1.01	−0.20
批发和零售贸易、餐饮业	13.33	4.43	1.69	0.74	6.47
批发和零售贸易业	10.77	4.16	1.56	0.67	4.39
餐饮业	2.56	0.27	0.13	0.08	2.08
金融保险业	0.86	0.73	0.51	0.29	−0.68
金融业	0.75	0.68	0.46	0.27	−0.67
保险业	0.11	0.05	0.05	0.02	−0.01
其他					
房地产业	2.18	0.21	0.08	1.07	0.82
房地产管理业	0.88	0.03		0.03	0.81
房地产开发与经营业	0.30	0.17	0.07	0.04	0.01
城市居民自有住房	0.37			0.37	
农村居民自有住房	0.64			0.64	
社会服务业	2.51	2.15	0.19	0.24	−0.06
卫生、体育、社会福利业	1.77	1.61	0.01	0.12	0.04
教育、文艺广播电影电视业	3.29	2.63	0.03	0.55	0.09
科学研究和综合技术服务业	0.29	0.22	0.01	0.03	0.02
国家机关、政党机关和社会团体	3.11	2.73	0.01	0.37	
其他行业	0.75	0.73		0.01	

三、人口

表 3—1 总户数和总人口

年份	总户数（万户）	总人口（万人）	男	女	性别比（以女性为 100）
1978	661	3402	1753	1649	106.31
1979	666	3470	1786	1684	106.06
1980	676	3538	1822	1716	106.18
1981	694	3613	1862	1751	106.34
1982	706	3684	1902	1782	106.73
1983	718	3733	1930	1803	107.04
1984	734	3806	1970	1836	107.30
1985	757	3873	2005	1868	107.33
1986	783	3946	2044	1902	107.47
1987	808	4016	2082	1934	107.65
1988	831	4088	2119	1969	107.62
1989	867	4150	2152	1998	107.71
1990	896	4242	2205	2037	108.25
1991	918	4324	2250	2074	108.49
1992	950	4380	2285	2095	109.07
1993	973	4438	2317	2121	109.24
1994	997	4493	2346	2147	109.27
1995	1020	4543	2377	2166	109.74
1996	1040	4589	2398	2191	109.45
1997	1069	4633	2421	2212	109.45
1998	1092	4675	2442	2233	109.37
1999	1110	4713	2463	2250	109.51

注:本表数字按 1999 年行政区划计算。总人口从 1991 年起为人口变动抽样调查推算数,其余年份总人口及总户数、性别比均为户籍统计年报数。

表 3—2 城乡人口及少数民族人口

单位:万人

年份	按城乡分		按农业、非农业分		少数民族人口
	市镇人口	乡村人口	农业人口	非农业人口	
1978	361	3041	3042	360	1272
1979	373	3097	3084	386	1310
1980	388	3150	3140	398	1335
1981	404	3209	3202	411	1380
1982	451	3233	3263	421	1405
1983	455	3278	3302	431	1429
1984	1434	2372	3361	445	1470
1985	1483	2390	3402	471	1510
1986	1506	2440	3457	489	1543
1987	1529	2487	3505	511	1572
1988	1710	2378	3556	532	1597
1989	1877	2273	3600	550	1618
1990	1960	2282	3677	565	1650
1991	2063	2231	3713	581	1664
1992	2200	2159	3730	629	1683
1993	2473	1935	3735	673	1701
1994	2728	1727	3743	712	1719
1995	2989	1513	3757	745	1734
1996	3241	1305	3771	775	1752
1997	3347	1241	3793	795	1764
1998	3423	1199	3816	806	1777
1999	3517	1141	3841	817	1790

注:本表为户籍统计年报数。

表 3—3 人口变动情况

年份	总人口比上年增减 绝对数（万人）	增长速度（%）	出生人口（万人）	出生率（‰）	死亡人口（万人）	死亡率（‰）	自然增长率（‰）	年平均人口（万人）
1978	73	2.19	83	24.69	19	5.79	18.90	3365
1979	68	2.00	87	25.26	21	6.07	19.19	3436
1980	68	1.96	88	25.17	20	5.80	19.37	3504
1981	75	2.12	98	27.30	20	5.55	21.75	3576
1982	71	1.97	98	26.88	21	5.64	21.24	3648
1983	49	1.33	69	18.52	21	5.60	12.92	3709
1984	73	1.96	107	28.34	22	5.87	22.47	3770
1985	67	1.76	98	25.51	22	5.60	19.91	3840
1986	73	1.88	106	27.08	26	6.68	20.40	3910
1987	70	1.77	97	24.42	29	7.36	17.06	3981
1988	72	1.79	90	22.18	26	6.36	15.82	4052
1989	62	1.52	84	20.34	24	5.72	14.62	4119
1990	92	2.22	85	20.20	28	6.60	13.60	4196
1991	63	1.48	93	21.89	31	7.24	14.65	4283
1992	56	1.30	87	20.19	32	7.28	12.91	4352
1993	58	1.32	86	19.58	28	6.35	13.23	4409
1994	55	1.24	84	18.84	29	6.60	12.24	4466
1995	50	1.11	79	17.54	29	6.53	11.01	4518
1996	46	1.01	77	16.83	31	6.82	10.01	4566
1997	44	0.96	74	15.93	30	6.40	9.53	4611
1998	42	0.91	74	15.87	32	6.86	9.01	4654
1999	38	0.81	70	14.96	32	6.93	8.03	4694

注：①本表“三率”数字，1982 年以前根据第三次人口普查资料进行了调整，1983 年根据户籍统计年报数计算，1984—1999 年为人口变动抽样调查数字。②总人口增减绝对数、增长速度和年平均人口从 1991 年起为人口变动抽样调查数，1990 年以前为户籍统计年报数。

表 3—4 分民族人口

单位：人

民族别	1978 年	1980 年	1985 年	1990 年	1995 年	1998 年	1999 年
壮族	11289329	11830852	13156919	14236246	14949517	15288933	15381070
汉族	21291530	22035347	23630530	25917554	27676242	28448326	28677983
瑶族	761214	806673	1096291	1291897	1365739	1412585	1432894
苗族	318429	329397	363909	407867	429309	443126	449318
侗族	209866	218600	254945	279673	299834	311828	314538
仫佬族	75137	77259	110379	143946	155134	163597	163803
毛南族	32853	32224	64199	69386	67980	71451	72182
回族	16950	17844	21280	25607	27727	28184	29453
京族	5723	5942	10872	14083	15156	16038	16212
彝族	5175	5015	4851	6074	6277	6936	6883
水族	3371	3678	5490	10460	11752	12590	12879
仡佬族	743	759	1056	2391	2698	2823	2874
其他民族	6053	20535	8746	11018	13736	15521	16390

注：本表为户籍统计年报数。

表 3—5 分地市总户数和人口数

单位:万人

地市名称	户数(万户)		人口数		男性人口		女性人口	
	1998 年	1999 年	1998 年	1999 年	1998 年	1999 年	1998 年	1999 年
南宁市	74.5	76.4	284.6	285.9	148.5	149.0	136.1	136.9
柳州市	46.7	48.5	179.1	180.4	92.8	93.5	86.3	86.9
桂林市		126.9		479.2		249.6		229.6
梧州市	69.5	70.7	277.9	279.9	146.1	147.3	131.8	132.6
北海市	34.6	35.6	137.8	139.5	72.1	73.0	65.7	66.5
防城港市	20.1	20.7	76.1	77.1	41.6	42.4	34.5	34.7
钦州市	70.4	71.4	311.4	314.8	167.1	168.9	144.3	145.9
贵港市	96.6	93.2	441.4	445.8	230.0	232.2	211.4	213.6
玉林市	126.2	129.7	553.4	563.3	292.3	298.4	261.1	264.9
南宁地区	126.5	128.4	551.4	553.7	285.5	286.8	265.9	266.9
柳州地区	90.3	92.3	396.0	398.2	207.6	208.9	188.4	189.3
贺州地区	42.9	44.9	201.1	202.4	105.3	106.0	95.8	96.4
百色地区	80.7	81.8	360.7	361.8	184.9	185.6	175.8	176.2
河池地区	88.3	89.4	374.0	375.6	192.0	192.9	182.0	182.7

地市名称	农业人口		非农业人口		市镇人口		乡村人口	
	1998 年	1999 年	1998 年	1999 年	1998 年	1999 年	1998 年	1999 年
南宁市	170.3	169.7	114.3	116.2	251.7	252.8	32.9	33.1
柳州市	89.3	89.3	89.8	91.1	136.9	158.8	42.2	21.6
桂林市		378.7		100.5		308.2		171.0
梧州市	223.3	224.8	54.6	55.1	262.7	264.7	15.2	15.2
北海市	101.1	101.2	36.7	38.3	131.4	133.1	6.4	6.4
防城港市	58.5	59.1	17.6	18.0	60.1	61.1	16.0	16.0
钦州市	279.1	281.8	32.3	33.0	309.3	312.7	2.1	2.1
贵港市	387.6	395.8	53.8	50.0	421.5	425.7	19.9	20.1
玉林市	489.0	496.9	64.4	66.4	498.1	506.7	55.3	56.6
南宁地区	483.4	484.5	68.0	69.2	353.4	355.3	198.0	198.4
柳州地区	343.4	344.7	52.6	53.5	176.9	189.8	219.1	208.4
贺州地区	175.0	176.0	26.1	26.4	173.9	175.1	27.2	27.3
百色地区	317.1	317.2	43.6	44.6	165.6	173.0	195.1	188.8
河池地区	319.7	320.9	54.3	54.7	198.5	200.3	175.5	175.3

注:①本表数字为户籍统计年报数,按当年行政区划和建制统计。
②本表资料空缺部分是因行政区划变动未能按新区划调整。

表 3—6　**分 市 县 人 口 数**

（1999 年）　　单位:人

市县名称	总人口数	男	女	#少数民族人口	#非农业人口	#镇人口
南宁市	1313621	681449	632172	469229	961187	295595
邕宁县	902351	474490	427861	818031	97632	720419
武鸣县	642739	333488	309251	556162	103014	493593
柳州市	893975	466494	427481	187588	782183	58684
柳江县	506561	262513	244048	383254	69381	431275
柳城县	403535	206027	197508	219642	59195	263204
桂林市	622760	319112	303648	54961	469264	52003
阳朔县	297588	153110	144478	36734	36078	151890
临桂县	445834	227985	217849	35727	54392	265730
灵川县	351578	179894	171684	18156	60377	238667
全州县	762177	409859	352318	31367	82056	431995
兴安县	369772	190926	178846	10536	52773	289649
永福县	265922	138166	127756	38862	33332	96502
灌阳县	270293	146777	123516	20429	26330	142320
龙胜各族自治县	166812	87066	79746	128799	21047	60699
资源县	166325	86434	79891	33589	18804	15600
平乐县	429946	222688	207258	77922	59737	284485
荔浦县	366097	188622	177475	66695	52020	333780
恭城瑶族自治县	276826	145474	131352	154359	38568	147911
梧州市	330209	167327	162882	8468	254664	77297
岑溪市	756494	401104	355390	2865	115379	748507
苍梧县	629376	331418	297958	4385	65000	629376
藤　县	887878	470618	417260	3984	91732	756169
蒙山县	195495	102560	92935	36304	24326	174778
北海市	504985	258429	246556	9501	213225	324991
合浦县	890179	472075	418104	8011	169895	825817
防城港市	466757	256064	210693	138207	120718	274774
东兴市	100894	54167	46727	29062	22108	100894

注:本表数字为户籍统计年报数;市不含市辖县。

表 3—6　续表 1　　　　(1999 年)　　　　单位:人

市县名称	总人口数					
		男	女	#少数民族人口	#非农业人口	#镇人口
上思县	203280	113488	89792	185585	37354	43401
钦州市	1149607	626742	522865	307451	176895	1105396
灵山县	1255012	662703	592309	24004	92150	1255012
浦北县	743540	399326	344214	2795	61044	722278
贵港市	1648226	847754	800472	477675	247851	1199882
平南县	1220020	647795	572225	76961	97647	1018609
桂平市	1590048	827101	762947	111080	154223	1355782
玉林市	869141	464117	405024	7951	193749	799205
北流市	1127994	595308	532686	11260	143375	1127994
容　县	730008	383729	346279	4621	104918	647556
陆川县	836441	436194	400247	11906	78840	714267
博白县	1429980	759867	670113	14326	113887	1266590
兴业县	639433	344343	295090	10192	28816	441316
凭祥市	100229	51352	48877	83248	28484	－－
横　县	1048049	557432	490617	381725	122907	885630
宾阳县	945303	491917	453386	186575	125048	836408
上林县	443378	228586	214792	380304	39811	303947
隆安县	366199	190121	176078	354679	34522	212607
马山县	490077	244861	245216	414931	35260	214592
扶绥县	406332	212670	193662	339959	75317	285793
崇左县	330585	171109	159476	266848	64473	215724
大新县	352045	181292	170753	345310	40022	152884
天等县	399526	202664	196862	395173	25722	120721
宁明县	388100	200224	187876	303874	56505	104156
龙州县	267364	136344	131020	254241	43440	119839
合山市	142247	78542	63705	101537	61015	84751
鹿寨县	463205	248350	214855	234860	87769	269848
象州县	348072	179916	168156	247779	38390	220085
武宣县	401964	214135	187829	270494	48230	272957
来宾县	961426	503526	457900	668645	120025	408069
融安县	319195	167973	151222	133265	49993	135279

表 3—6 续表 2　　　　（1999 年）　　　　单位：人

市县名称	总人口数	男	女	#少数民族人口	#非农业人口	#镇人口
三江侗族自治县	338425	176990	161435	280513	27506	60039
融水苗族自治县	459649	237499	222150	329448	52270	113433
金秀瑶族自治县	146380	76272	70108	114827	17974	72152
忻城县	400955	205444	195511	376658	32126	203435
贺州市	874851	454176	420675	77169	114529	854821
昭平县	385355	204942	180413	30947	52751	191133
钟山县	477235	252781	224454	66659	64210	454497
富川瑶族自治县	286193	148405	137788	142607	32751	230328
百色市	322112	164634	157478	246350	121221	175283
田阳县	329155	165473	163682	300448	42368	214682
田东县	389215	197053	192162	346799	58646	255489
平果县	448890	229636	219254	424715	55129	308866
德保县	340841	179784	161057	339308	25705	58871
靖西县	571757	297296	274461	570359	42405	224039
那坡县	190096	99855	90241	179623	15904	62373
凌云县	180780	92135	88645	97759	12609	64300
乐业县	144122	73466	70656	75180	12176	37931
田林县	226546	114944	111602	167974	21833	70094
隆林各族自治县	347328	176608	170720	276145	25642	69478
西林县	127470	64847	62623	115602	11920	42261
河池市	307169	158331	148838	233889	110262	227083
宜州市	598643	306499	292144	497057	97709	272287
罗城仫佬族自治县	354838	184008	170830	258487	46774	274335
环江毛南族自治县	342485	177817	164668	314445	54884	187945
南丹县	271722	139171	132551	188753	60901	171277
天峨县	140661	72279	68382	85051	17424	45882
凤山县	189538	94259	95279	124552	17084	38239
东兰县	277643	142419	135224	253109	22011	119777
巴马瑶族自治县	236370	121350	115020	204120	22805	56630
都安瑶族自治县	625130	319739	305391	607194	36844	91387
大化瑶族自治县	411920	213386	198534	380666	59981	111377

表3—7 育龄妇女生育孩次构成

单位:%

年　份	合　计	第一孩	第二孩	第三孩	第四孩	第五孩及以上
1985	100.00	33.55	27.43	17.89	11.49	9.64
1986	100.00	32.85	26.78	19.98	10.31	10.07
1987	100.00	31.26	27.67	19.61	10.77	10.68
1988	100.00	36.66	29.25	18.42	9.31	6.36
1989	100.00	35.25	30.67	17.89	9.37	6.82
1990	100.00	39.65	31.34	16.08	8.04	4.90
1991	100.00	41.75	34.87	14.75	5.90	2.72
1992	100.00	46.55	29.59	16.97	5.41	1.48
1993	100.00	48.35	33.38	11.98	3.14	3.14
1994	100.00	51.59	34.04	10.44	2.87	1.06
1995	100.00	54.28	31.32	14.40		
1996	100.00	63.03	26.63	10.34		
1997	100.00	65.10	27.57	7.33		
1998	100.00	65.88	27.02	7.10		
1999	100.00	65.04	25.92	9.04		

注:1985－1990年为人口定点调查数据,1991－1999年为人口抽样调查数据。
1995年以后的“第三孩”含三孩以上。

表3—8 各种规模家庭户构成

单位:%、人

年　份	合　计	1人户	2人户	3人户	4人户	5人户	6人户	7人户	8人及以上户	家庭户平均每户人数
1990	100.00	6.55	7.82	14.43	21.41	20.79	13.54	7.67	7.79	4.60
1991	100.00	5.16	6.60	12.20	20.89	21.63	15.56	8.70	9.27	4.84
1992	100.00	5.94	7.34	12.60	21.45	21.66	14.10	8.43	8.47	4.73
1993	100.00	5.22	7.52	13.47	21.78	22.08	13.05	8.59	8.29	4.71
1994	100.00	5.39	7.35	13.15	22.14	22.37	13.88	7.77	7.95	4.69
1995	100.00	6.50	9.58	16.84	23.75	19.30	12.50	6.40	5.12	4.31
1996	100.00	6.73	9.47	17.23	24.70	18.99	11.85	5.70	5.33	4.29
1997	100.00	6.30	10.10	18.64	26.57	19.60	10.51	4.70	3.58	4.15
1998	100.00	5.66	10.16	18.68	25.88	19.22	11.17	5.26	3.97	4.21
1999	100.00	5.51	10.98	19.32	26.61	19.00	10.61	4.47	3.50	4.12

注:本表为人口抽样调查数据。

主要统计指标解释

户数　包括家庭户(含单身独居)和集体户。

人口数　指一定时点、一定地区范围内有生命的个人的总和。年度统计的年末人口是指每年12月31日24时的人口数。全区人口数不包括部队人口。

人口出生率　指在一定时期内(通常为一年内)平均每千人所出生的人数的比率,一般用千分率表示。计算公式:

$$人口出生率=\frac{年出生人数}{年平均人数}\times 1000‰$$

出生人数是指活产婴儿,即胎儿脱离母体时(不管怀孕月数),有过呼吸或其他生命现象。

人口死亡率　指在一定时期内(通常为一年内)一定地区的死亡人数与同期平均人数(或期中人数)之比,一般用千分率表示。计算公式:

$$人口死亡率=\frac{年死亡人数}{年平均人数}\times 1000‰$$

人口自然增长率　指在一定时期内(通常为一年内)人口自然增加数(出生人数减死亡人数)与平均人数(或期中人数)之比,一般用千分率表示。计算公式:

$$人口自然增长率=\frac{本年出生人口数-本年死亡人口数}{年平均人数}\times 1000‰$$

或人口自然增长率=人口出生率-人口死亡率

性别比　反映两性人口间比例的指标,指在总人口中或各年龄组人口中,男性人数与女性人数之比。通常以每100个女性人口相对应的男性人口数来表示。计算公式:

$$性别比=\frac{男性人口}{女性人口}\times 100$$

市人口　指地级市市辖区(不含辖县)和县级市的全部人口。

镇人口　指镇辖区内的全部人口。

市镇人口　指市人口和县辖镇人口。

乡人口　指县辖乡的全部人口。

农业人口　指农业户口人口。

非农业人口　指非农业户口人口。

孩次构成　指一定时期内(通常为一年)某一孩次的出生婴儿人数占同期全部出生婴儿的比例。

家庭户规模　家庭的大小,亦即家庭成员的多少。

四、从业人员和职工工资

表4—1 历年从业人员人数

单位:万人

年份	从业人员		职工	城镇个体和私营企业从业人员	乡村劳动者
	合计	占总人口(%)			
1978	1456	42.8	237		1219
1979	1493	43.0	240	0.7	1252
1980	1550	43.8	248	2.2	1300
1981	1605	44.4	260	5.4	1340
1982	1668	45.3	267	7.8	1393
1983	1713	45.9	267	10.7	1435
1984	1776	46.7	270	15.5	1490
1985	1831	47.3	276	21.0	1534
1986	1896	48.0	284	25.9	1586
1987	1961	48.8	296	27.8	1637
1988	2012	49.2	303	31.3	1678
1989	2046	49.3	307	27.8	1712
1990	2109	49.7	312	28.9	1768
1991	2171	50.6	323	29.6	1818
1992	2217	50.9	334	32.9	1850
1993	2275	51.3	344	38.3	1893
1994	2336	52.0	341	48.7	1935
1995	2383	52.2	343	62.4	1965
1996	2417	52.7	344	62.4	1997
1997	2454	53.0	340	65.3	2032
1998	2499	53.5	335	82.4	2068
1999	2515	53.4	329	94.5	2080

注:从1994年起从业人员包括其他从业人员。

表4—2 历年国有单位职工工资和指数

年份	工资总额(万元)	指数	职工平均工资(元)			
			货币工资	指数	实际工资	指数
1978	107460	126.1	559	104.3	560	104.5
1979	121233	112.8	620	110.9	603	107.9
1980	149574	123.4	735	118.5	653	105.2
1981	157342	105.2	748	101.8	728	99.1
1982	169708	107.9	782	104.5	751	100.4
1983	178875	105.4	810	103.6	786	100.6
1984	219622	122.8	1039	128.3	993	122.7
1985	243143	110.7	1126	108.4	982	94.5
1986	299732	123.3	1344	119.4	1266	112.4
1987	347475	115.9	1502	111.8	1363	101.5
1988	428302	123.3	1798	119.7	1458	97.1
1989	464594	108.5	1887	104.9	1576	87.6
1990	538257	113.3	2135	113.1	2172	115.1
1991	609682	113.5	2341	109.6	2279	106.7
1992	739678	121.5	2733	116.7	2554	109.1
1993	952559	128.9	3432	125.6	2783	101.9
1994	1266563	133.0	4604	134.1	3671	106.9
1995	1452995	114.7	5226	113.5	4429	96.2
1996	1546649	106.4	5525	105.7	5237	100.2
1997	1558907	100.8	5654	102.3	5615	101.6
1998	1530839	98.2	5824	103.0	6000	106.1
1999	1631014	106.5	6337	108.8	6520	108.7

注:①"实际工资"指扣除职工生活费用价格变动因素后的平均工资。
②1990年工资总额含肉类等价格补贴,其指数是按同一口径对比。
③指数以上年为100。

表 4—3 劳动力资源

指标	1978 年	1980 年	1985 年	1990 年	1995 年	1998 年	1999 年
劳动力资源总数(万人)	**1873**	**1949**	**2036**	**2439**	**2907**	**3086**	**3147**
劳动力资源总数占人口总数的(%)	**55.1**	**55.1**	**52.6**	**57.5**	**64.0**	**66.0**	**66.8**
#从业人员人数(万人)	1456	1551	1831	2109	2383	2499	2515
劳动力资源利用率(%)	77.7	79.5	89.9	86.5	82.0	81.0	80.0
职工人数(万人)	237	248	276	312	343	335	329
城镇个体和私营企业从业人员(万人)		2.2	21.0	28.9	62	82	95
乡村劳动者(万人)	1219	1300	1534	1768	1965	2068	2080
从业人员按产业分							
第一产业(万人)	1172	1290	1473	1614	1583	1620	1619
占总数比重%	80.5	83.1	80.4	76.5	66.4	64.8	64.4
第二产业(万人)	153	147	161	207	282	283	276
占总数比重%	10.5	9.5	8.8	9.8	11.8	11.3	11.0
第三产业(万人)	132	114	197	288	518	596	620
占总数比重%	9.0	7.4	10.8	13.7	21.8	23.9	24.6

表 4—4 全部职工人数和工资

指标	1978 年	1980 年	1985 年	1990 年	1995 年	1998 年	1999 年
一、年末职工人数(万人)	**237**	**248**	**276**	**312**	**343**	**335**	**329**
国有单位	199	208	222	259	283	263	259
城镇集体单位	38	40	54	51	47	39	35
其他各种经济单位			...	2	13	33	35
二、工资总额(万元)	**125012**	**173582**	**289888**	**624048**	**1723058**	**1932815**	**2043620**
国有单位	107460	149573	243143	538257	1452995	1530839	1631014
城镇集体单位	17552	24009	46711	81949	190392	169007	154058
其他各种经济单位			34	3842	79671	232969	258548
三、平均工资(元)	**543**	**714**	**1077**	**2049**	**5105**	**5779**	**6254**
国有单位	559	735	1126	2135	5226	5824	6337
城镇集体单位	462	609	880	1624	4064	4345	4370
其他各种经济单位			1040	1934	6324	7101	7571

表4—5 分产业从业人员

(1999年)

单位:万人

	从业人员	在岗职工	#国有单位	#集体单位	离开本单位仍保留劳动关系的职工	城镇私营和个体	乡村劳动者
总　　计	2514.9	295.2	234.9	29.4	33.5	94.5	2080.3
第一产业	1619.3	13.0	12.8	0.1	1.0	1.6	1603.4
农业	1488.2	8.4	8.2	0.1	0.6	1.1	1478.1
林业	31.5	4.2	4.2		0.4		26.7
畜牧业	70.7	0.3	0.3			0.5	69.8
渔业	28.9	0.1	0.1				28.8
第二产业	276.2	101.3	61.6	15.2	19.7	13.0	140.3
工业	178.1	86.0	55.6	10.2	17.8	12.0	61.3
采掘业	9.3	6.8	6.1	0.4	1.9	0.6	
制造业	160.7	71.5	42.4	9.7	15.7	11.4	61.3
电力、煤气及水的生产和供应业	8.1	7.7	7.1	0.1	0.2		
建筑业	98.1	15.3	6.0	5.0	1.9	1.0	79.0
第三产业	619.4	180.9	160.5	14.1	12.8	79.9	336.6
农林牧渔服务业	4.3	4.1	3.9	0.1	0.1		
地质勘探业、水利管理业	3.1	2.8	2.7	0.1	0.3		
交通运输、仓储及邮电通信业	59.2	17.1	14.9	1.3	1.7	7.3	31.8
交通运输业和仓储业	56.0	14.2	12.2	1.3	1.7	7.3	31.8
邮电通信业	3.2	2.9	2.7				
批发和零售贸易、餐饮业	143.3	27.2	15.6	9.0	8.7	59.8	47.0
批发和零售贸易业	128.4	26.0	14.8	8.7	8.4	46.4	47.0
餐饮业	14.9	1.2	0.8	0.3	0.3	13.4	
金融保险业	8.6	8.2	5.9	1.9	0.1		
金融业	8.1	7.8	5.5	1.9	0.1		
保险业	0.5	0.4	0.4				
房地产业	1.8	1.7	1.1	0.1	0.1		
房地产管理业	0.7	0.6	0.5				
房地产开发与经营业	1.1	1.0	0.5	0.1	0.1		
社会服务业	22.3	10.6	7.8	0.8	0.5	11.1	
卫生、体育、社会福利业	14.6	14.4	14.3	0.1	0.1		
教育、文艺广播电影电视业	61.1	54.5	54.4	0.1	0.5		
科学研究和综合技术服务业	3.7	3.5	3.5		0.1		
国家机关、党政机关和社会团体	35.8	35.1	35.0	0.1	0.4		
其他行业	261.6	1.7	1.4	0.5	0.2	1.7	257.8

表 4—6　分产业单位从业人员劳动报酬

（1999 年）

	单位从业人员劳动报酬（万元）	在岗职工工资	其他从业人员劳动报酬	离开本单位仍保留劳动关系职工生活费（万元）	在岗职工平均工资（元）	离开本单位仍保留劳动关系职工平均生活费（元）
总　计	2039055.8	1998347.2	40708.6	45273.0	6776	1421
第一产业	51787.7	50663.2	1124.5	901.1	3929	879
农业	30916.3	30227.1	689.2	333.2	3645	597
林业	18746.6	18340.4	406.2	497.7	4341	1275
畜牧业	1685.3	1658.8	26.5	41.1	5642	725
渔业	439.5	436.9	2.6	29.1	5367	1433
第二产业	713953.3	705486.9	8466.4	31425.0	6946	1663
工业	604354.9	600006.4	4348.5	28969.4	6942	1692
采掘业	39646.9	39501.0	145.9	2869.1	5588	1602
制造业	484429.7	480574.6	3855.1	25006.3	6703	1656
电力、煤气及水的生产和供应业	80278.3	79930.8	347.5	1094.0	10421	4689
建筑业	109598.4	105480.5	4117.9	2455.6	6970	1383
第三产业	1273314.8	1242197.1	31117.7	12946.9	6883	1084
农林牧渔服务业	22858.7	22736.1	122.6	208.3	5540	1439
地质勘探、水利管理业	17889.4	17796.5	92.9	874.3	6352	3092
交通运输、仓储及邮电通信业	174482.8	167577.3	6905.5	2329.4	9730	1347
交通运输和仓储业	138655.0	132921.8	5733.2	2187.6	9303	1285
邮电通信业	35827.8	34655.5	1172.3	141.8	11806	5311
批发和零售贸易业、餐饮业	139430.8	137769.1	1661.7	6165.5	4991	761
批发和零售贸易业	133795.8	132225.2	1570.6	5990.9	5013	763
餐饮业	5635.0	5543.9	91.1	174.6	4521	693
金融保险业	75235.3	73215.1	2020.2	195.1	8878	4336
金融业	70844.9	69208.4	1636.5	176.9	8855	4212
保险业	4390.4	4006.7	383.7	18.2	9294	6067
房地产业	13049.7	12534.2	515.5	104.1	7312	1540
房地产管理业	4511.3	4490.6	20.7	45.9	7104	2115
房地产开发与经营业	7884.1	7391.0	493.1	56.6	7412	1258
社会服务业	77175.6	75212.8	1962.8	904.9	7167	1630
卫生、体育、社会福利业	116816.2	115788.4	1027.8	230.7	8159	2231
教育、文艺广播电影电视业	339091.5	324326.2	14765.3	594.9	6020	1748
科学研究和综合技术服务业	30595.5	30276.4	319.1	170.6	8536	1750
国家机关、政党机关和社会团体	252551.2	251006.6	1544.6	960.7	7207	3004
其他行业	14138.1	13958.4	179.7	208.4	7591	1296

表 4—7 国有单位分行业职工平均工资

单位:元

行业	1978 年	1980 年	1985 年	1990 年	1995 年	1998 年	1999 年
农、林、牧、渔业	463	587	830	1629	3694	3906	4101
采掘业		782	1195	2483	5259	4785	4704
制造业		759	1116	2161	5453	5111	5343
电力、煤气及水的生产和供应业		739	1099	2453	7197	9085	10012
建筑业	642	848	1431	2485	6804	7149	7277
地质勘查、水利管理业	605	765	1192	2198	4852	5299	6052
交通运输、仓储及邮电通信业	640	832	1319	2640	7036	8703	9335
批发零售贸易、餐饮业	534	699	1055	2054	4801	3974	4213
金融、保险业	609	745	1154	2069	6333	8565	9551
房地产业		715	1001	1913	5859	6896	7386
社会服务业		715	1077	1935	5106	6441	6797
卫生、体育和社会福利业	567	716	1119	2212	5567	7463	8129
教育、文化艺术和广播电影电视业	503	681	1166	1953	4209	5346	5992
科学研究和综合技术服务业	531	749	1053	2131	5848	8147	8376
国家机关、政党机关和社会团体	618	782	1072	2106	4931	6275	7170
其他行业					5542	6829	7571

表 4—8 城镇失业与就业人员情况

指标	1978 年	1980 年	1985 年	1990 年	1995 年	1998 年	1999 年
城镇失业人数(万人)	10.3	12.4	8.6	13.9	10.1	13.4	11.6
失业率(%)	4.1	4.7	2.8	3.9	2.4	3.2	3.3
就业人员主要来源(万人)	12.7	15.5	18.3	22.3	31.6	25.72	24.9
城镇劳动力	4.5	8.1	9.5	12.6	17.4	16.01	15.9
农村劳动力	0.9	2.7	2.8	3.2	4.4	2.7	2.2
大学、中专、技校毕业生	0.8	2.5	2.3	4.0	6.1	4.7	4.6
其他	6.5	2.2	3.7	2.5	3.7	2.3	2.2
就业人员安置去向(万人)							
国有单位	8.2	10.2	9.9	13.7	20.6	12.01	10.9
城镇集体单位	2.3	2.7	4.9	6.4	5.7	4.1	2.8
其他经济单位	–	–	–	–	1.7	3.7	5.2
从事个体和私营企业人员	2.2	2.6	3.5	2.2	3.6	5.9	6.0

表 4—9 单位从业人员变动情况

(1999 年) 单位:人

	本年增加人数							
	合计	从农村招收	从城镇招收	录用的复员转业军人	录用的大、中专、技工学校毕业生	调入	由外省、自治区、直辖市调入	其他
总计	**143807**	**22035**	**13990**	**4352**	**46263**	**40213**	**696**	**16954**
一、国有经济单位	113429	11823	7441	3758	40858	36847	576	12702
按企业、事业、机关分组								
1. 企业	45677	8224	5278	1725	11252	11252	240	7946
#地方	32226	5877	4677	1326	8631	5055	140	6624
2. 事业	45846	3354	1552	1085	25421	11098	228	3336
#地方	45380	3343	1534	1056	25213	10952	220	3282
3. 机关	21906	245	611	948	4185	14497	108	1420
#地方	21423	235	603	916	4030	14312	108	1327
二、城镇集体经济单位	11779	4694	2124	208	1683	1446	40	1624
三、其他各种经济类型单位	18599	5518	4425	386	3722	1920	80	2628

表 4-9 续表 (1999 年) 单位:人

	本年减少人数							
	合计	离休退休退职	开除除名辞职	终止解除合同	离开本单位仍保留关系的职工	调出	调到外省、自治区、直辖市	其他
总计	**259068**	**49385**	**21097**	**36454**	**86202**	**42073**	**812**	**23857**
一、国有经济单位	186704	39048	12015	23957	57314	37995	720	16375
按企业、事业、机关分组								
1. 企业	127237	21449	7144	20071	53141	14804	359	10628
#地方	107074	20139	6463	14650	49105	7623	214	9094
2. 事业	40682	13927	4450	3603	3672	10566	252	4464
#地方	39342	13496	4387	3559	3221	10282	211	4397
3. 机关	18785	3672	421	283	501	12625	109	1283
#地方	18319	3533	408	267	501	12410	105	1200
二、城镇集体经济单位	32725	5486	3148	3510	15617	1832	17	3132
三、其他各种经济类型单位	39639	4851	5934	8987	13271	2246	75	4350

表 4—10 离休、退休、退职人员和保险福利费用情况

项　　目	1990 年	1995 年	1998 年	1999 年
一、截止年末离休、退休、退职人员数总计(人)	**436300**	**664944**	**762517**	**743194**
国有单位	342188	554229	626008	604156
#离、退休人员	331765	537933	616027	594918
城镇集体单位	93966	101500	103331	96303
#离、退休人员	90464	97601	100901	94752
其他单位	146	9215	33178	42735
#离、退休人员	140	9051	32635	41898
二、保险福利费用总计(万元)	**85214.5**	**302428.1**	**432641.7**	**456939.1**
国有单位	73329.1	268907.8	371332.0	390932.3
离休金	5367.2	17150.9	18571.3	16976.5
退休金	41704.2	190003.6	273545.6	310986.3
退职生活费	924.8	2629.2	3136.1	3091.4
医疗卫生费	8825.0	30372.8	42907.6	35924.0
护理费	380.5	–	–	–
生活补贴费	5307.9	–	–	–
交通费补贴	447.5	991.9	–	–
丧葬抚恤救济费	956.5	2830.5	–	–
物价补贴费	–	–	–	–
其　他	9416.1	24928.9	33171.4	23954.1
城镇集体单位	11851.4	28452.9	40613.8	42790.5
离休金	459.6	919.0	1151.7	914.9
退休金	6918.4	21875.3	30378.7	33753.2
退职生活费	184.3	661.4	540.2	524.9
医疗卫生费	1668.2	3293.0	4525.5	3460.5
护理费	31.4	–	–	–
生活补贴费	831.7	–	–	–
交通费补贴	60.9	153.5	–	–
丧葬抚恤救济费	124.3	234.8	–	–
物价补贴费	–	–	–	–
其　他	1572.6	1315.9	4017.7	4137.0
其他单位	33.4	5067.4	20695.9	23216.3
离休金	1.1	138.4	526.1	712.0
退休金	21.3	3568.3	14971.5	17878.0
退职生活费	0.4	54.8	201.4	249.7
医疗卫生费	7.4	964.9	2932.5	2617.4
护理费	–	–	–	–
生活补贴费	1.0	–	–	–
交通费补贴	–	24.8	–	–
丧葬抚恤救济费	–	30.6	–	–
物价补贴费	–	–	–	–
其　他	2.2	285.6	2064.4	1759.2

表 4—11 职工保险福利费用情况

单位:万元

项　　目	1990 年	1995 年	1998 年	1999 年
总　计	**91234.4**	**173599.0**	**190678.8**	**125621.0**
国有单位	**82354.7**	**153041.1**	**166916.1**	**101906.8**
医疗卫生费	31940.1	65499.6	77041.9	53880.4
丧葬抚恤救济费	1101.6	2949.5	–	–
生活困难补助费	2514.2	3702.0	–	–
文体宣传费	2290.8	6411.7	9716.0	5030.5
集体福利事业补贴费	6902.2	35280.3	45916.9	23495.9
集体福利设施费	6116.5	–	–	–
计划生育补贴费	2107.5	2937.1	–	–
上下班交通补贴费	3313.2	–	–	–
洗理卫生费	13491.6	–	–	–
其　他	12577.0	36260.9	34241.3	19500.2
城镇集体单位	**8383.0**	**13741.3**	**9907.7**	**8536.8**
医疗卫生费	3250.6	4535.7	4449.3	4186.4
丧葬抚恤救济费	94.3	177.8	–	–
生活困难补助费	168.9	227.6	–	–
文体宣传费	206.7	391.0	499.0	404.0
集体福利事业补贴费	384.4	5874.9	2488.5	2180.1
集体福利设施费	361.2	–	–	–
计划生育补贴费	257.4	271.5	–	–
上下班交通补贴费	487.5	–	–	–
洗理卫生费	1603.6	–	–	–
其　他	1568.4	2262.8	2470.9	1766.3
其他单位	**496.7**	**6816.6**	**13855.0**	**15177.4**
医疗卫生费	173.3	2408.8	6117.6	5172.0
丧葬抚恤救济费	1.8	42.0	–	–
生活困难补助费	3.7	69.1	–	–
文体宣传费	8.2	230.7	400.0	1602.8
集体福利事业补贴费	19.4	2436.0	3568.8	4139.5
集体福利设施费	23.6	–	–	–
计划生育补贴费	11.3	104.0	–	–
上下班交通补贴费	62.6	–	–	–
洗理卫生费	71.3	–	–	–
其他	121.5	1526.0	3768.6	4263.1

注:①1994 年后的集体福利事业补贴费包括集体福利设施费。
②1999 年只统计企业在岗职工。

主要统计指标解释

劳动力资源总数 指在劳动年龄内人口(16周岁以上)总数中,具有劳动能力,在正常情况下,可能或实际参加社会劳动的人口数。

从业人员 指从事一定社会劳动并取得劳动报酬或经营收入的人员。包括国有单位、城镇集体单位、其他各种经济类型单位的全部职工;再就业的离退休人员;私营业主和个体户主;私营企业和个体从业人员;乡镇企业从业人员;农村从业人员和其他从业人员。

职工 指在国有单位、城镇集体单位、其他各种经济类型单位的企业、事业、机关及其附属机构中工作,并由其支付工资的各类人员。具体包括长期职工和临时职工。

城镇失业人员 指有非农业户口,在一定的劳动年龄内(16岁以上及男50岁以下,女性45岁以下),有劳动能力,无业而要求就业,并在当地就业服务机构进行求职登记的人员。包括失业青年、失业职工和其他失业人员。

城镇失业率=

$$\frac{\text{城镇失业人员}}{\text{城镇从业人员}+\text{城镇失业人员}}\times 100\%$$

工资总额 指各单位在一定时期内直接支付给本单位全部职工的劳动报酬总额。由下列六部分组成:

(1)**计时工资** 指按计时工资标准和工作时间支付给个人的劳动报酬。

(2)**计件工资** 指对已做工作按计件单价支付的劳动报酬。

(3)**奖金和计件超额工资** 指支付给职工的超额劳动报酬和增收节支的劳动报酬以及计件工人超过定额后所得的工资。

(4)**津贴和补贴** 指为了补偿职工特殊或额外的劳动消耗和因其他特殊原因支付给职工的津贴,以及为了保证职工工资水平不受物价影响支付给职工的物价补贴。

(5)**加班加点工资** 指对法定节假日和公休假日工作的职工,以及在正常工作日以外延长工作时间的职工按规定支付的加班工资和加点工资。

(6)**其他工资** 是指其他根据国家规定支付的工资,如保留工资、附加工资、调整工资补发的上年工资等。

平均货币工资 是指在一定时期内职工货币工资的平均水平。其计算公式为:

$$\text{平均货币工资}=\frac{\text{报告期工资总额(元)}}{\text{报告期平均人数(人)}}$$

平均实际工资 是指扣除职工生活费用价格变动影响后的平均工资。其计算公式为:

$$\text{平均实际工资}=\frac{\text{平均工资}}{\text{职工生活费用价格指数}}$$

五、固定资产投资

表 5—1 全社会固定资产投资总额

单位:亿元

	1978 年	1985 年	1990 年	1995 年	1998 年	1999 年
总　　计	**9.71**	**42.22**	**68.57**	**423.37**	**571.70**	**620.20**
基本建设投资	9.61	16.73	21.29	157.10	240.53	263.00
按经济类型分						
国有经济	9.61	16.73	21.29	137.15	200.63	227.00
联营经济	--	--	--	0.86	0.04	0.74
其他经济	--	--	--	19.09	39.86	35.26
按隶属关系分						
中央	1.57	7.49	6.23	43.58	29.32	43.70
地方	8.04	9.24	15.06	113.52	211.21	219.30
更新改造投资	--	7.12	16.96	68.56	69.72	70.10
按经济类型分						
国有经济	--	7.12	16.96	55.24	56.54	61.59
联营经济	--	--	--	0.07	--	0.06
其他经济	--	--	--	13.25	13.18	8.45
按隶属关系分						
中　央	--	1.28	2.39	18.81	26.98	24.87
地　方	--	5.84	14.57	49.75	42.74	45.23
其他固定资产投资	0.10	1.76	3.58	16.27	15.70	39.40
按经济类型分						
国有经济	--	0.32	0.72	5.41	5.81	5.50
集体经济	0.10	1.44	2.86	8.10	7.76	7.42
其他经济	--	--	--	2.76	2.13	26.48
按隶属关系分						
中　央	--	--	0.03	0.17	0.16	0.43
地　方	0.10	1.76	3.55	16.10	15.54	38.97
房地产开发投资	--	--	2.20	51.51	32.68	32.97
按经济类型分						
国有经济	--	--	2.20	18.28	13.60	9.38
集体经济	--	--	--	9.23	2.87	2.72
其他经济	--	--	--	23.80	16.21	20.87
农村集体固定资产投资	--	1.03	2.61	39.67	50.47	50.40
私人固定资产投资	--	15.57	21.93	90.28	153.21	164.33
城镇和工矿区私人建房	--	1.88	3.11	27.23	55.16	60.42
农村私人投资	--	13.69	18.82	63.05	98.05	103.91

注:1999 年其他固定资产投资包括私营投资和计划总投资 5－50 万元基建、更改、国有其他及城镇集体投资

表 5—2 固定资产投资

(1978－1999 年)　　单位:万元

年　份	投资总额	按报表种类分				投资总额中住　宅
		基本建设投　资	更新改造投　资	其他固定资产投资	房地产开发投　资	
1978	96055	96055	－－	－－	－－	6745
1979	98051	95990	2061	－－	－－	12584
1980	121815	103067	18748	－－	－－	23185
1981	101875	68323	33552	－－	－－	22342
1982	187197	85971	49415	4827	－－	63527
1983	213856	88547	47852	4125	－－	86218
1984	281675	108042	45670	7673	－－	82299
1985	422191	167327	71218	17599	－－	142092
1986	552131	190872	108364	24112	－－	185644
1987	645119	176743	204019	48957	－－	181153
1988	774656	223532	273915	59226	－－	173644
1989	718914	207675	195285	53813	－－	189869
1990	685666	212880	169619	35800	21933	221077
1991	896479	288923	220662	42900	23310	285398
1992	1410395	522135	341696	76855	45413	378228
1993	2780754	1099415	527724	210325	316451	680317
1994	3825871	1407722	658346	146333	328408	1102233
1995	4233742	1570988	685572	162654	515050	1208881
1996	4764200	1744608	713293	105148	432305	1537400
1997	4798023	1829651	591029	145175	335374	1664245
1998	5717025	2405296	697162	156963	326838	1851688
1999	6202035	2630000	700972	394008	329735	1918970

注:1978 年—1981 年为全民投资总额,1982 年以后为全社会总额。

表 5—3 国有单位固定资产投资

(1978－1999 年)　　单位:万元

年　份	投资总额	中央项目	地方项目	地方投资占总额比重%	新　增固定资产
1978	96055	15710	80345	83.65	54677
1979	98051	29392	68659	70.02	78800
1980	121815	28129	93686	76.91	89031
1981	101875	19235	82640	81.12	79108
1982	135386	28497	106889	78.95	93929
1983	143837	38961	104876	72.91	102287
1984	164288	56104	108184	62.85	136440
1985	247349	88319	159030	64.29	163230
1986	303692	8811	215581	70.99	220737
1987	408328	77092	331236	81.12	274119
1988	529426	81478	447948	84.61	335963
1989	414199	96347	317852	76.74	365487
1990	411663	88657	323006	78.46	374779
1991	542295	128015	414280	76.39	419072
1992	926799	229885	696914	75.20	609629
1993	1693664	393855	1299809	76.75	960428
1994	1939743	518424	1421319	73.27	1089639
1995	2162880	623052	1539828	71.19	1917553
1996	2361406	550378	1811028	76.69	1753595
1997	2228299	467362	1760937	79.03	1946615
1998	2765781	581435	2184346	78.98	2141607
1999	3034692	689587	2345105	77.28	2112000

表 5—4 固定资产投资资金来源

单位:万元

指　　标	1995 年	1996 年	1998 年	1999 年
资金来源总计	**2939513**	**3160054**	**3540796**	**3929388**
#地　方	2331578	2606863	2939711	3207713
#国家预算内	78769	107068	223438	356067
#地　方	57511	70898	206216	243030
国内贷款	854107	701918	625130	726208
#地　方	611133	587143	566697	613400
利用外资	220117	236730	363346	293712
#地　方	177239	220870	361336	293212
自筹投资	1264132	1589313	1771197	1821584
#地　方	1012207	1260482	1296481	1423039
在资金来源总计中:				
基本建设资金来源	**1540377**	**1720055**	**2275672**	**2628121**
#地　方	1117568	1407683	1974358	2167298
#国家预算内	69741	96634	209009	338530
#地　方	48550	60602	192067	229941
国内贷款	435347	348803	397953	492868
#地　方	216517	243086	368133	409149
利用外资	139004	112612	291982	259066
#地　方	103334	98115	290072	258566
自筹投资	653431	929270	1091260	1043212
#地　方	547660	810601	875505	863372
更新改造资金来源	**669422**	**769641**	**679842**	**699148**
#地　方	490525	533478	403799	447413
#国家预算内	3511	4340	7234	11127
#地　方	3444	4202	7032	6679
国内贷款	204597	172073	101858	125513
#地　方	180841	163605	87565	97784
利用外资	16959	61282	45449	14967
#地　方	9751	59919	45349	14967
自筹投资	401512	473160	488645	528827
#地　方	257846	265959	231079	313699

注:资金来源为财务拨款数。

表 5—5 国有单位分行业固定资产投资

（1999 年）

单位：万元

	投资总额	按隶属关系分		新增固定资产
		中 央	地 方	
总 计	**3034692**	**689587**	**2345105**	**2112000**
按农、轻、重分				
农 业	49917	492	49425	32061
轻工业	144281	19598	124683	126775
重工业	610673	276475	334198	466914
按三次产业分				
第一产业	49917	492	49425	32061
第二产业	780690	304039	476651	612574
第三产业	2204085	385056	1819029	1467365
按国民经济行业分				
农、林、牧、渔业	49917	492	49425	32061
#农 业	23434		23434	11889
林 业	9943	492	9451	6196
工 业	754954	296073	458881	593689
建筑业	25736	7966	17770	18885
地质勘查业、水利管理业	163721	3756	159965	77291
#水利管理业	158636		158636	65370
交通运输、仓储及邮电通讯业	1190732	303405	887327	751496
交通运输业	754726	55440	699286	407275
仓储业	36304	21189	15115	17293
邮电通讯业	399702	226776	172926	326928
批发和零售贸易、餐饮业	53125	5540	47585	43682
批发业	31985	4985	27000	29041
零售业	19055	555	18500	11816
餐饮业	2085		2085	2825
金融、保险业	47827	40704	7123	25128
#金融业	44588	37565	7023	21705
房地产业	110056	4137	105919	71562
社会服务业	212901	666	212235	133503
卫生、体育和社会福利业	46980	1142	45838	43211
#卫生事业	40983	1142	39841	36128
教育、文化艺术及广播电影电视业	183361	6079	177282	166081
#教育事业	147407	5469	141938	137279
文化艺术事业	22955	610	22345	21134
科学研究和综合技术服务业	20113	6363	13750	17948
国家机关、政党和社会团体	174500	13264	161236	136654
其他行业	769		769	809

表 5—6 国有单位工业分行业固定资产投资

（1999 年）　　　　单位：万元

	投资总额	按隶属关系分		新增固定资产
		中央	地方	
总　计	**754954**	**296073**	**458881**	**593689**
煤炭采选业	4748		4748	4196
石油和天然气开采业	26188	25891	297	113904
黑色金属矿采选业	2541		2541	1594
有色金属矿采选业	11349	7375	3974	12279
非金属矿采选业	1258		1258	1094
其他矿采选业				
木材及竹材采运业	148		148	391
食品加工业	20217		20217	20805
#制糖	15807		15807	15947
食品制造业	2050		2050	2208
饮料制造业	2885		2885	2905
烟草加工业	20342	19160	1182	18887
纺织业	9353		9353	7966
服装及其他纤维制品制造业	894		894	907
皮革、毛皮、羽绒及其制品业	424		424	456
木材加工及竹藤棕草制品业	5096	120	4976	4391
家具制造业	103		103	103
造纸及纸制品业	30503		30503	6314
印刷业、记录媒介的复制	2582		2582	3145
文教体育用品制造业				
石油加工及炼焦业	932		932	1487
化学原料及化学制品制造业	58073		58073	25384
医药制造业	7381		7381	7581
化学纤维制造业	1674		1674	308
橡胶制品业	852	388	464	564
塑料制品业	2765	438	2327	2874
非金属矿物制品业	14784		14784	24222
#水泥制造业	7680		7680	4655
黑色金属冶炼及压延加工业	28848		28848	23949
有色金属冶炼及压延加工业	26457	20565	5892	32930
金属制品业	7242		7242	6357
普通机械制造业	6576	712	5864	3638
专用设备制造业	5366		5366	2340
交通运输设备制造业	30219	7053	23166	25619
电气机械及器材制造业	2618	229	2389	2112
电子及通信设备制造业	2892	2361	531	2483
仪器仪表及文化、办公用机械制造业	1825		1825	1761
其他制造业				
电力蒸汽热水生产和供应业	382408	211619	170789	198778
#电力生产业	124395	43041	81354	49884
#火电	51998	4235	47763	7598
水电	71688	38806	32882	42186
煤气生产和供应业	1393	162	1231	287
自来水的生产和供应业	31968		31968	29470

表 5—7 国有单位分行业投资项目和新增固定资产

(1999 年)

	施工项目(个)	全部建成投产项目(个)	项目建成投产率(%)	投资总额(万元)	新增固定资产(万元)	固定资产交付使用率(%)
总　计	**5788**	**3813**	**65.88**	**3034692**	**2112000**	**69.60**
按农、轻、重分						
农业	148	110	74.32	49917	32061	64.23
轻工业	344	252	73.26	144281	126775	87.87
重工业	905	532	58.78	610673	466914	76.46
按三次产业分						
第一产业	148	110	74.32	49917	32061	64.23
第二产业	1307	816	62.43	780690	612574	78.47
第三产业	4333	2887	66.63	2204085	1467365	66.57
按国民经济行业分						
农、林、牧、渔业	148	110	74.32	49917	32061	64.23
#农　业	41	32	78.05	23434	11889	50.73
林　业	44	30	68.18	9943	6196	62.32
工　业	1249	784	62.77	754954	593689	62.17
建筑业	58	32	55.17	25736	18885	73.38
地质勘查业、水利管理业	177	101	57.06	163721	77291	47.21
#水利管理业	156	87	55.77	158636	65370	41.21
交通运输、仓储及邮电通讯业	1168	772	66.10	1190732	751496	63.11
交通运输业	683	429	62.81	754726	407275	53.96
仓储业	41	22	53.66	36304	17293	47.63
邮电通讯业	444	321	72.30	399702	326928	81.79
批发和零售贸易、餐饮业	282	203	71.99	53125	43682	82.22
批发业	185	132	71.35	31985	29041	90.80
零售业	81	58	71.60	19055	11816	62.01
餐饮业	16	13	81.25	2085	2825	135.49
金融、保险业	95	62	65.26	47827	25128	52.54
#金融业	84	54	64.29	44588	21705	48.68
房地产业	29	16	55.17	110056	71562	65.02
社会服务业	355	200	56.34	212901	133503	62.71
卫生、体育和社会福利业	285	179	62.81	46980	43211	91.98
#卫生事业	251	158	62.95	40983	36128	88.15
教育、文化艺术及广播电影电视业	975	692	70.97	183361	166081	90.58
#教育事业	874	630	72.08	147407	137279	93.13
文化艺术事业	51	26	50.98	22955	21134	92.07
科学研究和综合技术服务业	86	61	70.93	20113	17948	89.24
国家机关、政党机关和社会团体	874	595	68.08	174500	136654	78.31
其他行业	7	6	85.71	769	809	105.20

表 5—8 固定资产投资主要新增生产能力(或工程效益)

(1999 年)

能力(或效益)名称	计量单位	合　计	#基本建设	#更新改造
原煤开采	万吨/年	8.00	6.00	
铁矿选矿处理量	万吨/年	4.50	4.50	
锰矿石原矿开采	万吨/年	25.00	25.00	
热轧钢材	万吨/年	10.00		10.00
铜采矿(原矿)	万吨/年	441.00		
铜加工	吨/年	800		800
铅锌选矿:处理原矿	万吨/年	25.00		
铅冶炼	吨/年	3000		3000
锡采矿(原矿)	万吨/年	0.03		
电解铝	吨/年	4000.00		4000.00
铝加工	吨/年	1500.00		1500.00
铝管材	吨/年	1500.00		1500.00
金选矿:(1)处理原矿	吨/年	1.10		
(2)金含量	公斤/年	17.00		
水力发电	万千瓦	16.02	15.47	0.45
火力发电	万千瓦	1.95		1.95
输电线路长度(11 万伏及以上)	公里	460.22	422.82	37.40
变电设备能力(11 万伏及以上)	万千伏安	79.72	77.72	2.00
水　泥	万吨/年	13.30		3.30
墙地砖	万平方米	160.00		
胶合板	万立方米/年	0.50		
纤维板	万立方米/年	10.00	10.00	
刨花板	万立方米/年	2.00		
硫　酸	吨/年	18000		18000
浓硝酸	吨/年	5000		5000
烧碱	吨/年	20000		20000
氮肥	吨/年	12000		12000
磷肥	吨/年	16000		
钾肥	吨/年	20000		20000
化学农药	吨/年	200		
塑料树脂及共聚物	吨/年	2500		
合成纤维聚合物	吨/年	3600		3600
松香	吨/年	3116		3000
化学原料药	吨/年	10.00		10.00
中成药	吨/年	979.60		979.60
全塑市话电缆	万对公里	0.15		0.15
原电池(折一号电池)	万只	1000.00		1000.00
柴油机制造	台/年	115000		115000
	万千瓦/年	1600.20		1600.20
其它内燃机制造	台/年	10000		10000
	万千瓦/年	34.60		34.60
小型拖拉机制造	台/年	1000		1000
棉布织机	台	48		48
罐头	万吨/年	1.00		1.00
白　酒	万吨/年	1.30		1.30

表 5—8 续表 (1999 年)

能力(或效益)名称	计量单位	合计	#基本建设	#更新改造
卷 烟	箱/年	47000		47000
机制纸	万吨/年	2.00		2.00
机制纸板	万吨/年	0.80		0.70
日用搪瓷制品	万吨/年	0.22		0.22
日用陶瓷器	万件/年	3200.00		2080.00
日用玻璃制品	万吨/年	0.70		0.70
电饭锅	万个/年	10.00		10.00
程控交换机	万线/年	10.86		10.86
新建铁路主线正线交付运营里程	公里	1.00		1.00
新建公路	公里	2726.66	2476.06	
#高速公路	公里	136.00	136.00	
一级公路	公里	53.26	53.26	
二级公路	公里	87.96	82.96	
改建公路	公里	1443.11	1154.31	14.70
#二级公路	公里	149.30	146.60	
新建独立公路桥梁	延长米	1156.00	1106.00	
	座	7	6	
新(扩)建港口码头	年吞吐量:万吨	78.00	78.00	
	泊位:个	7	7	
新(扩)建客、货运站	个	2	2	
	平方米	7200	7200	
长途电缆	延长公里	782.00		782.00
耕地面积	万亩	1.00	1.00	
造林面积	万亩	5.68	4.00	
水库容量(总库容)	亿立方米	7.22	7.22	
有效灌溉面积	万亩	10.16	10.16	
除涝面积	万亩	0.65		
商业石油库	万立方米	8.80		8.80
物资储备石油库	万立方米	0.13		
商业冷藏库	万吨	0.25		
粮食仓库	万公斤	19995.00	19995.00	
	平方米	70746.00	70746.00	
高等院校:学生席位	个	3920	3920	
建筑面积	平方米	13140	13140	
中等学校:学生席位	个	56693	56373	320
建筑面积	平方米	162796	160634	2162
小学校:学生席位	个	99664	92574	7090
建筑面积	平方米	292828	277220	15608
其他院校:学生席位	个	4670	4070	600
建筑面积	平方米	14104	10104	4000
公共图书馆:藏书量	万册(件)	80.00	80.00	
阅览室座席	个	1500	1500	
建筑面积	平方米	18719	18719	
影剧院:座席	个	990	990	
	平方米	2300	2300	
文化馆	平方米	2338		
医院病床	张	1486	1286	200
宾馆、旅馆、招待所客房数	间	689	549	
	平方米	29316.00	20456.00	
城市自来水供水能力	万吨/日	11.44	9.04	2.20
城市自来水管道长度	公里	80.75	8.00	70.25
城市公共交通车辆购置	辆	166	4	162
城市道路扩建长度	公里	43.12	29.89	5.16
城市道路扩建面积	万平方米	107.25	81.54	14.49
城市排水管道铺设长度	公里	3.01	2.50	0.51
城市污水处理能力	万吨/日	1400.04		1400.04
城市永久性桥梁	座	2	2	
城市防洪堤长度	公里	21.66	21.06	0.60

表 5—9 基本建设分行业固定资产投资

(1999 年)　　单位:万元

	投资总额	按隶属关系分		新增固定资产
		中　央	地　方	
总　计	**2630000**	**437011**	**2192989**	**1706986**
按农、轻、重分				
农　业	45628	–	45628	27525
轻工业	99351	4605	94746	91067
重工业	667635	242729	424906	443282
按三次产业分				
第一产业	45628	–	45628	27525
第二产业	792433	254844	537589	552703
第三产业	1791939	182167	1609772	1126758
按国民经济行业分				
农、林、牧、渔业	45628	–	45628	27525
#农　业	22141	–	22141	10127
林　业	7698	–	7698	4528
工　业	766986	247334	519652	534349
建筑业	25447	7510	17937	18354
地质勘查业、水利管理业	157309	3756	153553	73741
#水利管理业	152287	–	152287	61883
交通运输、仓储及邮电通讯业	858104	110638	747466	481615
交通运输业	691256	20674	670582	359016
仓储业	34497	21189	13308	15712
邮电通讯业	132351	68775	63576	106887
批发和零售贸易餐饮业	53353	3440	49913	43411
批发业	32892	2885	30007	28298
零售业	15858	555	15303	13156
餐饮业	4603	–	4603	1957
金融、保险业	47388	40265	7123	24689
#金融业	44149	37126	7023	21266
房地产业	19183	–	19183	18644
社会服务业	245270	666	244604	134670
卫生、体育和社会福利业	43977	368	43609	39726
#卫生事业	38063	368	37695	32753
教育、文化艺术及广播电影电视业	174806	4233	170573	157599
#教育事业	142262	3623	138639	132187
文化艺术事业	20125	610	19515	18304
科学研究和综合技术服务业	18956	5847	13109	17543
国家机关、政党机关和社会团体	172360	12954	159406	134137
其他行业	1233	–	1233	983

表 5—10 工业行业基本建设投资

(1999 年)

单位:万元

	投资总额	按隶属关系分		新增固定资产
		中央	地方	
总计	**766986**	**247334**	**519652**	**534349**
煤炭采选业	2531	–	2531	2274
石油和天然气开采业	26188	25891	297	113904
黑色金属矿采选业	986	–	986	884
有色金属矿采选业	5637	4068	1569	6953
非金属矿采选业	542	–	542	633
其他矿采选业	–	–	–	–
木材及竹材采运业	148	–	148	391
食品加工业	12495	–	12495	13292
#制糖	7559	–	7559	7752
食品制造业	1596	–	1596	1685
饮料制造业	4853	–	4853	2588
烟草加工业	5226	4167	1059	6326
纺织业	4534	–	4534	3923
服装及其他纤维制品制造业	968	–	968	894
皮革、毛皮、羽绒及其制品业	655	–	655	679
木材加工及竹、藤、棕、草制品业	5541	120	5421	8702
家具制造业	103	–	103	103
造纸及纸制品业	24245	–	24245	850
印刷业、记录媒介的复制	2010	–	2010	2525
文教体育用品制造业	–	–	–	–
石油加工及炼焦业	565	–	565	521
化学原料及化学制品制造业	44651	–	44651	8834
医药制造业	7156	–	7156	7642
化学纤维制造业	1674	–	1674	308
橡胶制品业	1575	–	1575	1555
塑料制品业	2343	438	1905	2317
非金属矿物制品业	12823	–	12823	15674
#水泥制造业	7183	–	7183	4484
黑色金属冶炼及压延加工业	8344	–	8344	4535
有色金属冶炼及压延加工业	24882	20769	4113	32322
金属制品业	6899	–	6899	6718
普通机械制造业	7126	283	6843	3346
专用设备制造业	5143	–	5143	2624
交通运输设备制造业	7791	2005	5786	6152
电气机械及器材制造业	4935	229	4706	2472
电子及通信设备制造业	4257	597	3660	14045
仪器仪表及文化、办公用机械制造业	1417	–	1417	1486
其他制造业	215	–	215	0
电力、蒸汽、热水生产和供应业	496889	188605	308284	228290
#电力生产业	278537	37427	241110	96383
#火电	193282	1937	191345	38415
水电	84546	35490	49056	57868
煤气生产和供应业	5346	162	5184	3378
自来水的生产和供应业	24697	–	24697	25524

表 5—11 主要工业行业国有单位基本建设投资

（1978－1999 年）

时期(年份)	全部工业投资（万元）	#食品工业	#制糖业	#纺织工业	#机械工业
1978	60304	5054		4237	6799
1979	46810	3131		2365	4881
1980	43624	2082		6041	4226
"六五"时期	223261	29658	23316	8562	13781
1981	29726	2168	993	3284	1480
1982	33961	8038	7533	1851	2176
1983	41468	12096	11317	1326	1809
1984	49309	3767	2521	866	2786
1985	68797	3589	952	1235	5530
"七五"时期	438577	46539	38583	2236	4550
1986	70112	2898	2482	437	1331
1987	76433	5589	4628	387	521
1988	94588	13419	10862	215	685
1989	99309	14223	12360	403	886
1990	98135	10410	8251	794	1127
"八五"时期	1740520	73665	48647	14884	52000
1991	134342	7348	5371	1291	1765
1992	213780	12333	7729	3367	2712
1993	410081	15374	3134	3601	14983
1994	485309	14548	11226	3891	15212
1995	497008	24062	21187	2734	17328
"九五"时期					
1996	397004	41520	33556	2678	16786
1997	333485	26528	22983	1372	12417
1998	371059	8887	4656	1037	8424
1999	492202	8902	3658	4534	13876

时期(年份)	#电力工业	#火力发电	#水力发电	#有色黑色金属工业	#建材工业
1978	14882	3560	9879	12802	2719
1979	12969	1094	10513	9716	3076
1980	9694	954	7617	7028	3555
"六五"时期	84047	13128	54303	21838	30278
1981	7741	684	6143	3052	3747
1982	9622	1472	6866	3292	3432
1983	13831	2388	9391	2938	3655
1984	21356	3906	14357	4931	8612
1985	31497	4678	17546	7625	10832
"七五"时期	218556	55223	134427	54916	24420
1986	30939	8141	19333	9253	9710
1987	32733	7578	22711	14569	3706
1988	44512	13416	26289	15146	3846
1989	55718	18516	27431	8011	1878
1990	54654	7572	38663	7937	5280
"八五"时期	550697	114770	393636	458957	88307
1991	65354	6491	46122	24771	2880
1992	100083	5031	65629	47920	5481
1993	116725	33736	82862	111515	23348
1994	154603	39801	114802	110566	31790
1995	113932	29711	84221	164185	24808
"九五"时期					
1996	73955	17571	56384	30048	11009
1997	173187	5963	88038	9425	4634
1998	139867	5198	63418	11728	6014
1999	274889	2117	57712	29613	7660

表5—12 基本建设分行业投资项目和新增固定资产

（1999年）

	施工项目（个）	全部建成投产项目（个）	项目建成投产率（%）	投资总额（万元）	新增固定资产（万元）	固定资产交付使用率（%）
总　计	**4348**	**2818**	**64.81**	**2630000**	**1706986**	**64.90**
按农、轻、重分						
农　业	137	98	71.53	45628	27525	60.32
轻工业	213	145	68.08	99351	91067	91.66
重工业	426	260	61.03	667635	443282	66.40
按三次产业分						
第一产业	137	98	71.53	45628	27525	60.32
第二产业	699	437	62.52	792433	552703	69.75
第三产业	3512	2283	65.01	1791939	1126758	62.88
按国民经济行业分						
农、林、牧、渔业	137	98	71.53	45628	27525	60.32
#农　业	35	26	74.29	22141	10127	45.74
林　业	38	25	65.79	7698	4528	58.82
工　业	639	405	63.38	766986	534349	69.67
建筑业	60	32	53.33	25447	18354	72.13
地质勘查业、水利管理业	152	83	54.61	157309	73741	46.88
#水利管理业	132	70	53.03	152287	61883	40.64
交通运输、仓储及邮电通讯业	525	320	60.95	858104	481615	56.13
交通运输业	364	217	59.62	691256	359016	51.94
仓储业	35	18	51.43	34497	15712	45.55
邮电通讯业	126	85	67.46	132351	106887	80.76
批发和零售贸易、餐饮业	265	185	69.81	53353	43411	81.37
批发业	162	109	67.28	32892	28298	86.03
零售业	87	64	73.56	15858	13156	82.96
餐饮业	16	12	75.00	4603	1957	42.52
金融、保险业	93	60	64.52	47388	24689	52.10
#金融业	82	52	63.41	44149	21266	48.17
房地产业	31	17	54.84	19183	18644	97.19
社会服务业	302	154	50.99	245270	134670	54.91
卫生、体育和社会福利业	272	170	62.50	43977	39726	90.33
#卫生事业	239	150	62.76	38063	32753	86.05
教育、文化艺术及广播电影电视业	927	653	70.44	174806	157599	90.16
#教育事业	834	598	71.70	142262	132187	92.92
文化艺术事业	50	25	50.00	20125	18304	90.95
科学研究和综合技术服务业	84	60	71.43	18956	17543	92.55
国家机关、政党机关和社会团体	852	574	67.37	172360	134137	77.82
其他行业	9	7	77.78	1233	983	79.72

表 5—13 基本建设投资的资金来源

单位:万元

项　　目	1978 年	1985 年	1990 年	1995 年	1996 年	1998 年	1999 年
基本建设投资	**96055**	**167327**	**212880**	**1540377**	**1720055**	**2275672**	**2628121**
#国家预算内投资	74023	61742	49388	69741	96634	209009	338530
国内贷款	— —	28158	47030	435347	348803	397953	492868
利用外资	— —	7632	9813	139004	112612	291982	259066
自筹投资	22032	61056	88258	653431	929270	1091260	1043212
中央各部	— —	2924	7911	56764	74604	122117	100536
地方各级	— —	32516	37610	307086	449518	500655	454259
企事业单位	— —	25616	42737	289581	405148	468488	488417
其他投资	— —	8739	18391	242854	231506	285468	494445

表 5—14 基本建设投资分类

单位:万元

项　　目	1978 年	1985 年	1990 年	1995 年	1996 年	1998 年	1999 年
基本建设投资额	**96055**	**167327**	**212880**	**1570988**	**1744608**	**2405296**	**2630000**
按隶属关系分							
中央项目	15710	74922	62308	435826	328971	293163	437011
地方项目	80345	92405	150572	1135162	1415637	2112133	2192989
按构成分							
#建筑工程	57980	11527	140872	978884	1210271	1661911	1899413
安装工程		6305	10937	83873	88894	103614	112994
设备、工、器具购置	32115	24683	28902	291422	238655	370129	377497
基本建设投资中:							
#住宅	6745	35749	36489	207414	208312	288053	377385

表 5—15 更新改造投资分类

单位:万元

项　　目	1985 年	1990 年	1995 年	1996 年	1998 年	1999 年
更新改造投资额	**71218**	**169619**	**685572**	**713293**	**697162**	**700972**
按隶属关系分						
中央项目	12835	23967	188122	232724	269803	248687
地方项目	58383	145652	497450	480569	427359	452285
按资金来源分						
国家预算内投资	3362	5194	3595	4022	7418	11127
国家预算外投资	67856	164425	681977	709271	689744	688021
按构成分						
#建筑工程	28132	55381	210431	224040	161915	106981
安装工程	4019	15061	101452	53418	58148	62061
设备、工、器具购置	34440	89460	346638	405650	439520	504847
更新改造投资中:						
#住宅				32780	32110	21622

注:1994 年及以后基建资金来源为当年拨款数。

表 5—16 基本建设大中型项目一览表

(1999 年)　　单位:万元

项目	开工时间(年/月)	全投时间(年/月)	计划总投资	累计完成投资	累计新增固定资产	本年计划投资	本年完成投资	本年新增固定资产
南宁市自来水公司陈村水厂一期	199412	199912	18650	24833	22246		413	2413
南宁市自来水公司南宁三津一期工程			29270	50			50	
南宁造纸厂	199412		187560	154174	5339	9500	21938	230
南宁三元物业发展有限公司中密度纤维板	199507	199912	25134	25134	24000	1600	4542	7800
柳州市柳西水厂二期扩建工程	199509		20723	15947	13855	4785	2350	13637
来宾铟锌冶炼工程	199411		27000	42696	30050	15190	15190	24595
中央直属柳州中转库	199811		5049	3900	2051		3060	2051
广西融江大埔电站	199308		42900	16292	1024		222	
全州县天湖电站	198907		26426	18381	16327	500	500	500
梧州市三龙中直粮库	199811	199912	6604	6604	6604	5447	5447	6604
藤县西江大桥	199510		7230	5608		3300	877	
北海机场扩建工程	199312		48857	31568	6691	14000	3556	1727
北海火电厂			420000	19082	893	3273	3273	
防城港九、十号泊位	199708		66384	22729			8993	
左江水利枢纽工程	199211	199912	50516	42271	39556	11879	11879	11800
天等锰矿采选工程	199711	199912	5962	5207	3474	1212	807	445
鹿化 24 万吨/年磷铵工程	199608		219871	172370	10241	50000	28906	1516
来宾新建二糖厂	199508		13035	11769	463	435	375	120
来宾电厂 b 厂	199709		510036	437029	36152	187275	187275	35252
浮石水电站	199209		39233	38247	26021	7785	7094	9017
百色水库			656000	11750	265	12000	4008	265
河化十五万吨合成氨扩建工程	199508		68000	57030	521	13000	10170	106
高峰矿体采选工程	198510		9800	14015	8730	2000	193	138
岩滩水电站	198503		410151	408055	389396	10000	10000	10000
岩滩 220 千伏送出工程	198910	199906	123025	123025	122270	12	12	3579
来宾至玉林 500 千伏送出工程	199802		57770	40553		44693	38526	
来宾至玉林 220 千伏配套送出工程	199808		34984	12212	9146	11039	11039	9146
西江航运二期	199410		200838	154605	24394	48441	27723	
百龙滩水电站	199302	199905	156557	152564	123558	12000	11423	9447

表 5—17 更新改造分行业固定资产投资

(1999 年)　　单位:万元

	投资总额	按隶属关系分		新增固定资产
		中央	地方	
总计	**700972**	**248687**	**452285**	**550413**
按农、轻、重分				
农业	262	–	262	262
轻工业	122142	14993	107149	96082
重工业	212182	35975	176207	140858
按三次产业分				
第一产业	262	–	262	262
第二产业	334324	50968	283356	236940
第三产业	366386	197719	168667	313211
按国民经济行业分				
农、林、牧、渔业	262	–	262	262
#农业	61	–	61	61
林业				
工业	334324	50968	283356	236940
建筑业				
地质勘查业、水利管理业	1861	–	1861	901
#水利管理业	1798	–	1798	838
交通运输、仓储及邮电通讯业	332528	192871	139657	289536
交通运输业	61786	34766	27020	64371
仓储业	3287	–	3287	5020
邮电通讯业	267455	158105	109350	220145
批发和零售贸易、餐饮业	12023	2012	10011	3756
批发业	2334	2012	322	2450
零售业	9356	–	9356	373
餐饮业	333	–	333	933
金融、保险业	154	154	–	154
#金融业	154	154	–	154
房地产业				
社会服务业	9295	–	9295	8499
卫生、体育和社会福利业	2346	774	1572	2688
#卫生事业	2173	774	1399	2578
教育、文化艺术及广播电影电视业	6578	1392	5186	6412
#教育事业	3600	1392	2208	3434
文化艺术事业	2830	–	2830	2830
科学研究和综合技术服务业	587	516	71	405
国家机关、政党机关和社会团体	1014	–	1014	860
其他行业				

表 5—18 更新改造工业行业固定资产投资

（1999 年）

单位：万元

	投资总额	按隶属关系分		新增固定资产
		中央	地方	
总计	**334324**	**50968**	**283356**	**236940**
煤炭采选业	790	–	790	630
石油和天然气开采业				
黑色金属矿采选业	1475	–	1475	630
有色金属矿采选业	3563	3500	63	3038
非金属矿采选业	1152	–	1152	895
其他矿采选业				
木材及竹材采运业				
食品加工业	31449	–	31449	29210
#制糖	29181	–	29181	26090
食品制造业	11161	–	11161	2433
饮料制造业	9593	–	9593	4742
烟草加工业	15116	14993	123	12561
纺织业	6103	–	6103	4839
服装及其他纤维制品制造业	14	–	14	13
皮革、毛皮、羽绒及其制品业				
木材加工及竹、藤、棕、草制品业	6509	–	6509	3545
家具制造业				
造纸及纸制品业	11684	–	11684	9286
印刷业、记录媒介的复制	1052	–	1052	1100
文教体育用品制造业				
石油加工及炼焦业				
化学原料及化学制品制造业	22531	–	22531	24484
医药制造业	9335	–	9335	5991
化学纤维制造业	40	–	40	–
橡胶制品业	1225	388	837	814
塑料制品业	3830	–	3830	3830
非金属矿物制品业	11979	–	11979	16616
#水泥制造业	4393	–	4393	4244
黑色金属冶炼及压延加工业	22489	–	22489	21270
有色金属冶炼及压延加工业	3674	324	3350	1670
金属制品业	2333	–	2333	1939
普通机械制造业	5780	429	5351	7060
专用设备制造业	5199	–	5199	17997
交通运输设备制造业	25764	5048	20716	20536
电气机械及器材制造业	1282	–	1282	831
电子及通信设备制造业	2818	1764	1054	2455
仪器仪表及文化、办公用机械制造业	408	–	408	275
其他制造业	979	–	979	777
电力、蒸汽、热水生产和供应业	107023	24522	82501	33177
#电力生产业	63874	5614	58260	11646
#火电	50017	2298	47719	4571
水电	13857	3316	10541	7075
煤气生产和供应业	85	–	85	–
自来水的生产和供应业	7889	–	7889	4296

表 5—19 更新改造分行业投资项目和新增固定资产

(1999 年)

指　　标	施工项目（个）	全部建成投产项目（个）	项目建成投产率（%）	投资总额（万元）	新增固定资产（万元）	固定资产交付使用率(%)
总　计	**1585**	**1062**	**67.00**	**700972**	**550413**	**78.52**
按农、轻、重分						
农　业	4	3	75.00	262	262	100.00
轻工业	286	204	71.33	122142	96082	78.66
重工业	585	342	58.46	212182	140858	66.39
按三次产业分						
第一产业	4	3	75.00	262	262	100.00
第二产业	871	546	62.69	334324	236940	70.87
第三产业	710	513	72.25	366386	313211	85.49
按国民经济行业分						
农、林、牧、渔业	4	3	75.00	262	262	100.00
#农　业	2	2	100.00	61	61	100.00
林　业						
工　业	871	546	62.69	334324	236940	70.87
建筑业						
地质勘查业、水利管理业	15	11	73.33	1861	901	48.41
#水利管理业	14	10	71.43	1798	838	46.61
交通运输、仓储及邮电通讯业	565	402	71.15	332528	289536	87.07
交通运输业	231	153	66.23	61786	64371	104.18
仓储业	16	13	81.25	3287	5020	152.72
邮电通讯业	318	236	74.21	267455	220145	82.31
批发和零售贸易、餐饮业	23	16	69.57	12023	3756	31.24
批发业	14	11	78.57	2334	2450	104.97
零售业	6	3	50.00	9356	373	3.99
餐饮业	3	2	66.67	333	933	280.18
金融、保险业	2	2	100.00	154	154	100.00
#金融业	2	2	100.00	154	154	100.00
房地产业						
社会服务业	49	40	81.63	9295	8499	91.44
卫生、体育和社会福利业	11	6	54.55	2346	2688	114.58
#卫生事业	9	5	55.56	2173	2578	118.64
教育、文化艺术及广播电影电视业	36	28	77.78	6578	6412	97.48
#教育事业	34	26	76.47	3600	3434	95.39
文化艺术事业	1	1	100.00	2830	2830	100.00
科学研究和综合技术服务业	1	1	100.00	587	405	68.99
国家机关、政党机关和社会团体	8	7	87.50	1014	860	84.81
其他行业						

表 5—20 更新改造限额以上项目一览表

（1999 年）

单位：万元

项　　目	开工时间（年/月）	全投时间（年/月）	计划总投　资	累计完成投资	累计新增固定资产	本年计划投资	本年完成投资	本年新增固定资产
南宁益宾年产 10 万辆摩托车	199604		25458	13601	3180	2000	190	
南化年产烧碱由 5 万吨扩至 8 万吨	199512	199912	17751	19351	18685	2500	3516	8956
南宁赫司特公司年产 4000 吨山梨酸及山梨酸钾	199809		23500	10899		11340	8501	
南宁万泰啤酒公司罐装生产线	199610		22359	18921	22	3000	1599	
南宁桂罗食品公司引进酿造技术厂房	199610		18860	17602		2500	1602	
南宁易利公司增加发酵等设备厂房	199610		22378	18899		2500	1599	
柳州 Wz30－25 型挖掘装载机技改	199305		3702	4878			257	
柳州八一变升压改造	199710		5619	5065		1969	1415	
柳微引进微型汽车冲压件生产开卷落料线技改	199701		4200	2734	2700		259	2700
柳微引进微车车身设计制造技术	199704		3960	1399			497	
柳微补充冲压　涂装关键设备技改	199806		19923	12725	7069	11000	2616	7069
柳州中德合资生产机械传动部件	199607		27300	21961	20238	8187	1723	15161
柳州 LZ6460 车身改造	199806		8947	8798		1826	1826	
柳微焊装总装设备填平补齐技术改造	199909		16307	6438	16		6438	16
柳钢中板一期改造	199309		40673	40915	40624		3738	3738
柳钢中板厂技改工程	199712	199906	19800	15326	15188	3302	7547	14721
柳钢 4 号制氧机组	199603		9850	8247	8157		152	152
柳锌环境治理搬迁工程			30154	541		3100	324	
柳钢 650 厂连轧棒材改造	199905		9900	7691	434	8000	7691	434
柳江日产 100 吨全漂化学木浆生产系统改扩建	199212		25365	38025	75	1000	904	
柳江 2640mm 纸机工程	199911		8300	1800		2000	1800	
桂林市电信局管线	199909		5000	5000	4500	5000	5000	4500
桂林漓泉股份有限公司新增啤酒 5 万吨/年	199803		6907	9238	4131	2980	2331	2331
桂林轮胎厂新增年产 30 万套载重胎项目	199506		16317	4370	26	4370	23	
桂林轮胎厂 2.7 万套/年工程胎项目	199604		33606	17036	1769	15267	354	354
灵川县氮肥厂尿素工程	199708		8564	8289		1749	1474	
永福苏桥火电厂	199711		160000	61700		45000	45700	
荔浦县造纸厂纸浆技改工程	199802		4800	2400	2400	1800	1800	1800
合浦 10 万吨净化水厂	199801		10800	7000		2900	2000	
贵糖 4 万吨高级文化纸技改工程	199708		19928	24002	14115	4297	4297	4297
玉柴 F6112 项目	199301	199901	63782	55580	45021	150	124	1476
玉柴 F6105 项目	199401	199901	81066	34377	23651	879	842	2950
玉柴辅助生产项目	199404	199901	39793	13524	13517	146	144	230
玉柴全厂公用项目	199401	199901	20466	14820	14765	187	166	166
玉柴下湘水电站扩建工程	199802		5860	3377	3326	2251	2251	2200

表 5—21 基本建设、更新改造房屋建筑情况

	施工房屋面积（万平方米）		竣工房屋面积（万平方米）		竣工房屋造价（元/平方米）	
	1998 年	1999 年	1998 年	1999 年	1998 年	1999 年
基本建设本年房屋合计	**1415.31**	**1493.52**	**682.33**	**926.81**	**751**	**686**
#住宅	686.40	811.44	348.23	598.67	604	633
更新改造本年房屋合计	**144.49**	**87.43**	**76.32**	**63.04**	**800**	**824**
#住宅	76.16	40.16	40.83	35.51	687	840

表 5—22 房地产开发投资主要指标

项目	1992 年	1993 年	1994 年	1995 年	1998 年	1999 年
投资总额(亿元)	4.54	31.65	32.84	51.51	32.68	32.97
按资金来源分						
国家预算内投资	0.01	0.04	0.24	0.23	－－	－－
国内贷款	2.68	5.58	9.06	15.20	8.38	9.42
利用外资	0.01	2.54	3.06	4.86	1.13	1.37
自筹投资	1.39	13.85	11.92	12.52	8.52	14.03
其他投资	0.45	9.64	8.56	18.70	14.65	18.03
按构成分						
建筑安装工程	3.35	21.30	25.03	34.49	23.02	20.43
设备、工器具购置	0.05	0.25	0.34	0.66	0.79	0.36
其他费用	1.14	10.10	7.47	16.36	8.87	12.18
按工程用途分						
#住宅	3.41	20.80	22.53	26.05	16.08	16.06
第三产业	4.54	31.65	32.84	51.51	32.68	32.97
新增固定资产(亿元)	2.22	8.51	14.17	22.69	27.96	18.53
房屋建筑面积(万平方米)						
施工面积	190.31	607.20	735.81	867.27	662.74	582.29
#住宅	158.31	438.79	498.98	625.77	479.15	436.49
竣工面积	56.34	169.19	259.47	276.09	240.15	200.05
#住宅	46.77	148.40	222.62	231.99	190.46	160.79
土地开发投资额(亿元)		7.80	7.77	12.41	4.28	2.76
土地开发面积(万平方米)		1038.34	1270.38	1274.35	195.49	205.92
商品房销售额(亿元)	2.98	15.06	19.19	15.84	25.63	24.50
商品房销售建筑面积(万平方米)	48.10	127.40	171.70	156.84	175.21	161.49

表 5—23 房地产开发投资及资金来源

(1999 年)

金额单位:万元

指标	合计	按隶属关系分		按资质等级分		
		中央	地方	一级	二级	三级及以下
本年完成投资	329735	4187	325548	17620	105846	206269
#商品房建设投资额	289310	3893	285417	16461	97139	175710
按经济类型分						
国有经济	84638	4137	80501	12763	22217	58787
集体经济	24199		24199		1590	25589
其他经济	220898	50	220848	4857	82039	121893
按构成分:						
建筑工程	191636	3743	187893	14216	52896	124524
安装工程	12687		12687	107	4848	7732
设备工器具购置	3566	150	3416		1773	1793
其他费用	121846	294	121552	3297	46329	72220
按工程用途分:						
住宅	160586	3642	156944	10290	43852	106444
#:别墅、高档公寓	6550		6550		3966	2584
安居工程	28792	1642	27150	1147	6067	21578
办公楼	16503		16503	744	9392	6367
商业营业用房	28902	200	28702	2233	3840	22829
其他	123744	345	123399	4353	48762	70629
本年新增固定资产	185348	3951	181397	9969	51244	124135
本年资金来源合计	506826	6955	499871	46900	166233	293693
1、上年末结余资金	78354	2477	75877	3378	32758	42218
2、本年资金来源小计	428472	4478	423994	43522	133475	251475
国家预算内资金						
国内贷款	94154		94154	9579	36303	48272
债券						
利用外资	13711		13711	250	6062	7399
自筹资金	140287	378	139909	10559	52851	76877
其他资金来源	180320	4100	176220	23134	38259	118927

表 5—24 房地产开发房屋建筑情况

	施工房屋面积(万 M^2)		竣工房屋面积(万 M^2)		竣工房屋价值(万元)	
	1998 年	1999 年	1998 年	1999 年	1998 年	1999 年
房屋建筑面积合计	662.74	582.29	240.15	200.05	198957	150539
住宅	479.15	436.49	190.46	160.79	137537	101920
#别墅、公寓	13.93	11.51	5.38	5.79	8382	4967
安居工程	125.87	94.82	47.13	41.55	33485	23326
办公楼	81.91	37.28	17.20	9.73	29373	12433
商业营业用房	67.56	80.48	20.60	23.94	18438	31204
其他	34.12	28.04	11.89	5.60	13609	4982

表 5—25 城镇集体分行业投资项目和新增固定资产

（1999 年）

	施工项目（个）	全部建成投产项目（个）	项目建成投产率（%）	投资总额（万元）	新增固定资产（万元）	固定资产交付使用率（%）
总　　计	**373**	**283**	**75.87**	**74232**	**63523**	**85.57**
按农、轻、重分						
农　业	12	6	50.00	1851	2814	152.03
轻工业	78	61	78.21	15416	14648	95.02
重工业	74	62	83.78	17293	15191	87.84
按三次产业分						
第一产业	12	6	50.00	1851	2814	152.03
第二产业	164	132	80.49	33957	31160	91.76
第三产业	197	145	73.60	38424	29549	76.90
按国民经济行业分						
农、林、牧、渔业	12	6	50.00	1851	2814	152.03
#农　业	7	2	28.57	1021	2004	196.28
林　业						
工　业	152	123	80.92	32709	29839	91.23
建筑业	12	9	75.00	1248	1321	105.85
地质勘查业、水利管理业	2	2	100.00	68	68	100.00
#水利管理业	2	2	100.00	68	68	100.00
交通运输、仓储及邮电通讯业	46	34	73.91	5988	4285	71.56
交通运输业	45	33	73.33	5953	4250	71.39
仓储业	1	1	100.00	35	35	100.00
邮电通讯业						
批发和零售贸易、餐饮业	63	45	71.43	8113	6201	76.43
批发业	34	24	70.59	5197	3889	74.83
零售业	27	19	70.37	2683	2079	77.49
餐饮业	2	2	100.00	233	233	100.00
金融、保险业	17	13	76.47	2629	2267	86.23
#金融业	17	13	76.47	2629	2267	86.23
房地产业	15	5	33.33	6314	1831	29.00
社会服务业	22	18	81.82	12907	12752	98.80
卫生、体育和社会福利业						
#卫生事业						
教育、文化艺术及广播电影电视业	5	4	80.00	742	517	69.68
#教育事业	3	2	66.67	500	275	55.00
文化艺术事业	2	2	100.00	242	242	100.00
科学研究和综合技术服务业						
国家机关、政党机关和社会团体	6	3	50.00	625	520	83.20
其他行业	21	21	100.00	1038	1108	106.74

表5—26 农村集体固定资产投资和新增固定资产

(1999年)

指标	施工项目个数(个)	投产项目个数(个)	项目建成投产率(%)	投资完成额(万元)	新增固定资产(万元)	固定资产交付使用率(%)
总计	**15188**	**13853**	**91.21**	**504046**	**455771**	**90.42**
按建设性质分						
新建	8901	7938	89.18	277030	237835	85.85
扩建	3945	3749	95.03	130524	126401	96.84
改建	1384	1246	90.03	58657	56105	95.65
其他	958	920	96.03	37835	35430	93.64
按三次产业分						
第一产业	4974	4748	95.46	85711	81782	95.42
第二产业	4250	3520	82.82	205186	184761	90.05
第三产业	5964	5585	93.65	213149	189228	88.78
按国民经济行业分						
农、林、牧、渔业	4974	4748	95.46	85711	81782	95.42
工业	4107	3389	82.52	191529	176784	92.30
采掘业	506	463	91.50	22870	22160	96.90
制造业	1749	1600	91.48	122095	111616	91.42
电力煤气及热水生产和供应业	1852	1326	71.60	46564	43008	92.36
建筑业	143	131	91.61	13657	7977	58.41
地质勘查业、水利管理业	2680	2447	91.31	79237	76699	96.80
交通运输、仓储及邮电通信业	1103	1054	95.56	56175	39193	69.77
批发和零售贸易、餐饮业	724	655	90.47	27870	24223	86.91
金融、保险业	1	1	100.00	667	1717	257.42
房地产业	9	9	100.00	672	672	100.00
社会服务业	128	115	89.84	14266	14545	101.96
卫生、体育和社会福利业	151	150	99.34	1797	1754	97.61
教育、文化艺术及广播电影电视业	656	647	98.63	7369	7191	97.58
科学研究和综合技术服务业	1	1	100.00	6	6	100.00
国家机关、政党机关和社会团体	159	157	98.74	3558	3429	96.37
其他行业	352	349	99.15	21532	19799	91.95

表 5—27 **各地市固定资产投资主要指标**

(1999 年)

	总　计	南宁市	柳州市	桂林市	梧州市	北海市	防城港市	钦州市
项目个数(个)								
施工项目	6713	1098	529	963	243	111	148	280
全投项目	4466	603	332	581	173	46	83	173
完成投资(万元)	**3472620**	**633968**	**259113**	**410627**	**109099**	**178486**	**58604**	**113291**
按隶属关系分								
中央项目	656456	155998	95080	68576	20609	28157	7446	16535
地方项目	2816164	477970	164033	342051	88490	150329	51158	96756
按登记注册类型分								
国有	2907425	506292	234195	326729	99647	170385	55348	99601
集体	74232	27562	5411	18744	1626	780	266	1724
其它	490963	100114	19507	65154	7826	7321	2990	11966
资金来源小计(万元)	**3467416**	**628021**	**247667**	**417958**	**106174**	**154431**	**54625**	**110404**
国家预算内资金	322567	22064	15721	48521	18946	13672	10152	9820
国内贷款	632054	85301	17502	113499	17008	71566	7462	17274
利用外资	280001	16366	5841	16838	2307	3443	1258	460
自筹资金	1681297	387017	164867	178788	53565	63512	31017	72803
中央各部门自筹	149432	19274	379	7245	441	50		295
省自筹	372660	29692	13774	40989	3742	3025	5266	3957
地(市)自筹	175956	53018	37802	16894	3104	1107	3179	28353
县自筹	103888	14040	1482	13737	3750	4858	3323	7283
企事业单位自筹	879361	270993	111430	99923	42528	54472	19249	32915
其他资金来源	538547	117273	40786	60312	14348	2238	4736	10047
新增固定资产(万元)	**2395240**	**418423**	**253590**	**232044**	**87095**	**171315**	**30736**	**107147**

	贵港市	玉林市	南宁地区	柳州地区	贺州地区	百色地区	河池地区	柳　铁
项目个数(个)								
施工项目	145	298	624	374	249	403	942	240
全投项目	95	212	516	258	151	295	748	153
完成投资(万元)	**64598**	**104776**	**150740**	**281427**	**54120**	**96190**	**235147**	**40664**
按隶属关系分								
中央项目	7468	10432	11204	4299	8528	19045	26949	40664
地方项目	57130	94344	139536	277128	45592	77145	208198	
按登记注册类型分								
国有	55508	74964	122513	88610	50956	88869	222797	40664
集体	332	6859	3086	471	1149	1734	4488	
其它	8758	22953	25141	192346	2015	5587	7862	
资金来源小计(万元)	**67117**	**100061**	**143479**	**274143**	**51260**	**102031**	**241611**	**40664**
国家预算内资金	10454	7530	12067	14518	3908	12376	23947	
国内贷款	6912	9290	9778	16410	7887	16785	44462	
利用外资	60	6762	13562	194994	182	296	3675	
自筹资金	33891	64126	69246	36186	25709	53698	86867	40664
中央各部门自筹	200	1167	4456	622	1475	3042	870	40553
省自筹	3022	7634	7023	7439	6249	14560	13753	
地(市)自筹	5934	8671	1881	917	2584	5037	2775	
县自筹	4888	3957	17162	4123	3285	6261	11839	
企事业单位自筹	19847	42697	38724	23085	12116	24798	57630	111
其他资金来源	15800	12353	38826	12035	13574	18876	72660	
新增固定资产(万元)	**43499**	**71541**	**136196**	**95019**	**33732**	**86190**	**192917**	**42323**

表 5—28 各地市基本建设投资完成情况

（1999 年）

单位：万元

地 市	投资合计	按隶属关系分		按经济结构分	
		中 央	地 方	国 有	其 他
南宁市	459207	91807	367400	399495	59712
柳州市	126939	41681	85258	118994	7945
桂林市	256475	25979	230496	213044	43431
梧州市	81538	11788	69750	77593	3945
北海市	159416	28157	131259	153822	5594
防城港市	46817	4518	42299	44440	2377
钦州市	81771	4150	77621	74197	7574
贵港市	47342	4088	43254	47029	313
玉林市	62959	5817	57142	56959	6000
南宁地区	121375	8424	112951	109277	12098
柳州地区	260773	1765	259008	72608	188165
贺州地区	36454	4554	31900	36454	
百色地区	77136	11761	65375	72451	4685
河池地区	203609	19914	183695	196891	6718
柳 铁	3642	3642		3642	

表 5—29 各地市更新改造投资完成情况

（1999 年）

单位：万元

地 市	投资合计	按隶属关系分		按经济结构分	
		中 央	地 方	国 有	其 他
南宁市	122874	64041	58833	96809	26065
柳州市	124726	53399	71327	113263	11463
桂林市	124516	40327	84189	107552	16964
梧州市	22256	8821	13435	19721	2535
北海市	16713		16713	16065	648
防城港市	8378	2928	5450	8221	157
钦州市	26347	12134	14213	23898	2449
贵港市	11216	3048	8168	4971	6245
玉林市	22469	4305	18164	13473	8996
南宁地区	17613	2003	15610	10507	7106
柳州地区	16885	2534	14351	15535	1350
贺州地区	11901	3974	7927	11901	
百色地区	15658	7284	8374	15256	402
河池地区	21675	6867	14808	20951	724
柳 铁	37022	37022		37022	

表 5—30 各地市基本建设投资资金来源情况

（1999 年）　　单位:万元

地 市	合 计	#国家预算内拨款	#国内贷款	#利用外资	#自筹资金	#自治区	#地 市	#企事业
南宁市	452173	20010	60854	9036	258575	26555	48113	158582
柳州市	118041	15000	7273	2646	53225	1336	13014	37842
桂林市	264817	43545	44917	12197	112761	20937	14227	60236
梧州市	74491	16809	13588	1887	29298	3421	2617	19785
北海市	135297	13672	71165	1543	46723	3025	1107	37683
防城港市	42741	8700	6668	1258	21642	4982	1784	12007
钦州市	80247	9332	11695	65	51903	3521	28167	12879
贵港市	50188	10354	6034	60	21499	2688	5077	8663
玉林市	58294	7238	5337	6368	31959	5559	8115	13914
南宁地区	113724	9240	6755	11980	54118	6849	1796	26294
柳州地区	254378	14478	11135	194994	25279	7415	792	12977
贺州地区	34087	3275	3785	62	15668	4427	1665	6117
百色地区	83957	12266	12795	296	40789	13733	2883	16767
河池地区	211497	22240	39949	2717	67513	12669	2371	40528
柳 铁	3642				3642			111

表 5—31 各地市更新改造投资资金来源情况

（1999 年）　　单位:万元

地 市	合 计	#国家预算内拨款	#国内贷款	#利用外资	#自筹资金	#自治区	#地 市	#企事业
南宁市	122865	680	20314	6199	93313	1854	2335	82354
柳州市	122019	25	9754	3195	106942	12038	24588	70107
桂林市	124831	4976	66582	2949	43625	18964	1440	21126
梧州市	26537	1772	3420		20316	321	187	19658
北海市	16777		401	1900	14432			14432
防城港市	8471		672		7787	284	1162	6189
钦州市	25027	292	4884		18761	285	186	18205
贵港市	10889	100	100		10342	300	807	9235
玉林市	23044	12	1528	394	20780	1965	47	18632
南宁地区	18018	2028	2773	330	12240	124		10329
柳州地区	15882	40	5190		9735		50	9283
贺州地区	11681	92	3702		7354	1468	603	4742
百色地区	14764	110	2880		10959	827	2154	6161
河池地区	20598	1000	3313		14496	1029	208	12835
柳 铁	37022				37022			

表 5—32 各地市房屋和住宅竣工面积及造价

(1999 年)

地 市	房屋竣工面积(万平方米)	#基本建设	#更新改造	住宅竣工面积(万平方米)	房屋造价(元/平方米)	#基本建设	#更新改造	住宅造价(元/平方米)
南宁市	292.89	263.77	9.42	223.83	766	779	652	725
柳州市	82.47	76.76	3.47	60.90	688	690	622	608
桂林市	134.44	120.93	2.02	82.78	641	648	762	609
梧州市	49.74	47.51	0.14	23.54	779	789	826	657
北海市	11.17	10.32		3.38	775	802		625
防城港市	13.91	13.60	0.11	6.21	961	967	1396	707
钦州市	19.65	16.62	0.51	8.09	761	796	568	613
贵港市	21.01	14.81	3.22	6.90	514	505	497	488
玉林市	37.79	22.23	1.30	16.78	559	548	732	457
南宁地区	115.06	108.56	1.46	60.01	616	607	1144	557
柳州地区	37.52	35.09	1.75	22.40	532	512	927	461
贺州地区	29.31	25.27	2.02	17.19	507	504	498	469
百色地区	58.01	56.97	0.15	35.22	759	760	503	642
河池地区	127.39	113.34	7.50	69.82	590	589	557	543
柳 铁	30.87	0.89	29.97	25.98	1007	700	1016	946

表 5—33 城镇和工矿区私人建房情况

(1999 年)

	城镇、工矿区个数(个)	本年竣工房屋建筑面积(万平方米)		本年竣工房屋价值(万元)		建房户数(户)
		合 计	#住宅	合 计	#住宅	
总 计	**764**	**1764.61**	**1680.15**	**604182**	**573390**	**116574**
#农业户建房		1060.65	1010.82	318251	304953	82572
1、市	20	248.27	230.26	94151	89112	11875
其中:农业户建房		60.85	54.66	20761	18968	3433
2、县城	79	446.19	424.29	182526	171108	23495
其中:农业户建房		145.43	141.10	52703	51212	9352
3、镇	654	1066.72	1023.17	326306	312345	80989
其中:农业户建房		852.88	812.78	244343	234333	69700
4、工矿区	11	3.44	2.43	1199	825	215
农业户建房		1.49	1.48	444	440	87

主要统计指标解释

全社会固定资产投资 是指全社会以货币表现的建造和购置固定资产活动的工作量及与此有关费用的总称。包括国有单位投资、城乡集体所有制单位投资和城乡居民个人投资。按照我国现行报表制度,固定资产投资总额分为基本建设,更新改造,其他固定资产投资、房地产开发投资、农村集体所有制单位投资(包括城镇集体所有制单位投资和农村集体所有制单位投资)、城乡居民个人投资(包括城市、县城、镇、工矿区所辖范围内的个人建房和农村个人建房及购买生产性固定资产的投资)。

基本建设投资 指国民经济各部门以扩大生产能力或工程效益为主要目的的新建、扩建工程完成量及有关工作量的货币表现。包括工厂、矿山、铁路、桥梁、港口、农田水利、商店、住宅、学校、医院等工程建造和机器设备、车船等购置。

更新改造投资 指企业、事业单位对原有设施进行固定资产更新和技术改造,以及相应配套的工程完成量和有关工作量的货币表现。

其他固定资产投资 是指不纳入基本建设、更新改造计划管理的,独立核算的具有法人地位的国有其他、城镇集体经济、联营经济、股份制经济、中外合资经济、港澳台投资经济以及其他经济类型的企业、事业、行政单位的固定资产投资。

房地产开发投资 指各种经济类型的房地产开发公司,商品房建设公司及其他房地产开发单位统一开发的商品住宅、厂房、仓库、饭店、宾馆、度假村、写字楼、办公楼等房屋建筑物和配套的服务设施,以及土地开发工程,如道路、给水、排水、供电、供热、通讯、平整场地等基础设施工程。

固定资产投资按建设性质分——其中:

(1)**新建** 一般指从无到有,“平地起家”新开始建设的单位。但若现有企事业和行政单位原有基础较小,经建设后,其新增加的固定资产价值超过三倍以上也算为新建。

(2)**扩建** 指为扩大原有产品生产能力而增建主要生产车间(或主要工程)、矿井、独立的生产线或总厂的分厂的企业及事业行政单位在原单位增建业务用房。

(3)**改建** 是指现有企、事业单位,对原有设施进行技术改造或更新,没有增建主要生产车间、总厂之下的分厂等则作为改建。

施工项目 指报告期内曾进行建筑或安装施工活动的建设项目。包括报告期内新开工项目,报告期以前开工跨入报告期继续施工的项目、报告期施过工并在报告期内全部建成投产或停缓建的项目。

全部建成投产的项目 工业项目是指设计文件规定形成生产能力的主体工程及其相应配套的辅助设施全部建成、经负荷试运转,证明具备生产设计规定合格产品的条件,并经过验收鉴定合格或达到竣工验收标准,与生产性工程配套的生活福利设施可以满足近期正常生产的需要,正式移交生产的建设项目;非工业项目是指设计文件规定的主体工程和相应配套工程全部建成,能够发挥设计规定的全部效益,经验收鉴定合格或达到竣工验收标准,正式移交使用的建设项目。

新增生产能力 指通过固定资产投资活动而增加的设计能力或工程效益,它是用实物形态表示的固定资产投资的成果。新增生产能力的计算,是以能独立发挥生产能力或效益的单项工程(或项目)为对象。当单项工程(或项目)建成,经有关部门鉴定合格,正式移交投入生产,即可计算新增生产能力。

施工和竣工房屋建筑面积 房屋建筑面积从房屋的外墙线算起,包括房屋结构占用的面积和地下室面积。多层建筑按各自然层面积总和计算,包括房屋内的楼隔层,突出墙面的了望间、门斗、有柱雨罩的面积。有包括突出墙面结构的构件、艺术装饰等所占的面积,如台阶等、凹阳台、桃阳台按其水平投影面积一半计算建筑面积。

新增固定资产 指已经建成投产或交付使用的工程价值和达到固定资产标准的设备、工具、器具的投资及有关应摊入的费用。它是以价值形式表示的固定资产投资成果的综合性指标,可以综合反映不同时期、不同部门、不同地区的固定资产投资成果。

六、能源消费与库存

表6—1 能源生产、消费总量及构成

年份	能源生产总量(万吨)	占能源生产总量%			能源消费总量(万吨)	占能源消费总量%		
		原煤	原油	水电		煤炭	石油	水电
1978	508.59	75.2		24.8	781.00	61.4	22.4	16.2
1980	415.21	69.3		30.7	730.00	56.7	25.9	17.5
1985	638.52	51.7	0.8	47.5	1 008.21	52.6	12.4	30.1
1990	704.63	59.1	2.4	38.5	1 308.21	62.7	11.6	20.7
1991	693.59	61.6	0.6	37.8	1 386.88	65.1	11.2	18.9
1992	783.88	62.9	0.6	36.5	1 549.30	66.8	10.1	18.5
1993	958.47	52.4	0.5	47.1	1 809.21	59.1	9.9	25.0
1994	1 064.73	54.1	0.4	45.5	2 047.95	60.2	9.5	23.6
1995	1 103.39	50.9	1.3	47.8	2 256.52	55.9	10.1	23.4
1996	1 035.50	51.3	0.5	48.2	2 301.11	56.6	10.6	21.7
1997	1 065.84	44.4	0.5	55.1	2 327.74	51.1	10.6	25.2
1998	975.93	44.1	0.5	55.4	2 417.68	50.4	13.2	22.4
1999	855.47	40.5	0.6	58.9	2 472.73	52.5	13.6	20.4

注:(1)本表指标均为常规能源的折合标准燃料煤。(2)从1988年起电力折标系数调整。
(3)表6－1至表6－13的统计范围为全社会。

表6—2 分行业能源消费量和构成

行业名称	1990年		1995年		1998年		1999年	
	消费总量(万吨)	构成(%)	消费总量(万吨)	构成(%)	消费总量(万吨)	构成(%)	消费总量(万吨)	构成(%)
能源消费总量	**1 308.21**	**100.0**	**2 256.52**	**100.0**	**2 417.68**	**100.0**	**2 472.73**	**100.0**
物质生产部门	**1 188.87**	**90.9**	**2 035.77**	**90.2**	**2 139.94**	**88.5**	**2 184.13**	**88.3**
工业	**1 001.86**	**76.6**	**1 848.13**	**81.9**	**1 885.87**	**78.0**	**1 927.59**	**78.0**
#煤炭采选业	20.45	1.6	34.62	1.5	28.49	1.2	30.79	1.2
食品、饮料和烟草制造业	128.04	9.8	257.62	11.4	304.09	12.6	263.88	10.7
纺织业	31.57	2.4	34.56	1.5	15.59	0.6	17.74	0.7
电力工业	65.18	5.0	186.17	8.2	91.50	3.8	141.54	5.7
非金属矿物制品业	205.80	15.7	448.60	19.9	454.60	18.8	511.86	20.7
化学工业	183.97	14.1	225.29	9.9	175.53	7.3	200.56	8.1
冶金工业	185.87	14.2	333.60	14.8	461.13	19.1	503.22	20.4
机械工业	24.36	1.9	57.69	2.6	39.15	1.6	35.39	1.4
农、林、牧、渔业	**35.16**	**2.7**	**45.37**	**2.0**	**54.60**	**2.3**	**56.25**	**2.3**
建筑业	**6.80**	**0.5**	**12.34**	**0.5**	**8.61**	**0.3**	**8.29**	**0.3**
交通运输、邮电通讯业	**128.18**	**9.8**	**106.17**	**4.7**	**153.57**	**6.4**	**153.37**	**6.2**
批发零售贸易、餐饮业	**16.87**	**1.3**	**23.76**	**1.1**	**37.29**	**1.5**	**38.63**	**1.5**
非物质生产部门	**12.51**	**1.0**	**46.06**	**2.0**	**48.95**	**2.0**	**50.60**	**2.1**
生活消费	**106.83**	**8.1**	**174.69**	**7.8**	**228.79**	**9.5**	**238.00**	**9.6**

注:能源消费总量为折合标准燃料煤。

表6—3 电力消费量

单位:亿千瓦时

指标	1985年	1990年	1995年	1998年	1999年
消费总计	**76.25**	**125.62**	**228.08**	**273.58**	**289.06**
工业	53.99	82.13	174.53	205.62	214.53
#煤炭采选业	2.73	3.62	5.86	4.74	4.91
食品、饮料和烟草制造业	4.67	8.89	18.31	17.92	17.30
纺织业	2.99	3.43	3.96	2.48	3.17
电力工业	4.10	5.95	18.61	17.48	14.75
非金属矿物制品业	6.31	8.54	20.01	20.89	21.31
化学工业	10.68	16.32	18.46	18.78	23.12
冶金工业	11.58	16.62	35.17	58.09	69.57
机械工业	3.43	2.28	7.91	5.84	5.94
农、林、牧、渔业	**9.49**	**6.47**	**8.68**	**10.49**	**11.75**
建筑业	**0.93**	**0.94**	**2.04**	**1.13**	**1.09**
交通运输、邮电通讯业	**0.59**	**1.15**	**2.09**	**3.13**	**3.68**
批发零售贸易、餐饮业	**0.31**	**0.88**	**3.49**	**5.31**	**5.95**
城乡居民生活	**10.56**	**19.85**	**31.19**	**39.50**	**43.27**
其它	**0.38**	**14.20**	**6.06**	**8.40**	**8.79**

表6—4 石油及燃料消费量

品名	单位	1995年	1996年	1997年	1998年	1999年
原油	万吨	42.44	49.25	50.87	57.51	57.45
汽油	万吨	41.32	49.52	44.54	59.44	64.59
煤油	万吨	5.60	5.36	3.34	3.59	3.75
柴油	万吨	72.92	70.28	73.69	102.73	100.69
燃料油	万吨	13.57	11.12	8.93	10.39	7.32
液化石油气	万吨	15.89	22.58	26.17	29.96	34.76
煤气	亿立方米	6.21	4.70	5.41	6.05	5.89

表6—5 能源利用效益主要指标

年份	每万元国内生产总值消费能源(吨标燃煤)	每万元工农业总产值消费能源(吨标燃煤)	每万元工业总产值消费能源(吨标燃煤)	每吨能源消费实现的国内生产总值(元)	每吨能源消费实现的工农业总产值(元)	每吨能源消费实现的工业总产值(元)
1985	5.57	3.31	5.25	1 795	3 018	1 905
1990	2.91	1.71	2.84	3 431	5 837	3 526
1991	2.67	1.61	2.57	3 739	6 219	3 891
1992	2.40	1.42	2.16	4 173	7 061	4 640
1993	2.08	1.16	1.59	4 818	8 609	6 276
1994	1.71	0.93	1.26	5 851	10 759	7 912
1995	1.51	0.88	1.26	6 637	11 415	7 917
1996	1.36	0.79	1.16	7 379	12 653	8 597
1997	1.28	0.75	1.12	7 807	13 305	8 928
1998	1.27	0.75	1.09	7 871	13 366	9 161
1999	1.27	0.71	0.98	7 899	14 179	10 210

注:价值指标按当年价格计算。因产值作调整,故本表资料相应变化。

表6—6 能源加工转换效率

年份	总效率	火力发电	炼焦	炼油
1985	40.0	24.1	84.4	96.3
1990	47.1	31.2	98.3	94.5
1991	42.4	29.8	97.8	93.0
1992	48.0	35.4	96.3	93.6
1993	42.3	26.3	93.8	96.4
1994	47.0	29.3	86.2	92.4
1995	58.5	32.3	84.9	95.9
1996	53.1	34.2	84.4	96.2
1997	53.1	32.8	82.8	90.5
1998	53.4	33.2	96.2	94.7
1999	57.9	37.5	99.6	97.2

表6—7 能源消费弹性系数

年　份	能源消费比上年增长(%)	电力消费比上年增长(%)	国内生产总值比上年增长(%)	能源消费弹性系数	电力消费弹性系数
1985	6.4	15.1	11.0	0.58	1.37
1990	8.2	11.8	7.0	1.17	1.69
1991	6.0	7.8	12.7	0.47	0.61
1992	11.7	13.1	18.3	0.64	0.72
1993	16.8	10.1	18.3	0.92	0.55
1994	13.2	13.0	15.2	0.87	0.86
1995	10.2	19.8	11.4	0.89	1.74
1996	2.0	7.5	8.3	0.24	0.90
1997	1.2	3.3	8.0	0.15	0.41
1998	3.9	7.9	9.1	0.43	0.87
1999	2.3	5.7	7.7	0.30	0.74

表6—8 能源消费水平

年　份	每人每年平均用能（千克标准煤）	每人每年平均用电（千瓦小时）	每人每年平均生活用能（千克标准煤）	每人每年生活用电（千瓦小时）
1985	251	197	25	27
1986	248	208	24	29
1987	270	232	23	30
1988	274	232	21	27
1989	280	244	22	31
1990	299	275	25	41
1991	313	293	31	48
1992	345	327	31	51
1993	408	379	38	59
1994	456	424	36	64
1995	497	502	38	69
1996	501	535	42	73
1997	502	547	48	78
1998	517	585	49	84
1999	525	613	51	92

表 6—9 能源主要产品生活消费量

年　份	生活用能合计（万吨标准煤）	原煤（万吨）	液化石油气（万吨）	煤气（亿立方米）	电力（亿千瓦小时）
1985	76.12	66.71	0.07		10.56
1986	95.81	65.20	0.12		11.41
1987	89.20	55.14	0.19		11.91
1988	86.71	67.95			11.19
1989	89.63	61.71			12.79
1990	106.83	60.31	0.09	0.09	17.45
1991	133.21	59.07	6.03	0.12	20.59
1992	135.10	55.18	6.06	0.15	22.14
1993	169.27	57.57	7.89	0.21	25.97
1994	161.79	28.40	8.46	0.53	28.66
1995	174.69	27.65	15.66	0.60	31.19
1996	193.14	29.52	22.42	0.22	33.31
1997	221.23	26.16	24.40	0.37	36.30
1998	228.79	12.89	27.81	0.34	39.50
1999	238.00	10.64	32.26	0.30	43.27

表 6—10 每万元工业总产值电力消费量

单位:千瓦小时

指　标	1985 年	1990 年	1995 年	1998 年	1999 年
总　计	**2 698**	**2 214**	**1 710**	**1 868**	**1 992**
按轻重工业分					
#轻工业	1 210	1 156	972	691	777
重工业	4 711	3 833	2 345	2 864	2 997
按工业主要行业分					
#煤炭采选业	19 927	11 346	9 331	11 790	14 657
黑色金属矿采选业	10 875	4 465	2 704	3 237	1 342
有色金属矿采选业	9 973	4 494	2 238	1 321	1 624
食品、饮料、烟草业	1 045	989	1 009	800	886
纺织业	1 380	1 213	1 126	1 222	1 622
造纸及纸制品业	2 370	2 209	1 796	1 862	2 316
化学工业	8 000	6 113	3 089	3 191	3 310
医药制造业	1 120	1 151	390	186	174
非金属矿物制品业	6 485	4 158	2 028	3 211	3 888
黑色金属冶炼及压延加工业	7 792	6 923	5 883	6 035	5 568
有色金属冶炼及压延加工业	10 234	6 631	3 573	6 609	6 502
金属制品业	1 078	1 092	990	346	397
机械、电子、电气制造业	1 108	1 071	374	272	304
电力工业	4 437	4 584	4 736	5 620	5 211
自来水生产和供应业	8 345	12 151	11 370	10 793	11 227

注:1985 年产值已按 1990 年不变价换算,从 1998 年起产值按全部国有及年产品销售收入 500 万元及以上的非国有工业企业 1990 年不变价,电力消费也为规模以上工业企业。

表 6—11 能源生产消费量

年 份	生产量(万吨标煤)	原煤(万吨)	原油(万吨)	水 电(亿千瓦时)	能源消费量(万吨标煤)	煤炭(万吨)	石油(万吨)	水电(亿千瓦时)
1985	638	707	3.59	59.46	1 008	981	85.56	59.46
1986	587	689	3.65	61.31	1 016	1 117	87.61	61.31
1987	628	820	3.77	63.40	1 136	1 327	86.33	61.40
1988	684	1 070	3.64	60.56	1 160	1 493	86.60	60.56
1989	706	1 140	3.27	58.64	1 200	1 551	89.34	58.64
1990	704	979	12.00	68.90	1 309	1 562	109.62	68.90
1991	693	992	3.14	63.72	1 387	1 685	110.21	63.72
1992	783	1 093	3.21	73.98	1 549	1 853	116.95	73.98
1993	958	1 196	3.08	100.83	1 809	1 960	144.32	100.83
1994	1 064	1 174	3.23	115.30	2 048	2 081	165.98	115.30
1995	1 103	1 324	10.17	138.30	2 257	2 268	193.86	138.30
1996	1 036	1 252	3.60	138.79	2 301	2 300	210.66	138.79
1997	1 066	1 114	3.92	156.58	2 328	2 130	209.88	156.58
1998	976	1 015	3.15	146.02	2 418	2 112	266.91	146.02
1999	855	816	3.50	153.95	2 473	2 117	276.71	153.95

表 6—12 综合能源可供量

单位:万吨标准煤

年 份	综合能源可 供 量	生产量	调入量	进口量	调出量	出口量	年初年末库存差额
1985	1 008.17	638.52	354.43	2.76	0.70		13.16
1986	1 044.37	587.43	446.54	1.54	11.97	0.79	21.62
1987	1 107.43	628.55	486.44	7.04	10.52	1.70	-2.38
1988	1 156.00	684.25	474.90	7.10	1.70	0.47	-8.08
1989	1 194.87	706.28	520.26	12.20	2.48	0.11	-41.28
1990	1 296.00	704.63	630.14	5.62	26.25		-18.14
1991	1 374.62	693.59	663.75	5.92	8.89		20.25
1992	1 537.10	783.88	766.29	7.15	16.89		-3.33
1993	1 809.22	958.47	917.01	5.86	49.26		-38.78
1994	2 047.75	1 064.73	1 012.77	1.81	50.79		18.26
1995	2 256.52	1 103.39	1 237.78	5.66	64.53		-20.13
1996	2 301.11	1 035.50	1 320.70	5.19	51.86		-8.42
1997	2 327.77	1 065.84	1 247.23	1.09	23.42		37.02
1998	2 417.68	975.93	1 412.81	7.18	31.93	1.22	54.91
1999	2 472.73	855.47	1 696.32	1.22	54.01		-25.08

注:可供量表中的生产量均不包括二次能源产量。

表 6—13 煤炭可供量

单位:万吨

年 份	煤 炭 可供量	生产量	调入量	进口量	调出量	出口量	年初年末 库存差额
1985	980.97	707.75	268.84	3.78			8.01
1986	1 116.37	689.18	374.81	2.15	1.75	1.10	43.77
1987	1 317.89	820.00	443.82	5.89	0.65	2.38	49.92
1988	1 487.66	1 070.66	439.76	4.84	1.00	0.66	−25.21
1989	1 542.93	1 140.45	455.47	5.87	1.50	0.15	−50.18
1990	1 538.25	979.45	582.21	0.15	22.30		6.14
1991	1 653.47	992.91	611.99	0.63	5.96		51.92
1992	1 824.03	1 093.40	779.53	3.70	21.31		−32.27
1993	1 938.63	1 196.08	819.79	1.84	38.37		−36.21
1994	2 078.24	1 174.85	908.32	2.54	28.69		18.28
1995	2 267.56	1 324.31	1 031.75	1.67	33.30		−56.87
1996	2 296.17	1 252.26	1 091.24	2.32	36.59		−13.06
1997	2 108.61	1 114.33	934.55	1.52	15.29		73.50
1998	2 111.82	1 015.10	1 032.88	0.86	20.40		83.38
1999	2 117.23	816.06	1 350.64	1.71	11.65		−39.53

表 6—14 原油、电力可供量

年 份	可供量		生产量		调入量		调出量	
	原 油 (万吨)	电力 (亿千瓦时)	原 油 (万吨)	电力 (亿千瓦时)	原 油 (万吨)	电 力 (亿千瓦时)	原 油 (万吨)	电力 (亿千瓦时)
1985	3.59	59.45	3.59	59.46				0.01
1986	3.81	59.29	3.65	61.31	0.15			2.02
1987	4.96	61.50	3.77	63.40	1.22			1.90
1988	4.73	60.52	3.64	60.56	1.08			0.04
1989	3.56	58.60	3.27	58.64	0.23			0.04
1990	5.88	68.86	12.00	68.90			6.01	0.04
1991	5.28	63.50	3.14	63.72	2.28			0.22
1992	10.77	73.91	3.21	73.98	8.25			0.07
1993	23.41	100.80	3.08	100.83	20.85	6.62		6.65
1994	37.54	123.35	3.23	115.30	33.85	14.53		6.48
1995	42.44	149.09	10.17	138.30	33.29	18.59		7.80
1996	49.25	157.95	3.60	138.79	44.27	25.00		5.84
1997	50.87	172.78	3.92	156.58	47.47	17.07		0.87
1998	57.51	175.56	3.15	146.02	56.30	30.76		1.22
1999	57.45	189.59	3.50	153.95	53.20	37.22		1.58

注:1990 年、1995 年的原油产量包括滇黔桂石油局的产量,其它年份不包括。

七、财政金融及保险

表7-1 历年地方财政收支总额及指数

单位:万元

年份	总收入	总支出	收支差额	指数(以上年为100)	
				总收入	总支出
1978	143231	207838	-64607	118.6	143.2
1979	120539	205987	-85448	84.2	99.1
1980	122987	174440	-51453	102.0	84.7
1981	127250	160412	-33162	103.5	92.0
1982	130313	174423	-44110	102.4	108.7
1983	135830	188416	-52586	104.2	108.0
1984	134699	230559	-95860	99.2	122.4
1985	201774	297486	-95712	149.8	129.0
1986	252306	422199	-169893	125.0	141.9
1987	305368	476958	-171590	121.0	113.0
1988	338871	532723	-193852	111.0	111.7
1989	414130	577433	-163303	122.2	108.4
1990	468304	650003	-181699	113.1	112.6
1991	559225	716089	-156864	119.4	110.2
1992	611953	784754	-172801	109.4	109.6
1993	959269	1074853	-115584	156.8	137.0
1994	622617	1249283	-626666	64.9	116.2
1995	794422	1405892	-611470	127.6	112.5
1996	905102	1570121	-665019	113.9	111.7
1997	991568	1708345	-716777	109.6	108.8
1998	1196720	1983609	-786889	120.7	116.1
1999	1335647	2249775	-914128	111.6	113.4

注:地方财政收入未包括上划中央两税收入(1994-1999年分别为496655万元,538524万元,563185万元,611227万元,658250万元和675316万元)。

表7-2 财政分项目收入

单位:万元

	1990年	1995年	1997年	1998年	1999年
财政总收入	**468304**	**1332946**	**1602795**	**1854970**	**2010963**
#上划中央两税收入	-	538524	611227	658250	675316
地方财政收入	**468304**	**794422**	**991568**	**1196720**	**1335647**
工商税收	400378	463297	562252	643670	696093
增值税	100088	149203	170492	177321	188185
营业税	116658	192075	218918	258357	266099
个人所得税	1910	21468	52625	68122	83612
农牧业税类	32805	124307	154817	151117	143463
#农牧业税	20805	57653	63611	58575	52755
农业特产税	9747	47205	66860	71476	67565
耕地占用税	1841	15825	18442	13437	14021
企业所得税	57493	88361	88657	80076	128260
国有企业调节税	6009				
国有企业上缴利润	13191	13254	22143	38600	48525
国有企业计划亏损补贴	-77309	-22236	-16079	-13367	-12937
国家能源交通重点建设基金收入		7736	817		
基本建设贷款归还收入		1500	1100		
其他收入	10504	22599	47443	78959	88417
国家预算调节基金	8657	1545			
所得税退税	-13359	-9013	-7716	-6648	-4529
专项收入	5536	29874		42772	47839
#教育费附加	2916	21362			
罚没收入、行政性收费收入	16664	80117	138951	181541	200516

表 7－3 财政分项目支出

单位:万元

	1980 年	1985 年	1990 年	1995 年	1998 年	1999 年
地方财政支出	**174440**	**297486**	**650005**	**1405892**	**1983609**	**2249775**
基本建设支出	43027	44428	36558	85162	135215	190734
企业挖潜改造资金	8512	16397	16005	85516	83181	103232
简易建筑费	1848	1755	1760	2926	2730	
地质勘探费	197	190	104	134	237	118
科技三项费用	1268	2021	2930	7669	13065	15812
流动资金	3839	2544	188		20	
支援农村生产支出	3632	11271	45298	70448	72177	75743
农林水利气象等部门事业费	20602	17743	27955	56147	67894	75791
工业交通等部门事业费	2818	4530	7353	13284	10759	12667
商业部门事业费		423	1107	3112	1144	4937
城市维护费	3029	7674	18136	46005	58294	70382
文教卫生事业费	43794	90334	176621	378285	508723	569088
科学事业费		1403	5043	10325	16301	18150
其他部门事业费		11058	26375	76597	140393	138132
抚恤和社会福利救济费	3244	9287	11514	32028	35584	35966
国防支出类	1057	768	881	1953	2840	3577
行政管理费	17843	24800	67941	189004	230207	248650
公检法支出		8930	29482	85979	157315	189404
价格补贴支出		15123	100291	61148	109665	129344
支援不发达地区支出	3000	4480	6599	12946	69817	65077
其他支出	16730	21749	63139	148464	140332	155008
专项支出		578	4725	27108	42622	40049
#教育费附加			2916	20104		
农业综合开发支出				11652	21604	23443
行政事业离退休经费					63490	84471

表7-4 地方财政用于农业的支出

单位:万元

年 份	财政支出	农业支出	支援农业生产支出	农林水气部门事业费	基本建设支出
1980	174440	41131	3632	20602	14875
1982	174423	30975	10346	13141	5689
1983	188416	31553	12031	12410	5352
1984	230559	34922	10680	15780	5283
1985	297486	36860	11271	17743	5160
1986	422199	47862	15697	22298	6428
1987	476958	54092	18574	25509	6102
1988	532723	57088	21718	25315	6678
1989	577433	71811	34935	26060	6829
1990	650003	86756	45298	27955	9565
1991	716089	95670	51232	33502	8349
1992	784754	104317	55273	35328	8456
1993	1074853	119912	63544	39362	8594
1994	1249283	131340	66174	48048	9516
1995	1405892	155273	70448	56147	8713
1996	1570121	174904	67316	62191	16308
1997	1708345	185781	67092	69415	14882
1998	1983609	204706	72177	67894	25316
1999	2249775	220877	75743	75791	26819

年 份	挖潜改造资金	科技三项费用	支援不发达地区资金中用于农业	其 他	农业支出占财政支出%
1980	7	272	476	1267	23.6
1982	28	181	1081	509	17.8
1983	13	249	1415	83	16.7
1984	68	277	2766	68	15.1
1985	246	171	2231	38	12.4
1986	144	111	3089	95	11.3
1987	20	123	3699	65	11.3
1988	83	119	3111	64	10.7
1989	14	523	3450		12.4
1990	25	110	3773	30	13.3
1991	49	133	2348	57	13.4
1992	49	200	4933	78	13.3
1993	231	158	7927	96	11.2
1994	421	603	6501	77	10.5
1995	447	1090	6678	11750	11.0
1996	166	1521	7765	19637	11.1
1997	1674	2024	13325	17369	10.9
1998	1116	2344	14255	21604	10.3
1999	1108	2413	15560	23443	9.8

表7-5 地方财政用于教育的支出

单位:万元

年份	财政支出	预算内教育支出	教育事业费	教育基建投资
1980	174440	33436	28716	1608
1982	174423	40932	35580	1246
1983	188416	44877	37985	2929
1984	230559	56906	47728	4015
1985	297486	71370	60020	5891
1986	422199	84411	69781	7866
1987	476958	89492	77785	4509
1988	532723	105395	92258	4519
1989	577433	118095	101515	7198
1990	650003	135275	115761	6217
1991	716089	152053	126689	6813
1992	784754	174495	148217	7306
1993	1074853	210198	179261	7498
1994	1249283	273738	229232	11032
1995	1405892	302823	251807	9467
1996	1570121	315803	261095	12109
1997	1708345	324755	284596	12428
1998	1983609	360720	346385	11198
1999	2249775	408711	392672	12146

年份	部门事业费中教育支出	教育费附加支出	支援不发达地区资金中教育支出	教育支出占财政支出%
1980	2955		157	19.2
1982	3686		420	23.5
1983	3642		321	23.8
1984	4843		320	24.7
1985	5240		219	24.0
1986	6670		94	20.0
1987	7137		61	18.8
1988	8600		18	19.8
1989	9382			20.5
1990	10381	2916		20.8
1991	11923	6617	11	21.2
1992	12867	6102	3	22.2
1993	14669	8770		19.6
1994	18919	14494	61	21.9
1995	21264	20104	181	21.5
1996	23182	18831	586	20.1
1997	25321		2410	19.0
1998	750		2387	18.2
1999	1186		2707	18.2

表 7－6 全社会金融机构信贷收支

（期末余额）　　单位：亿元

资金来源项目	1990 年	1995 年	1998 年	1999 年
一.各项存款合计	271.17	1152.32	1792.10	2010.14
（一）企业存款	83.59	335.68	495.65	564.81
工业企业存款	19.48	52.02	77.51	83.26
商业企业存款	17.24	33.50	40.47	41.86
建筑企业存款	11.42	26.45	30.02	27.81
集体企业存款	7.44	28.56	17.83	18.92
乡镇企业存款	4.03	5.00	3.63	3.72
单位定期存款	5.54	53.90	125.93	147.63
其他企业存款	18.44	136.25	200.26	241.61
（二）财政性存款	19.64	35.99	98.12	113.45
财政存款	6.32	21.77	57.65	56.99
机关团体部队存款	13.32	14.22	40.47	56.46
（三）城乡居民储蓄存款	152.29	735.50	1150.08	1257.26
＃定期存款	110.22	496.73	754.97	783.69
（四）农业存款	1.58	7.24	24.95	27.78
（五）信托类存款	2.03	27.90	3.40	4.08
（六）其他类存款	12.04	10.01	19.90	42.76
二.金融债券	2.45	0.37	0.01	0.01
三.国家投资债券	0.02	...	...	...
四.同业往来	21.80	116.60		
五.联行往来		－105.91		
六.汇出汇款		23.81		
七.所有者权益	35.78	65.06	－40.68	－44.37
八.当年结益	3.43	－1.49		
九.其　他	193.23	513.59	－166.67	－161.25
负　债　总　计	527.88	1764.35	1584.76	1804.53

注：本资料由人民银行南宁中心支行提供。

表 7－6　续表　　(期末余额)　　单位:亿元

资金运用项目	1990 年	1995 年	1998 年	1999 年
一.各项贷款合计	326.29	1055.67	1516.49	1719.19
(一)短期贷款	245.84	707.23	1053.85	1106.38
工业贷款	83.74	212.51	306.88	321.95
#工业生产企业贷款	64.67	162.36		
商业贷款	98.97	226.15	321.87	329.00
#商业企业贷款	27.37	95.24		
粮食企业贷款	18.64	54.90		
外贸企业贷款	19.71	40.22		
建筑业贷款	6.77	18.78	45.62	44.90
农业贷款	41.32	66.10	108.28	110.33
乡镇企业贷款	13.49	59.49	79.26	82.10
私营及个体工商企业贷款	1.55	5.29	8.95	12.80
三资企业贷款		13.30	26.34	30.24
其他短期贷款		105.61	156.65	175.06
(二)中期流动资金贷款			32.65	47.40
(三)中长期贷款	57.17	246.83	350.98	485.69
#技术改造贷款	21.11	58.67	66.73	66.25
基本建设贷款	26.61	96.36	196.53	317.24
沿海经济开发贷款	0.99	1.13		
其他中长期贷款		76.92	87.72	102.21
(四)信托类贷款	10.41	26.75	4.68	2.71
(五)其他类贷款	12.87	74.86	74.33	77.01
二.有价证券及投资	4.82	68.76	38.69	38.90
三.国家投资债券贷款		0.34	0.04	0.04
四.同业往来	28.52	77.22		
五.金银占款	0.62	2.84	2.96	2.17
六.外汇占款	2.55	4.71	0.68	0.51
七 库存现金	6.11	41.89	28.39	40.67
八.其　他	158.97	512.92	4.03	3.05
资　产　总　计	527.88	1764.35	1591.28	1804.53

表7-7 银行现金收支、货币投放及回笼

单位:亿元

	1980年	1985年	1990年	1995年	1998年	1999年
收入合计	**55.71**	**145.43**	**444.93**	**3229.05**	**5726.96**	**5826.35**
商品销售收入	38.51	74.79	154.18	531.33	534.05	516.00
服务事业收入	3.38	9.38	29.16	133.31	256.18	279.20
税款收入	0.31	1.85	6.24	22.24	35.30	34.28
农村信用社收入	3.79	9.04	17.57	66.24		
乡镇企事业收入		1.83	4.85	34.66		
#商品销售收入		0.58	1.69	5.96		
服务事业收入		0.16	0.63	2.05		
城乡个体经营收入		2.90	3.23	34.97	125.55	123.24
储蓄存款收入	6.90	35.06	194.43	2005.30	4176.66	4263.72
其他金融机构收入			6.59	94.34	35.49	26.09
汇兑收入	1.06	2.30	5.85	31.86	103.25	129.90
其他收入	1.76	8.28	22.83	264.47	444.96	445.23
债券收入				10.33	15.52	8.69
支出合计	**57.25**	**144.69**	**428.48**	**3193.66**	**5653.60**	**5728.03**
工资性支出	21.19	41.64	93.65	283.46	304.52	308.00
国家单位	16.85	34.18	78.72	236.95	247.75	254.02
#职工工资	12.60	20.60	45.54	126.43	247.75	152.60
奖金	1.28	2.64	30.91			
对个人其他	2.97	10.94	25.41	79.61		101.42
部队存款	1.13	1.85	3.15	6.60	12.38	12.22
城镇集体单位	3.21	5.61	11.78	39.91	44.39	41.76
农副产品采购支出	10.93	24.42	48.29	124.55	101.82	153.50
工矿产品收购支出	0.51	3.92	11.87	65.86	136.60	103.04
行政企业管理费	4.17	11.30	28.62	134.17	201.67	217.17
农村信用社支出	11.53	14.47	19.05	64.79		
乡镇企事业支出		3.69	7.53	35.85		
城乡个体经营支出		4.36	4.64	45.57	150.00	139.90
储蓄存款支出	5.93	29.40	173.18	2006.50	4128.98	4211.24
其他金融机构支出			6.34	75.25	33.97	24.69
汇兑支出	1.00	3.10	8.67	54.88	110.40	118.84
其他支出	1.99	8.39	26.64	295.46	472.15	446.08
债券支出				7.32	13.49	5.57
净投放	**1.55**					
净回笼		**0.74**	**16.46**	**35.39**	**73.36**	**98.32**

表 7-8 保　险　业　务

项　　目	单位	1990年	1995年	1998年	1999年
财产保险业务					
承保额	亿元	**519**	**1419**	**2808.07**	**2477.32**
#企业财产	亿元	250	641	883.04	323.11
家庭财产	亿元	37	101	112.65	127.77
运输工具	亿元	43	217	794.40	175.05
货运险	亿元	126	261	342.93	261.75
保费收入	**万元**	**24317**	**99793**	**115811**	**118588**
企业财产险	万元	5973	18155	27541	296200
家庭财产险	万元	862	2598	1965	1658
运输工具及责任险	万元	8479	54208	66540	70454
#汽车	万元	7269	44379	59010	62720
船舶	万元	482	1510	1098	959
货物运输险	万元	5421	10680	10311	7706
#铁路	万元	2136	3522	3655	3250
进出口	万元	2586	5666	3690	1136
农业险	万元	613	1626	1599	1519
其它财产险	万元	2969	12526	7855	7631
保险储金收入	**万元**	**1723**	**7648**	**25650**	**19452**
财产险	万元	1441	6702	25650	18677
农业险	万元	282	946		775
赔案件数	**件**	**109725**	**151647**	**238077**	**125979**
已　决	件	106850	140249	122743	114408
未　决	件	2875	11398	115334	11571
已决赔款	**万元**	**10735**	**56692**	**61930**	**56144**
企业财产险	万元	2115	7894	15613	10477
家庭财产险	万元	976	1612	1095	490
运输工具及责任险	万元	5027	32766	35920	37367
#汽车	万元	4334	28993	34066	36704
船舶	万元	322	895	619	663
货物运输险	万元	1894	6638	5350	4210
#铁路	万元	893	2546	1551	1933
进出口	万元	936	2805	2103	1285
其它财产险	万元	524	6355	3024	2580
农业险	万元	199	1427	928	1020
人寿保险业务					
个人代理人员数	人			**5774**	**6014**
承保人数合计	万人	**809.24**	**1499.69**	**1086.25**	**958**
短期险	万人	611.17	1188.70	946.64	858
寿险业务	万人	198.07	310.99	139.61	100
保险金额合计	亿元	**136.00**	**1684.00**	**2080.31**	**1640.29**
短期险	亿元	113.00	1585.00	1767.33	1536.44
寿险业务	亿元	23.00	99.00	312.98	103.85
保费收入合计	万元	**13607**	**52782**	**125434**	**154128**
短期险	万元	3007	18421	21547	22682
寿险业务	万元	10600	34361	103887	131446
储金收入	万元	**2172**	**10469**	**3660**	**930**
赔款给付金额合计	万元	**2026**	**14490**	**54879**	**50551**
短期险	万元	1316	9630	10488	10583
寿险	万元	710	4860	44391	39968

注：本资料由中保产险、寿险广西分公司，太保南宁分公司，平保南宁办事处提供。

八、物　　价

表 8—1 居民消费及商品零售价格总指数

(以上年价格为 100)

年份	居民消费价格总指数			商品零售价格总指数		
	全区	城市	农村	全区	城市	农村
1978	100.0	99.8	100.0	100.0	99.8	100.1
1979	102.6	102.8	101.1	102.3	102.9	101.7
1980	110.0	112.6	106.0	109.2	113.1	106.1
1981	101.6	102.7	100.1	101.7	103.0	100.5
1982	103.3	104.1	102.4	103.1	104.4	102.4
1983	102.7	103.0	102.7	102.8	103.0	102.7
1984	103.3	104.6	102.4	104.2	104.5	104.1
1985	113.0	114.7	111.8	111.2	114.2	109.3
1986	106.2	106.2	106.2	105.1	106.0	104.4
1987	108.2	110.2	105.8	108.0	110.5	105.5
1988	120.8	123.3	118.4	121.0	123.5	119.4
1989	121.1	119.7	123.3	121.3	119.1	123.5
1990	101.1	98.3	104.4	100.1	97.4	102.4
1991	102.8	102.7	103.0	102.5	102.5	102.5
1992	105.9	107.0	105.4	104.6	106.2	103.9
1993	122.0	123.3	119.1	118.9	121.9	114.8
1994	126.0	125.4	126.5	124.4	122.7	125.6
1995	118.4	118.0	118.6	116.4	115.0	117.7
1996	106.5	105.5	107.4	104.5	104.1	104.9
1997	100.8	100.7	100.8	99.6	99.9	99.4
1998	97.0	97.1	96.8	96.3	96.7	95.9
1999	97.7	97.2	98.2	97.2	96.8	97.6

注:1994 年起商品零售价格总指数不包含农资。

表 8—2 工农业商品综合比价指数

(以上年价格为 100)

年份	农产品收购价格总指数	农村工业品零售价格总指数	工农业商品综合比价指数	
			以农产品收购价格总指数为 100	以农村工业品零售价格总指数为 100
1978	103.5	99.9	96.5	103.6
1979	117.8	100.0	84.9	117.8
1980	102.7	101.6	98.9	101.1
1981	101.0	101.1	100.1	99.9
1982	105.5	102.4	96.5	103.6
1983	101.8	101.5	99.7	100.3
1984	106.9	103.5	96.8	103.3
1985	118.2	103.1	87.2	114.6
1986	105.4	103.2	97.9	102.1
1987	115.7	105.7	91.4	109.5
1988	124.4	125.8	101.1	98.9
1989	103.7	123.4	119.0	84.0
1990	88.6	103.2	116.5	85.9
1991	106.5	102.9	96.6	103.5
1992	106.3	102.5	98.9	101.1
1993	110.6	113.2	102.4	97.7
1994	120.0	117.2	97.7	102.4
1995	119.0	115.8	97.3	102.8
1996	108.4	104.7	96.6	103.5
1997	96.3	100.7	104.6	95.6
1998	86.6			
1999	87.6			

表 8—3 城市农贸市场农产品成交价格指数

（以上年价格为 100）

商品类别	1990 年	1995 年	1996 年	1998 年	1999 年
总指数	93.5	122.8	101.3	87.6	92.8
粮食类	78.8	128.1	100.7	90.6	94.7
油脂类	92.8	112.8	92.6	99.5	91.1
鲜菜类	99.7	124.1	100.8	82.3	92.8
干菜类	92.4	115.4	104.7	98.4	101.5
肉禽蛋类	91.6	124.6	104.8	87.4	93.0
水产品类	95.3	111.7	97.5	88.6	96.1
鲜果类	96.4	122.3	96.7	91.6	93.2
干果类	103.9	124.6	113.6	78.6	84.6

表 8—4 农产品收购价格分类指数

（以上年价格为 100）

商品类别	1990 年	1995 年	1996 年	1998 年	1999 年
总指数	88.6	119.0	108.4	86.6	87.6
粮食类	90.6	123.4	104.3	91.1	90.3
经济作物类	105.2	130.8	127.7	85.3	79.6
竹木材类	70.6	108.1	100.3	109.4	81.5
工业用油漆类	102.8	108.8	111.9	77.8	100.3
禽畜产品类	74.7	116.7	104.6	83.8	93.5
蚕茧蚕丝类	70.3	66.5	91.2	104.1	81.2
干鲜果类	101.7	137.1	95.5	104.9	85.0
干鲜菜及调味品类	77.9	92.4	115.5	72.3	93.2
药材类	76.8	112.1	109.2	46.3	101.7
土副产品类	82.5	127.9	118.1	76.8	97.9
水产品类	91.5	114.2	105.6	99.0	89.8

表 8—5 1999 年各地区商品零售和农业生产资料价格指数

（以上年价格为 100）

地　　区	总指数	一、食品类	粮　食	油脂类	肉禽蛋	水产品	鲜　菜
全区平均	**97.2**	**95.7**	**96.6**	**94.8**	**93.4**	**95.7**	**97.5**
城市平均	**96.8**	**95.2**	**96.2**	**91.6**	**92.7**	**95.8**	**96.4**
南宁市	95.9	95.3	95.5	89.0	92.0	97.9	101.3
柳州市	96.3	95.0	97.3	93.3	92.1	93.5	98.7
桂林市	97.6	97.0	97.5	99.7	94.7	99.5	92.8
北海市	96.4	93.2	98.3	81.6	88.5	95.6	92.3
梧州市	99.8	96.0	93.9	94.2	97.5	94.8	91.9
钦州市	96.2	92.1	96.8	90.9	89.1	90.2	90.9
农村平均	**98.2**	**96.4**	**98.0**	**97.8**	**93.2**	**96.1**	**98.8**
贵港市	96.3	93.0	94.8	87.8	90.9	96.8	92.8
百色市	98.4	96.9	95.4	99.0	93.9	94.2	107.8
贺州市	96.4	95.0	97.4	85.6	93.9	94.5	96.2
宜州市	98.5	98.9	98.0	103.4	99.0	97.3	98.9
融安县	97.4	99.0	99.9	126.5	92.3	98.4	106.0
兴安县	98.7	96.2	99.4	97.5	93.3	97.1	92.9
崇左县	97.0	95.1	96.2	88.8	95.3	97.6	96.8

表 8—5　续表 1　　　　（以上年价格为 100）

地　　区	干　菜	鲜　果	干　果	其他食品	饮食业	二、饮料烟酒类	饮　料	烟　酒
全区平均	**102.1**	**98.4**	**88.5**	**96.3**	**100.2**	**98.6**	**99.7**	**98.4**
城市平均	**98.3**	**98.3**	**86.0**	**97.8**	**99.7**	**98.1**	**99.4**	**97.8**
南宁市	95.4	100.2	81.7	97.0	100.0	98.6	96.1	99.1
柳州市	96.1	96.9	89.2	97.7	98.6	96.9	95.2	97.5
桂林市	103.0	98.1	88.4	100.4	100.0	93.6	95.9	93.2
北海市	88.7	101.6	81.5	99.6	99.2	98.3	105.0	94.9
梧州市	100.1	95.4	89.3	98.1	100.1	102.6	106.3	101.1
钦州市	96.9	91.5	91.8	94.9	100.1	99.9	100.0	99.8
农村平均	**104.0**	**98.7**	**93.5**	**95.1**	**100.9**	**99.0**	**100.0**	**98.8**
贵港市	95.6	93.7	88.2	91.7	101.7	98.1	109.9	95.6
百色市	100.2	96.8	94.1	95.0	105.6	98.9	100.0	98.6
贺州市	92.0	104.3	92.6	95.6	100.0	97.6	100.0	97.1
宜州市	100.2	97.2	104.5	97.5	100.0	97.1	100.0	96.5
融安县	100.5	104.3	86.2	99.3	101.5	102.9	99.8	103.3
兴安县	99.6	107.8	95.9	92.6	100.2	99.7	100.0	99.7
崇左县	101.4	91.2	88.7	92.5	97.0	99.6	93.9	100.5

表 8—5　续表 2　　　　（以上年价格为 100）

地　区	三、服装鞋帽类	服　装	鞋	其他衣着	四、纺织品类	棉　布	棉花化纤混纺布	化纤布
全区平均	**99.0**	**98.8**	**97.6**	**103.0**	**98.6**	**100.9**	**97.9**	**97.9**
城市平均	**97.7**	**95.9**	**99.0**	**104.6**	**98.9**	**104.2**	**101.9**	**98.2**
南宁市	94.6	98.1	98.8	107.7	98.6	99.7	100.0	100.0
柳州市	98.5	96.8	99.9	101.4	93.2	97.2	98.3	87.8
桂林市	100.6	101.2	99.1	100.3	99.8	101.0	97.3	100.0
北海市	99.1	98.1	100.8	101.1	100.1	100.3	100.0	100.0
梧州市	103.9	103.5	99.3	111.2	105.7	118.6	110.6	100.3
钦州市	95.6	96.1	92.9	99.9	100.1	100.7	100.0	100.1
农村平均	**100.2**	**102.0**	**96.2**	**101.4**	**98.4**	**99.7**	**96.7**	**97.4**
贵港市	114.9	124.8	100.6	108.8	98.3	100.4	100.0	91.1
百色市	100.7	100.9	100.4	100.5	100.5	102.7	100.0	100.0
贺州市	100.0	100.0	100.0	100.0	99.9	100.7	98.5	100.0
宜州市	96.9	97.6	94.2	100.0	100.0	100.0	100.0	100.0
融安县	90.3	90.6	85.2	100.0	90.9	89.8	89.9	88.3
兴安县	100.2	99.8	100.0	102.0	100.2	104.3	93.0	100.8
崇左县	95.9	96.6	91.3	99.8	98.3	99.5	96.2	100.0

表 8—5　续表 3　　　　（以上年价格为 100）

地　区	呢　绒	绸　缎	其他纺织品	五、中、西药品类	中　药	西　药	医疗用品	六、化妆品类
全区平均	**97.7**	**100.**	**97.8**	**100.3**	**101.5**	**98.9**	**101.8**	**100.1**
城市平均	**97.8**	**100.5**	**96.8**	**100.8**	**101.4**	**100.2**	**100.5**	**102.5**
南宁市	100.0	100.0	95.7	100.8	104.1	96.9	100.2	102.3
柳州市	91.3	99.2	93.8	96.3	94.0	99.2	98.8	101.9
桂林市	100.5	104.4	99.1	95.8	94.0	97.9	98.8	102.0
北海市	100.0	100.0	100.1	98.5	99.3	96.5	101.9	99.4
梧州市	100.0	103.9	101.5	110.7	111.3	111.9	103.5	110.4
钦州市	100.0	100.0	100.0	105.0	106.4	104.0	99.3	100.0
农村平均	**97.9**	**99.6**	**98.9**	**99.9**	**101.6**	**97.8**	**102.6**	**97.5**
贵港市	100	102.0	98.1	100.1	107.4	92.2	99.1	93.1
百色市	100	100	98.6	101.6	104.9	98.6	101.0	97.5
贺州市	100	99.1	100.5	97.8	101.2	94.3	100.7	99.3
宜州市	100	100	100	100.3	100.9	99.4	101.4	99.4
融安县	88.7	94.7	98.5	98.6	95.3	100.4	102.0	93.5
兴安县	95.7	104.9	102.9	100.8	99.1	100.1	111.4	102.8
崇左县	99.5	100	96.0	101.6	104.9	98.2	100.4	99.9

表 8—5　续表 4　　　　　　　　　　　　　　　　(以上年价格为 100)

地　区	七、书报杂志类	八、文化体育用品类	文化用品	体育用品	九、日用品类	一般日用品	家具类	日用杂品
全区平均	**104.2**	**100.3**	**100.9**	**99.2**	**98.7**	**98.6**	**98.4**	**99.8**
城市平均	**105.2**	**100.4**	**100.7**	**100**	**99.5**	**99.0**	**100**	**100.2**
南宁市	105.3	100.1	100.3	99.7	99.5	99.5	100	98.8
柳州市	104.2	100	100.3	99.1	99.5	99.0	100.2	100
桂林市	104.5	102.2	103.7	100.6	99.6	98.7	99.6	101.1
北海市	105.0	100.7	101.2	100	98.4	98.3	98.3	99.0
梧州市	107.6	100.4	99.9	100.6	100.6	99.1	101.7	102.4
钦州市	103.7	98.9	98.3	100.2	97.9	96.4	99.6	100
农村平均	**103.3**	**100.4**	**101.3**	**98.2**	**98.1**	**98.3**	**96.9**	**99.4**
贵港市	101.9	96.5	100.1	90.4	96.7	97.4	93.7	96.3
百色市	104.3	100.1	100.9	98.8	100.5	101.0	100	99.5
贺州市	101.6	99.5	99.2	100	94.5	95.4	88.3	99.6
宜州市	105.0	99.4	99.4	99.5	99.3	98.8	100	100
融安县	104.9	101.0	104.0	95.9	95.9	94.9	96.8	99.2
兴安县	102.7	100.5	100.7	100.2	101.6	101.9	100.2	101.7
崇左县	103.0	103.1	104.3	101.3	98.3	98.3	98.7	97.6

表 8—5　续表 5　　　　　　　　　　　　　　　　(以上年价格为 100)

地　区	十、家用电器类	十一、首饰类	十二、燃料类	十三、建筑装璜材料类	十四、机电产品类	农业生产资料价格指数	小农具	饲料
全区平均	**94.8**	**95.2**	**103.9**	**96.0**	**90.0**	**96.4**	**95.4**	**96.6**
城市平均	**94.6**	**95.4**	**103.4**	**95.4**	**90.4**			
南宁市	90.9	95.5	104.3	95.6	87.6			
柳州市	95.3	93.9	102.9	87.1	88.2			
桂林市	95.1	99.6	99.8	96.8	96.2			
北海市	103.0	96.9	97.6	99.4	86.0			
梧州市	97.4	98.7	107.9	96.6	99.5			
钦州市	98.4	83.4	96.6	102.6	98.8			
农村平均	**94.9**	**94.9**	**104.4**	**95.9**	**90.7**	**96.4**	**95.4**	**96.9**
贵港市	92.3	96.8	106.0	91.7	88.7	95.5	89.3	95.7
百色市	96.0	95.0	100.7	100.6	89.9	99.5	97.9	101.5
贺州市	92.6	94.3	106.9	94.6	93.6	95.8	89.3	96.3
宜州市	95.4	91.8	103.8	94.2	97.4	94.9	100	97.0
融安县	96.7	97.1	106.8	94.2	85.8	95.6	100	93.3
兴安县	97.4	99.2	100.1	96.2	97.5	96.1	93.1	95.6
崇左县	92.9	91.2	105.7	99.8	80.7	96.1	101.6	94.2

表 8—5　续表 6　　　　　　　　　　（以上年价格为 100）

地　区	幼禽家畜	大牲畜	半机械化农具	机械化农具	化学肥料	农药及农药械	农机用油	其　他
全区平均	**93.1**	**99.0**	**97.8**	**98.1**	**94.4**	**93.5**	**108.0**	**95.6**
贵港市	93.6	102.5	97.4	99.9	92.3	85.9	113.0	87.7
百色市	84.2	0	100	99.3	103.4	100.9	104.4	95.7
贺州市	111.9	0	97.6	97.9	84.0	92.1	114.5	97.3
宜州市	82.5	88.9	100	100	91.7	100	113.1	100.7
融安县	98.9	100	103.2	93.0	92.7	87.8	114.2	93.9
兴安县	85.6	100.7	98.8	97.1	98.1	94.4	100.4	99.7
崇左县	91.4	103.0	91.0	98.9	96.6	90.0	96.6	96.2

表 8—6　1999 年各地区居民消费价格指数

（以上年价格为 100）

地　区	总指数	一、食品	粮　食	淀粉及薯类	干豆类及豆制品	油脂类	肉禽及其制品	蛋　类
全区平均	**97.7**	**95.9**	**98.3**	**95.7**	**88.9**	**94.6**	**93.0**	**94.0**
城市平均	**97.2**	**95.7**	**98.4**	**93.7**	**87.0**	**91.2**	**92.7**	**94.1**
南宁市	95.9	95.8	97.5	92.5	88.3	89.0	92.5	87.6
柳州市	96.8	95.4	98.6	90.1	87.5	93.1	92.0	100.6
桂林市	98.6	96.9	99.3	97.3	90.1	99.7	94.8	95.0
北海市	97.0	94.5	100.6	99.6	76.6	80.8	87.1	100.7
梧州市	100.1	97.1	98.6	96.0	79.4	94.1	98.2	90.9
钦州市	97.1	92.4	97.4	92.0	93.0	91.0	89.1	97.2
农村平均	**98.2**	**96.4**	**98.0**	**98.3**	**91.0**	**97.8**	**93.2**	**93.8**
贵港市	98.1	93.3	97.7	97.4	87.5	87.9	89.8	89.4
百色市	99.1	97.4	95.6	99.3	94.3	99.0	92.9	93.8
贺州市	97.4	95.6	95.5	96.2	81.9	85.1	94.4	91.5
宜州市	98.8	97.6	97.3	98.1	100.9	103.1	95.1	99.8
融安县	98.3	99.6	103.2	101.7	94.0	128.0	92.0	92.3
兴安县	98.1	95.7	100.3	99.9	87.4	97.5	92.6	93.5
崇左县	97.9	96.1	96.7	97.1	90.1	87.7	94.4	97.5

表 8-6　续表 1　　　　　　　　（以上年价格为 100）

地　区	水产品类	菜　类	鲜菜	干菜	菜制品	调味品类	糖　类	烟　类
全区平均	**95.7**	**98.3**	**97.6**	**102.1**	**99.7**	**99.4**	**91.7**	**97.5**
城市平均	**96.5**	**97.0**	**96.9**	**98.3**	**98.1**	**99.4**	**93.7**	**97.1**
南宁市	98.0	100.9	101.5	99.3	93.7	99.4	93.9	100
柳州市	93.6	98.6	98.8	96.5	97.8	97.8	93.0	98.1
桂林市	99.2	94.5	92.6	108.2	109.1	101.6	95.9	89.2
北海市	102.4	92.3	92.1	88.4	95.4	98.7	96.2	93.1
梧州市	94.9	93.5	92.1	99.5	116.2	100.4	94.9	102.6
钦州市	89.2	91.4	91.0	89.5	100.6	98.9	86.4	100
农村平均	**96.1**	**100**	**98.8**	**104.0**	**100.7**	**99.4**	**89.5**	**98.0**
贵港市	97.6	96.8	92.7	104.2	93.0	96.5	85.5	94.6
百色市	94.5	106.0	108.0	103.0	99.2	98.7	89.3	98.9
贺州市	94.6	98.4	96.4	100.1	99.4	101.4	90.0	95.5
宜州市	97.2	99.3	99.1	100.3	100.0	97.6	95.5	97.7
融安县	98.2	104.8	106.3	111.2	90.1	103.9	95.6	100
兴安县	94.0	93.8	92.5	98.6	105.1	96.8	85.8	100.3
崇左县	97.8	102.6	96.9	111.2	122.3	100	84.3	100

表 8-6　续表 2　　　　　　　　（以上年价格为 100）

地　区	酒和饮料	干鲜瓜果类	＃鲜果	糕点类	奶及奶制品	其他食品	饮食业	二、衣着类
全区平均	**99.1**	**96.9**	**98.4**	**99.6**	**100**	**99.9**	**100.3**	**98.8**
城市平均	**97.8**	**96.4**	**98.3**	**100**	**100.9**	**99.6**	**99.7**	**97.4**
南宁市	97.0	98.1	99.9	100	98.8	99.8	100	94.0
柳州市	96.1	96.9	98.2	98.1	103.1	100.2	98.6	97.3
桂林市	97.6	95.5	97.7	101.5	104.8	101.7	100	100.7
北海市	100.7	97.7	101.5	103.5	98.3	87.4	99.2	98.5
梧州市	101.0	93.3	95.6	100	104.4	99.3	100.1	104.8
钦州市	99.8	92.5	92.6	98.9	100	100	100.2	95.9
农村平均	**100.1**	**97.9**	**98.7**	**98.8**	**98.5**	**100.5**	**101.0**	**100**
贵港市	100.2	93.4	94.3	92.9	96.6	100	101.9	114.3
百色市	99.3	98.0	98.6	100	102.9	100	106.6	100.7
贺州市	99.5	102.3	104.4	100	84.3	96.5	100	99.9
宜州市	99.9	101.6	101.1	100	100.7	96.0	100	95.9
融安县	104.7	98.5	99.7	99.1	105.8	100.6	101.5	89.2
兴安县	99.8	99.7	100.4	98.8	99.1	109.3	100.3	100.1
崇左县	99.3	92.3	92.4	100	100	100	97.0	97.4

表 8-6　续表 3　（以上年价格为 100）

地　区	1.服　装	2.衣着材　料	3.鞋帽袜及其他衣着	三、家庭设备及用品	耐用消费品	室内装饰品	床上用品	家庭日用杂品
全区平均	**99.3**	**98.0**	**97.9**	**98.4**	**97.7**	**99.6**	**98.2**	**98.8**
城市平均	**97.6**	**97.5**	**99.5**	**99.0**	**98.4**	**99.8**	**99.7**	**99.3**
南宁市	91.8	99.4	98.8	97.0	95.3	100	96.1	99.4
柳州市	97.2	92.5	100.1	99.1	99.4	100	97.2	99.9
桂林市	101.2	100.1	99.7	100.1	99.8	98.7	99.4	100.9
北海市	97.8	100	99.8	100.3	104.0	100	98.9	95.2
梧州市	105.4	102.0	103.8	101.7	99.9	99.8	115.9	99.0
钦州市	96.3	100.2	93.7	98.7	99.0	100	100.1	99.3
农村平均	**102.1**	**98.3**	**96.7**	**97.8**	**97.1**	**99.3**	**97.4**	**98.5**
贵港市	**127.8**	**95.4**	**101.0**	**94.9**	**94.5**	**101.1**	**92.6**	**95.8**
百色市	101.0	100.3	100.2	98.6	97.0	99.8	97.9	101.2
贺州市	99.8	100.1	100	96.1	93.3	93.5	100	98.9
宜州市	95.6	100	94.6	99.9	99.9	100	100	100
融安县	90.6	90.7	85.4	96.6	97.1	100	96.3	93.9
兴安县	99.4	101.8	100.3	100.4	99.9	99.7	99.6	101.7
崇左县	97.7	99.0	95.6	96.7	96.7	99.2	93.7	97.8

表 8-6　续表 4　（以上年价格为 100）

地　区	其他日用品	四、医疗保健	医疗器具及保健用品	中　药	西　药	五、交通及通讯工具	交通工具	通讯工具
全区平均	**99.6**	**100.3**	**103.1**	**101.4**	**98.9**	**89.6**	**91.8**	**85.2**
城市平均	**100**	**101.0**	**106.2**	**100.8**	**100.6**	**86.9**	**89.2**	**83.7**
南宁市	99.5	100.8	99.9	104.1	96.9	83.2	86.9	77.2
柳州市	97.4	96.2	100.5	93.6	98.8	89.2	87.5	92.8
桂林市	100.3	96.0	102.8	94.0	97.9	91.5	94.1	89.7
北海市	99.7	98.3	100.7	99.3	96.7	81.4	88.9	70.1
梧州市	104.2	113.6	133.0	110.9	113.8	99.8	99.4	100
钦州市	95.7	103.9	101.7	100	102.5	95.1	93.3	100
农村平均	**98.7**	**99.9**	**101.6**	**101.9**	**97.9**	**93.4**	**94.8**	**88.5**
贵港市	93.5	99.5	102.0	106.7	92.6	93.3	91.3	100.1
百色市	100.1	101.6	99.4	104.8	98.9	92.7	100.5	73.6
贺州市	99.4	100.2	100	105.4	95.1	89.6	88.1	96.4
宜州市	99.1	99.6	100.1	100.6	98.9	96.6	95.5	99.1
融安县	100.7	98.4	101.5	95.5	100.1	93.7	98.7	79.7
兴安县	100.3	100.3	110.7	99.1	100	97.7	97.1	100.1
崇左县	97.1	101.5	100.4	104.4	98.5	91.9	94.6	76.6

表 8-6　续表 5　　　　　　　　（以上年价格为 100）

地　区	六、娱乐教育文化用品	文娱用耐用费品	教材及参考书	文化娱乐用品	七、居住	住房	水、电、燃　料	八、服务项目
全区平均	**97.9**	**92.8**	**104.3**	**101.4**	**100.8**	**99.6**	**102.2**	**102.9**
城市平均	**97.9**	**93.1**	**104.8**	**101.4**	**101.9**	**101.6**	**102.3**	**102.0**
南宁市	96.5	90.6	103.9	101.4	99.3	97.6	100.9	101.4
柳州市	97.4	92.5	104.5	100.5	100.3	97.8	102.0	102.1
桂林市	99.3	95.2	105.2	103.9	103.4	106.6	99.7	101.6
北海市	100.2	96.0	103.9	104.0	104.1	99.3	107.3	102.3
梧州市	100.4	95.8	109.5	100.3	100.8	98.5	103.4	103.8
钦州市	99.2	96.6	103.1	101.0	113.0	121.6	102.9	101.5
农村平均	**97.8**	**92.6**	**103.6**	**101.2**	**99.3**	**98.1**	**102.2**	**103.9**
贵港市	94.2	88.5	101.6	97.9	97.3	93.9	101.8	111.3
百色市	100.4	97.9	105.0	101.5	99.8	99.1	100.8	104.2
贺州市	96.7	89.5	102.6	101.0	99.3	96.7	102.7	104.9
宜州市	98.6	89.9	105.4	102.8	102.3	103.5	100	101.9
融安县	100.7	97.0	107.3	102.3	100.9	97.7	104.7	100.3
兴安县	98.3	93.7	102.2	101.3	99.7	99.8	99.5	100.8
崇左县	96.8	92.4	102.4	101.2	102.9	100.1	106.3	104.4

表 8-6　续表 6　　　　　　　　（以上年价格为 100）

地　区	电讯费	邮　费	交通费	洗理美容费	文娱费	学杂保育费	修理及其他服务费	医疗保健服务
全区平均	**100.7**	**137.2**	**103.8**	**103.4**	**102.4**	**103.5**	**99.0**	**102.4**
城市平均	**100.9**	**139.9**	**105.7**	**104.5**	**102.0**	**102.3**	**98.0**	**100.3**
南宁市	100	139.6	106.0	100	96.0	103.9	94.5	100
柳州市	100	140.8	103.7	113.1	110.4	100.3	100.1	100
桂林市	105.9	156.7	100.8	102.0	100	100	100.6	100
北海市	100	129.8	106.7	116.7	100	102.7	97.6	103.7
梧州市	99.6	132.5	122.4	100	107.5	101.9	98.6	100
钦州市	100	140.4	88.8	100	100	106.5	100	100
农村平均	100	135.2	101.8	101.8	103.9	104.6	101.1	104.1
贵港市	100	142.4	99.3	103.6	115.0	115.4	99.4	100
百色市	99.8	133.3	106.5	107.4	102.1	104.4	100.8	100
贺州市	100	147.8	97.4	100	117.7	105.4	100.1	103.2
宜州市	100.7	127.0	102.1	100	100	101.7	104.3	100
融安县	100	124.5	96.8	100	104.5	100.1	99.1	103.1
兴安县	100	131.5	105.9	100	100	99.7	100.3	112.9
崇左县	100	140.0	101.4	100	93.9	105.6	102.0	110.5

九、人民生活

表 9—1 城镇居民家庭人均年收入

项 目	1985 年	1990 年	1995 年	1998 年	1999 年
现金收入(元)		1814.21	6043.62	6879.68	7224.96
实际收入	745.20	1601.97	4809.43	5440.54	5648.46
可支配收入(元)	683.45	1448.06	4791.87	5412.24	5619.54
国有经济单位职工收入	529.61	1175.75	3517.24	3596.44	3764.87
工资性收入	478.96	1057.77	3364.27	3398.76	3560.25
#奖金	71.86	203.38	721.08	622.85	561.09
非工资性收入	50.65	117.98	152.97	197.68	204.62
集体经济单位职工收入	101.46	117.59	213.33	194.88	188.76
工资性收入	91.76	105.79	204.05	186.74	177.28
#奖金	13.70	12.97	31.22	31.28	24.74
非工资性收入	9.70	11.80	9.28	8.14	11.48
个体经营者收入	16.59	27.76	120.39	269.27	257.82
财产性收入	1.95	19.68	210.62	330.74	289.45
转移性收入	74.96	137.45	565.44	783.24	866.50
#离、退休金	12.65	70.11	277.09	512.92	570.22

表 9—2 城镇居民家庭人均年支出

项 目	1985 年	1990 年	1995 年	1998 年	1999 年
现金支出(元)		1767.04	5990.40	6774.30	7061.97
实际支出	712.11	1466.31	4879.15	5648.51	5889.05
消费性支出	633.74	1338.10	4045.83	4381.08	4587.22
非消费性支出	16.71	46.01	816.33	1263.34	1296.93
贷款利息		0.10	0.69	1.07	1.02
个人所得税		0.78	0.57	4.18	4.13
各种税金		1.03	1.27	1.91	1.07
非储蓄性保险支出		0.93	2.11	5.88	12.30
赡养支出	16.71	41.80	161.40	239.26	247.32
赠送支出	24.12	71.61	257.94	339.84	354.11
购房与建房支出		2.06	349.01	610.93	633.63
其他非消费性支出		1.36	43.29	60.27	43.35
借贷支出(元)	114.86	300.73	1111.25	1125.79	1172.92
存入储蓄款	72.12	218.97	824.48	886.15	948.75
存入储金会款	13.73	21.66	17.96	6.74	3.35
归还借款	11.53	18.27	64.77	56.32	62.43
借出款	13.50	21.77	53.28	40.84	33.17
储蓄性保险支出		6.24	25.85	36.17	42.49
购买有价证券		6.91	56.89	30.33	19.46
预 购		0.13	0.46	1.67	2.79
归还购房贷款		2.20	2.67	9.42	6.06
其他借贷支出	3.98	4.57	64.89	58.15	54.42
期末手存现金(元)	48.20	131.96	266.58	372.41	486.84

表 9—3 城镇居民家庭情况

项 目	单位	1985 年	1990 年	1995 年	1998 年	1999 年
调查户数	户	**800**	**940**	**1000**	**1200**	**1150**
平均每户家庭人口	人	3.98	3.62	3.30	3.16	3.15
平均每户就业人口	人	2.14	2.01	1.80	1.85	1.83
平均每户就业面	%	53.75	55.52	57.27	58.54	58.10
平均每一就业者负担人数	人	1.86	1.80	1.75	1.71	1.72
平均每人全年可支配收入	元	**683.45**	**1448.06**	**4791.87**	**5412.24**	**5619.54**
平均每人全年实际收入	元	**745.20**	**1601.97**	**4809.43**	**5440.54**	**5648.46**
按每人每月可支配收入分						
分组户数占总户数比重	%	100.0	100.0	100.0	100.0	100.0
100 元以下	%	100.0	29.6	0.2	0.1	0.2
100－200 元	%		70.4	10.9	4.3	3.5
200－300 元	%			26.3	15.3	15.3
300－400 元	%			29.0	24.2	21.0
400－500 元	%			17.2	21.0	21.4
500－600 元	%			9.0	14.8	15.7
600－700 元	%			2.9	7.8	8.8
700－800 元	%			2.3	5.3	5.0
800－900 元	%			2.2	3.2	3.3
900－1000 元	%				1.5	2.9
1000－1100 元	%				1.0	0.9
1100－1200 元	%				0.7	0.5
1200－1300 元	%				0.4	0.8
1300－1400 元	%				－	0.2
1400－1400 元	%				0.1	0.2
1500 元以上	%				0.3	0.3
平均每人全年实际支出	元	**712.11**	**1466.31**	**4879.15**	**5648.51**	**5889.05**
#消费性支出	元	**663.74**	**1338.10**	**4045.83**	**4381.08**	**4587.22**
年末平均每人居住面积	平方米	**8.73**	**10.90**	**14.51**	**16.38**	**17.13**

注:1985 年,1990 年消费性支出为生活费支出,可支配收入为生活费收入(下同)

表 9—4 城镇居民家庭人均年收支

单位:元

项　　目	1985 年	1990 年	1995 年	1998 年	1999 年
现金收入		**1814.21**	**6043.62**	**6879.68**	**7224.96**
实际收入	**745.20**	**1601.97**	**4809.43**	**5440.54**	**5648.46**
可支配收入	**683.45**	**1448.06**	**4791.87**	**5412.24**	**5619.54**
国有经济单位职工收入	529.61	1175.75	3517.24	3596.44	3764.87
工资性收入	478.96	1057.77	3364.27	3398.76	3560.25
#奖金	71.86	203.38	721.08	622.85	561.09
非工资性收入	50.65	117.98	152.97	197.68	204.62
集体经济单位职工收入	101.46	117.59	213.33	194.88	188.76
工资性收入	91.76	105.79	204.05	186.74	177.28
#奖金	13.70	12.97	31.22	31.28	24.74
非工资性收入	9.70	11.80	9.28	8.14	11.48
个体经营者收入	16.59	27.76	140.81	269.27	257.82
财产性收入	1.95	19.68	210.62	330.74	289.45
转移性收入	74.96	137.45	565.44	783.24	866.50
#离、退休金	12.65	70.11	277.09	512.92	570.22
借贷收入	**104.48**	**212.24**	**1234.19**	**1439.14**	**1576.49**
#提取储蓄存款	74.39	161.15	909.03	1106.52	1179.25
提取储金会款	9.36	18.43	28.75	17.24	17.85
现金支出		**1767.04**	**5990.40**	**6774.30**	**7061.97**
实际支出	**712.11**	**1466.31**	**4879.15**	**5648.51**	**5889.05**
消费性支出	663.74	1338.10	4045.83	4381.08	4587.22
非消费性支出	16.71	46.01	816.33	1263.34	1296.93
借贷支出	**114.86**	**300.73**	**1111.25**	**1125.79**	**1172.92**
#存入储蓄款	72.12	218.97	824.48	886.15	948.75
存入储金会款	13.73	21.66	17.96	6.74	3.35
归还购房贷款		2.20	2.67	9.42	6.06
其他借贷支出	3.98	4.57	64.89	58.15	54.42
期末手存现金	**48.20**	**131.96**	**266.58**	**372.41**	**486.84**

表 9—5 城镇居民家庭人均年消费性支出和构成

项　　目	1985 年	1990 年	1995 年	1998 年	1999 年
实际支出(元)	**712.1**	**1466.3**	**4879.15**	**5648.51**	**5889.05**
一、消费性支出	**663.7**	**1338.1**	**4045.83**	**4381.08**	**4587.22**
食　　品	375.6	784.6	2061.47	2029.32	2033.87
衣　　着	66.8	117.2	355.00	326.05	300.82
家庭设备用品及服务	69.3	122.6	384.18	320.56	338.65
#日用耐用消费品	36.1	70.6	250.31	178.44	194.98
医疗保健	7.8	25.2	99.02	136.90	157.78
交通和通讯	13.0	24.7	211.41	252.37	329.07
娱乐教育文化服务	64.5	144.5	452.25	561.06	621.74
#文娱耐用消费品	39.5	70.6	122.15	153.56	147.27
教　育			253.90	314.82	380.19
学杂费	11.1	43.0	191.58	242.46	284.06
书报杂志	7.0	16.5	23.88	28.26	32.29
居　　住	38.8	73.8	325.52	565.22	587.02
#房　　租	5.9	7.8	69.40	223.08	212.21
水	2.6	6.2	25.00	40.29	43.33
电	7.3	25.4	74.90	125.78	127.54
燃　　料	8.7	18.0	75.47	100.43	115.05
杂项商品和服务	27.9	45.5	156.98	189.60	218.27
二、家庭副业生产支出			**16.99**	**4.08**	**4.90**
消费性支出构成(%)	**100.0**	**100.0**	**100.00**	**100.00**	**100.00**
食　　品	56.6	58.7	50.95	46.32	44.34
衣　　着	10.1	8.7	8.77	7.44	6.56
家庭设备用品及服务	10.4	9.2	9.49	7.32	7.38
#日用耐用消费品	5.4	5.3	6.19	4.07	4.25
医疗保健	1.2	1.9	2.45	3.12	3.44
交通和通讯	2.0	1.8	5.23	5.76	7.17
娱乐教育文化服务	9.7	10.8	11.18	12.81	13.55
#文娱用耐用消费品	6.0	5.3	3.02	3.51	3.21
教　育			6.28	7.19	8.29
学杂费	1.7	3.2	4.74	5.53	6.19
书报杂志	1.1	1.2	0.59	0.65	0.70
居　　住	5.8	5.5	8.05	12.90	12.80
#房　　租	0.9	0.6	1.72	5.09	4.63
水	0.4	0.5	0.62	0.92	0.94
电	1.1	1.9	1.85	2.87	2.78
燃　　料	1.3	1.4	1.87	2.29	2.51
杂项商品和服务	4.2	3.4	3.88	4.33	4.76

表 9—6 城镇居民家庭人均购买主要商品数量

品　　名	单　位	1985 年	1990 年	1995 年	1998 年	1999 年
粮　食	千克	146.78	124.76	92.96	77.64	76.19
鲜　菜	千克	93.30	100.04	104.92	100.22	104.62
油脂类	千克	3.36	4.80	7.32	7.24	7.10
猪　肉	千克	20.87	25.94	23.57	20.74	21.10
牛羊肉	千克	2.69	2.75	2.67	3.08	2.72
家　禽	千克	5.71	7.82	13.97	13.77	15.31
鲜　蛋	千克	2.95	3.92	6.54	6.07	6.72
鱼	千克	9.43	9.84	11.09	10.33	10.66
食　糖	千克	2.98	2.70	2.25	2.25	2.28
卷　烟	盒	26.30	21.26	15.73	14.34	13.89
酒	千克	4.62	5.20	5.90	5.63	6.06
棉　布	米	1.60	0.75	0.17	0.12	0.13
化纤布	米	1.16	1.62	1.67	0.96	0.74
呢　绒	米	0.08	0.03	0.05	0.01	
绸　缎	米	0.06	0.05	0.03	0.01	
服　装	件	3.40	3.91	6.12	6.18	6.32
皮　鞋	双	0.28	0.34	0.43	0.41	0.44
肥　皂	块	8.96	5.31	3.61	2.89	2.86
煤　炭	千克	125.63	89.79	19.10	16.52	15.30

表 9—7 城镇居民家庭平均每百户年末耐用品拥有量

项　　目	单　位	1985 年	1990 年	1995 年	1998 年	1999 年
自行车	辆	184.06	237.85	245.24	224.78	231.31
摩托车	辆	0.79	0.79	10.01	27.51	31.01
缝纫机	架	92.28	90.39	85.20	81.27	80.74
电风扇	台	145.63	251.08	315.34	308.20	316.53
洗衣机	台	30.58	81.22	88.52	90.93	92.49
电冰箱	台	5.42	34.82	63.94	77.94	79.05
大衣柜	个	122.20	123.38	103.96	91.39	95.35
沙　发	个	93.26	127.41	153.81	186.34	198.36
写字台	张	89.06	96.32	98.12	94.56	96.79
影碟机	台				26.51	33.65
彩色电视机	台	9.74	38.61	78.17	104.39	109.71
录放像机	台		1.70	14.51	20.58	19.71
组合音响	套		0.93	11.96	21.50	23.63
收录机	台	36.99	70.81	73.80	57.00	58.71
照相机	架	4.56	16.04	22.95	33.59	35.50
空调器	台			5.71	12.32	14.02

表 9—8 城镇居民家庭居住构成

单位:%

项目	1985 年	1990 年	1995 年	1998 年	1999 年
总计	100.0	100.0	100.0	100.0	100.0
按人均居住面积分					
#4 米^2 以下	7.3	1.3	0.5	0.2	0.1
4-6 米^2	22.9	10.0	2.5	1.4	1.2
6-8 米^2	23.5	16.8	8.9	4.6	4.7
8 米^2 以上	46.0	71.9	88.1	93.8	94.0
按自来水使用情况分					
无自来水	3.5	0.8	-	-	-
独用自来水	83.5	93.8	98.5	99.1	99.3
公用自来水	13.0	5.4	1.5	0.9	0.7
按卫生设备拥有情况分					
无卫生设备	30.2	15.7	7.0	5.2	3.1
有浴室厕所	35.8	64.3	85.0	90.0	92.2
有厕所无浴室	8.5	4.8	0.5	0.5	0.4
公用卫生设备	25.4	15.2	7.5	4.3	4.3
按厨房使用情况分					
无厨房	3.6	1.6	0.4	0.3	0.2
独用厨房	90.1	94.0	97.9	98.4	98.9
公用厨房	6.3	4.4	1.7	1.3	0.9
按房屋产权分					
公房	85.1	86.2	40.7	25.9	24.6
租赁私房	1.8		1.6	0.8	0.8
自有房	13.0	13.8	57.7	73.3	74.6
按燃料使用情况分					
管道煤气		0.5	2.7	2.2	1.9
液化石油气	4.1	23.1	78.5	88.0	88.9
煤	61.3	47.0	6.2	3.5	3.2
其它	34.6	29.4	12.6	6.3	6.0
按电话拥有情况分					
无电话			67.0	38.1	33.1
公费电话			15.0	8.4	6.5
自费电话			18.0	53.3	60.4
公用电话				0.2	-
按住宅建筑式样分					
家庭单栋配套房			4.4	5.3	6.1
单元式配套住宅			78.7	83.2	84.1
一居室			8.2	5.2	5.4
二居室			46.9	39.5	49.8
三居室			19.3	32.4	26.4
四居室以上			4.3	6.1	2.5
普通楼房			6.9	3.9	3.6
其它住宅			10.0	7.6	6.2

表 9—9 城镇居民家庭生活基本情况

（1999 年）

项　　目	单位	总平均	按收入等级分组		
			最低收入户	更低收入户	低　收入户
调查户数	**户**	**1150.00**	**115.00**	**65.40**	**115.00**
各组户数占总户数比重	%	100.00	10.00	5.00	10.00
平均每户家庭人口数	人	3.15	3.61	3.69	3.48
平均每户就业人口数	人	1.83	1.71	1.75	1.79
平均每户就业面	%	58.10	47.37	47.43	51.44
平均每一就业者负担人数	人	1.72	2.11	2.11	1.94
平均每人全年实际收入	**元**	**5648.46**	**2486.54**	**2228.18**	**3426.61**
平均每人全年可支配收入	**元**	**5619.54**	**2464.97**	**2207.63**	**3406.72**
平均每人全年实际支出	**元**	**5889.05**	**2734.65**	**2392.11**	**3751.18**
消费性支出	**元**	**4587.22**	**2465.13**	**2177.14**	**3329.37**
食　品	元	2033.87	1359.47	1239.68	1631.00
#粮　食	元	194.46	175.39	173.00	189.13
油脂类	元	71.35	59.09	49.23	64.40
肉禽及其制品	元	686.25	517.33	477.15	593.73
蛋　类	元	47.95	35.09	28.08	37.08
水产品类	元	129.05	81.47	76.03	96.67
菜　类	元	187.79	148.35	138.97	164.16
烟草类	元	41.56	20.63	11.04	20.70
酒和饮料	元	52.54	24.32	21.03	34.47
干鲜瓜果类	元	133.75	64.59	50.41	90.63
奶及奶制品	元	34.76	8.29	8.68	25.64
衣　着	元	300.82	88.15	70.90	180.54
#服　装	元	206.83	54.97	44.08	119.96
家庭设备用品及服务	元	338.65	93.82	75.88	151.98
#耐用消费品	元	194.98	35.76	22.89	61.56
医疗保健	元	157.78	71.49	66.41	123.42
交通和通讯	元	329.07	127.20	72.33	155.80
#交　通	元	188.73	97.66	39.39	82.79
通　讯	元	140.34	29.54	32.94	73.01
娱乐、教育、文化服务	元	621.74	311.09	291.20	423.07
#文娱耐用消费品	元	147.27	34.60	48.08	48.62
教　育	元	380.19	255.37	227.11	327.42
学杂费	元	284.06	193.50	189.83	281.18
书报杂志	元	32.29	4.90	3.89	17.82
文娱费	元	33.82	11.34	9.32	20.36
居　住	元	587.02	348.89	309.64	551.98
#房　租	元	212.21	108.55	100.28	176.57
水　费	元	43.33	35.06	33.50	39.65
电　费	元	127.54	94.42	88.26	108.14
杂项商品和服务	元	218.27	65.02	51.10	111.58
#旅　游	元	82.00	6.17	0.97	20.13

表 9—9 续表

(1999 年)

项目	单位	按收入等级分组				
		中等偏下户	中等收入户	中等偏上户	高收入户	最高收入户
调查户数	**户**	**230.00**	**230.00**	**230.00**	**115.00**	**115.00**
各组户数占总户数比重	%	20.00	20.00	20.00	10.00	10.00
平均每户家庭人口数	人	3.21	3.15	3.05	2.90	2.67
平均每户就业人口数	人	1.83	1.90	1.86	1.84	1.81
平均每户就业面	%	57.01	60.32	60.98	63.45	67.79
平均每一就业者负担人数	人	1.75	1.66	1.64	1.58	1.48
平均每人全年实际收入	**元**	**4304.81**	**5371.84**	**6684.17**	**8267.90**	**11495.17**
平均每人全年可支配收入	**元**	**4276.33**	**5344.15**	**6651.64**	**8231.94**	**11456.41**
平均每人全年实际支出	**元**	**4443.81**	**5749.14**	**7068.97**	**8085.96**	**11666.54**
消费性支出	**元**	**3477.02**	**4542.13**	**5315.24**	**6370.00**	**8274.04**
食品	元	1785.24	2051.63	2251.92	2517.60	3003.79
#粮食	元	190.07	194.57	193.25	210.10	223.31
油脂类	元	74.38	74.19	72.12	72.26	80.29
肉禽及其制品	元	603.85	691.68	753.05	829.44	912.48
蛋类	元	47.22	51.22	52.50	52.01	58.71
水产品类	元	110.77	132.91	153.00	167.38	173.95
菜类	元	169.93	190.73	203.21	229.42	227.48
烟草类	元	39.53	54.69	41.46	50.75	61.29
酒和饮料	元	45.51	57.50	53.55	74.49	93.38
干鲜瓜果类	元	111.65	136.79	161.10	172.03	225.47
奶及奶制品	元	27.70	30.38	42.71	49.03	76.16
衣着	元	205.15	305.75	390.55	455.40	590.80
#服装	元	140.86	210.31	270.91	318.56	408.18
家庭设备用品及服务	元	156.03	313.44	390.14	575.92	1036.66
#耐用消费品	元	59.11	185.76	213.10	365.05	706.77
医疗保健	元	108.57	123.96	157.27	232.52	437.61
交通和通讯	元	222.75	351.96	367.47	589.58	659.01
#交通	元	121.33	221.38	204.14	370.61	302.30
通讯	元	101.42	130.58	163.33	218.97	356.71
娱乐、教育、文化服务	元	426.94	625.20	785.33	912.45	1071.37
#文娱耐用消费品	元	69.58	141.55	189.70	292.32	374.04
教育	元	291.35	393.19	476.57	465.80	487.33
学杂费	元	226.84	289.88	362.51	351.83	281.12
书报杂志	元	21.19	33.36	38.31	60.03	68.46
文娱费	元	26.89	31.93	40.63	45.68	74.41
居住	元	450.54	569.12	677.12	723.28	971.42
#房租	元	177.63	223.86	251.57	237.15	337.47
水费	元	38.68	44.72	41.78	59.03	53.74
电费	元	110.70	134.35	132.11	154.55	182.34
杂项商品和服务	元	121.81	201.07	295.44	363.25	503.38
#旅游	元	33.85	77.93	137.35	136.38	205.01

表 9—10 **城镇居民家庭人均年现金收入和支出**

(1999 年)　　　　单位:元

项　　目	总平均	按收入等级分组		
		最低收入户	更低收入户	低　收入户
现金收入	**7224.96**	**3002.62**	**2715.00**	**4181.29**
可支配收入	**5619.54**	**2464.97**	**2207.63**	**3406.72**
实际收入	**5648.46**	**2486.54**	**2228.18**	**3426.61**
国有经济单位职工收入	3764.87	1261.80	1177.70	2157.55
工资性收入	3560.25	1237.92	1150.56	2105.87
#奖　金	561.09	66.02	46.54	172.20
非工资性收入	204.62	23.88	27.14	51.68
集体经济单位职工收入	188.76	169.01	187.27	148.56
工资性收入	177.28	167.85	186.84	141.81
#奖　金	24.74	4.31	5.87	7.00
非工资性收入	11.48	1.16	0.43	6.75
其他所有制职工全部收入	42.24	5.54	–	12.06
#奖　金	7.10	–	–	1.48
个体经营者的净收益	257.82	275.02	190.24	229.68
个体被雇者收入	53.95	89.82	61.05	93.90
其他劳动收入	133.38	94.11	92.80	174.47
财产性收入	289.45	81.90	67.52	165.93
#利　息	48.87	3.03	5.02	9.01
红　利	27.00	0.82	1.19	5.58
转移性收入	866.50	418.68	327.56	429.43
#离退休金	570.22	312.28	238.17	281.86
赡养收入	32.27	28.54	9.89	27.35
借贷收入	**1576.49**	**516.08**	**486.89**	**754.68**
#提取储蓄存款	1179.25	333.30	347.33	492.76
兑售有价证券	9.83	–	–	–
现金支出	**7061.97**	**2927.75**	**2624.81**	**4093.95**
实际支出	**5889.05**	**2734.65**	**2392.11**	**3751.18**
消费性支出	4587.22	2465.13	2177.14	3329.37
非消费性支出	1296.93	264.43	210.02	419.07
#贷款利息	1.02	–	–	–
赡养支出	247.32	28.07	21.71	130.54
购房与建房支出	633.63	97.03	56.49	82.18
家庭副业生产支出	4.90	5.09	4.95	2.74
借贷支出	**1172.92**	**193.10**	**232.71**	**342.78**
#存入储蓄款	948.75	161.40	200.07	242.81
购买有价证券	19.46	–	–	0.01

表 9—10　续表　　（1999 年）　　单位:元

项　　目	按收入等级分组				
	中等偏下户	中等收入户	中等偏上户	高收入户	最高收入户
现金收入	**5357.12**	**6769.14**	**8631.65**	**10642.25**	**15546.75**
可支配收入	**4276.33**	**5344.15**	**6651.64**	**8231.94**	**11456.41**
实际收入	**4304.81**	**5371.84**	**6684.17**	**8267.90**	**11495.17**
国有经济单位职工收入	2920.63	3841.46	4615.08	5455.12	7317.61
工资性收入	2827.91	3704.11	4374.63	5009.82	6584.37
#奖　金	292.87	485.14	678.95	957.55	1862.37
非工资性收入	92.72	137.35	240.45	445.30	733.24
集体经济单位职工收入	139.65	188.72	165.04	314.27	303.94
工资性收入	126.04	183.49	156.54	276.86	284.06
#奖　金	21.02	15.00	24.79	49.79	80.13
非工资性收入	13.61	5.23	8.50	37.41	19.88
其他所有制职工全部收入	58.72	51.39	34.82	67.22	59.96
#奖　金	6.62	8.41	4.84	6.50	27.93
个体经营者的净收益	311.24	175.27	202.50	125.08	608.46
个体被雇者收入	27.72	92.09	26.49	24.09	21.66
其他劳动收入	87.73	123.98	111.03	265.43	172.70
财产性收入	195.26	229.98	349.91	490.62	741.54
#利　息	19.24	16.66	63.27	86.31	236.59
红　利	8.72	14.07	27.49	66.36	120.99
转移性收入	526.60	653.03	1126.57	1419.70	2167.67
#离退休金	322.87	492.82	791.54	841.41	1271.79
赡养收入	31.20	25.28	16.12	43.33	87.75
借贷收入	**1052.31**	**1397.30**	**1947.48**	**2374.34**	**4051.58**
#提取储蓄存款	703.33	1105.09	1432.43	1850.05	3231.19
兑售有价证券	8.63	9.56	18.47	46.20	–
现金支出	**5168.32**	**6551.95**	**8558.57**	**10360.32**	**15279.27**
实际支出	**4443.81**	**5749.14**	**7068.97**	**8085.96**	**11666.54**
消费性支出	3477.02	4542.13	5315.24	6370.00	8274.04
非消费性支出	959.18	1200.94	1749.63	1713.88	3389.49
#贷款利息	0.06	1.54	0.02	–	8.23
赡养支出	157.20	203.24	282.64	353.48	821.15
购房与建房支出	533.09	574.92	950.56	754.93	1602.55
家庭副业生产支出	7.61	6.07	4.10	2.08	3.01
借贷支出	**724.52**	**802.80**	**1089.60**	**2274.36**	**3612.73**
#存入储蓄款	638.56	652.25	1234.48	1789.20	2814.25
购买有价证券	0.39	4.02	11.57	49.27	139.12

表 9—11 城镇居民家庭消费性支出构成

(1999 年)　　　　单位%

商品名称	总平均	按收入等级分组							
		最低收入户	更低户	低收入户	中等偏下户	中等收入户	中等偏上户	高收入户	最高收入户
消费性支出	100.00	100.00	100.00	100.00	100.00	100.00	100.00	100.00	100.00
食　品	**44.34**	**55.15**	**56.94**	**48.99**	**51.34**	**45.17**	**42.37**	**39.52**	**36.30**
#粮　食	4.24	7.11	7.95	5.68	5.47	4.28	3.64	3.30	2.70
油脂类	1.56	2.40	2.26	1.93	2.14	1.63	1.36	1.13	0.97
肉禽及其制品	14.96	20.99	21.92	17.83	17.37	15.23	14.17	13.02	11.03
蛋　类	1.05	1.42	1.29	1.11	1.36	1.13	0.99	0.82	0.71
水产品类	2.81	3.30	3.49	2.90	3.19	2.93	2.88	2.63	2.10
菜　类	4.09	6.02	6.38	4.93	4.89	4.20	3.82	3.60	2.75
烟草类	0.91	0.84	0.51	0.62	1.14	1.20	0.78	0.80	0.74
酒和饮料	1.15	0.99	0.97	1.04	1.31	1.27	1.01	1.17	1.13
干鲜瓜果类	2.92	2.62	2.32	2.72	3.21	3.01	3.03	2.70	2.73
奶及奶制品	0.76	0.34	0.40	0.77	0.80	0.67	0.80	0.77	0.92
衣　着	**6.56**	**3.57**	**3.26**	**5.42**	**5.90**	**6.73**	**7.35**	**7.15**	**7.14**
#服　装	4.51	2.23	2.02	3.60	4.05	4.63	5.10	5.00	4.93
家庭设备用品及服务	7.38	3.81	3.48	4.56	4.49	6.90	7.34	9.04	12.53
#耐用消费品	4.25	1.45	1.05	1.85	1.70	4.09	4.01	5.73	8.54
医疗保健	3.44	2.90	3.05	3.71	3.12	2.73	2.96	3.65	5.29
交通和通讯	7.17	5.16	3.32	4.68	6.41	7.75	6.91	9.26	7.96
#交通	4.11	3.96	1.81	2.49	3.49	4.87	3.84	5.82	3.65
通讯	3.06	1.20	1.51	2.19	2.92	2.88	3.07	3.44	4.31
娱乐教育文化服务	13.55	12.62	13.38	12.71	12.28	13.76	14.77	14.33	12.95
#文娱用耐用消费品	3.21	1.40	2.21	1.46	2.00	3.12	3.57	4.59	4.52
教　育	8.29	10.36	10.43	9.83	8.38	8.66	8.97	7.31	5.89
学杂费	6.19	7.85	8.72	8.45	6.52	6.38	6.82	5.52	3.40
书报杂志	0.70	0.20	0.18	0.54	0.61	0.73	0.72	0.94	0.83
文娱费	0.74	0.46	0.43	0.61	0.77	0.70	0.76	0.72	0.90
居　住	**12.80**	**14.15**	**14.22**	**16.58**	**12.96**	**12.53**	**12.74**	**11.35**	**11.74**
#房　租	4.63	4.40	4.61	5.30	5.11	4.93	4.73	3.72	4.08
水　费	0.94	1.42	1.54	1.19	1.11	0.98	0.79	0.93	0.65
电　费	2.78	3.83	4.05	3.25	3.18	2.96	2.49	2.43	2.20
杂项商品和服务	4.76	2.64	2.35	3.35	3.50	4.43	5.56	5.70	6.09
#旅　游	1.79	0.25	0.01	0.60	0.97	1.72	2.58	2.14	2.48

表 9—12 城镇居民家庭人均购买的主要商品数量

（1999 年）

商品名称	单位	总平均	按收入等级分组							
			最低收入户	更低户	低收入户	中等偏下户	中等收入户	中等偏上户	高收入户	最高收入户
粮食	千克	76.19	75.06	75.54	77.99	75.69	76.43	73.81	77.31	80.21
油脂类	千克	7.10	6.07	5.02	6.51	7.41	7.42	7.03	7.03	7.94
猪肉	千克	21.10	19.35	18.60	19.20	19.33	20.98	21.96	23.50	25.91
牛肉	千克	2.33	1.65	1.65	2.14	2.38	2.51	2.31	2.42	2.88
羊肉	千克	0.39	0.15	0.08	0.28	0.35	0.39	0.47	0.66	0.53
蛋类	千克	6.72	5.00	4.01	5.28	6.70	7.15	7.21	7.33	8.17
鱼类	千克	10.66	8.70	8.18	8.89	10.02	10.91	11.48	12.13	13.06
鲜菜	千克	104.62	90.58	84.01	93.72	98.69	107.87	110.45	118.40	116.18
食糖	千克	2.28	1.88	1.94	2.46	1.96	2.46	2.26	2.45	2.77
卷烟	盒	13.89	9.07	4.29	9.06	13.96	20.23	11.22	16.62	14.70
白酒	千克	3.73	2.92	2.52	3.05	3.55	5.83	3.05	3.73	2.73
啤酒	千克	2.08	0.76	0.71	1.10	2.75	2.04	1.80	2.78	3.56
鲜乳品	千克	2.79	0.48	0.54	1.52	2.18	2.56	3.63	4.21	6.14
呢大衣	件	0.01	–	–	0.01	0.01	0.01	0.01	0.01	0.01
风雨衣	件	0.02	0.01	0.01	0.02	0.01	0.01	0.03	0.02	0.03
西 服	件	0.10	0.04	0.03	0.04	0.07	0.11	0.11	0.14	0.21
茄克衫	件	0.06	0.01	–	0.02	0.04	0.07	0.07	0.08	0.12
毛线衣	件	0.20	0.04	0.04	0.09	0.16	0.22	0.23	0.29	0.39
衬衫	件	0.55	0.20	0.14	0.25	0.42	0.58	0.69	0.88	1.02
棉布	米	0.13	0.05	0.04	0.21	0.02	0.14	0.12	0.30	0.22
化纤布	米	0.74	0.27	0.09	0.56	0.46	0.71	1.06	1.13	1.20
呢绒	米	–	–	–	–	–	–	–	–	–
绸缎	米	–	–	–	–	–	–	–	–	–
毛线	千克	0.07	0.03	0.03	0.08	0.04	0.06	0.09	0.14	0.07
皮鞋	双	0.44	0.15	0.12	0.30	0.35	0.44	0.53	0.66	0.80
凉鞋	双	0.41	0.22	0.20	0.46	0.31	0.44	0.49	0.46	0.52
肥皂	块	2.86	1.83	2.05	3.39	2.25	3.33	2.67	4.55	2.57
洗衣粉	千克	2.08	1.76	1.78	2.23	1.64	1.97	2.45	2.50	2.32
煤炭	千克	15.30	37.04	36.49	25.59	13.05	10.85	11.56	8.13	4.74
液化石油气	千克	36.39	27.39	25.05	35.01	32.93	38.88	41.24	39.97	37.86

表 9—13 城镇居民家庭平均每百户年末主要消费品拥有量

(1999 年)

商品名称	单位	总平均	按收入等级分组		
			最低收入户	更低收入户	低收入户
毛皮大衣	件	25.30	14.97	12.26	14.25
呢大衣	件	105.61	64.82	45.70	78.39
毛毯	条	118.79	75.39	83.07	102.54
地毯	平方米	55.99	3.62	–	53.57
组合家具	套	80.27	55.27	55.58	70.90
沙发床	个	45.23	28.46	19.53	27.18
沙发	个	198.36	99.32	90.73	122.98
大衣柜	个	95.35	89.48	84.62	94.44
写字台	张	96.79	64.42	63.70	84.56
摩托车	辆	31.01	11.18	14.11	20.04
自行车	辆	231.31	221.13	223.04	256.33
家用汽车	辆	0.44	1.76	–	–
缝纫机	架	80.74	73.22	69.63	90.54
洗衣机	台	92.49	72.48	68.50	85.60
电风扇	台	316.53	272.07	249.20	305.83
电冰箱	台	79.05	50.84	39.40	70.31
冰柜	台	1.95	1.76	3.09	4.19
彩色电视机	台	109.71	79.47	76.61	95.17
影碟机	台	33.65	9.23	9.07	18.06
录放像机	台	19.71	10.60	10.14	12.43
家用电脑	台	5.60	0.63	–	0.89
组合音响	套	23.63	2.77	2.61	17.35
收录机	台	58.71	48.57	49.05	54.10
摄像机	台	0.56	–	–	0.30
照相机	架	35.50	20.00	19.60	23.69
钢琴	架	0.78	–	–	–
其他中高档乐器	件	4.45	1.53	1.10	3.11
微波炉	台	7.46	1.50	0.46	2.22
空调器	台	14.02	1.23	1.64	5.65
电炊具	台	137.56	97.43	100.58	121.27
淋浴热水器	台	77.79	40.61	37.97	59.11
排油烟机	台	51.63	13.47	9.80	36.06
吸尘器	台	2.97	0.68	1.19	1.76

表 9—13　续表　　　　(1999 年)

项　　目	单位	按收入等级分组				
		中等偏下户	中等收入户	中等偏上户	高收入户	最高收入户
毛皮大衣	件	19.33	21.75	34.65	32.15	40.23
呢大衣	件	79.63	118.41	103.26	157.77	152.46
毛毯	条	101.91	123.31	133.07	144.04	149.37
地毯	平方米	22.34	20.68	139.66	69.12	68.23
组合家具	套	76.02	84.96	80.32	102.88	91.11
沙发床	个	40.47	45.09	46.99	61.75	65.79
沙发	个	167.77	227.19	222.69	244.41	281.55
大衣柜	个	84.87	100.44	101.94	112.15	82.93
写字台	张	88.41	101.78	106.63	108.40	116.91
摩托车	辆	29.91	30.40	40.23	37.27	40.48
自行车	辆	222.58	239.60	227.51	237.65	218.59
家用汽车	辆	-	0.15	0.88	-	0.63
缝纫机	架	80.43	80.00	77.61	86.17	81.42
洗衣机	台	87.45	95.00	100.16	98.96	102.69
电风扇	台	299.97	325.91	322.97	346.94	342.70
电冰箱	台	75.13	78.76	88.72	88.52	95.63
冰柜	台	2.63	2.38	0.41	1.76	0.93
彩色电视机	台	99.78	109.57	115.90	132.71	139.26
影碟机	台	24.26	30.92	44.79	51.43	57.80
录放像机	台	20.57	17.24	24.36	20.58	29.13
家用电脑	台	2.78	3.72	7.58	8.46	17.89
组合音响	套	23.87	22.40	29.48	34.12	30.51
收录机	台	53.69	59.16	64.30	67.63	62.50
摄像机	台	0.88	0.15	0.88	0.30	1.18
照相机	架	26.39	38.28	37.39	58.87	48.36
钢琴	架	0.88	0.15	1.41	2.64	0.30
其他中高档乐器	件	4.30	1.96	5.39	7.18	9.33
微波炉	台	3.83	4.60	9.43	10.79	24.38
空调器	台	6.97	11.24	19.61	27.30	30.35
电炊具	台	120.30	136.90	148.73	167.45	177.56
淋浴热水器	台	71.84	84.63	85.72	88.78	104.98
排油烟机	台	44.74	52.52	62.05	68.46	79.69
吸尘器	台	0.49	0.93	5.98	6.63	5.81

表 9—14　**六城市居民家庭人均年现金收入和支出**

（1999 年）　　　　单位:元

项　　目	总平均	南宁市	柳州市	桂林市	北海市	梧州市	钦州市
现金收入	**7900.86**	**9499.77**	**6306.99**	**8751.35**	**7953.67**	**6642.07**	**6981.77**
可支配收入	**6105.76**	**6846.50**	**5327.65**	**6493.73**	**6483.25**	**5414.77**	**5672.47**
实际收入	**6143.51**	**6881.58**	**5349.94**	**6566.61**	**6510.65**	**5436.96**	**5728.31**
国有经济单位职工收入	3904.25	4374.27	3226.76	4310.85	4619.36	2978.71	4012.68
工资性收入	3671.06	3900.89	3156.90	4141.10	4534.34	2804.66	3855.69
#奖金	590.26	738.61	540.04	544.90	550.75	292.37	598.63
非工资性收入	233.19	473.38	69.86	169.75	85.02	174.05	156.99
集体经济单位职工收入	289.23	317.77	341.00	203.94	138.69	420.93	165.37
工资性收入	274.21	300.87	324.77	190.15	130.48	395.01	162.75
#奖金	43.69	94.65	22.61	21.33	3.45	41.69	–
非工资性收入	15.02	16.90	16.23	13.79	8.21	25.92	2.62
其他所有制职工全部收入	104.82	60.44	–	451.64	66.98	80.54	61.07
#奖金	18.15	5.98	–	97.98	12.75	2.57	4.04
个体经营者的净收益	129.35	205.43	119.41	82.90	161.06	0.81	76.98
个体被雇者收入	70.62	60.01	81.86	78.22	72.64	69.86	56.99
其他劳动收入	134.99	145.69	75.40	166.33	89.51	141.35	250.38
财产性收入	351.79	397.69	339.97	261.16	167.53	274.68	550.50
#利息	47.67	33.08	29.24	75.95	50.71	33.59	112.46
红利	29.75	38.40	19.11	20.62	29.71	11.17	60.81
转移性收入	1081.72	1262.01	1101.40	929.77	1101.19	1394.30	411.07
#离退休金	760.43	962.03	869.83	588.92	679.17	674.97	196.69
赡养收入	37.22	40.62	50.43	21.20	37.70	53.63	143.78
借贷收入	**1757.42**	**2618.08**	**957.16**	**2184.74**	**1443.25**	**1205.11**	**1253.45**
#提取储蓄存款	1359.22	2002.85	734.48	1715.76	1121.11	997.74	958.81
兑售有价证券	25.52	75.19	1.45	4.94	3.45	–	–
现金支出	**7638.06**	**9211.08**	**5814.29**	**8592.46**	**7934.62**	**6606.52**	**6942.21**
实际支出	**6563.44**	**7986.85**	**4988.36**	**7315.25**	**7052.21**	**5763.25**	**5646.93**
消费性支出	**5321.86**	**6320.57**	**4351.30**	**5786.07**	**5692.78**	**4474.75**	**4622.71**
非消费性支出	**1235.68**	**1666.20**	**636.26**	**1515.25**	**1355.67**	**1287.11**	**992.68**
#贷款利息	1.71	–	–	2.94	–	–	12.50
赡养支出	233.92	273.14	165.94	222.23	485.79	161.15	221.61
购房与建房支出	666.58	1071.37	207.90	799.08	455.75	832.00	443.08
家庭副业生产支出	**5.90**	**0.08**	**0.80**	**13.93**	**3.76**	**1.39**	**31.54**
借贷支出	**1074.69**	**1224.09**	**826.03**	**1277.21**	**882.65**	**843.27**	**1295.28**
#存入储蓄款	795.69	838.03	710.70	865.51	740.95	696.56	907.82
购买有价证券	35.03	65.34	12.04	47.20	–	15.58	21.88

表 9—15 六城市居民家庭人均年消费性支出

(1999 年)

单位:元

项　　目	总平均	南宁市	柳州市	桂林市	北海市	梧州市	钦州市
消费性支出	5321.86	6320.57	4351.30	5786.07	5692.78	4474.75	4622.71
食　品	**2244.73**	**2370.18**	**1997.35**	**2408.53**	**2785.82**	**2213.88**	**1981.30**
#粮　食	202.60	217.21	185.38	192.33	241.92	199.13	198.00
油脂类	78.04	79.77	80.74	74.05	89.96	88.21	55.39
肉禽及其制品	718.04	770.45	656.81	641.58	862.63	719.72	745.21
蛋　类	53.42	53.84	54.29	53.55	65.65	47.23	47.22
水产品类	190.59	163.92	124.55	127.30	607.04	134.92	343.75
菜　类	206.15	215.06	205.61	207.07	242.73	175.11	181.58
烟草类	44.78	32.60	50.77	90.54	12.79	46.42	16.77
酒和饮料	56.07	62.24	47.05	92.59	47.13	37.68	27.79
干鲜瓜果类	149.25	155.36	129.84	174.71	177.39	152.01	126.07
奶及奶制品	59.11	93.69	43.09	70.37	31.48	28.79	19.06
衣　着	**342.63**	**380.73**	**296.42**	**442.48**	**310.10**	**264.66**	**285.42**
#服　装	234.58	259.43	202.08	292.36	224.11	185.76	206.49
家庭设备用品及服务	468.27	762.61	308.77	485.78	283.18	262.84	233.79
#耐用消费品	284.63	489.15	203.92	283.96	111.83	97.48	121.68
医疗保健	182.93	209.62	164.72	184.78	310.92	163.73	83.78
交通和通讯	398.60	578.39	241.27	395.22	454.25	247.50	359.91
#交通	229.55	367.86	149.42	148.67	238.71	146.89	196.22
通讯	169.05	210.53	91.85	246.55	215.54	100.61	163.69
娱乐教育文化服务	707.00	870.48	532.46	816.36	641.20	468.65	746.15
#文娱用耐用消费品	204.55	286.96	186.97	182.44	114.06	119.53	150.94
教　育	375.88	415.23	254.74	491.54	424.30	256.39	482.86
学杂费	288.43	284.00	191.73	436.36	300.43	160.89	447.62
书报杂志	41.16	61.55	26.98	33.80	30.06	31.88	41.12
文娱费	44.14	47.66	39.09	61.02	33.87	32.38	37.86
居　住	**706.42**	**778.42**	**652.88**	**704.06**	**633.77**	**669.33**	**704.73**
#房　租	281.80	298.74	311.63	206.89	115.53	248.79	386.30
水　费	42.16	44.54	29.89	48.07	79.19	35.82	42.38
电　费	130.25	129.80	103.70	146.30	211.88	150.08	114.68
杂项商品和服务	271.27	370.15	157.42	348.86	273.51	184.16	227.62
#旅　游	113.80	164.05	52.77	179.73	108.27	33.72	94.75

表 9—16　**七县城居民家庭人均年现金收入和支出**

（1999 年）

单位:元

项　　目	总平均	贵港市	百色市	贺州市
现金收入	**6801.50**	**6852.87**	**6899.66**	**7761.59**
可支配收入	**5315.01**	**5590.27**	**5607.05**	**5199.48**
实际收入	**5338.41**	**5612.37**	**5638.38**	**5222.68**
国有经济单位职工收入	3677.55	4335.48	4034.12	2486.24
工资性收入	3490.82	3990.79	3852.70	2340.14
#奖　金	542.81	871.90	562.83	261.15
非工资性收入	186.73	344.69	181.42	146.10
集体经济单位职工收入	125.81	274.77	341.14	43.75
工资性收入	116.55	258.44	313.98	41.84
#奖　金	12.86	16.46	56.51	5.41
非工资性收入	9.26	16.33	27.16	1.91
其他所有制职工全部收入	3.04	–	–	–
#奖　金	0.18	–	–	–
个体经营者的净收益	338.31	119.62	385.81	806.86
个体被雇者收入	43.51	–	24.93	158.22
其他劳动收入	132.38	171.24	94.88	305.34
财产性收入	250.40	240.66	234.34	287.27
#利　息	49.62	31.98	85.37	54.74
红　利	25.28	40.89	5.08	22.77
转移性收入	731.66	469.57	522.81	1043.81
#离退休金	451.06	218.92	277.60	622.10
赡养收入	29.16	25.32	8.26	66.21
借贷收入	**1463.14**	**1240.51**	**1261.63**	**2538.92**
#提取储蓄存款	1066.50	939.24	1085.28	2008.09
兑售有价证券	–	–	–	–
现金支出	**6701.05**	**6660.19**	**6835.25**	**7669.61**
实际支出	**5466.64**	**5429.25**	**5687.29**	**6352.92**
消费性支出	4127.05	4739.04	4785.37	3971.22
非消费性支出	1335.33	686.28	900.79	2377.61
#贷款利息	0.59	–	–	–
赡养支出	255.72	197.15	161.45	223.38
购房与建房支出	612.99	–	360.96	1765.52
家庭副业生产支出	4.26	3.93	1.13	4.09
借贷支出	**1234.46**	**1230.94**	**1148.31**	**1316.69**
#存入储蓄款	1044.65	969.85	1009.53	1096.74
购买有价证券	9.70	63.29	0.61	3.79

表 9—16　续表　　（1999 年）　　单位:元

项　　目	宜州市	融安县	兴安县	崇左县
现金收入	**6149.90**	**6265.38**	**6938.04**	**6757.45**
可支配收入	**4726.28**	**5222.41**	**5574.60**	**5312.37**
实际收入	**4746.88**	**5234.00**	**5595.06**	**5346.25**
国有经济单位职工收入	2991.74	3973.01	4104.90	3873.47
工资性收入	2850.04	3756.79	3978.83	3720.98
#奖　金	349.50	463.58	734.35	567.56
非工资性收入	141.70	216.22	126.07	152.49
集体经济单位职工收入	131.18	47.49	–	23.43
工资性收入	114.52	47.49	–	22.78
#奖　金	–	10.05	–	–
非工资性收入	16.66	–	–	0.65
其他所有制职工全部收入	–	–	–	21.69
#奖　金	–	–	–	1.30
个体经营者的净收益	596.41	117.32	55.16	249.38
个体被雇者收入	55.17	65.84	–	–
其他劳动收入	46.98	165.17	22.09	126.65
财产性收入	311.82	118.39	243.04	307.91
#利　息	27.13	18.70	64.09	64.54
红　利	47.78	4.55	24.94	29.14
转移性收入	613.57	746.78	1166.57	585.91
#离退休金	383.18	591.45	810.08	280.58
赡养收入	40.50	22.82	–	40.28
借贷收入	**1403.01**	**1031.38**	**1342.97**	**1411.20**
#提取储蓄存款	828.35	706.38	766.50	1122.44
兑售有价证券	–	–	–	–
现金支出	**6180.31**	**6164.23**	**6694.12**	**6705.60**
实际支出	**5128.14**	**5239.97**	**5502.13**	**4920.99**
消费性支出	3939.14	3879.20	3788.05	3741.76
非消费性支出	1187.84	1356.03	1709.30	1168.71
#贷款利息	0.60	3.71	–	–
赡养支出	220.98	521.53	225.83	259.03
购房与建房支出	708.86	246.08	674.80	523.83
家庭副业生产支出	1.16	4.74	4.78	10.52
借贷支出	**1052.17**	**924.26**	**1191.99**	**1784.61**
#存入储蓄款	963.62	725.73	1095.16	1450.91
购买有价证券	–	–	–	–

表 9—17 七县城居民家庭人均年消费性支出

(1999 年)

单位:元

项　　目	总平均	贵港市	百色市	贺州市	宜州市	融安县	兴安县	崇左县
消费性支出	4127.05	4739.04	4785.37	3971.22	3939.14	3879.20	3788.05	3741.76
食　品	**1901.79**	**1945.30**	**2148.71**	**1890.43**	**1885.00**	**1765.17**	**1861.84**	**1797.30**
#粮　食	189.36	144.20	178.23	218.72	197.19	180.99	187.85	218.60
油脂类	67.16	83.78	63.65	80.43	53.54	71.64	39.77	77.94
肉禽及其制品	666.34	649.39	750.40	655.02	661.27	565.68	588.30	786.24
蛋　类	44.52	39.28	46.28	47.31	46.68	46.09	44.90	40.94
水产品类	90.50	112.32	96.22	85.75	82.06	83.27	66.65	106.69
菜　类	176.29	191.98	166.05	190.74	182.77	186.44	136.61	178.87
烟草类	39.55	21.22	22.78	46.14	36.29	32.51	80.77	38.84
酒和饮料	50.33	28.71	65.47	35.70	46.52	44.26	75.83	56.03
干鲜瓜果类	124.05	124.98	151.73	104.85	112.64	116.56	132.55	124.50
奶及奶制品	19.51	25.84	28.34	10.06	14.84	19.17	24.71	13.56
衣　着	**274.63**	**271.71**	**324.42**	**270.76**	**196.58**	**309.74**	**358.32**	**196.75**
#服　装	189.45	188.10	223.49	190.80	131.60	207.58	263.57	125.27
家庭设备用品及服务	257.45	289.80	246.59	219.68	136.72	216.42	321.15	381.61
#耐用消费品	138.82	132.78	131.72	88.98	41.25	110.23	206.35	269.63
医疗保健	142.04	125.57	224.82	120.99	132.15	192.16	83.16	113.41
交通和通讯	285.50	351.05	447.85	227.52	307.88	220.31	269.08	160.59
#交通	163.15	228.52	286.33	86.44	242.92	55.64	166.48	57.95
通讯	122.35	122.53	161.52	141.08	64.96	164.67	102.60	102.64
娱乐教育文化服务	568.33	764.03	619.61	507.90	714.31	546.43	401.42	403.49
#文娱用耐用消费品	111.38	77.32	179.13	96.64	114.71	60.44	109.92	136.54
教　育	382.90	608.12	341.77	334.35	533.51	379.24	248.47	218.74
学杂费	281.32	338.83	171.58	263.18	484.24	313.47	199.51	187.04
书报杂志	26.73	39.25	35.57	24.02	15.37	46.80	15.26	11.64
文娱费	27.35	18.56	37.08	32.81	27.00	32.84	15.69	27.12
居　住	**512.23**	**788.65**	**466.73**	**569.24**	**461.32**	**397.33**	**382.58**	**514.10**
#房　租	168.61	229.56	157.79	223.36	165.48	116.53	79.66	203.79
水　费	44.06	45.47	45.27	52.90	43.35	39.89	38.11	43.06
电　费	125.85	143.54	134.12	157.22	113.29	106.12	124.94	100.68
杂项商品和服务	185.08	202.94	306.63	164.70	105.20	231.63	110.50	174.52
#旅　游	62.08	77.41	113.49	16.26	9.56	117.38	17.80	86.06

表 9—18 市、县城镇居民家庭基本情况

(1999 年)

单位:元

地　　区	平均每户家庭人口(人)	平均每户就业人口(人)	平均每一就业者负担人数(人)	人均全年可支配收入(元)	平均每人全年实际收入(元)	平均每全年实际支出(元)	平均每人消费性支出(元)	平均每人年末居住面积(平方米)
全区合计	3.15	1.83	1.72	5619.54	5648.46	5889.05	4587.22	17.13
城市合计	3.14	1.83	1.72	6105.76	6143.51	6563.44	5321.86	15.97
南宁市	3.10	1.77	1.75	6846.50	6881.58	7986.85	6320.57	16.05
柳州市	3.32	1.86	1.78	5327.65	5349.94	4988.36	4351.30	13.86
桂林市	3.03	1.76	1.72	6493.73	6566.61	7315.25	5786.07	14.61
北海市	2.90	1.83	1.58	6483.25	6510.65	7052.21	5692.78	23.27
梧州市	3.07	1.83	1.68	5414.77	5436.96	5763.25	4474.75	12.13
钦州市	3.20	2.02	1.58	5672.47	5728.31	5646.93	4622.71	22.21
县城合计	3.15	1.84	1.71	5315.01	5338.41	5466.64	4127.05	17.86
贵港市	3.16	1.94	1.63	5590.27	5612.37	5429.25	4739.04	14.11
百色市	3.27	1.99	1.64	5607.05	5638.38	5687.29	4785.37	14.93
贺州市	3.14	1.83	1.72	5199.48	5222.68	6352.92	3971.22	21.11
宜州市	3.35	1.98	1.69	4726.28	4746.88	5128.14	3939.14	18.33
融安县	2.98	1.60	1.86	5222.41	5234.00	5239.97	3879.20	16.40
兴安县	3.06	1.68	1.82	5574.60	5595.06	5502.13	3788.05	19.00
崇左县	3.09	1.83	1.69	5312.37	5346.25	4920.99	3741.76	21.28

表 9—19 市、县人均可支配收入

单位:元

地　　区	1985 年	1990 年	1995 年	1998 年	1999 年
南宁市	715.56	1454.33	5544.09	6569.97	6846.50
柳州市	668.28	1515.36	4884.13	5552.26	5327.65
桂林市	757.44	1500.60	5505.97	6230.04	6493.73
北海市	751.44	1591.48	6365.05	6300.83	6483.25
梧州市	708.12	1545.49	4909.01	4838.22	5414.77
钦州市	573.72	1500.94	4635.39	5433.54	5672.47
贵港市	694.92	1421.39	5258.11	5234.74	5590.27
百色市	663.48	1410.37	5035.19	5495.07	5607.05
贺州市	653.16	1589.91	4354.75	4939.91	5199.48
宜州市	629.28	1214.53	3741.44	4671.08	4726.28
融安县	630.00	1359.33	4189.83	5018.72	5222.41
兴安县		1327.71	4882.20	5286.42	5574.60
崇左县			3848.54	4897.23	5312.37

注:1985 年,1990 年为生活费收入

表 9—20 市、县人均消费性支出

单位:元

地区	1985 年	1990 年	1995 年	1998 年	1999 年
南宁市	723.48	1359.98	5055.27	5799.96	6320.57
柳州市	645.48	1461.95	4385.07	4268.89	4351.30
桂林市	813.48	1444.90	4531.36	5358.01	5786.07
北海市	712.56	1448.55	5014.40	5213.83	5692.78
梧州市	691.08	1417.87	4404.64	4423.68	4474.75
钦州市	559.80	1394.03	4454.63	4473.41	4622.71
贵港市	607.92	1344.30	4091.63	4119.69	4739.04
百色市	321.16	1333.66	4396.21	4661.03	4785.37
贺州市	634.31	1335.65	3562.32	3813.37	3971.22
宜州市	570.72	1099.98	3367.77	3752.48	3939.14
融安县	567.96	1271.32	3413.11	4103.98	3879.20
兴安县		1195.27	3862.91	3931.70	3788.05
崇左县			3083.74	3484.25	3741.76

注:1985 年,1990 年为生活费支出。

备注:

可支配收入指居民家庭在支付个人所得税后,所余下的实际收入。计算公式为:

可支配收入=实际收入－个人所得税－家庭副业生产支出－记帐补贴

表 9—21 农民家庭基本情况

项目	单位	1985 年	1990 年	1995 年	1998 年	1999 年
调查户数	人	2320	2320	2240	2310	2310
平均每户常住人口	人	5.91	5.62	5.32	4.94	4.87
平均每户整半劳动力	人	3.24	3.14	3.06	2.95	3.02
整劳动力	人	2.70	2.61	2.62	2.25	2.32
半劳动力	人	0.54	0.53	0.44	0.70	0.70
平均每个劳动力负担人口	人	1.82	1.79	1.74	1.67	1.61
平均每百个劳动力中文盲或半文盲人数	人	18.84	13.12	8.31	6.71	5.98
小学程度人数	人	45.31	48.31	44.28	38.03	36.60
初中程度人数	人	27.56	31.02	38.52	44.27	46.00
高中程度人数	人	7.98	7.12	8.21	9.61	9.79
中专程度人数	人	0.28	0.40	0.63	1.20	1.44
大专程度人数	人	0.03	0.03	0.06	0.18	0.20
平均每百户中职工人数	人	3.92	3.75	5.31	3.94	3.85
乡村企业从业人数	人	0.91	0.39	0.76	1.56	1.39
在外从事其他劳动人数	人	2.24	0.99	11.88	25.71	32.03

表 9—22 农户人均纯收入及构成

项　　目	1985 年	1990 年	1995 年	1998 年	1999 年
平均每人纯收入(按来源分)(元)	**302.96**	**639.45**	**1446.14**	**1971.90**	**2048.33**
劳动者报酬收入	27.78	59.94	202.10	349.17	395.75
家庭经营纯收入	261.93	552.96	1158.07	1499.75	1522.66
其他非生产性收入	13.25	26.55	85.97	122.98	129.92
平均每人纯收入(按来源分)构成(%)	**100.00**	**100.00**	**100.00**	**100.00**	**100.00**
劳动者报酬收入	9.17	9.37	13.98	17.71	19.32
家庭经营纯收入	86.46	86.47	80.08	76.06	74.34
其他非生产性收入	4.37	4.15	5.94	6.23	6.34
平均每人纯收入(按性质分)(元)	**302.96**	**639.45**	**1446.14**	**1971.90**	**2048.33**
生产性收入	285.79	608.44	1347.15	1827.49	1891.45
农业(种植)收入	133.44	328.75	593.49	834.47	866.82
非农业生产收入	152.35	279.69	753.66	993.02	1024.63
非生产性收入	17.17	31.01	98.99	144.41	156.88
平均每人纯收入(按性质分)构成(%)	**100.00**	**100.00**	**100.00**	**100.00**	**100.00**
生产性收入	94.33	95.15	93.15	92.68	92.34
农业(种植)收入	44.04	51.41	41.04	42.32	42.32
非农业生产收入	50.29	43.74	52.11	50.36	50.02
非生产性收入	5.67	4.85	6.85	7.32	7.66
平均每人纯收入(按收入分)构成(%)					
2000 元及以上的户		0.73	20.67	41.39	44.11
1500－－2000 元的户	0.47	1.42	18.53	25.97	25.45
1000－－1500 元的户		9.87	30.53	23.12	24.11
800－－1000 元的户	0.86	13.32	13.39	6.36	4.07
500－－800 元的户	8.28	40.26	13.62	2.81	2.16
300－－500 元的户	34.31	28.97	2.28	0.30	0.09
300 元以下的户	56.08	5.43	0.44	0.05	－－

表 9—23 农户平均每人经济收支情况

项　　目	1985 年	1990 年	1995 年	1998 年	1999 年
全 年 总 收 入(元)	**425.74**	**898.53**	**2101.41**	**2688.94**	**2751.31**
劳动者报酬收入	**27.79**	**59.94**	**202.10**	**349.17**	**395.75**
家庭经营收入	**379.24**	**803.51**	**1802.88**	**2205.14**	**2213.27**
其他非生产性收入	**18.71**	**35.08**	**96.43**	**134.63**	**142.29**
平均每人纯收入(按来源分:元)	**302.96**	**639.45**	**1446.14**	**1971.90**	**2048.33**
劳动者报酬收入	27.78	59.94	202.10	349.17	395.75
家庭经营纯收入	261.93	552.96	1158.07	1499.75	1522.66
其他非生产性纯收入	13.25	26.55	85.97	122.98	129.92
平均每人纯收入(按性质分:元)	**302.96**	**639.45**	**1446.14**	**1972.90**	**2048.33**
生产性收入	285.79	608.44	1347.15	1827.49	1891.45
农业生产收入	133.44	328.75	593.49	834.47	866.82
非农业生产收入	152.35	279.69	753.66	993.02	1024.63
非生产收入	17.17	31.01	98.99	144.41	156.88
全 年 总 支 出(元)	**395.30**	**803.08**	**1830.12**	**2147.03**	**2191.52**
家庭经营费用支出	103.85	226.92	589.84	630.83	616.03
缴纳税款	3.91	9.36	19.94	19.06	20.20
上交集体的承包任务	0.88	1.48	2.90	4.36	4.50
购置生产性固定资产	13.23	18.07	43.74	35.52	53.53
生活消费支出	268.31	536.97	1143.04	1414.76	1457.43
#食品	166.85	345.86	693.81	808.82	849.38
住房	27.98	46.24	99.31	145.34	140.18

表 9—24 农户平均每人家庭经营总收入

单位:元

项　　目	1985 年	1990 年	1995 年	1998 年	1999 年
家庭经营总收入	379.24	803.51	1802.88	2205.14	2213.27
农业收入	174.18	420.54	814.06	1101.92	1129.30
林业收入	8.60	12.23	27.52	41.84	37.47
牧业收入	111.02	220.41	623.80	663.56	601.34
渔业收入	4.23	10.56	27.16	25.36	42.61
手工业收入	7.28	10.97	27.47	33.42	31.76
采集捕猎收入	29.72	48.74	46.50	30.06	29.40
工业收入	9.39	27.13	34.91	38.93	45.51
建筑业收入	5.13	9.41	50.01	77.46	85.39
运输业收入	7.12	15.62	47.01	53.04	68.89
商业收入	9.42	12.70	49.11	79.80	81.59
饮食业收入		5.06	2.75	4.21	7.37
服务业收入	2.71	3.96	15.01	23.55	29.44
其他家庭经营收入	10.44	6.18	37.57	32.00	23.19

表 9—25 农户平均每人生活消费支出和构成

项　　目	1985 年	1990 年	1995 年	1998 年	1999 年
平均每人生活消费支出(元)	**268.31**	**536.97**	**1143.04**	**1414.76**	**1457.43**
生活消费品支出	259.06	502.98	990.96	1260.15	1241.41
食　品	166.85	345.86	693.81	808.82	849.38
衣　着	19.79	26.17	48.72	51.84	52.46
燃　料	17.37	31.93	30.32	27.10	28.34
住　房	27.98	46.24	99.31	145.34	140.20
用品及其他	27.07	52.78	118.80	170.22	171.03
非商品支出	9.25	33.99	152.08	211.44	216.02
构　　成(%)	**100.00**	**100.00**	**100.00**	**100.00**	**100.00**
生活消费品支出	96.55	93.67	86.70	85.05	85.18
食　品	62.19	64.41	60.70	57.17	58.28
衣　着	7.38	4.87	4.26	3.66	3.60
燃　料	6.47	5.95	2.65	1.92	1.94
住　房	10.42	8.61	8.69	10.27	9.62
用品及其他	10.09	9.83	10.40	12.03	11.74
非商品支出	3.45	6.33	13.30	14.95	14.82

表 9—26 农户平均每人全年现金收支情况

单位:元

项目	1985 年	1990 年	1995 年	1998 年	1999 年
期初存款余额	12.07	36.93	162.04	353.06	492.33
期初手存现金	27.26	185.03	386.90	703.39	911.12
期内现金收入合计	352.33	640.45	1784.80	2351.76	2378.49
劳动者报酬收入	27.78	59.92	201.92	349.11	395.73
出售产品的现金	194.31	400.23	1005.40	1226.37	1200.00
工业加工业的现金收入	－－	6.95	10.84	22.30	24.83
建筑业的现金收入	5.13	9.41	50.01	77.46	85.39
运输业的现金收入	7.12	15.62	47.01	53.04	68.89
商业的现金收入		12.70	49.11	79.80	81.59
饮食业的现金收入		5.06	2.75	4.21	7.37
服务业的现金收入	2.71	3.96	15.01	23.55	29.44
其他经营的现金收入	7.05	5.62	33.52	50.33	42.37
其他非生产性现金收入	28.66	50.03	134.66	179.08	183.15
储蓄借贷现金收入	70.15	70.95	234.57	286.51	259.73
期内现金支出合计	315.21	615.54	1612.82	2103.73	2217.62
生产费用支出的现金	83.92	176.57	534.08	564.62	564.95
家庭经营费用支出	71.15	158.66	490.34	529.10	511.42
购置生产性固定资产支出	13.21	18.07	43.74	35.52	53.53
缴纳税款	3.87	9.36	10.57	10.62	11.15
上交集体承包任务的现金	0.72	1.06	1.64	1.15	1.00
生活消费支出的现金	159.30	290.33	784.17	981.98	1012.72
生活消费品支出	150.05	256.35	632.26	770.53	796.68
食　品	76.09	130.59	362.55	395.28	424.03
衣　着	10.78	26.17	48.72	51.84	52.46
住　房	26.09	45.30	99.27	144.37	138.22
燃　料	1.02	1.56	3.08	8.95	11.05
用品及其他	27.07	52.73	118.64	170.09	170.92
日用品	16.47	24.49	53.24	78.23	83.37
文化娱乐用品	2.65	8.73	11.51	16.87	19.59
书报杂志	1.19	5.40	14.57	21.29	19.77
医药卫生用品	4.90	9.60	20.40	35.73	30.23
其他	1.86	4.49	18.92	17.97	17.96
非商品支出	9.25	33.98	151.91	211.44	216.02
文化服务支出	4.89	17.67	101.61	135.95	133.35
生活服务支出	4.36	16.31	50.30	75.49	82.67
其他非生产性现金支出	16.89	29.57	52.05	72.98	82.51
储蓄借贷现金支出	50.07	108.49	223.28	459.95	534.46
期末手存现金	64.38	209.94	558.88	951.42	1071.99
期末存款余额	24.95	73.27	232.86	487.87	653.02

表 9—27 农户主要农副产品人均生产量和商品率情况

产品名称	1985年			1990年		
	生产量（千克）	出售量（千克）	商品率（%）	生产量（千克）	出售量（千克）	商品率（%）
粮　食	382.20	50.85	13.30	414.25	74.46	17.97
油　料	10.98	2.54	23.13	10.99	2.55	23.20
麻　类	6.38	3.75	58.78	1.46	0.99	67.81
糖　料	227.67	203.48	89.37	366.45	357.29	97.50
烟　叶	0.49	0.28	57.14	0.62	0.55	88.71
蔬　菜	152.77	32.34	21.10	154.67	34.96	22.60
果用瓜	12.67	11.04	87.13	15.48	14.38	92.89
水　果	10.66	9.35	87.71	24.16	20.51	84.89
茶　叶	0.08	0.07	87.50	0.09	0.08	88.89
猪　肉	22.89	19.45	84.97	28.97	26.33	90.89
羊　肉	0.07	0.05	71.43	0.18	0.16	88.89
家禽(只)	2.88	1.68	58.33	2.70	1.42	52.59
鱼　虾	1.92	1.35	70.31	2.19	1.78	81.28
蛋　类	1.18	0.52	44.07	1.16	0.35	30.17
蜂　蜜	0.01	0.01	100.00	...	...	...
蚕　茧	0.23	0.22	95.65	0.43	0.43	100.00
油桐籽	0.52	0.44	84.62	0.75	0.74	98.67
油茶籽	1.88	0.52	27.66	1.92	0.80	41.67

产品名称	1998年			1999年		
	生产量（千克）	出售量（千克）	商品率（%）	生产量（千克）	出售量（千克）	商品率（%）
粮　食	453.53	68.38	15.08	457.82	74.38	16.25
油　料	10.40	2.10	20.19	11.25	2.38	21.16
麻　类	0.82	0.73	89.02	0.23	0.23	100.00
糖　料	971.35	928.63	95.60	1146.32	1098.21	95.80
烟　叶	0.09	0.04	44.44	0.16	0.12	75.00
蔬　菜	216.18	96.99	44.87	212.96	90.23	42.37
果用瓜	25.92	22.66	87.42	18.16	15.68	86.34
水　果	65.33	59.71	91.40	81.26	70.21	86.40
茶　叶	0.57	0.48	84.21	0.49	0.48	97.96
猪　肉	47.57	43.88	92.24	49.97	45.99	92.04
羊　肉	0.76	0.71	93.42	0.64	0.57	89.06
家禽(只)	5.12	2.66	51.95	5.34	2.86	53.56
鱼　虾	4.01	3.26	81.30	7.00	6.08	86.86
蛋　类	0.86	0.25	29.07	0.67	0.12	17.91
蜂　蜜	0.01	0.01	100.00	0.04	0.02	50.00
蚕　茧	0.73	0.73	100.00	0.92	0.92	100.00
油桐籽	2.57	1.90	73.93	3.83	2.35	61.36
油茶籽	0.58	0.06	10.34	0.71	0.04	5.63

表 9—28 农户平均每人粮食收支情况

单位:千克

项　　目	1985 年	1990 年	1995 年	1998 年	1999 年
年初粮食结存(原粮)	181.00	229.78	263.66	250.65	285.76
年内粮食收入	424.83	460.78	491.37	486.91	491.02
从集体统一经营中得到的	－－	0.04	0.01	0.01	0.02
家庭经营生产的	382.20	414.25	453.97	453.53	457.82
购入	30.11	32.24	33.21	28.62	31.01
借入	3.55	3.29	1.65	1.25	0.62
收回借出粮	2.04	5.11	2.18	2.46	1.16
其他粮食收入	6.93	5.85	0.35	1.06	0.39
年内粮食支出	405.64	435.83	426.69	430.87	437.62
主食用粮	253.40	242.34	243.72	240.72	240.75
#稻　谷	229.25	219.82	222.05	219.10	216.66
小　麦	1.53	1.57	2.26	2.06	2.97
其他生活用粮	2.80	3.59	2.51	1.84	1.80
出　售	50.85	74.46	59.82	68.38	74.38
#售给国家	29.16	46.31	24.83	17.34	14.22
种　籽	13.59	8.74	5.17	4.45	4.35
饲　料	72.69	82.21	96.03	90.44	97.14
借　出	1.61	4.97	4.64	5.48	3.34
归还借粮	3.12	3.34	2.37	2.11	1.39
上交集体承包任务	0.80	0.77	1.32	2.84	3.04
其他粮食支出	6.78	15.41	11.11	14.62	11.43
年末粮食结存	200.19	254.73	328.34	306.70	339.17
#口　粮		167.09	188.81	178.90	194.37
饲　料		41.90	71.58	65.08	75.30
种　籽		6.69	3.65	3.52	3.93

表9—29 农户平均每人主要消费品消费量

品　　名	单位	1985年	1990年	1995年	1998年	1999年
粮　食(原粮)	千克	256.20	245.93	243.73	240.72	240.75
#细粮	千克	230.78	221.39	224.31	219.10	216.66
蔬　菜	千克	125.79	126.35	117.69	120.11	125.00
食用油	千克	3.47	4.57	4.49	4.45	4.24
植物油	千克	1.79	1.97	2.40	2.18	2.00
动物油	千克	1.68	2.60	2.09	2.27	2.23
肉　类	千克	11.93	10.74	11.07	13.31	13.59
猪　肉	千克	11.55	10.41	10.82	12.86	13.23
牛羊肉	千克	0.38	0.33	0.25	0.45	0.36
家　禽	千克	2.40	2.89	3.68	5.76	6.16
蛋　类	千克	0.65	0.74	0.88	1.12	1.01
鱼　虾	千克	1.54	1.45	1.94	2.67	2.83
食　糖	千克	1.32	1.37	1.04	1.27	1.40
卷　烟	盒	15.54	13.66	12.03	11.87	10.54
酒	千克	5.38	6.46	5.99	6.04	6.13
茶　叶	千克	0.02	0.02	0.04	0.02	0.02
糖果、糕点	千克	0.61	0.41	1.38	0.84	0.84
水　果	千克	2.32	3.70	7.23	11.54	13.21
棉　布	米	1.86	0.46	0.19	0.14	0.09
#棉布服装	件	0.33	0.14	0.07	0.04	0.02
化纤布	米	1.58	1.53	1.37	1.38	1.36
#化纤布服装	件	0.43	0.67	0.99	1.05	1.08
呢　绒	米	0.05	0.03	0.01	...	...
#呢绒服装	件	0.02	0.01	...	...	...
绸　缎	米	0.01	...	...	...	...
毛线及毛线织品	千克	0.02	0.02	0.04	0.03	0.03
尼龙衫裤	件	0.08	0.06	0.02	0.02	0.01
棉毛衫裤	件	0.09	0.04	0.04	0.03	0.03
皮　鞋	双	0.03	0.02	0.06	0.07	0.09
胶鞋,球鞋	双	0.34	0.35	0.47	0.45	0.44
床褥单	条	0.06	0.02	0.01	0.01	0.02
肥　皂	块	3.02	2.12	0.79	0.21	0.17

表 9—30 农户平均每百户耐用消费品年末拥有量

品　　名	单　位	1985 年	1990 年	1995 年	1998 年	1999 年
自行车	辆	101.35	136.85	159.60	154.68	156.15
缝纫机	架	48.92	64.57	74.55	74.37	74.89
钟	只	24.47	36.38	48.39	66.19	70.91
手　表	只	119.96	162.20	152.59	140.65	140.47
电风扇	台	11.76	52.28	124.02	159.00	166.75
洗衣机	台	--	1.16	1.29	2.47	2.99
摩托车	辆	0.09	0.17	2.28	7.66	9.87
大型家具	件	127.11	202.24	745.09	815.28	819.87
#沙发	个	15.65	32.84	59.06	68.96	70.26
大衣柜	个	50.47	69.09	80.63	83.12	84.89
写字台	张	47.07	70.30	108.88	110.61	111.56
收音机	台	27.20	24.44	16.16	15.97	16.54
黑白电视机	台	3.32	24.70	59.38	66.80	65.93
彩色电视机	台	0.22	0.65	5.04	13.94	18.18
收录机	台	3.58	13.97	23.57	26.54	26.15

注:1992 年以前该指标包括单价 50 元以上的大型家具,1993 年统计范围扩大至单价不足 50 元的简易家具。如简易的床、桌子等。

表 9—31 农户房屋情况

项　　目	单　位	1985 年	1990 年	1995 年	1998 年	1999 年
平均每户年末使用房屋间数	间	4.79	5.17	5.19	4.57	4.75
#年内新建间数	间	0.21	0.14	0.12	0.20	0.22
平均每人年末使用房屋面积	米	16.12	18.41	21.00	24.57	25.63
生产用房面积	米	2.30	2.61	2.79	2.93	2.95
生活用房面积	米	13.82	15.80	18.21	21.64	22.68
#砖木结构面积	米	4.51	6.14	7.81	8.20	8.27
钢筋混凝土结构面积	米	0.26	1.04	3.24	7.11	8.25
平均每人年内新建房屋面积	米	0.75	0.49	0.51	0.97	1.01
#砖木结构面积	米	0.41	0.15	0.05	0.14	0.09
钢筋混凝土结构面积	米	0.09	0.24	0.43	0.78	0.86
年末使用每间房屋价值	元	437.69	574.21	1463.80	2504.42	2608.79
#年内新建每间房屋价值	元	765.67	1562.95	4291.73	4847.89	4531.63

表 9—32 农户生活基本情况

(1999 年,按劳动力文化程度分组)

项　　目	文盲或半文盲	小　学	初　中	高　中	中　专	大　专
调查户数(户)	**8**	**332**	**1311**	**548**	**94**	**14**
常住人口(人)	28	1455	6483	2724	477	71
#整半劳动力	16	863	4117	1569	348	55
人均新建房屋面积(米^2)	--	1.21	0.95	1.12	0.65	1.13
人均年末住房面积(米^2)	21.61	23.01	22.08	23.10	26.97	26.06
人均经营耕地面积(亩)	0.98	1.26	1.30	1.22	1.64	1.68
#承包耕地面积	0.82	1.00	1.03	0.96	1.20	1.29
自留地面积	0.14	0.11	0.09	0.09	0.11	0.07
平均每人全年总收入(元)	**2519.46**	**2561.10**	**2657.01**	**2888.43**	**3282.07**	**4392.28**
劳动者的报酬收入	474.54	299.11	388.57	434.28	515.88	747.92
家庭经营收入	2015.96	2143.34	2149.23	2306.82	2555.35	3406.76
#农业收入	769.68	1153.24	1082.30	1178.83	1340.10	1438.80
林业收入	81.14	47.55	32.41	42.00	42.11	29.86
牧业收入	596.36	572.05	585.51	638.24	693.06	650.39
渔业收入	--	28.24	53.41	18.02	23.62	443.56
其他非生产性收入	28.96	118.65	119.21	147.33	210.84	237.60
平均每人全年纯收入(元)	**1850.68**	**1901.22**	**1990.68**	**2133.74**	**2509.81**	**3518.24**
平均每人全年总支出(元)	**2048.29**	**2010.80**	**2112.24**	**2396.63**	**2537.27**	**3033.97**
家庭经营费用支出	596.93	573.05	600.38	662.22	677.72	772.82
购置生产性固定资产支出	71.43	41.06	51.50	67.09	45.93	20.21
缴纳税款	11.43	17.38	19.84	22.22	22.91	20.73
上交集体的承包任务	--	8.35	4.23	3.30	3.88	2.44
集体提留和摊派	9.61	12.67	10.05	11.44	11.63	6.45
生活消费支出	1337.00	1333.95	1399.22	1598.40	1724.10	2167.01
食　品	807.71	825.98	831.52	874.37	988.53	1087.24
衣　着	40.50	41.43	52.72	58.72	46.35	59.21
居　住	144.18	189.73	190.03	232.14	178.49	240.90
家庭设备、用品及服务	85.25	54.14	65.47	74.10	78.25	104.08
医疗保健用品及服务	36.93	34.88	40.98	46.64	38.08	54.51
交通和通讯用品及服务	21.75	33.10	41.15	51.81	91.99	278.79
文化娱乐用品及服务	135.54	129.61	152.64	226.82	255.31	288.07
其他商品和服务	65.14	25.07	24.66	33.80	47.10	54.21
其他非生产性支出	21.89	24.34	27.02	31.96	51.10	44.31

表 9—33 **农户生活基本情况**

(1999年,按人均纯收入分组)

项目	300元以下的户	300－500元的户	500－600元的户	600－800元的户	800－1000元的户	1000－1500元的户
调查户数(户)	－－	**2**	**8**	**42**	**94**	**557**
常住人口(人)	－－	**7**	**52**	**216**	**491**	**2918**
#整半劳动力	－－	4	34	128	277	1743
人均新建房屋面积(米²)	－－	－－	－－	－－	0.31	0.62
人均年末住房面积(米²)	－－	38	18.83	19.10	18.71	19.58
人均经营耕地面积(亩)	－－	1.03	0.91	0.95	0.95	1.13
#承包耕地面积	－－	1.00	0.87	0.85	0.79	0.93
自留地面积	－－	0.03	0.04	0.04	0.08	0.08
平均每人全年总收入(元)	－－	**847.00**	**967.58**	**1175.53**	**1305.85**	**1813.14**
劳动者的报酬收入	－－	100.00	69.00	75.76	134.93	237.69
家庭经营收入	－－	729.86	883.13	1066.64	1112.00	1516.68
#农业收入	－－	470.86	496.92	615.15	579.87	780.05
林业收入	－－	－－	14.04	5.57	13.51	27.93
牧业收入	－－	247.29	302.17	339.56	350.36	467.33
渔业收入	－－	－－	－－	8.54	30.97	15.28
其他非生产性收入	－－	17.14	15.45	33.13	58.92	58.77
平均每人全年纯收入(元)	－－	**400.86**	**561.77**	**713.86**	**904.86**	**1268.24**
平均每人全年总支出(元)	－－	**864.29**	**1011.71**	**1296.59**	**1232.36**	**1620.91**
家庭经营费用支出	－－	369.00	359.38	391.76	338.43	475.99
购置生产性固定资产支出	－－	－－	－－	35.53	18.64	18.97
缴纳税款	－－	12.14	6.60	16.22	11.81	13.77
上交集体的承包任务	－－	14.57	2.96	7.19	4.87	2.85
集体提留和摊派	－－	－－	6.23	5.39	8.29	10.62
生活消费支出	－－	468.57	632.71	808.72	842.56	1085.54
食　品	－－	427.86	450.13	565.22	579.48	699.12
衣　着	－－	1.14	8.02	25.62	25.23	37.11
居　住	－－	17.43	32.65	52.62	54.44	100.80
家庭设备、用品及服务	－－	20.71	15.48	37.09	38.55	51.12
医疗保健用品及服务	－－	－－	40.58	18.43	21.30	28.94
交通和通讯用品及服务	－－	－－	3.50	9.40	7.65	20.11
文化娱乐用品及服务	－－	0.14	74.44	93.46	107.59	132.46
其他商品和服务	－－	1.29	7.90	6.88	8.33	15.88
其他非生产性支出	－－	0.01	3.83	31.78	7.76	13.17

表 9—33　续表　　（1999 年，按人均纯收入分组）

项　　目	1500－2000元的户	2000－2500元的户	2500－3000元的户	3000－4000元的户	4000－5000元的户	5000 元以上的户
调查户数(户)	**588**	**424**	**256**	**207**	**84**	**48**
常住人口(人)	2887	2003	1197	935	358	182
#整半劳动力	1763	1282	750	603	251	133
人均新建房屋面积(米^2)	0.95	1.01	1.25	1.32	2.87	4.80
人均年末住房面积(米^2)	22.01	23.60	24.95	27.03	30.10	36.68
人均经营耕地面积(亩)	1.22	1.28	1.57	1.58	1.90	1.89
#承包耕地面积	0.98	1.05	1.13	1.19	1.41	1.37
自留地面积	0.09	0.09	0.11	0.11	0.15	0.13
平均每人全年总收入(元)	**2363.37**	**2996.79**	**3488.48**	**4263.79**	**5806.84**	**8773.36**
劳动者的报酬收入	371.36	501.64	521.20	619.87	604.85	957.88
家庭经营收入	1897.34	2366.33	2791.05	3340.81	4677.11	6923.97
#农业收入	965.95	1205.11	1526.75	1716.41	2441.14	2432.38
林业收入	40.40	49.46	33.33	39.71	86.08	42.85
牧业收入	541.48	717.26	681.19	848.93	834.88	1280.49
渔业收入	17.88	26.21	29.24	50.87	27.75	1213.72
其他非生产性收入	94.67	128.82	176.23	303.11	524.88	891.51
平均每人全年纯收入(元)	**1739.40**	**2228.89**	**2710.78**	**3403.27**	**4416.98**	**6453.19**
平均每人全年总支出(元)	**2013.19**	**2346.77**	**2610.89**	**2947.15**	**4268.77**	**5770.91**
家庭经营费用支出	541.54	682.68	680.55	750.37	1224.68	2099.10
购置生产性固定资产支出	41.25	38.73	102.84	109.83	144.49	305.69
缴纳税款	20.04	21.49	20.47	21.20	37.78	101.86
上交集体的承包任务	3.42	2.94	5.20	7.00	22.76	7.73
集体提留和摊派	13.33	10.00	11.12	8.63	8.35	12.93
生活消费支出	1374.95	1557.87	1751.90	1993.62	2750.41	3090.63
食　品	823.49	920.04	958.48	1088.39	1224.13	1404.75
衣　着	50.73	60.63	61.34	79.06	73.53	119.45
居　住	188.95	170.80	260.38	318.71	785.44	748.04
家庭设备、用品及服务	57.20	74.35	71.52	100.08	151.38	155.73
医疗保健用品及服务	38.71	52.99	50.49	36.58	95.35	106.79
交通和通讯用品及服务	35.45	46.61	78.78	72.58	158.65	226.64
文化娱乐用品及服务	156.01	201.61	227.58	256.39	188.85	246.67
其他商品和服务	24.41	30.85	43.33	41.83	73.07	82.55
其他非生产性支出	18.66	33.06	38.81	56.50	80.30	152.97

表 9—34 农户生活基本情况

（1999 年，按地势和民族分组）

项目	按地势分组			按民族分组	
	平原	丘陵	山区	少数民族	汉族
调查户数(户)	**380**	**1190**	**740**	**1009**	**1301**
常住人口(人)	1808	5868	3570	4935	6311
#整半劳动力	1111	3592	2265	3124	3844
人均新建房屋面积(米^2)	1.03	0.93	1.13	1.00	1.02
人均年末住房面积(米^2)	24.95	22.84	21.27	22.23	23.03
人均经营耕地面积(亩)	1.21	1.39	1.17	1.40	1.20
#承包耕地面积	1.03	1.07	0.93	1.09	0.97
自留地面积	0.05	0.11	0.09	0.11	0.08
平均每人全年总收入(元)	**3221.27**	**2873.69**	**2302.18**	**2481.38**	**2956.75**
劳动者的报酬收入	466.68	373.08	397.10	361.07	422.87
家庭经营收入	2634.82	2343.25	1780.29	2009.23	2369.51
#农业收入	1263.75	1309.49	757.84	1022.87	1208.46
林业收入	33.71	18.03	71.34	39.34	36.01
牧业收入	686.35	579.59	595.39	619.08	588.23
渔业收入	171.75	23.05	9.35	11.80	66.70
其他非生产性收入	119.77	157.36	124.79	111.08	164.37
平均每人全年纯收入(元)	**2328.79**	**2149.74**	**1729.64**	**1838.83**	**2206.52**
平均每人全年总支出(元)	**2412.52**	**2285.36**	**1925.30**	**2049.81**	**2302.30**
家庭经营费用支出	792.02	633.96	497.43	567.22	654.20
购置生产性固定资产支出	99.42	29.58	69.66	49.16	56.95
缴纳税款	31.71	20.51	13.87	13.84	25.17
上交集体的承包任务	4.66	6.09	1.80	2.19	6.31
集体提留和摊派	6.54	14.00	7.80	8.35	12.77
生活消费支出	1437.88	1550.72	1313.98	1381.53	1516.78
食品	838.60	882.67	800.13	806.64	882.81
衣着	51.88	52.16	53.24	52.98	52.05
居住	191.62	217.57	175.21	194.57	204.16
家庭设备、用品及服务	67.09	70.01	61.83	61.55	71.15
医疗保健用品及服务	43.12	45.74	33.81	38.33	44.04
交通和通讯用品及服务	35.64	55.87	35.93	41.46	50.06
文化娱乐用品及服务	183.72	192.69	134.29	167.02	177.16
其他商品和服务	26.21	34.02	19.54	18.98	35.35
其他非生产性支出	40.29	30.50	20.76	27.52	30.12

表 9—35 农户生活基本情况

（1999 年，按家庭类型分组）

项　　目	夫妻户	夫　妻 一孩户	夫　妻 二孩户	夫　妻 多孩户	三　代 同堂户	其他户
调查户数(户)	STHZ〛30	219	576	739	503	243
常住人口(人)	64	669	2314	4042	2975	1182
#整半劳动力	60	504	1462	2487	1700	755
人均新建房屋面积(米^2)	2.97	1.35	1.08	0.71	1.27	0.94
人均年末住房面积(米^2)	36.03	30.90	24.74	20.43	21.58	23.75
人均经营耕地面积(亩)	2.28	1.45	1.36	1.29	1.17	1.29
#承包耕地面积	1.87	1.13	1.07	1.00	0.95	1.04
自留地面积	0.19	0.12	0.09	0.09	0.08	0.12
平均每人全年总收入(元)	3969.23	3357.50	2904.41	2823.56	2415.13	2611.46
劳动者的报酬收入	574.63	459.64	422.01	390.25	356.47	416.21
家庭经营收入	3079.20	2700.81	2362.53	2306.23	1925.51	1979.42
#农业收入	1796.53	1396.21	1187.53	1156.04	986.67	1073.91
林业收入	28.08	69.04	39.58	34.40	27.28	52.18
牧业收入	777.86	731.70	657.88	614.50	542.01	515.73
渔业收入	46.00	31.60	40.14	70.52	18.22	19.43
其他非生产性收入	315.40	197.05	119.87	127.08	130.15	215.83
平均每人全年纯收入(元)	**3057.55**	**2487.10**	**2137.63**	**2080.08**	**1819.68**	**2007.33**
平均每人全年总支出(元)	**2996.23**	**2714.93**	**2401.62**	**2221.37**	**1934.93**	**1983.95**
家庭经营费用支出	755.19	754.21	669.93	662.56	516.26	516.78
购置生产性固定资产支出	301.19	48.49	99.36	29.84	55.18	30.11
缴纳税款	30.39	28.57	19.57	22.14	16.51	18.83
上交集体的承包任务	7.56	3.18	4.18	5.29	3.98	4.30
集体提留和摊派	10.38	12.14	11.60	10.50	9.62	12.75
生活消费支出	1734.22	1815.37	1566.88	1468.45	1307.52	1365.22
食　品	1293.63	1070.64	894.15	832.77	774.95	856.60
衣　着	55.09	63.77	57.78	53.89	42.54	55.56
居　住	108.69	283.50	236.73	181.82	199.42	148.96
家庭设备、用品及服务	84.00	103.04	73.58	66.97	53.50	66.34
医疗保健用品及服务	44.52	89.18	42.79	32.11	38.18	52.63
交通和通讯用品及服务	38.83	58.47	49.87	42.60	44.57	49.74
文化娱乐用品及服务	65.59	110.91	180.59	232.10	129.70	103.17
其他商品和服务	43.88	35.86	31.40	26.20	24.65	32.21
其他非生产性支出	157.30	52.97	30.10	22.59	25.86	35.96

表 9—36　调查县(市)农户基本情况

(1999 年)

县(市)名称	调查户数(户)	平均每户常住人口(人)	平均每户整半劳动力(人)	平均每个劳动力负担人口(人)	平均每人经营耕地面积(亩)	平均每人经营山地面积(亩)	平均每人经营水面面积(亩)
邕宁县	70	4.77	2.81	1.70	1.94	2.02	0.01
上林县	70	4.66	2.64	1.76	0.97	0.24	0.02
扶绥县	70	4.79	3.29	1.46	3.26	0.21	0.01
大新县	70	4.64	3.34	1.39	1.53	0.05	…
马山县	100	5.13	3.35	1.53	0.96	0.16	…
来宾县	70	5.83	3.21	1.81	2.95	…	…
鹿寨县	70	4.86	2.84	1.71	1.95	0.78	0.04
象州县	70	4.47	2.93	1.53	1.66	0.80	0.04
忻城县	70	4.80	3.16	1.52	1.16	0.12	…
阳朔县	70	4.44	2.79	1.59	1.11	0.26	0.01
兴安县	70	4.04	2.64	1.53	1.31	0.9	…
全州县	70	4.10	2.71	1.51	1.14	0.19	0.01
平乐县	70	4.43	2.63	1.68	1.32	0.12	…
岑溪市	70	5.23	2.89	1.81	0.67	0.33	0.00
藤　县	70	5.81	3.07	1.89	0.93	1.67	0.02
玉林市	70	5.00	3.04	1.64	0.60	…	0.04
桂平市	70	5.21	3.36	1.55	0.90	0.06	0.01
贵港市	70	5.29	2.84	1.86	0.88	…	0.01
博白县	70	5.19	3.13	1.66	0.61	0.37	0.01
平南县	70	4.73	2.54	1.86	0.54	1.01	0.01
田林县	70	4.90	3.09	1.59	0.64	0.53	…
田阳县	70	4.57	3.06	1.50	1.18	1.58	0.00
田东县	70	4.87	2.94	1.66	1.94	0.91	0.02
靖西县	80	5.06	2.93	1.73	1.21	1.62	…
环江县	70	5.04	3.19	1.58	1.24	0.18	0.00
南丹县	70	4.69	2.76	1.70	1.65	1.18	0.01
宜州市	70	4.89	3.23	1.51	1.67	1.07	0.01
都安县	100	4.78	3.28	1.46	0.95	0.02	0.03
钦州市	70	4.56	3.00	1.52	1.28	0.78	0.00
灵山县	70	5.31	3.63	1.46	0.81	0.40	0.02
合浦县	70	4.63	2.96	1.57	2.01	0.27	0.04
浦北县	70	4.97	3.01	1.65	0.68	0.64	0.02

表9—37 调查县(市)农户房屋情况

(1999年)

县(市)名称	年内新建房屋面积(m^2)	其中:砖木结构面积(m^2)	钢筋混凝土结构面积(m^2)	新建生活用房面积(m^2)	平均每人年末住房面积(m^2)	其中:砖木结构面积(m^2)	钢筋混凝土结构面积(m^2)	年末住房每平方米价值(元)
邕宁县	0.68	–	0.68	0.68	22.22	11.94	9.63	113.31
上林县	0.37	–	0.27	0.27	27.37	2.13	14.52	90.00
扶绥县	1.10	0.07	1.03	1.07	25.35	17.29	7.46	113.14
大新县	0.31	–	0.31	0.31	22.31	15.30	4.90	91.66
马山县	1.52	0.02	1.50	1.50	21.40	7.05	12.16	109.77
来宾县	0.98	–	0.98	0.98	18.29	7.31	5.48	87.51
鹿寨县	0.79	0.21	0.59	0.59	23.36	2.73	7.06	129.00
象州县	1.87	0.06	1.81	1.87	25.67	1.12	7.87	116.08
忻城县	0.40	0.06	0.34	0.40	24.45	2.96	7.57	91.00
阳朔县	–	–	–	–	22.64	7.01	3.88	81.62
兴安县	0.81	0.81	–	0.81	24.71	24.68	–	121.66
全州县	1.36	0.05	0.77	1.24	24.98	11.77	4.21	96.36
平乐县	0.97	–	0.97	0.97	23.05	0.19	5.74	123.39
岑溪市	0.36	–	0.36	0.36	26.05	9.49	15.54	143.33
藤县	1.34	–	1.34	1.34	16.80	7.17	9.00	160.80
玉林市	0.23	0.23	–	0.23	20.24	15.47	1.75	138.98
桂平市	0.79	–	0.38	0.79	25.79	11.42	12.66	122.71
贵港市	0.54	–	0.54	0.54	24.53	10.55	11.97	145.54
博白县	0.83	0.39	0.44	0.83	19.59	4.80	8.72	115.16
平南县	0.69	–	0.68	0.69	24.94	8.40	14.83	121.64
田林县	0.73	0.73	–	0.73	17.99	6.55	1.67	62.31
田阳县	1.20	0.08	1.13	1.13	24.51	14.68	6.53	115.29
田东县	1.99	0.04	1.94	1.94	21.12	13.16	7.58	115.84
靖西县	0.19	–	0.19	0.19	20.52	4.40	5.18	70.09
环江县	1.39	0.08	1.31	1.33	20.87	4.37	6.60	78.46
南丹县	4.01	–	3.03	4.01	22.95	0.84	6.14	92.36
宜州市	1.55	–	1.55	1.55	24.04	1.52	11.29	141.91
都安县	1.13	–	1.09	1.09	23.21	10.00	9.60	92.63
钦州市	0.40	0.13	0.28	0.40	23.74	8.86	10.64	118.87
灵山县	1.55	–	1.55	1.55	23.49	5.50	11.86	130.48
合浦县	1.67	0.22	1.45	1.67	22.50	11.09	6.63	138.31
浦北县	0.46	–	0.46	0.46	21.14	8.41	10.10	148.21

表 9—38 调查县(市)农户平均每人总收入

(1999 年)　　单位:元

县(市)名称	全年总收入	劳动者报酬收入	家庭经营收入	转移性收入	财产性收入
邕宁县	2903.30	251.16	2486.43	95.20	70.51
上林县	2234.74	529.64	1619.75	81.72	3.64
扶绥县	3117.53	111.68	2964.96	38.87	2.03
大新县	2601.31	399.07	2159.81	39.33	3.11
马山县	2241.93	465.42	1730.96	45.04	0.51
来宾县	3049.73	154.18	2777.15	101.76	16.63
鹿寨县	3457.19	134.40	3228.09	89.96	4.74
象州县	2881.97	454.30	2311.94	115.72	－－
忻城县	2406.55	373.41	1928.61	102.59	1.93
阳朔县	2238.10	231.95	1934.26	66.40	5.50
兴安县	3610.19	531.45	2958.42	120.31	0.02
全州县	3075.27	489.61	2355.46	140.95	89.24
平乐县	2995.54	356.13	2578.89	58.69	1.83
岑溪市	2742.93	504.16	1962.53	263.72	12.52
藤　县	2326.90	493.53	1759.06	53.09	21.23
玉林市	3152.07	658.72	2233.89	211.48	47.99
桂平市	2468.22	684.02	1737.93	44.93	1.34
贵港市	2825.04	284.48	2265.64	273.11	1.80
博白县	2593.75	545.63	1951.42	78.18	18.51
平南县	2620.09	697.63	1589.17	332.81	0.47
田林县	2176.13	120.24	1982.13	65.57	8.18
田阳县	2878.30	184.80	2614.62	78.10	0.78
田东县	2978.20	175.62	2728.28	69.10	5.20
靖西县	1824.06	307.37	1402.41	112.06	2.22
环江县	2214.96	596.91	1561.35	52.82	3.88
南丹县	2619.89	300.69	2045.19	257.43	16.59
宜州市	2914.76	463.93	2298.15	147.11	5.57
都安县	2115.94	693.06	1312.76	109.35	0.77
钦州市	2987.58	405.05	2337.00	231.67	13.86
灵山县	3254.15	220.26	2569.62	450.10	14.17
合浦县	3894.06	235.52	3522.92	134.65	0.97
浦北县	3455.44	480.32	2859.53	114.68	0.92

表 9—39 调查县(市)农户平均每人纯收入

(1999 年)

单位:元

县(市)名称	全年纯收入	劳动者报酬收入	家庭经营纯收入	转移性收入	财产性收入
邕宁县	2229.13	251.16	1822.43	85.03	70.51
上林县	1612.42	529.64	1015.60	63.54	3.64
扶绥县	2202.55	111.68	2059.57	29.27	2.03
大新县	1714.39	399.07	1286.65	25.56	3.11
马山县	1505.54	465.42	1006.26	33.35	0.51
来宾县	2244.67	154.18	1979.14	94.72	16.63
鹿寨县	2350.32	134.40	2133.57	77.61	4.74
象州县	2174.81	454.30	1618.26	102.25	--
忻城县	1896.09	373.41	1430.61	90.12	1.93
阳朔县	1658.00	231.95	1368.73	51.82	5.50
兴安县	2401.71	531.45	1764.77	105.47	0.02
全州县	2010.34	489.61	1312.17	119.32	89.24
平乐县	2361.82	356.13	1957.21	46.65	1.83
岑溪市	2294.07	504.16	1520.54	256.85	12.52
藤 县	1848.79	493.53	1293.58	40.45	21.23
玉林市	2531.77	658.72	1625.09	199.97	47.99
桂平市	1873.85	684.02	1155.07	33.42	1.34
贵港市	2199.79	284.48	1653.07	260.44	1.80
博白县	1945.17	545.63	1314.41	66.62	18.51
平南县	1964.28	697.63	943.78	322.40	0.47
田林县	1796.81	120.24	1612.66	55.73	8.18
田阳县	2231.42	184.80	1980.86	64.98	0.78
田东县	2159.13	175.62	1921.52	56.79	5.20
靖西县	1388.77	307.37	978.82	100.36	2.22
环江县	1659.93	596.91	1018.58	40.56	3.88
南丹县	2082.80	300.69	1520.91	244.61	16.59
宜州市	2226.87	463.93	1624.65	132.72	5.57
都安县	1621.34	693.06	830.71	96.80	0.77
钦州市	2463.13	405.05	1829.10	215.12	13.86
灵山县	2470.30	220.26	1797.18	438.69	14.17
合浦县	2426.91	235.52	2068.74	121.68	0.97
浦北县	2491.51	480.32	1907.10	103.17	0.92

表 9—40 调查县(市)农户平均每人生活消费支出

(1999 年)

单位:元

县(市)名称	生活消费支出(合计)	食品	衣着	居住	家庭设备用品及服务	医疗保健	交通和通讯	文化娱乐用品及服务	其他商品和服务
邕宁县	1446.43	902.35	55.65	186.61	54.07	28.85	42.03	170.72	6.14
上林县	1318.88	774.14	41.95	148.36	59.57	31.32	36.00	216.52	11.02
扶绥县	1477.99	759.59	45.07	223.17	69.28	90.82	78.49	189.63	21.93
大新县	1150.82	801.82	22.61	90.93	46.07	26.99	36.72	116.83	8.84
马山县	1370.06	850.06	78.04	107.39	63.72	44.72	39.17	173.87	13.09
来宾县	1582.48	790.39	50.33	283.18	61.75	57.09	41.96	277.58	20.21
鹿寨县	1660.85	907.34	62.32	212.81	110.60	56.81	36.83	244.06	30.07
象州县	1686.15	991.46	55.06	309.38	74.35	34.57	32.29	134.58	54.46
忻城县	1092.19	585.46	44.30	188.65	46.53	25.17	40.41	141.33	20.32
阳朔县	1339.01	876.99	47.79	111.87	67.29	34.00	37.08	148.67	15.31
兴安县	1816.04	1069.05	89.57	210.48	89.32	93.89	32.15	204.90	26.68
全州县	1375.26	790.40	64.83	116.59	81.24	28.78	28.25	235.21	29.97
平乐县	1487.26	847.02	57.82	300.60	60.27	26.66	28.60	142.61	23.68
岑溪市	1268.97	732.32	30.50	212.17	40.54	60.95	33.14	119.28	40.07
藤县	1347.29	834.30	57.23	135.21	69.58	46.03	56.49	125.22	23.23
玉林市	1608.14	883.64	73.04	137.69	74.33	82.69	63.33	269.67	23.75
桂平市	1381.93	869.82	47.55	128.96	75.73	39.01	34.52	141.01	45.33
贵港市	1641.41	919.32	36.81	259.41	77.31	32.29	18.46	270.61	27.20
博白县	1504.28	923.53	44.23	176.28	82.43	52.61	48.29	148.63	28.30
平南县	1252.75	723.50	72.50	163.09	84.77	30.33	27.79	132.82	17.94
田林县	1188.24	759.24	42.39	121.51	65.45	21.43	24.44	121.42	32.36
田阳县	1470.18	832.88	42.79	190.73	57.17	46.96	60.28	226.40	12.98
田东县	1590.46	927.28	47.53	311.65	57.99	29.93	60.26	127.27	28.54
靖西县	1123.39	762.42	49.03	132.39	45.30	19.22	23.70	85.84	5.50
环江县	1636.85	866.02	61.81	402.31	71.14	29.33	30.30	161.48	14.46
南丹县	1494.40	909.40	55.30	232.91	62.94	31.21	49.28	135.88	17.47
宜州市	1386.54	911.93	60.95	140.50	65.98	28.90	50.85	111.15	16.27
都安县	1379.69	772.55	56.91	212.32	65.84	44.48	37.86	152.18	37.54
钦州市	1340.65	884.18	31.61	128.15	55.54	15.92	23.62	171.03	30.60
灵山县	2021.16	1065.19	48.23	378.42	76.19	54.96	163.44	189.63	45.10
合浦县	1336.28	771.67	48.43	187.04	56.27	13.54	35.61	200.38	23.34
浦北县	1943.80	948.04	50.44	272.26	81.07	63.89	120.82	255.94	151.35

表 9—41 调查县(市)农户平均每人主要消费品消费量

(1999 年)

县(市)名称	粮食(千克)	蔬菜(千克)	食油(千克)	肉类(千克)	蛋类(千克)	食糖(千克)	酒和饮料(千克)	棉布(米)	化纤布(米)
邕宁县	282.88	115.56	2.27	20.06	0.27	0.78	9.13	0.02	1.09
上林县	219.80	105.20	6.60	14.56	0.35	1.35	4.35	0.13	0.74
扶绥县	218.51	82.76	3.41	18.83	0.51	0.47	12.08	0.02	1.97
大新县	197.85	114.22	3.85	19.88	0.30	1.13	13.44	0.04	0.64
马山县	179.56	115.74	6.71	19.05	0.32	1.19	8.33	0.05	2.33
来宾县	274.88	165.67	1.71	13.23	0.58	0.69	3.37	0.01	1.25
鹿寨县	276.48	148.90	6.90	19.89	1.13	1.66	5.60	0.01	1.90
象州县	276.63	194.26	5.11	22.65	0.50	1.63	3.77	0.05	1.44
忻城县	199.64	76.26	3.76	15.09	0.64	0.82	6.94	0.21	1.27
阳朔县	291.91	147.10	2.36	16.00	1.36	1.43	4.68	0.02	1.08
兴安县	285.30	115.42	2.74	27.11	2.76	0.93	12.74	0.02	1.39
全州县	245.69	46.53	4.02	19.88	1.17	2.04	9.28	0.07	1.75
平乐县	277.63	178.45	4.57	14.05	0.37	2.61	6.24	0.07	1.83
岑溪市	239.99	128.03	4.13	14.01	0.80	0.27	2.00	0.33	1.38
藤县	254.62	123.31	5.57	11.12	1.29	1.22	1.94	0.07	1.20
玉林市	242.03	161.75	7.21	16.67	3.55	1.87	3.41	0.04	2.23
桂平市	254.87	139.42	8.79	12.79	0.67	1.56	2.88	0.03	1.22
贵港市	258.28	168.36	8.83	15.52	1.07	2.15	4.19	0.03	0.35
博白县	233.76	153.77	3.78	17.60	1.95	2.27	3.31	0.13	1.64
平南县	252.13	116.32	5.90	14.85	1.49	0.89	2.35	0.02	1.77
田林县	237.10	62.63	1.12	30.88	0.43	2.38	11.07	0.26	1.56
田阳县	224.87	102.85	3.20	25.08	0.46	1.13	15.75	0.07	0.91
田东县	237.46	91.57	3.36	35.50	1.45	1.38	17.93	0.21	1.82
靖西县	239.19	103.37	1.57	28.19	0.39	1.23	8.68	0.09	0.98
环江县	244.51	129.19	1.75	24.66	0.54	0.55	7.69	0.44	1.35
南丹县	253.35	175.43	4.95	34.69	0.71	0.72	7.59	0.20	1.41
宜州市	231.62	180.77	5.15	24.46	1.15	1.28	15.58	0.13	1.16
都安县	153.26	86.41	2.94	23.46	0.92	0.82	7.76	0.00	1.15
钦州市	268.61	143.21	3.22	24.32	1.37	2.19	7.59	0.06	0.55
灵山县	239.86	152.28	3.25	17.09	1.69	1.72	4.82	0.12	1.23
合浦县	273.97	57.68	3.37	16.26	0.71	2.72	6.08	－－	1.16
浦北县	212.70	117.84	2.49	18.47	2.11	2.28	4.39	0.06	1.52

表 9—42 调查县(市)农户主要耐用消费品拥有量

(1999 年每百户)

县(市)名称	自行车(辆)	缝纫机(架)	手　表(只)	电风扇(台)	收音机(台)	电视机(台)	收录机(台)
邕宁县	145.71	90.00	112.86	204.29	54.29	105.71	32.86
上林县	147.14	84.29	137.14	187.14	11.43	85.71	25.71
扶绥县	204.29	72.86	81.43	215.71	48.57	91.43	47.14
大新县	131.43	58.57	127.14	107.14	4.29	72.86	25.71
马山县	163.00	66.00	143.00	154.00	14.00	94.00	21.00
来宾县	230.00	88.57	170.00	252.86	11.43	95.71	25.71
鹿寨县	150.00	70.00	94.29	204.29	10.00	115.71	18.57
象州县	124.29	62.86	151.43	187.14	12.86	91.43	25.71
忻城县	205.71	87.14	98.57	182.86	8.57	84.29	20.00
阳朔县	144.29	45.71	112.86	127.14	7.14	64.29	11.43
兴安县	102.86	70.00	97.14	117.14	5.71	88.57	37.14
全州县	108.57	75.71	131.43	160.00	5.71	101.43	7.14
平乐县	177.14	70.00	90.00	165.71	11.43	77.14	20.00
岑溪市	158.57	78.57	228.57	220.00	22.86	70.00	17.14
藤　县	130.00	85.71	182.86	250.00	21.43	71.43	32.86
玉林市	242.86	101.43	221.43	240.00	37.14	100.00	44.29
桂平市	185.71	77.14	225.71	270.00	28.57	77.14	27.14
贵港市	210.00	75.71	191.43	275.71	25.71	101.43	27.14
博白县	181.43	78.57	240.00	178.57	18.57	87.14	11.43
平南县	144.29	88.57	137.14	162.86	17.14	67.14	32.86
田林县	45.71	78.57	54.29	54.29	12.86	47.14	14.29
田阳县	78.57	64.29	52.86	94.29	7.14	77.14	17.14
田东县	125.71	90.00	80.00	148.57	12.86	80.00	27.14
靖西县	105.00	58.75	143.75	26.25	15.00	41.25	30.00
环江县	117.14	85.71	117.14	131.43	7.14	74.29	31.43
南丹县	57.14	77.14	70.00	40.00		85.71	14.29
宜州市	171.43	75.71	182.86	160.00	4.29	101.43	34.29
都安县	140.00	73.00	99.00	130.00	5.00	70.00	8.00
钦州市	222.86	81.43	185.71	202.86	30.00	91.43	47.14
灵山县	238.57	75.71	234.29	228.57	28.57	112.86	44.29
合浦县	224.29	51.43	144.29	98.57	20.00	71.43	32.86
浦北县	194.29	64.29	172.86	200.00	15.71	91.43	34.29

主要统计指标解释

负担系数 指平均每一就业者所负担的人口数(包括就业者本人)。

期初(末)手存现金 指调查户家庭全部成员自有的未存入银行的现金。不包括家庭成员手中存放的不属其所有的暂收款,另外家庭成员所支付的各种暂付款,都应包括在手存现金内。

现金收入 包括现金的实际收入和借贷收入。

实际收入 指调查户的全部实际现金收入,不包括借贷收入。

生活费收入 指调查户家庭实际收入中能用于安排日常生活的收入。即用实际收入减掉“赡养支出”和“赠送支出”,减掉调查户记帐所得的“记帐补贴”及非家庭人口中的经常用饭人口所交的“搭伙费”以及“家庭副业生产支出”。

消费性支出 指调查户用于日常生活的全部支出,包括食品、衣着、家庭设备用品及服务、医疗保健、交通和通讯、娱乐教育文化服务、居住、杂项商品和服务等八大类支出。

非消费性支出 包括直接税、消费性贷款利息支出、经常性转移支出等。生活费支出=消费性支出+家庭副业生产支出。

全年总收入 是指农户年内从各种来源得到的现金和实物折款的全部实际收入。包括从集体得到的收入、从经济联合体得到的收入、家庭经营收入(包括承包集体生产和其他家庭经营收入)和其他非生产性收入。但不包括储蓄借贷收入。

全年总支出 是指农户全年用于生产、生活和再分配等方面的现金和实物折款的全部实际支出。包括家庭经营费用支出、购置生产性固定资产支出、缴纳税款、上交集体承包任务、生活消费支出和其他非生产性支出。但不包括储蓄借贷支出。

全年纯收入 是指农户全年总收入中,扣除各种生产经营费用支出后的剩余部分,即可以直接用来进行生产和非生产建设投资,改善生活的那部分收入,它是反映农民实际收入水平的经济效益的主要指标。

全年纯收入的计算公式是:

全年纯收入=全年总收入-家庭经营费用支出-缴纳税款-上交集体的承包任务-生产性固定资产折旧-调查补贴

平均每人纯收入=全年纯收入÷家庭常住人口

“平均每人纯收入”指标是观察划分农户贫富的标准。

生活消费支出 是指农户年内用于物质生活和精神生活方面的实际支出。包括生活消费品支出和非商品支出两部分。农村内部亲友之间赠送的消费品(粮食除外),按“谁送谁消费”的原则进行统计。

生活消费品支出 是指农户年内用于吃、穿、住、用、烧的消费资料支出。根据消费品来源可分为商品性和自给性消费两部分。

可支配收入: 农村居民可支配收入是指农村居民人均纯收入中再扣除社会保险、养老金等支出以后可直接用于农户消费积累以及结余的收入。其计算公式为:

可支配收入=纯收入-其他非借贷性支出中的利息支出、租金支出、保险费支出、购买特许权支出、土地有偿使用费支出、其他支出。

十、环境保护及城市公共设施

表 10—1 企事业单位污染治理情况

指　　标	单位	1985 年	1990 年	1995 年	1998 年	1999 年
污染治理资金来源总计	**万元**	**3181**	**10469**	**33191**	**17150**	**36746**
基本建设资金	万元	514	4493	9715	372	3114
更新改造资金	万元	1026	1699	5587	1981	7362
综合利用利润留成	万元	108	126	1401	1045	3087
环保补助资金	万元	606	2730	4334	1941	2191
环保贷款					227.8	1446
其他	万元	210	501	12153	11582	19542
污染治理资金使用总计	**万元**	**3181**	**10469**	**33191**	**17150**	**36746**
治理废水	万元	1703	6058	17867	9603	15837
治理废气	万元	935	2987	10184	3670	13535
治理固体废物	万元	439	1015	3771	1486	1351
治理噪声	万元	17	99	389	142	73
其他	万元	87	310	980	2248	5948
污染治理概况						
当年安排治理项目	个	292	781	1002	344	596
当年竣工项目	个	231	696	844	284	454
#治理废水	个		261	292	141	232
治理废气	个		278	355	100	174
治理固体废物	个		76	100	24	27
治理噪声	个		31	62	8	8
其他					11	13
排污费收支情况						
交纳排污费单位	个	719	1607	5101	13726	17836
交纳排污费收入	万元	1559	4073	14483	14663	16917
污染情况						
污染事故	次	249	234	296	197	280
污染赔款总额	万元	119	180	529	187	293
污染罚款总额	万元	28	16	54	28	22

表 10—2 **工业废水**

(1999 年)

行　　业	汇总工业企业数（个）	工业废水排放总量（万吨）	工业废水排放达标量（万吨）
总　　计	**1828**	**87542.01**	**42535.83**
#重点调查企业	1828	81005.01	42535.83
采掘业	134	5669.18	4411.25
食品烟草加工及食品饮料制造业	348	30810.26	9805.10
纺织业	69	851.06	469.47
皮革、毛皮、羽绒及其制品业	24	104.57	47.26
造纸及纸制品业	124	14902.90	2494.01
印刷业、记录媒介的复制	7	14.60	7.78
石油加工及炼焦业	4	96.22	75.91
化工原料及化学制品制造业	145	15041.87	9001.79
医药制造业	47	618.11	328.09
化学纤维制造业	5	3188.77	3090.06
橡胶制品业	9	355.41	212.91
塑料制品业	11	45.15	42.88
非金属矿物制造业	558	2695.48	2283.82
#水泥制造业	212	2372.05	2067.94
黑色金属冶炼及压延工业	65	6795.99	6073.98
有色金属冶炼及压延工业	63	1739.60	736.20
金属制品业	25	177.46	166.26
机械、电气、电子设备制造业	134	2292.58	1582.73
电力、煤气及水的生产和供应业	19	1842.60	1500.35
其他行业	37	300.18	206.00

排放及治理情况

废水治理设施数（套）	工业废水处理量（万吨）	#工业废水处理回用量（万吨）	工业废水处理排放达标量（万吨）
1958	97538.39	57088.44	21570.06
1958	97538.39	57088.44	21570.06
236	8663.52	3800.24	3939.15
519	31182.49	16150.23	5750.98
52	332.40	44.12	117.13
28	73.71	3.52	42.29
184	8446.23	3507.84	1336.95
			0.00
29	98.42	2.20	75.91
249	16692.77	11802.49	1970.25
44	258.54	158.70	35.54
6	1311.19	373.31	929.73
17	656.42	344.74	169.18
4	35.75	16.75	19.00
175	1152.18	844.52	234.60
68	837.36	712.62	108.42
93	21708.59	16448.39	4622.62
83	1640.48	841.37	195.08
32	86.74	8.04	68.06
142	633.74	141.32	452.10
35	4407.79	2582.40	1498.05
30	157.42	18.26	121.84

表 10—3 **工业废气**

（1999 年）

行　　业	汇总工业企业数（个）	废气治理设施数（套）	工业废气排放总量（万标立方米）	燃料燃烧过程中排放的	
					#经过消烟除尘的
总　　计	**1828**	**4345**	**4396626**	**16507012**	**14971752**
#重点调查企业	1828	4345	4396626	16507012	14971752
采掘业	134	63	548117	100031	50481
食品烟草加工及食品饮料制造业	348	562	4974522	4784288	4631621
纺织业	69	94	85073	85073	80004
皮革、毛皮、羽绒及其制品业	24	14	24440	24435	23500
造纸及纸制品业	124	111	702782	642440	602700
印刷业、记录媒介的复制	7	3	5	5	5
石油加工及炼焦业	4	1	74333	34748	10429
化工原料及化学制品制造业	145	328	1419208	651049	611428
医药制造业	47	55	73522	73103	65767
化学纤维制造业	5	14	731171	713791	687796
橡胶制品业	9	20	65876	65828	65828
塑料制品业	11	4	5520	5520	5080
非金属矿物制造业	558	2363	9863449	2364583	1385598
#水泥制造业	212	2167	8741003	1554112	1154902
黑色金属冶炼及压延工业	65	108	3118798	676182	641731
有色金属冶炼及压延工业	63	208	17001525	1195090	1092683
金属制品业	25	14	37935	26574	2485
机械、电气、电子设备制造业	134	326	239230	67051	57631
电力、煤气及水的生产和供应业	19	40	4931679	4929879	4916203
其他行业	37	20	69081	67401	40787

排放及处理情况

生产工艺过程中排放的	#经过净化处理的	工业二氧化硫去除量（吨）	工业二氧化硫排放量（吨）	工业烟尘去除量（吨）	工业烟尘排放量（吨）	工业粉尘回收量（吨）	工业粉尘排放量（吨）
27459245	**24972988**	**282700**	**548499**	**2665741**	**320340**	**2277125**	**458441**
27459245	24972988	282700	403664	2665741	168241	2277125	325680
448086	351746	1356	1805	1528	708	3957	1126
190294	184096	10157	31832	216963	32172	20710	8309
		696	4332	9679	1583	67	2
5		15	187	463	162	1	
60342	49625	2287	12627	65985	11877	620	440
39585	54688	375	977		249		
768159	550209	26295	36956	267058	10502	13232	8176
419	176	643	4092	14179	2461	21	
17380	17380	7107	16743	50881	6318	877	335
48		1482	4241	24945	311	7	1
		137	341	888	239		
7498866	6925583	15733	125569	212305	102987	1897177	413047
7186891	6779808	14609	48899	205140	23200	1885917	379687
2442616	1715959	1192	7628	2620	3201	229211	20614
15806434	15000066	175053	39928	155419	5107	81073	4506
11361	9316	13	894	59	227	2	1488
172179	160518	375	2650	4687	1819	13019	253
1800	1800	39202	179186	1229050	48279	16482	1771
1680	1222	582	78508	9032	92140	690	139

表10—4 工业固体废物

(1999年)

行业	汇总工业企业数(个)	工业固体废物产生量(万吨)	#危险废物产生量(吨)	工业固体废物综合利用量(万吨)	工业固体废物贮存量(万吨)
总计	**1828**	**2068.24**	**231501**	**1173.37**	**682.91**
#重点调查企业	1828	1841.07	231501	1173.37	246.63
采掘业	134	820.66	330	126.33	458.17
食品烟草加工及食品饮料制造业	348	420.59		385.96	7.31
纺织业	69	3.12		2.83	0.00
皮革、毛皮、羽绒及其制品业	24	0.43		0.30	0.00
造纸及纸制品业	124	22.36		13.12	3.12
印刷业、记录媒介的复制	7				0.00
石油加工及炼焦业	4	0.07	284	0.04	0.00
化工原料及化学制品制造业	145	82.00	44223	70.80	8.68
医药制造业	47	4.20	820	3.52	0.02
化学纤维制造业	5	12.76		11.38	1.39
橡胶制品业	9	4.25		4.24	0.00
塑料制品业	11	0.25		0.22	0.01
非金属矿物制造业	558	42.63	70	42.72	1.15
#水泥制造业	212	28.85	70	25.95	0.05
黑色金属冶炼及压延工业	65	129.70	1299	96.71	29.14
有色金属冶炼及压延工业	63	291.81	178686	47.51	138.84
金属制品业	25	0.29	11	0.16	0.01
机械、电气、电子设备制造业	134	10.30	5809	5.39	0.91
电力、煤气及水的生产和供应业	19	189.30		359.33	34.17
其他行业	37	33.51		2.82	0.00

产生及处理利用情况

工业固体废物处置量（万吨）	工业固体废物排放量（万吨）	＃危险废物排放量（万吨）	工业固体废物历年贮存量（万吨）	工业固体废物占地面积（万平方米）	“三废”综合利用产品产值（万元）	“三废”综合利用产品利润（万元）
296.07	**82.35**	**44**	**8531.06**	**924.72**	**102099.8**	**9774.9**
296.07	50.83	44	8531.06	924.72	102098.8	9774.9
154.08	63.60		6037.00	433.24	3027.5	312.0
23.34	4.62		2.61	6.93	45443.7	4784.9
0.04	0.25		0.46	0.12	5.4	0.7
0.10	0.03			0.01		
1.98	4.85		23.66	3.85	12986.3	783.4
	0.03		0.04	0.02	37.5	7.5
0.82	2.64		128.83	21.80	6247.6	660.5
0.39	0.30		0.01	0.13	23.2	12.0
			25.70	4.21	1126.7	2.7
0.02				0.02	28.9	4.9
0.02				0.02		
3.10	0.67		7.60	2.75	10908.1	1139.5
2.64	0.21		3.63	0.10	10036.9	1071.8
2.74	1.21		309.65	7.35	6495.8	786.5
105.53	0.75		433.93	201.32	14701.0	982.5
0.11	0.01		0.26	0.09	35.7	35.7
2.21	1.94	44	7.50	1.36	414.6	258.9
1.59	0.01		1553.79	241.51	601.8	1.0
0.01	1.41				16.0	2.5

表 10—5 “三废”排放、处理及综合利用情况

指标	单位	1985 年	1990 年	1995 年	1998 年	1999 年
全社会废水排放总量	万吨	**111049**	**138889**	**160135**		
#工业废水	万吨	89906	105248	96563	86887	87542
#经过处理达标的	万吨	8639	33235	42227	40349	42536
全社会废气排放总量	亿标立方米	**906**	**1429**	**2914**		
#工业废气	亿标立方米				4152	4397
#燃料燃烧过程中废气排放量	亿标立方米	566	861	1699	1514	1651
生产工艺过程中工业废气排放量	亿标立方米	340	568	1098	2638	2746
二氧化硫	万吨	36	62	76	64	55
烟尘	万吨	27	31	50	40	32
工业粉尘排放量	万吨	**32**	**21**	**28**	**61**	**46**
工业粉尘回收量	万吨	**28**	**86**	**135**	**207**	**228**
工业固体废物产生、排放及处理利用情况						
工业固体废物产生量	万吨	793	1211	1588	2130	2068
工业固体废物处置量	万吨		638	238	202	296
工业固体废物综合利用量	万吨	100	310	727	919	1173
#冶炼废渣	万吨		52	85	136	113
煤粉灰	万吨		63	131	276	388
炉渣	万吨		71	126	213	131
煤矸石	万吨		3	99	291	49
工业固体废物排放量	万吨		118	99	245	82
#排入江河湖海的	万吨		51	30		
历年固体废物堆存总量	万吨	7488	10474	8459	7315	8531
工业固体废物占地面积	万平方米	349	830	901	1014	925
“三废”综合利用产品产值	万元	**3347**	**17398**	**110322**	**107168**	**102100**
“三废”综合利用产品利润	万元	**649**	**4526**	**13990**	**6651**	**9775**

表10—6 城市公用事业基本情况

指标名称	单位	1997年	1998年	1999年
自来水全年供水总量	万吨	140714	137688	138248
#生活用水量	万吨	57632	58242	58640
人均日生活用水量	升/日.人	300.02	306.97	303.67
自来水用水普及率	%	97.29	98.30	98.67
年末实用营运公共汽车	辆	2178	2419	2362
平均每万人拥有公共汽车	辆	5.3	5.8	5.6
铺装道路长度	公里	3364	3551	3600
平均每万人拥有道路长度	公里	8.2	8.5	8.6
铺装道路面积	万平方米	3842	4046	4133
平均每人拥有道路面积	平方米	9.4	9.7	9.85
下水道总长度	公里	2589	2730	2789
平均每万人拥有下水道长度	公里	6.3	6.5	6.6
液化石油气供气总量	吨	163999	174073	186693
# #家庭用量	吨	152003	165436	174863
用气普及率	%	83.20	85.92	89.72
园林绿地面积	公顷	39642	41216	41669
公共绿地面积	公顷	2741	2954	3119
平均每人公共绿地面积	平方米	6.70	7.08	7.44
建成区绿化覆盖率	%	28.59	29.75	30.22
公园个数	个	74	82	90
公园面积	公顷	2316.00	2453.61	2622.86
实际清扫面积	万平方米	2923.00	3132.96	3279.58
生活垃圾及粪便清运量	万吨	230	224	193
平均每天清运垃圾和粪便量	吨	6289	6133	5288
公共厕所数	座	1186	1189	1170
平均每万人拥有公共厕所数	座	2.9	2.9	2.8

注:本资料由自治区建设厅提供,人均指标按城市中的非农业人口计算。

表10—7 城市房屋建筑和住房情况

（1999年）

城　市 名　称	年末实有房屋建筑面积（万平方米）	年末实有住宅建筑面积（万平方米）	年末实有住宅使用面积（万平方米）	年末实有住宅居住面积（万平方米）	人均住宅居住面积（平方米）	缺房户（户）	解　决缺房户（户）
全区城市	17562	9963	7003.68	4341.88	9.24	36401	14941
南宁市	3611	1918	1318.29	813.16	8.46	2410	849
柳州市	2804	1459	1049.98	632.73	8.84	5625	2469
桂林市	1970	970	690.00	412.00	8.62	8649	5750
梧州市	1022	510	351.02	222.40	8.69	11675	1094
北海市	967	530	388.03	206.86	9.85	1720	500
钦州市	1220	699	497.77	326.68	10.21	–	–
防城港市	485	333	250.69	167.01	18.45	–	–
贵港市	714	556	312.87	218.99	6.71	2025	371
玉林市	1448	889	644.96	400.62	12.01	2681	819
凭祥市	95	62	45.20	27.39	10.41	–	–
合山市	173	101	75.37	45.90	7.52	–	666
桂平市	595	312	218.80	128.01	8.08	–	–
北流市	538	329	239.00	158.33	10.02	–	–
贺州市	391	279	211.21	132.14	16.52	–	–
岑溪市	167	150	92.21	55.07	4.74	–	–
百色市	388	192	121.12	72.80	6.12	635	621
河池市	470	242	173.15	105.63	10.18	558	1650
宜州市	354	311	233.12	155.43	15.24	423	152
东兴市	150	121	90.89	60.73	7.43	–	–

表10—8 城市供水情况

（1999年）

城　市 名　称	年末供水综合生产能力（万吨/日）	年末供水管道长度（公里）	全年供水总　量（万吨）		用水人口（万人）		人均日生活用　水　量（升）
				#生活用水		#非农业用水人口	
全区城市	609.72	4695	138248	58640	529.05	413.96	303.67
南宁市	89.20	686	25453	17001	114.11	96.12	408.19
柳州市	149.10	1260	42705	11403	84.47	78.22	369.85
桂林市	61.34	520	15229	5804	47.80	46.90	332.66
梧州市	38.50	216	5014	3112	27.00	25.47	315.78
北海市	34.60	212	3989	1601	33.50	21.25	130.93
钦州市	24.20	90	3694	1281	26.35	16.30	133.19
防城港市	8.50	114	1424	1036	13.05	8.81	217.50
贵港市	60.83	292	12021	2947	43.32	24.56	186.38
玉林市	17.10	257	3200	2459	31.10	17.90	216.62
凭祥市	5.50	99	602	591	4.95	2.83	327.11
合山市	4.70	90	1334	1237	10.10	6.10	335.55
桂平市	11.30	50	3940	1751	14.75	12.00	325.24
北流市	9.50	104	2526	1016	15.80	11.43	176.17
贺州市	7.00	209	1268	561	6.69	6.59	229.74
岑溪市	5.25	69	778	578	11.73	8.13	135.00
百色市	15.20	86	4579	1894	12.42	11.69	417.80
河池市	43.00	175	5763	3212	13.22	10.66	665.66
宜州市	21.10	114	3862	771	12.86	7.00	164.26
东兴市	3.80	52	867	385	5.83	2.00	180.93

表 10—9 城市园林绿化情况

(1999 年)

城市名称	园林绿地面积(公顷)	#建成区	绿化覆盖面积(公顷)	#建成区	公共绿地面积(个)	公园面积(公顷)	年游人量(万人次)
全区城市	41669	14785	44989	17131	3119.41	2622.86	2709
南宁市	3125	2891	3666	3435	718.98	686.41	575
柳州市	24734	2966	24898	3061	512.34	441.48	614
桂林市	1916	1916	2064	2064	357.81	308.64	493
梧州市	1763	932	1827	997	214.60	203.20	371
北海市	3467	965	3770	1687	138.20	76.00	232
钦州市	599	439	1376	779	101.50	18.00	47
防城港市	197	169	240	202	42.00	31.00	7
贵港市	684	684	1466	789	110.00	105.10	86
玉林市	1015	964	1035	980	433.70	408.00	89
凭祥市	276	82	283	90	42.47	41.14	2
合山市	306	155	327	172	22.65	15.02	–
桂平市	360	360	400	400	103.00	10.60	32
北流市	803	369	814	434	86.92	81.41	66
贺州市	240	240	276	276	6.40	5.10	7
岑溪市	449	168	455	174	28.54	25.16	–
百色市	1074	867	1083	888	66.31	59.74	50
河池市	460	420	489	449	68.10	64.98	24
宜州市	145	145	163	163	49.34	28.00	12
东兴市	56	53	357	91	16.55	13.88	2

表 10—10 城市清洁卫生情况

(1999 年)

城市名称	实际清扫面积(万平方米)	生活垃圾及粪便清运量(万吨)	环卫机械总数(辆)	公共厕所(座)	清洁卫生工作人员(人)	垃圾无害化处理量(万吨)	污水处理量(万立方米)
全区城市	3279.58	193.99	746	1170	11630	118.39	38766
南宁市	758.57	29.15	157	254	3022	24.35	5902
柳州市	430.00	24.95	131	324	2243	22.81	18582
桂林市	558.00	18.90	106	63	1778	15.04	4943
梧州市	117.08	13.13	41	71	756	12.84	896
北海市	346.29	16.19	82	126	778	12.59	1060
钦州市	103.70	7.15	17	110	283	–	250
防城港市	93.20	4.44	17	16	222	1.83	–
贵港市	119.11	21.36	39	33	494	1.75	1570
玉林市	269.00	9.80	25	29	569	8.80	–
凭祥市	30.00	1.08	4	4	41	–	–
合山市	24.90	15.30	9	18	64	–	–
桂平市	46.63	2.24	27	21	170	2.19	411
北流市	86.00	3.40	10	20	250	3.40	818
贺州市	61.50	4.38	10	15	190	–	–
岑溪市	38.00	2.20	5	4	104	1.85	105
百色市	63.00	4.05	13	13	222	3.95	–
河池市	57.30	3.79	22	27	164	3.79	4229
宜州市	43.20	8.43	11	8	230	3.20	–
东兴市	34.10	3.05	20	14	50	–	–

表 10—11 城市公共交通情况

(1999 年)

城市名称	年末实有公共汽车营运车辆（辆）	营运线路长度（公里）	客运总量（万人次）	年末实有出租汽车（辆）	平均每万人拥有公共汽车（标台）	标准运营车辆（标台）
全区城市	2362	1594	51081	8858	5.44	2284
南宁市	508	207	15290	3741	5.50	529
柳州市	478	190	17909	1074	7.58	593
桂林市	307	170	7707	2035	6.84	321
梧州市	118	99	2233	376	4.48	114
北海市	178	143	1899	580	6.99	149
钦州市	36	88	227	86	1.24	22
防城港市	58	111	552	36	5.22	46
贵港市	70	60	688	72	1.98	49
玉林市	65	82	598	240	3.70	67
凭祥市	116	36	228	207	30.18	86
合山市	31	34	254	132	3.61	22
桂平市	44	48	327	15	2.49	37
北流市	69	40	338	13	4.20	48
贺州市	42	48	452	–	4.03	27
岑溪市	17	34	154	10	1.45	12
百色市	79	47	921	–	4.79	58
河池市	93	81	1119	191	6.29	67
宜州市	42	45	170	50	4.14	29
东兴市	11	31	15	–	3.81	8

表 10—12 城市市政设施情况

(1999 年)

城市名称	年末实有铺装道路长度（公里）	年末实有铺装道路面积（万平方米）	城市桥梁（座）	排水管道长度（公里）	污水排放量（万立方米）	城市路灯（盏）	防洪堤长度（公里）
全区城市	3600	4133.22	427	2788.70	110598	106076	378.17
南宁市	700	689.64	67	508.37	20362	20091	40.36
柳州市	608	544.10	48	448.11	34164	16555	
桂林市	409	364.14	69	288.00	12183	14654	29.40
梧州市	134	137.25	12	75.70	4011	5509	33.00
北海市	262	425.77	12	184.48	3191	9476	80.60
钦州市	313	438.61	51	284.72	2956	3446	152.25
防城港市	84	159.62	12	90.00	1139	2555	1.00
贵港市	246	267.18	26	101.00	9617	4547	6.31
玉林市	151	212.36	18	152.00	2560	4440	3.60
凭祥市	53	58.11	8	25.20	482	396	–
合山市	52	43.41	2	48.00	1067	3250	–
桂平市	84	89.76	11	62.25	3152	2892	11.56
北流市	106	124.26	13	132.73	2021	3406	11.00
贺州市	93	162.10	17	137.44	1014	3030	0.72
岑溪市	78	136.91	6	31.01	622	1155	3.10
百色市	44	68.00	3	28.31	3663	3174	–
河池市	83	87.06	26	102.31	4610	3141	–
宜州市	46	53.03	9	41.69	3090	3248	0.49
东兴市	54	71.91	17	47.38	694	1111	4.78

表 10—13 城市人口和建设用地

(1999 年)

城市名称	城市人口(万人)	#非农业人口	城市面积(公里)^2	建成区面积(公里)^2	#工业用地	居住用地	公共设施用地
全区城市	832.04	419.52	17901.90	566.80	117.40	164.98	66.40
南宁市	131.36	96.12	1834.00	94.33	19.35	29.13	13.33
柳州市	89.40	78.22	651.00	90.78	31.12	19.51	9.70
桂林市	62.28	46.93	565.00	55.03	13.60	15.21	4.79
梧州市	33.02	25.47	307.00	23.00	5.93	6.38	0.60
北海市	50.50	21.32	957.00	30.27	5.56	5.33	6.39
钦州市	114.96	17.69	4657.00	55.49	5.54	17.50	6.10
防城港市	9.05	8.81	40.70	17.36	1.68	6.28	1.77
贵港市	164.82	24.79	3533.00	37.59	6.79	11.30	3.52
玉林市	33.54	18.09	180.00	32.64	4.38	13.06	5.22
凭祥市	10.02	2.85	650.30	7.14	0.30	1.94	0.61
合山市	14.23	6.10	360.00	5.30	0.66	1.40	0.10
桂平市	16.07	14.83	221.00	12.30	1.35	3.26	0.89
北流市	15.80	11.43	25.00	15.00	2.16	5.94	1.13
贺州市	8.00	6.70	36.10	15.23	3.40	2.90	2.23
岑溪市	11.98	8.29	30.00	16.05	3.36	8.05	1.70
百色市	32.96	12.12	3713.00	28.86	6.32	10.41	2.06
河池市	15.48	10.66	80.00	13.92	3.08	3.83	1.71
宜州市	10.40	7.00	41.00	10.10	2.31	1.61	2.21
东兴市	8.17	2.10	20.80	6.41	0.51	1.94	2.34

表 10—14 城市设施水平

(1999 年)

城市名称	城市人口密度(人/平方公里)	城市用水普及率(%)	城市用气普及率(%)	人均拥有道路面积(平方米)	人均公共绿地面积(平方米)	建成区绿地率(%)	建成区绿化覆盖率(%)
全区城市	464	98.67	89.72	9.85	7.44	26.09	30.22
南宁市	716	100.00	94.65	7.17	7.48	30.65	36.41
柳州市	1373	100.00	78.50	6.96	6.55	32.67	33.72
桂林市	1102	99.94	93.52	7.76	7.62	34.82	37.51
梧州市	1075	100.00	100.00	5.39	8.43	40.52	43.35
北海市	527	99.67	98.50	19.97	6.48	31.88	55.73
钦州市	246	92.14	93.27	24.79	5.74	7.91	14.04
防城港市	2223	100.00	80.82	18.12	4.77	9.74	11.64
贵港市	466	99.07	96.97	10.78	4.44	18.20	20.99
玉林市	1863	98.95	100.00	11.74	23.97	29.53	30.02
凭祥市	154	99.30	98.25	20.39	14.90	11.48	12.61
合山市	395	100.00	78.03	7.12	3.71	29.25	32.45
桂平市	727	80.92	68.98	6.05	6.95	29.27	32.52
北流市	6320	100.00	93.00	10.87	7.60	24.60	28.93
贺州市	2216	98.36	97.01	24.19	0.96	15.76	18.12
岑溪市	3993	98.07	95.66	16.52	3.44	10.47	10.84
百色市	88	96.45	66.42	5.61	5.47	30.04	30.77
河池市	1935	100.00	80.58	8.17	6.39	30.17	32.26
宜州市	2536	100.00	90.00	7.58	7.05	14.36	16.14
东兴市	3927	95.24	100.00	34.24	7.88	8.27	14.20

十一、城市概况

表 11—1 自治区辖市国民经济主要指标

（1999 年）

城市名称	年末总人口（万人）	#非农业人口	年平均人口（万人）	暂住人口（万人）	年出生人口（人）
南宁市	131.36	96.12	131.08	21.22	12892
桂林市	62.28	46.93	61.70	5.35	4551
柳州市	89.40	78.22	88.99	7.08	7703
北海市	50.50	21.32	50.10	1.92	5476
钦州市	107.5	17.69	106.97	1.16	12540
贵港市	164.82	24.79	164.07	0.80	17795
梧州市	33.02	25.47	32.93	0	3147
玉林市	86.91	19.37	86.56	4.00	9302
防城港市	46.68	12.07	46.56	0.59	4635

表 11—1　续表 1　　（1999 年）

城市名称	年死亡人口（人）	年末总户数（万户）	单位从业人员（万人）	#农林牧渔业	采掘业
南宁市	4565	38.18	37.73	0.96	0.61
桂林市	2610	16.56	16.95	0.22	0
柳州市	3606	25.86	31.81	0.6	0
北海市	1327	14.59	6.38	0.41	0.13
钦州市	4627	26.87	6.20	0.24	0.21
贵港市	5562	38.18	7.36	0.39	0.02
梧州市	1512	10.50	9.25	0.05	0.01
玉林市	2624	21.72	7.21	0.21	0.03
防城港市	1641	12.72	3.93	0.44	0.08

注：①本表价值指标除注明外，均按当年价格计算。
②本表指标数据除农业指标为全市数外，其余均为市区数。

表 11—1　续表 2　　(1999 年)　　单位:万人

城市名称	制造业	电力煤气及水的生产和供应业	建筑业	地质勘查业水利业	交通运输、仓储及邮电通讯业
南宁市	9.17	0.42	4.31	0.24	3.46
桂林市	6.59	0.25	1.11	0.16	0.71
柳州市	15.59	0.41	2.45	0.18	3.98
北海市	1.48	0.11	0.06	0.03	0.61
钦州市	0.96	0.10	0.44	0.10	0.39
贵港市	1.88	0.16	0.33	0.39	0.2
梧州市	3.92	0.16	0.61	0.05	0.79
玉林市	1.79	0.22	0.40	0.07	0.27
防城港市	0.23	0.13	0.09	0	0.74

表 11—1　续表 3　　(1999 年)　　单位:万人

城市名称	批发零售贸易餐饮业	金　融保险业	房地产业	社会服务业	卫生体育和社会福利业
南宁市	3.75	1.14	0.61	2.43	1.85
桂林市	1.44	0.55	0.11	2.01	0.74
柳州市	1.95	0.58	0.20	1.44	0.97
北海市	0.57	0.31	0.09	0.70	0.35
钦州市	0.64	0.13	0.03	0.10	0.29
贵港市	0.99	0.20	0.02	0.11	0.30
梧州市	0.84	0.26	0.12	0.53	0.44
玉林市	0.77	0.35	0.04	0.35	0.47
防城港市	0.39	0.19	0.01	0.15	0.17

表 11—1 续表 4 (1999 年) 单位:万人

城市名称	教育文化艺术和广播电影电视业	科研和综合技术服务业	国家、政党机关和社会团体	其他行业	城镇个体从业人员（人）
南宁市	4.09	1.51	2.86	0.32	46424
桂林市	1.00	0.53	1.23	0.3	
柳州市	1.81	0.24	1.40	0.01	35355
北海市	0.72	0.07	0.68	0.06	14311
钦州市	1.53	0.05	0.98	0.01	12100
贵港市	1.46	0.02	0.88	0.01	22881
梧州市	0.61	0.09	0.76	0.01	13504
玉林市	1.27	0.06	0.84	0.07	48670
防城港市	0.63	0.01	0.61	0.06	14855

表 11—1 续表 5 (1999 年)

城市名称	年末城镇失业人员（人）	土地面积（平方公里）	#建成区面积	国内生产总值（当年价）（万元）	第一产业
南宁市	11698	1834	94	1978768	103240
桂林市	5345	565	55	890047	68023
柳州市	8158	651	91	1372387	34017
北海市	6219	957	30	625683	159226
钦州市	2987	4657	56	598412	314605
贵港市	972	3533	38	373952	130579
梧州市	3823	307	23	441025	10959
玉林市	4698	1251	33	407199	106360
防城港市	1718	2822	17	356823	119512

表 11—1　续表 6　　(1999 年)　　单位:万元

城市名称	第二产业	#工业	第三产业	国内生产总值(90 年不变价)	第一产业
南宁市	599291	420840	1276237	1225387	75126
桂林市	406092	349209	415932	586354	18423
柳州市	793325	733462	545045	997004	23018
北海市	167471	133519	298986	361433	74196
钦州市	98592	62396	185215	330697	169186
贵港市	96980	82957	146393	221174	76554
梧州市	161376	141725	268690	274929	6615
玉林市	167620	155740	133219	254079	62188
防城港市	96912	72384	140399	218010	71260

表 11—1　续表 7　　(1999 年)　　单位:万元

城市名称	第二产业	#工业	第三产业	农林牧渔业总产值(当年价)	耕地面积(千公顷)
南宁市	459558	362173	690703	720486	170
桂林市	335874	304829	232057	1449962	281
柳州市	671659	638987	302327	317221	105
北海市	121267	102738	165970	612272	80
钦州市	57671	37917	103840	1055443	149
贵港市	64243	56542	80377	814053	195
梧州市	114759	104409	152203	715500	94
玉林市	116325	109838	75566	1313159	194
防城港市	67873	54487	78877	307024	47

表 11—1　续表 8　(1999 年)　单位:吨

城市名称	蔬　菜 产　量	水　果 产　量	猪　肉 产　量	牛羊肉 产　量	奶　类 产　量
南宁市	1068847	485971	111235	4413	6165
桂林市	2341334	958861	264339	9235	1542
柳州市	545400	64811	49967	4091	3000
北海市	367863	37356	45871	2111	453
钦州市	714287	757222	100189	3375	103
贵港市	836027	127483	167231	5977	1007
梧州市	901300	140138	123216	2567	279
玉林市	1338460	325787	254697	5120	209
防城港市	148368	45720	23117	621	6

表 11—1　续表 9　(1999 年)

城市名称	禽蛋产量 (吨)	禽肉产量 (吨)	水产品产量 (吨)	工业企业数 (个)	内资企业 (个)
南宁市	13921	51456	65333	255	227
桂林市	24067	36329	68712	186	160
柳州市	3178	13012	22086	296	280
北海市	18541	41940	820429	85	73
钦州市	10921	42722	522190	63	61
贵港市	10724	31594	84955	56	54
梧州市	6893	60733	39567	108	95
玉林市	21615	79689	82568	73	66
防城港市	2985	6366	380381	36	29

表 11—1　续表 10　　　　　　　　　　　　　（1999 年）

城市名称	港澳台商投资企业（个）	外商投资企业（个）	工业总产值（当年价格）（万元）	内资企业（万元）	港澳台商投资企业（万元）
南宁市	16	12	942070	836378	38738
桂林市	10	13	835368	736268	18756
柳州市	9	7	2080538	2011492	30457
北海市	5	7	268559	237735	11569
钦州市	1	1	81464	69167	3289
贵港市	1	1	225894	221967	1647
梧州市	6	7	355141	302190	13574
玉林市	2	5	250112	114529	2036
防城港市	1	6	74824	14825	1088

表 11—1　续表 11　　　　　　　　　　　　　（1999 年）

城市名称	外商投资企业（万元）	从业人员平均人数（万人）	流动资产年平均余额（万元）	固定资产净值年平均余额（万元）	产品销售收入（万元）
南宁市	66954	9.55	580269	708932	880854
桂林市	80345	7.69	755946	475170	774084
柳州市	38589	16.61	1611544	1499199	2047350
北海市	19255	1.85	183291	220538	247960
钦州市	9008	1.20	62470	122785	75114
贵港市	2280	2.16	175522	211408	222752
梧州市	39378	3.95	270576	313056	327215
玉林市	133547	2.11	253313	260163	246589
防城港市	58911	0.43	36805	37217	60879

表 11—1　续表 12　　　(1999 年)　　　单位:万元

城市名称	#产　品 销售税金	本年应交 增值税	利润总额	(限额以下) 工业企业数 (个)	(限额以下) 工业总产值
南宁市	39175	43572	5915	4241	379202
桂林市	13735	45603	11827	5843	247571
柳州市	52225	119910	52753	3285	306406
北海市	9006	15524	14630	4756	214390
钦州市	1281	4544	－4821	2993	120567
贵港市	1831	11563	－9451	3398	52753
梧州市	2029	18739	3183	1260	112121
玉林市	911	17199	11722	4561	349146
防城港市	466	992	－3010	2209	160120

表 11—1　续表 13　　　(1999 年)

城市名称	铁路客运量 (万人)	铁路货运量 (万吨)	民用汽车 拥有量 (辆)	#私　人 汽　车	公路客运量 (万人)
南宁市	359.43	181	47259	10370	3635
桂林市	306.00	92	40150	38283	2187
柳州市	376.58	373	19980	2975	2365
北海市	33.18	143	13184	2093	2016
钦州市	3.21	23	8950	1922	802
贵港市	51.35	73	2683	1576	749
梧州市			10700	1899	844
玉林市	77.00	68	7887	3021	1930
防城港市	7.39	739	4510	2186	868

表 11—1　续表 14　　　　　　　　　　　　（1999 年）

城市名称	公路货运量（万吨）	水运客运量（万人）	水运货运量（万吨）	民用航空货邮运量（吨）	民用航空客运量（人）
南宁市	2146	15	69	6810	358400
桂林市	267	140.06	1	17386	1041633
柳州市	2238	76.1	92	140	26698
北海市	1290	29	61	2953	34
钦州市	233	6.33	19	–	–
贵港市	460	–	213	–	–
梧州市	317	18	150	–	–
玉林市	1025	–	–	–	–
防城港市	804	–	27	–	–

表 11—1　续表 15　　　　　　　　　　　　（1999 年）

城市名称	年末邮电局所（个）	邮电业务总量（90 年不变价）（万元）	本地电话用户（万户）	无线寻呼用户数（户）	移动电话用户数（户）
南宁市	87	125160	42	578235	166903
桂林市	44	50373	14	211092	60343
柳州市	62	68406	20	180213	80858
北海市	21	32933	7	83156	38507
钦州市	39	13187	5	63721	
贵港市	68	20470	5	50169	17892
梧州市	17	24670	8	76000	26442
玉林市	39	25139	7	55893	30249
防城港市	23	12751	3	56197	14272

表 11—1　续表 16　　　　　　　　　　(1999 年)

城市名称	全年用电量(万千瓦时)	#工业用电	城乡居民生活用电	批发零售贸易业商品销售总额(万元)	社会消费品零售总额(万元)
南宁市	211330	130004	43581	2121506	1192695
桂林市	106548	61364	33958	243896	473212
柳州市	303605	247117	45097	1216904	553600
北海市	44078	20685	11386	468684	229377
钦州市	20959	7079	4826	264632	243116
贵港市	71630	40546	21222	248924	169193
梧州市	51636	34318	7198	154345	213257
玉林市	50041	37528	7587	343228	307809
防城港市	17346	7923	5061	168121	141607

表 11—1　续表 17　　　　　　　　　　(1999 年)

城市名称	产业活动单位数(个)	#零售业	从业人员(万人)	#零售业	当年新签项目(合同)个数(个)
南宁市	176	61	3.64	1.80	44
桂林市	34	12	1.26	0.62	32
柳州市	78	16	3.17	0.54	10
北海市	36	11	0.48	0.22	13
钦州市	40	8	0.37	0.11	7
贵港市	33	17	0.39	0.17	5
梧州市	37	5	0.48	0.1	22
玉林市	25	7	0.41	0.14	3
防城港市	16	3	0.22	0.06	15

表 11—1　续表 18　　　　　　　　(1999 年)

城市名称	当年合同外资金额(万美元)	实际使用外资金额(万美元)	已投产开业企业(个)	从业人员(人)	国际旅游者人数(人)
南宁市	18496	9640	320	12693	35017
桂林市		7674			485708
柳州市	278	5582	165	7806	18823
北海市	6041	4297			21219
钦州市	241	108			457
贵港市	106	177	23	646	465
梧州市	1097	2328	211	12800	25901
玉林市	2878	2677	58	11661	920
防城港市	4966	2650	105	1127	8509

表 11—1　续表 19　　　　　　　　(1999 年)

城市名称	#外国人(人)	华侨(人)	港澳台胞(人)	国际旅游收入(万美元)	固定资产投资总额(万元)
南宁市	20261	66	14690	573	522615
桂林市	264895	1238	219575	12637	182199
柳州市	3754	9	15060	135	250173
北海市	3623	2	17594	435	134624
钦州市	182	19	256	3	108886
贵港市	101	46	318	17	59086
梧州市	1947	1	23953	93	71112
玉林市	197	4	719	30	51164
防城港市	5032	36	3441	78	47991

表 11—1 续表 20 (1999 年)

城市名称	#住 宅(万元)	房地产开发投资(万元)	#住 宅	全年新增固定资产(万元)	施工住宅建筑面积(万平方米)
南宁市	145976	138842	61413	333988	276.4
桂林市	40910	53808	36534	174659	173.24
柳州市	57393	44557	28520	212995	95.51
北海市	59646	2083	302	158040	4.43
钦州市	31308	3131	2002	111962	75.99
贵港市	20391	4139	3378	48911	83.79
梧州市	11461	25808	14640	66007	34.11
玉林市	1706	3829	1312	36797	4.55
防城港市	11688	2595	2177	31265	31.44

表 11—1 续表 21 (1999 年)

城市名称	竣工住宅建筑面积(万平方米)	商品房销售建筑面积(万平方米)	#销 售给个人	商品房屋销售额(万元)	#销 售给个人
南宁市	196.77	52.71	38.27	104949	62366
桂林市	90.5	34.94	20.2	52301	31771
柳州市	51.88	23.42	20.77	40225	29489
北海市	1.9	0.88	0.05	1135	76
钦州市	71.93	1.7	1.7	1301	1301
贵港市	71.3	5.15	4.58	1969	1478
梧州市	27.43	19.12	17.2	20788	19007
玉林市	3.29	0.34	0.34	2706	2706
防城港市	29.45	0.37	0.37	135	135

表 11—1　续表 22　　　　　　　　　　　　（1999 年）

城市名称	高等学校（个）	中等专业学校（个）	普通中学（个）	小　学（个）	高等学校专任教师（人）
南宁市	11	45	87	267	4031
桂林市	7	14	24	88	2112
柳州市	3	18	71	218	842
北海市	–	1	35	131	–
钦州市	1	5	61	385	138
贵港市	1	5	16	47	102
梧州市	4	5	56	224	341
玉林市	–	–	31	192	–
防城港市					

表 11—1　续表 23　　　　　　　　　　　　（1999 年）

城市名称	中等专业学校专任教师（人）	普通中学专任教师（人）	小学专任教师（人）	高等学校在校学生（人）	中等专业学校在校学生（人）
南宁市	3315	4421	5955	40679	64513
桂林市	938	2122	3162	30800	21203
柳州市	1081	2985	4575	7956	29869
北海市	65	1859	2724	–	428
钦州市	257	2550	4666	1738	6715
贵港市	104	4488	6887	–	920
梧州市	268	1079	1751	1295	7064
玉林市	498	2886	3301	5275	6317
防城港市	–	1449	3006	–	–

表 11—1　续表 24　　　　　　　　　　　（1999 年）

城市名称	普通中学在校学生（万人）	小　学在校学生（万人）	成人高校在校学生（人）	各类专业技术人员（万人）	#中级职称以　上
南宁市	8.29	13.22	25894	3.74	1.63
桂林市	3.58	4.98	4384	3.26	0.98
柳州市	5.90	9.43	9436	11.30	3.89
北海市	3.35	7.27	2354	1.87	0.61
钦州市	4.96	14.05	-	1.90	0.64
贵港市	9.67	25.04	-	1.85	0.71
梧州市	1.87	2.89	4148	1.60	0.60
玉林市	5.57	10.66	6107	1.99	0.94
防城港市	2.29	5.54	1195	0.90	0.33

表 11—1　续表 25　　　　　　　　　　　（1999 年）

城市名称	从事科技活动人员（人）	剧　场影剧院数（个）	公共图书馆藏书（千册、件）	医　院卫生院（个）	医院卫生院床　位（张）	医生数（人）
南宁市	4223	12	2155	51	9354	4041
桂林市	1585	5	1804	34	5401	2953
柳州市	7422	5	557	56	7043	4624
北海市	132	4	149	23	1717	1311
钦州市	201	1	176	33	1929	944
贵港市	196	6	124	38	1769	907
梧州市	1650	4	429	16	3025	1677
玉林市	303	18	346	27	2896	1216
防城港市	348	3	125	23	818	445

表 11—1　续表 26　　　　　　　　　　(1999 年)

城市名称	工业废水排放总量(万吨)	工业废水处理排放达标量(万吨)	工业废水处理量(万吨)	工业废水处理回用量(万吨)	工业废水排放达标量(万吨)
南宁市	4240	983	3690	1755	2612
桂林市	1762	1591	2048	1291	1591
柳州市	16636	3776	19876	15733	12505
北海市	774	574	822	185	660
钦州市	1660	1103	1427	36	1227
贵港市	7447	1390	5330	1976	1799
梧州市	1304	589	891	136	862
玉林市	284	32	537	328	39
防城港市	618	321	321	64	321

表 11—1　续表 27　　　　　　　　　　(1999 年)

城市名称	工业二氧化硫去除量(吨)	工业二氧化硫排放量(吨)	环境噪声达标面积(平方公里)	生活垃圾粪便清运量(万吨)	生活垃圾粪便无害化处理量(万吨)
南宁市	7931	25176	56	29	29
桂林市	3664	14466	34	19	15
柳州市	145320	29405	45	25	25
北海市	616	2048	20	16	16
钦州市	1553	8607	0	7	0
贵港市	3547	25375	12	21	14
梧州市	2454	8272	29	13	13
玉林市	323	3149	0	9	9
防城港市	75	2145	13	4	4

表 11—1　续表 28　　　　　　　　　　　（1999 年）

城市名称	中央财政预算内收入（万元）	地方财政预算内收入（万元）	地方财政预算内支出（万元）	#科学事业费	教育事业费
南宁市	95180	113930	126897	742	11960
桂林市	54085	71544	91581	676	10748
柳州市	123143	98846	100661	432	10340
北海市	22592	58780	64736	149	7498
钦州市	7597	29469	40387	87	6887
贵港市	11526	27349	39172	26	7632
梧州市	19005	29219	43077	112	4926
玉林市	20514	41240	53860	116	7140
防城港市	9835	24229	34599	35	3976

表 11—1　续表 29　　　　　　　　　　　（1999 年）

城市名称	金融机构数（个）	#保险机构	年末金融机构存款余额（万元）	#城乡居民储蓄存款	年末金融机构各项贷款余额（万元）
南宁市	428	21	4934079	1940379	4035133
桂林市	341	8	1653015	967372	1001139
柳州市	436	13	2132004	1253578	1485698
北海市	221	10	751607	480940	753640
钦州市	44	3	339555	265020	328542
贵港市	243	4	438577	305650	303607
梧州市	200	7	581798	394918	577526
玉林市	292	5	746371	514741	736272
防城港市	87	4	288353	205447	347021

表 11—1　续表 30　　　　　　　　(1999 年)

城市名称	承保额（万元）	保　费（万元）	已决赔款（万元）	在岗职工平均人数（万人）	在岗职工工资总额（万元）
南宁市	9504118	52739	12189	36.92	325762
桂林市	3805477	16588	5132	16.93	137608
柳州市	5068486	31919	11606	31.19	275730
北海市	4798435	8649	1836	6.24	50193
钦州市	6993	5064	1868	5.75	34665
贵港市	692261	4931	2263	7.00	39616
梧州市	1641688	10314	3826	9.04	60478
玉林市	365271	6629	1437	6.71	51353
防城港市	491991	3899	1516	3.81	27587

表 11—1　续表 31　　　　　　　　(1999 年)

城市名称	城市居民人均可支配收入（元）	城市居民人均消费支出（元）	#食　品	衣　着
南宁市	6846	6321	2370	381
桂林市	6494	5786	2408	442
柳州市	5328	4351	1997	296
北海市	6483	5693	2786	310
钦州市	5672	4623	1981	285
贵港市	5590	4739	1945	272
梧州市	5415	4475	2101	265
玉林市				
防城港市	5591	4435	2053	238

注：玉林市未成立城调队，故城市人均收支及分项指标空缺。

表 11—1 续表 32 (1999 年) 单位:元

城市名称	家庭设备用品及服务	医疗保健	交通通讯	娱乐教育文化服务	居住
南宁市	763	210	578	871	778
桂林市	485	184	395	816	704
柳州市	309	165	241	532	653
北海市	283	311	454	641	634
钦州市	234	84	360	746	705
贵港市	290	125	351	764	789
梧州市	263	164	247	469	669
玉林市	–	–	–	–	–
防城港市	248	81	344	536	752

表 11—1 续表 33 (1999 年)

城市名称	杂项商品和服务(元)	每百户拥有空调机(台)	每百户拥有电冰箱(台)	每百户拥有洗衣机(台)	每百户拥有电脑(台)
南宁市	370	41	99	96	15
桂林市	348	30	95	98	7
柳州市	157	15	83	89	3
北海市	274	20	87	92	8
钦州市	228	6	64	78	2
贵港市	203	8	78	96	8
梧州市	184	23	77	86	4
玉林市	–	–	–	–	–
防城港市	183	28	76	85	1

表11—1　续表34　　　　　　　　　　(1999年)

城市名称	居民消费价格指数(%)	商品零售价格指数(%)	职工保险福利费用(万元)	离退休退职人员(万人)	离退休退职保险福利费用(万元)
南宁市	95.9	95.9	16795	6.43	36670
桂林市	98.6	97.6	18522	6.28	32559
柳州市	96.8	96.3	23088	11.51	71470
北海市	97.0	96.4	1670	1.63	12058
钦州市	97.1	96.2	3355	0.95	6280
贵港市	98.1	96.3	3512	1.74	10139
梧州市	100.1	99.8	1438	3.46	18886
玉林市	–	–	2196	1.38	9505
防城港市	98.8	98.5	2381	0.56	3427

表11—1　续表35　　　　　　　　　　(1999年)

城市名称	社会福利院(个)	社会福利院床位(张)	交通事故(件)	刑事案件发案数(件)	犯罪人数(人)
南宁市	11	986	236	9559	1602
桂林市	5	645	210	8363	1177
柳州市	22	1506	559	11386	1365
北海市	18	430	271	1183	702
钦州市	3	250	170	1838	861
贵港市	21	544	62	2599	662
梧州市	13	623	28	3110	313
玉林市	5	198	133	1860	565
防城港市	13	216	160	709	385

注:物价指数以上年为100。

十二、农业

表 12—1 农村基本情况

指　　标	单　位	1985 年	1990 年	1995 年	1998 年	1999 年
乡镇户数、人口、劳动力						
乡镇户数	万户	651.12	756.50	827.88	879.13	894.08
乡镇人口数	万人	3421.97	3710.63	3881.89	3955.05	3982.53
乡镇劳动力	万人	1542.47	1767.79	1964.60	2068.18	2188.94
按性别分						
男劳动力	万人	798.43	919.64	1030.85	1090.47	–
女劳动力	万人	744.04	848.15	933.75	977.71	–
按产业分						
第一产业劳动力	万人	1449.21	1589.12	1562.88	1604.12	1603.40
第二产业劳动力	万人	40.26	70.51	125.97	139.64	140.29
第三产业劳动力	万人	53.00	108.16	275.75	324.42	336.65
通汽车村数	个			12072	13383	14028
通电话村数	个			4842	10000	11054
自水受益村数	个			5617	6978	7771

表 12—2 农林牧渔业总产值

（当年价）

单位:亿元

指　　标	1985 年	1990 年	1995 年	1998 年	1999 年
农林牧渔业总产值	108.02	252.22	698.28	865.90	844.78
农业产值	66.34	149.69	384.17	476.24	454.85
林业产值	8.09	18.05	32.56	37.75	37.48
牧业产值	30.43	75.50	225.57	263.96	261.88
渔业产值	3.16	8.98	55.98	87.95	90.58

表 12—3 农林牧渔业总产值指数

（以上年为 100）

单位：%

年份	农林牧渔业总产值	农业产值	林业产值	牧业产值	渔业产值
1978	101.81	101.93	100.76	105.02	72.75
1979	104.75	106.08	109.69	96.88	85.20
1980	104.18	105.24	98.92	98.96	112.80
1981	105.99	104.14	122.72	111.69	106.36
1982	116.20	115.38	104.59	123.48	126.34
1983	100.67	100.61	92.52	102.73	111.97
1984	99.71	96.95	113.68	105.59	104.19
1985	102.11	99.61	110.51	107.19	112.53
1986	103.43	103.09	104.15	103.31	114.45
1987	104.91	106.59	93.12	102.68	112.53
1988	98.05	96.65	102.65	100.36	106.95
1989	110.28	111.39	94.48	111.78	109.43
1990	108.01	105.38	125.07	111.26	113.93
1991	108.06	105.25	113.01	112.85	112.24
1992	114.94	115.26	106.72	116.05	122.93
1993	104.70	101.31	104.19	108.93	126.60
1994	107.27	102.41	107.98	111.53	135.97
1995	114.86	114.03	96.18	117.23	135.87
1996	105.02	99.63	100.26	112.50	120.42
1997	109.85	110.69	97.41	107.70	120.39
1998	105.19	106.50	95.52	102.93	110.14
1999	107.90	111.38	99.77	103.56	106.20

表 12—4 耕地面积

单位：千公顷

年份	年末实有耕地面积			占耕地面积%	
		水田	旱地	水田	旱地
1978	2624.8	1670.3	954.5	63.6	36.4
1979	2627.5	1668.1	959.4	63.5	36.5
1980	2636.9	1653.9	983.0	62.7	37.3
1981	2634.5	1656.2	978.3	62.9	37.1
1982	2630.9	1649.3	981.6	62.7	37.3
1983	2620.1	1641.6	978.5	62.7	37.3
1984	2573.7	1633.5	940.2	63.5	36.5
1985	2572.2	1616.3	955.9	62.8	37.2
1986	2563.8	1605.2	958.6	62.6	37.4
1987	2564.9	1597.9	967.0	62.3	37.7
1988	2569.4	1590.4	979.0	61.9	38.1
1989	2578.5	1587.9	991.4	61.6	38.4
1990	2595.9	1584.9	1011.0	61.1	38.9
1991	2612.9	1583.1	1029.8	60.6	39.4
1992	2610.7	1573.0	1037.7	60.3	39.7
1993	2606.6	1566.5	1040.1	60.1	39.9
1994	2601.8	1555.1	1046.7	59.8	40.2
1995	2614.2	1540.3	1073.9	58.9	41.1
1996	2632.3	1532.6	1099.7	58.2	41.8
1997	2648.6	1519.3	1129.3	57.4	42.6
1998	2655.2	1515.0	1140.2	57.1	42.9
1999	2658.3	1509.0	1149.3	56.8	43.2

注：1 公顷＝15 亩。

表 12—5 主要农作物播种面积

单位：千公顷

指　　标	1978 年	1980 年	1985 年	1990 年	1995 年	1998 年	1999 年
农作物总播种面积	5357.5	4877.5	4443.4	5141.3	5745.7	6293.4	6289.4
粮食作物	4284.7	3957.2	3447.3	3639.9	3662.7	3757.7	3725.5
占总播种面积的比重(%)	80.0	81.1	77.6	70.8	63.7	59.7	59.2
#稻　谷	2892.2	2764.3	2471.0	2543.7	2433.0	2433.5	2388.7
#早　稻	1330.4	1243.8	1153.2	1190.3	1150.8	1147.9	1116.4
晚　稻	1411.0	1323.9	1138.5	1187.5	1137.7	1139.6	1122.0
玉　米	632.6	535.2	476.0	536.9	550.1	578.7	594.0
大　豆	131.6	173.0	210.7	213.4	252.5	275.7	275.9
薯　类	204.9	164.2	216.4	248.4	312.6	345.6	344.0
花　生	158.8	141.5	171.5	167.3	208.4	222.1	226.7
油菜籽	13.1	5.9	9.1	14.3	61.5	120.3	106.9
芝　麻	13.1	16.6	13.8	11.2	9.4	7.8	6.9
黄红麻	50.3	27.6	79.9	10.0	6.7	7.5	6.8
苎　麻	1.0	1.0	1.8	2.0	1.2	1.3	1.1
甘　蔗	144.8	111.8	221.4	319.9	454.3	614.0	552.9
烤　烟	38.1	19.1	9.1	21.3	10.1	16.5	9.5
木　薯	131.0	207.8	100.8	219.4	272.9	260.5	264.7

表 12—6 主要农作物产品产量

单位：万吨

指　　标	1978 年	1980 年	1985 年	1990 年	1995 年	1998 年	1999 年
粮食作物	1082.30	1190.45	1117.10	1402.57	1553.31	1702.11	1722.49
#稻　谷	911.33	1006.74	986.03	1239.02	1307.66	1423.94	1427.43
#早　稻	438.30	493.85	542.25	655.71	699.25	720.85	729.77
晚　稻	428.62	450.62	383.90	516.70	536.72	626.81	618.91
玉　米	102.88	111.24	91.67	118.75	155.47	168.14	178.79
大　豆	7.29	9.91	14.17	13.56	28.97	32.33	35.09
薯　类	19.80	16.81	20.91	24.88	49.68	63.94	67.36
油　料	17.74	13.73	22.82	25.19	45.35	54.41	54.73
#花　生	16.88	12.88	21.95	24.20	39.17	42.44	44.88
油菜籽	0.31	0.20	0.42	0.52	5.34	11.31	8.86
芝　麻	0.40	0.45	0.38	0.35	0.52	0.51	0.50
黄红麻	11.77	10.25	23.14	2.08	1.29	1.52	1.38
苎　麻	0.09	0.08	0.22	0.18	0.18	0.22	0.20
甘　蔗	376.72	401.93	982.88	1501.84	2555.73	3582.30	3220.64
烤　烟	4.29	2.08	1.25	2.97	1.24	2.36	1.35
木　薯	25.83	48.12	26.12	64.59	124.51	123.39	128.22
茶　叶	0.72	0.72	0.99	1.64	1.94	1.97	1.82
水　果	15.96	20.91	38.82	91.61	266.60	324.73	405.19
#蕉　类	1.36	1.61	7.72	21.38	96.35	101.14	112.67
沙田柚	0.93	0.93	1.10	1.85	8.77	16.09	18.61
柑桔橙	5.66	9.33	13.89	34.09	72.58	86.99	106.18
菠　萝	1.99	2.42	7.56	12.93	12.22	8.39	10.13
龙　眼	0.96	1.11	2.41	3.44	11.86	16.60	31.16
荔　枝	0.98	1.50	1.82	5.89	14.85	10.81	31.05

表12—7 主要农作物单位面积产量

单位:千克/公顷

指标	1978年	1980年	1985年	1990年	1995年	1998年	1999年
粮食作物	2526	3008	3241	3853	4241	4530	4624
#稻谷	3151	3642	3990	4871	5375	5851	5976
#早稻	3294	3970	4702	5509	6076	6280	6537
晚稻	3038	3404	3372	4351	4718	5500	5516
玉米	1626	2078	1926	2212	2826	2906	3010
大豆	554	573	673	635	1147	1172	1272
薯类	966	1024	966	1002	1589	1850	1958
花生	1063	910	1280	1447	1879	1911	1980
烤烟	1126	1089	1374	1394	1231	1433	1431
甘蔗	26017	35951	44394	46947	56254	58347	58247

表12—8 农业生产条件基本情况

指标	单位	1978年	1980年	1985年	1990年	1995年	1998年	1999年
机耕面积	千公顷	917.2	782.6	466.6	679.3	791.04	912.11	953.33
农村用电量	亿千瓦小时	4.26	4.76	7.58	12.60	23.61	27.69	28.60
化肥施用量(折纯量)	万吨		39.70	52.07	86.24	122.86	155.47	153.75
氮肥	万吨		25.09	31.86	45.03	53.95	60.34	55.24
磷肥	万吨		11.37	10.74	14.74	21.21	23.79	22.37
钾肥	万吨		2.81	6.59	16.33	25.05	34.06	35.30
复合肥	万吨		0.45	2.88	10.14	22.65	37.29	40.84
农田有效灌溉面积	千公顷	1470.80	1432.71	1348.15	1490.43	1472.10	1468.11	1477.97
水库	座	4557	4571	4582	4536	4444	4374	4376
#大型水库	座	24	25	25	25	25	26	26
中型水库	座	145	147	155	166	172	174	176
水库库容量	亿立方米	196.12	207.98	213.19	220.22	222.70	229.38	227.52
#大型水库	亿立方米	115.65	126.20	126.29	130.64	130.13	133.24	132.36
中型水库	亿立方米	38.44	39.29	43.62	48.28	49.42	50.73	51.16
水库有效库容量	亿立方米	96.50	96.92	99.80	106.69	107.35	111.33	110.40
#大型水库	亿立方米	42.20	42.34	42.67	47.95	46.42	47.44	47.72
中型水库	亿立方米	23.40	23.36	25.94	29.45	30.44	31.47	31.81
水库有效灌溉面积	千公顷	695.63	702.63	703.02	696.9	659.9	665.75	669.20
#大型水库	千公顷	207.57	215.05	212.99	209.5	171.8	180.83	184.90
中型水库	千公顷	218.03	220.35	228.45	236.2	239.4	238.73	238.94

表 12—9 主要农业机械拥有量

指　　标	单　位	1978 年	1980 年	1985 年	1990 年	1995 年	1998 年	1999 年
农业机械总动力	亿瓦特	31.30	39.03	47.30	78.42	107.54	126.31	137.52
农用大中型拖拉机	万台	2.04	2.23	1.92	1.64	1.18	1.07	1.07
	亿瓦特	5.99	6.53	5.63	4.91	4.02	3.93	3.97
农用小型及手扶拖拉机	万台	6.73	10.43	13.28	23.00	27.04	28.91	30.52
	亿瓦特	5.93	9.20	11.62	20.34	24.81	29.47	32.41
机引农具	万部	3.81	15.33	12.59	19.00	26.22	32.99	36.60
农用排灌动力机械	亿瓦特	6.54	6.97	5.28	7.23	10.12	13.18	14.94
农用水泵	台	46890	57187	45511	76839	130684	167644	196930
农用载重汽车	辆	1693	3129	8824	15448	24423	26756	27613
渔业机动船	艘	1185	1158	5495	9394	11123	12224	12844
	亿瓦特	0.79	0.85	1.30	1.91	3.48	4.27	4.36
碾米机	台	87627	102092	122121	182407	211219	–	–

表 12—10 畜牧业生产情况

指　　标	单位	1978 年	1980 年	1985 年	1990 年	1995 年	1998 年	1999 年
牲畜年底头(只)数								
大牲畜	万头	431.25	429.42	582.71	730.85	771.95	814.31	808.82
#从事农事劳役的	万头	262.33	273.30	396.67	490.98	522.60	553.73	552.21
牛	万头	413.87	410.97	560.19	703.90	738.77	776.32	770.74
#能繁殖的母牛	万头		121.16	211.45	287.06	299.16	320.48	315.88
水　牛	万头	214.46	222.53	285.03	371.26	411.43	439.83	433.66
黄　牛	万头	198.98	188.09	274.67	332.11	326.84	335.79	336.29
良种及改良种奶牛	万头	0.43	0.35	0.49	0.53	0.50	0.70	0.79
马	万匹	16.73	17.78	21.93	26.11	31.59	35.70	35.73
驴	万头	0.11	0.07	0.04	0.05	0.05	0.05	0.05
骡	万头	0.54	0.60	0.55	0.79	1.54	2.24	2.30
猪	万头	1246.31	1034.09	1435.73	1742.49	2075.65	2085.21	2309.55
#能繁殖的母猪	万头	80.91	59.39	120.65	132.15	186.13	194.83	209.49
羊	万只	94.79	80.32	66.59	80.56	131.51	239.19	241.07
#山　羊	万只	94.43	80.10	66.58	80.56	131.51	239.19	241.07
畜产品产量								
肉猪出栏头数	万头	650.62	564.69	693.43	1063.86	1905.84	2424.54	2546.95
肉类总产量	万吨		40.23	72.31	104.15	195.61	250.84	262.94
#猪　肉	万吨		39.70	60.80	87.19	153.63	194.04	202.49
牛　肉	万吨		0.34	1.07	3.04	6.54	9.49	8.94
羊　肉	万吨		0.19	0.19	0.29	0.77	2.08	2.29
其他畜产品								
牛　奶	吨		4653	6211	8589	9006	12274	13372
蜂　蜜	吨		1981	1837	2528	4016	4743	4840

注:1980 年的肉类总产量只包括猪、牛、羊肉产量。

表 12—11 林业生产情况

指　　标	单　位	1978 年	1980 年	1985 年	1990 年	1995 年	1998 年	1999 年
造林面积(年末成活率达 85%以上)	千公顷	**389.3**	**247.1**	**431.9**	**424.6**	**130.2**	**63.9**	**64.0**
# 飞机播种	千公顷	194.5	71.7	173.4	114.3			0.60
用材林	千公顷	330.8	183.1	355.5	375.6	63.8	38.1	33.9
# 毛竹林	千公顷	2.1	1.2	0.9	0.7	2.2	2.6	0.9
经济林	千公顷	55.7	60.7	73.1	45.5	64.2	20.2	20.7
# 油　茶	千公顷	38.9	29.7	10.6	8.6	6.7	1.5	1.4
油　桐	千公顷	5.2	16.5	21.7	5.4	9.8	2.7	2.0
八　角	千公顷	1.7	4.4	25.8	6.6	9.9	7.8	4.1
玉　桂	千公顷	3.5	2.5	3.8	6.5	7.6	1.8	0.6
防护林	千公顷	0.7	1.4	1.1	1.5	1.7	4.0	3.7
其他林(风景林、薪炭林)	千公顷	2.1	1.9	2.2	2.0	0.5	1.7	5.7
当年迹地更新面积	千公顷	12.8	19.7	19.1	35.2	69.6	77.5	89.4
育苗面积	千公顷	2.2	1.6	3.3	3.1	2.1	1.7	1.6
当年四旁零星植树 (按实际成活计)	万株	1176.98	1202.19	2719.71	3051.6	3518.8	3817.67	3936.17
当年幼林抚育作业面积	千公顷次	231.3	168.5	213.4	378.2	623.3	462.1	427.4
当年幼林抚育实际面积	千公顷	197.9	148.1	189.6	304.1	472.0	340.7	324.7
成林抚育实际面积	千公顷	123.0	106.6	136.2	150.6	310.2	291.2	290.9
现有封山育林面积	千公顷	555.3	726.5	1171.0	1658.7	4339.2	4205.0	4253.0
林木种籽采集量	吨		503	491	681	100	105	166
林产品产量								
油茶籽	吨	85425	58360	81013	58645	86098	105275	108410
油桐籽	吨	27860	21220	23890	30789	50854	56554	58972
松　脂	吨	106050	126550	118365	154595	247202	210959	226256
八　角	吨	7905	6435	6985	8484	18382	30145	31205
桂　皮	吨	4420	5825	5050	4191	16716	17590	17876
板　栗	吨	3294	2241	1795	3955	11162	18027	21927
核　桃	吨	52	242	100	153	478	240	331
白　果	吨	1790	1660	1610	1625	2217	3630	3548
茴　油	吨	253	255	360	402	1186	1470	1627
桂　油	吨	6	65	105	107	642	851	844
竹笋干	吨	144	235	1360	1838	7453	15698	17086
橡　胶	吨	1376	1955	2303	3181	2672	1466	1493
村、村民小组和农户采伐								
木材采伐量	万立方米	173	214.82	334.81	329.23	372.90	284.02	269.86
毛　竹	万根	891	547.97	553.79	838	2679.71	4380.26	4145.22

注:1985 年以前的造林面积是按成活率达 40%以上统计。

表 12—12 渔业生产情况

指　　标	1978 年	1980 年	1985 年	1990 年	1995 年	1998 年	1999 年
养殖面积(千公顷)	94.2	88.4	119.8	132.4	191.2	234.4	235.3
淡水养殖面积	92.3	86.8	117.9	126.9	150.2	178.9	176.7
#山塘水库	70.1	64.6	81.1	85.2	85.2	95.4	93.2
池　　塘	22.0	20.6	32.4	37.4	58.1	74.0	73.0
海水养殖面积	1.9	1.6	1.9	5.5	41.0	55.6	58.6
水产品产量(吨)	117136	111349	188980	323493	1032871	2175194	2309345
1.海水产品产量	85961	79264	121885	202672	645706	1461470	1554260
按生产性质分							
天然生产	85523	78631	121187	199324	498192	887829	888557
人工养殖	438	633	698	3348	147514	573641	665703
按类别分							
#鱼　类	82586	74672	107588	165645	396294	576054	602609
虾蟹类	2097	2648	12102	25584	69871	140870	153068
贝　类	1276	1944	2159	10882	172984	712447	757226
藻　类	2		36	7	110		
2.淡水产品产量	31175	32085	67095	120821	387165	713724	755085
按生产性质分							
天然生产	2576	2892	4209	10549	45818	86923	89214
人工养殖	28599	29193	62886	110272	341347	626801	665871
按类别分							
#鱼　类	31138	32006	66893	119116	375464	678805	722681
虾蟹类	37	20	69	992	5809	10901	9218
贝　类		59	133	686	4771	20819	19141

注:1996 年以前水产品产量按旧标准统计,1997 年起按新的标准统计。

表 12—13 农民家庭生产性固定资产原值

（平均每户）

单位:元

指　　标	1985 年	1990 年	1995 年	1998 年	1999 年
合　　计	777.15	1082.59	2004.32	2869.05	2851.66
役畜产品畜	437.15	512.61	791.08	1005.12	855.39
大中型铁木农具	24.61	47.36	110.73	170.44	152.89
农林牧渔业机械	54.49	139.02	284.39	469.60	465.02
工业机械	18.04	54.90	98.62	149.13	142.31
运输机械	57.15	97.70	295.08	339.43	464.55
生产用房	164.78	195.90	386.43	627.89	664.97
其　　他	20.93	35.10	37.99	107.44	106.54

表 12—14 农民家庭拥有主要生产性固定资产

（平均每百户）

指　　标	单　位	1985 年	1990 年	1995 年	1998 年	1999 年
汽　　车	辆	－－	0.16	0.36	0.56	0.69
大中型拖拉机	台	0.13	0.22	0.13	0.39	0.61
小型和手扶拖拉机	台	2.82	4.14	6.37	6.43	6.58
机动脱粒机	台	0.12	0.43	4.64	10.13	6.78
役　　畜	头	77.24	81.69	76.54	72.62	66.19
胶轮手推车	辆	9.11	11.04	18.28	18.01	15.74
抽水机	台	0.10	1.20	4.14	7.12	7.34
水　　泵	台	0.01	0.95	4.44	7.12	7.03
机动船	条	0.34	0.21	0.17	0.14	0.06

表 12—15 农民家庭经营耕地情况

（平均每人）

指　　标	单　位	1985 年	1990 年	1995 年	1998 年	1999 年
经营耕地面积	亩	1.18	1.16	1.20	1.32	1.29
#承包耕地面积	亩	0.99	0.97	1.00	1.05	1.02
所占比重	%	83.90	83.62	83.33	79.55	79.07
自留地面积	亩	0.12	0.10	0.10	0.09	0.09
所占比重	%	10.17	8.62	8.33	6.82	6.98
经营山地面积	亩	0.45	0.49	0.45	0.54	0.57
#承包耕地面积	亩	0.21	0.23	0.27	0.29	0.28
所占比重	%	46.67	46.94	60.00	53.70	49.12
自留山面积	亩	0.23	0.25	0.10	0.21	0.23
所占比重	%	51.11	51.02	22.22	38.89	40.35
植树造林面积	亩	0.04	0.01	0.10	0.14	0.16
经营水面面积	亩	0.01	0.01	0.02	0.02	0.01

十三、工　　业

表 13—1　工业企业单位数

单位:个

指标	1995 年	1998 年	1999 年
总计	**14720**	**3365**	**3142**
在总计中:国有经济	3855	2007	1952
中央企业	112	75	70
地方企业	3743	1932	1882
集体经济	9773	786	600
其他经济	1092	572	590
#外商及港澳台商投资企业	801	203	183
在总计中:轻工业	7134	1537	1419
以农产品为原料	4983	1116	1040
以非农产品为原料	2151	421	379
重工业	7586	1828	1723
采掘工业	1079	331	296
原料工业	2292	725	689
加工工业	4215	772	738
在总计中:大型企业	136	162	187
中型企业	439	416	416
小型企业	13810	2787	2539
煤炭采掘业	105	35	31
黑色金属矿采选业	155	40	42
有色金属矿采选业	262	138	142
非金属矿采选业	394	76	52
其他矿采选业	22	4	12
木材及竹材采运业	156	29	21
食品加工业	1015	308	296
#制糖业	114	103	100
食品制造业	660	162	147
#罐头食品制造业	78	25	30
饮料制造业	584	109	100
#酒精及饮料酒制造业	189	60	55
烟草加工业	25	12	12
#卷烟制造业	14	10	10

表 13—1 续表 单位:个

指标	1995 年	1998 年	1999 年
纺织业	330	88	88
服装及其他纤维制造制造业	330	30	19
皮革、毛皮、羽绒及其制品业	185	31	25
木材加工及竹、藤、棕、草制造业	919	59	54
家具制造业	265	16	15
造纸业及纸制品业	521	109	92
#造纸业	270	66	61
印刷业	405	118	118
文教体育用品制造业	87	8	4
石油加工及炼焦业	25	10	9
化学原料及化学制品制造业	784	223	227
医药制造业	202	112	103
化学纤维制造业	20	6	6
橡胶制品业	58	14	14
塑料制品业	474	65	58
非金属矿物制品业	2179	385	367
#水泥制造业	272	206	200
黑色金属冶炼及压延加工业	202	64	64
有色金属冶炼及压延加工业	203	83	74
金属制品业	733	67	54
普通机械制造业	471	118	123
专用设备制造业	392	108	98
交通运输设备制造业	525	170	157
#汽车制造业	105	73	74
电气机械及器材制造业	295	77	74
电子及通信设备制造业	104	34	32
仪器仪表及文化、办公用机械制造业	48	14	14
其他制造业	530	71	56
电力、蒸汽、热水的生产和供应业	727	274	252
#电力生产业	585	183	169
#水力发电业	561	168	154
煤气生产和供应业	6	1	2
自来水生产和供应业	321	96	96

注:1995 年为乡及乡以上工业企业,1998 年以后为全部国有及年产品销售收入 500 万元及以上的非国有工业企业。

表 13—2 全部工业总产值

（当年价格） 单位：亿元

指标	1990 年	1995 年	1998 年	1999 年
总计	**353.43**	**1463.17**	**1727.68**	**1667.33**
在总计中：轻工业	195.32	695.59	910.35	813.01
重工业	158.19	767.58	817.33	854.32
在总计中：				
国有	255.09	582.59	498.02	436.88
#地方	220.14	494.47	426.95	350.17
集体	58.69	256.59	360.19	334.22
股份制企业		54.82	90.01	108.26
有限责任公司			44.87	88.03
联营		53.42	25.40	34.68
私营企业		62.42	120.17	139.31
个体	20.23	350.36	416.31	400.47
外商及港澳台商投资企业	1.87	122.12	106.99	99.38

注：表 13－2、13－3 中 1999 年不包括附营工业。

表 13—3 全部工业总产值

（按 1990 年不变价计算） 单位：万元

指标	1990 年	1995 年	1998 年	1999 年
总计	**3709887**	**11480300**	**14058000**	**14693464**
在总计中：轻工业	2050263	5536623	7750756	7764227
重工业	1659624	5943677	6757244	6929237
在总计中：				
国有	2701952	4430823	4128157	3810430
#地方	2334943	3702574	3362414	3194680
集体	613109	2192567	3705993	3008500
股份制企业		435549	752290	981709
有限责任公司			384831	880248
联营			228016	261575
私营企业		558890	1063211	1177146
个体	197806	2481557	3458400	3326734
外商及港澳台商投资企业	19018	979059	935019	960105

表13—4 历年全部工业总产值

单位:万元

年份	全部工业总产值(当年价)	#国有经济	#集体经济	全部工业总产值指数(以上年为100)	#国有经济	#集体经济
1978	699 727	551 690	116 121	109.67	109.65	109.24
1979	744 724	589 477	118 404	103.82	103.77	101.14
1980	786 344	612 702	136 125	107.12	106.46	111.66
1981	850 658	675 014	139 610	104.66	105.61	102.73
1982	927 337	740 084	145 939	108.87	108.97	107.01
1983	985 078	789 293	151 902	106.64	106.99	105.12
1984	1 094 868	848 923	190 996	109.60	105.00	127.44
1985	1 393 949	1 084 159	228 070	120.75	121.08	112.21
1986	1 647 864	1 247 422	271 647	111.87	109.54	113.77
1987	2 074 562	1 545 869	344 279	118.31	115.69	118.66
1988	2 720 028	1 972 737	486 579	115.82	111.56	126.10
1989	3 269 926	2 391 455	552 706	106.17	104.86	107.56
1990	3 534 331	2 550 882	586 910	108.23	106.71	106.85
1991	4 214 681	3 000 710	696 019	115.32	111.85	119.14
1992	5 828 107	3 824 655	955 270	135.37	125.50	132.67
1993	9 059 381	5 013 602	1 548 821	135.17	109.14	146.73
1994	12 768 200	5 921 631	2 246 881	130.80	104.27	140.20
1995	14 631 700	5 825 904	2 569 475	115.10	105.17	113.49
1996	15 984 500	5 798 228	3 014 812	110.80	100.74	116.26
1997	16 710 300	5 693 497	3 347 962	107.20	100.46	113.66
1998	17 276 799	4 980 222	3 601 904	106.50	97.68	106.17
1999	16 673 250	4 368 813	3 342 196	106.46	97.75	85.35

注:本表从1995年起工业总产值按新规定计算,1999年不包括附营工业。

表 13—5 各种分组的工业总产值

单位:万元

指标	工业总产值(按当年价格计算)			比重(以总计为 100)		
	1995 年	1998 年	1999 年	1995 年	1998 年	1999 年
总计	**10069367**	**9286656**	**9109992**	**100**	**100**	**100**
在总计中:国有经济	5825904	4980222	4368813	57.86	53.63	47.96
中央企业	881240	1010757	867139	8.75	10.88	9.52
地方企业	4944663	3969465	3501674	49.11	42.74	38.44
集体经济	2569475	1711240	1391433	25.52	18.43	15.27
其他经济	1673988	2595194	3349746	16.62	27.95	36.77
#外商及港澳	1221232	997988	993767	12.13	10.75	10.91
在总计中:国有及国有控股企业		6260266	6367732		67.41	69.90
在总计中:轻工业	4582844	4136081	3862408	45.51	44.54	42.40
以农产品为原料	3665892	3392259	3104062	36.41	36.53	34.07
以非农品产品为原料	916951	743822	758346	9.11	8.01	8.32
重工业	5486524	5150575	5247584	54.49	55.46	57.60
采掘工业	629821	691136	592406	6.25	7.44	6.50
原料工业	2169055	2338741	2396990	21.54	25.18	26.31
加工工业	2687648	2120699	2258189	26.69	22.84	24.79
在总计中:大型企业	3007222	3803677	4182537	29.87	40.96	45.91
中型企业	2402327	2065504	1956697	23.86	22.24	21.48
小型企业	4659818	3417475	2970758	46.28	36.80	32.61
煤炭采掘业	95267	74095	68426	0.95	0.80	0.75
黑色金属矿采选业	49619	45986	50742	0.49	0.50	0.56
有色金属矿采选业	256953	330046	401864	2.55	3.55	4.41
非金属矿采选业	140616	106532	62517	1.40	1.15	0.69
其他矿采选业	7998	12066	4968	0.08	0.13	0.05
木材及竹材采运业	82130	12092	9086	0.82	0.13	0.10
食品加工业	1450902	1666527	1543853	14.41	17.95	16.95
#制糖业	778572	1113915	980611	7.73	11.99	10.76
食品制造业	446432	362058	221933	4.43	3.90	2.44
#罐头食品制造业	68510	52324	38838	0.68	0.56	0.43
饮料制造业	238344	196030	195339	2.37	2.11	2.14
#酒精及饮料酒制造业	73959	115458	128589	0.73	1.24	1.41
烟草加工业	203323	221964	227273	2.02	2.39	2.49
#卷烟制造业	213232	219161	223701	2.12	2.36	2.46
纺织业	393000	195829	195964	3.90	2.11	2.15

注:本表 1995 年统计口径为乡及乡以上工业,按新规定计算,1998 年、1999 年统计口径为全部国有企业及年产品销售收入 500 万元及上非国有工业。

表 13—5　续表

单位:万元

指　　标	按当年价格计算			比重(以总计为 100)		
	1995 年	1998 年	1999 年	1995 年	1998 年	1999 年
服装及其他纤维制品制造业	122144	33137	18772	1.21	0.36	0.21
皮革、毛皮、羽绒及其制品业	78967	73680	53441	0.78	0.79	0.59
木材加工及竹、藤、棕、草制品业	139091	86573	99471	1.38	0.93	1.09
家具制造业	29866	7476	10485	0.30	0.08	0.12
造纸及纸制品业	311698	229216	220074	3.10	2.47	2.42
#造纸业	217116	183336	174180	2.16	1.97	1.91
印刷业	90887	63519	67692	0.90	0.68	0.74
文教体育用品制造业	15620	5091	2663	0.16	0.05	0.03
石油加工及炼焦业	79885	96893	103282	0.79	1.04	1.13
化学原料及化学制品制造业	739863	678743	690381	7.35	7.31	7.58
医药制造业	216484	265709	292964	2.15	2.86	3.22
化学纤维制造业	77716	50385	52531	0.77	0.54	0.58
橡胶制品业	105576	90696	87862	1.05	0.98	0.96
塑料制品业	137185	83823	67111	1.36	0.90	0.74
非金属矿物制品业	975596	672170	594727	9.69	7.24	6.53
#水泥制造业	464051	399014	375570	4.61	4.30	4.12
黑色金属冶炼及压延加工业	361537	405213	403373	3.59	4.36	4.43
有色金属冶炼及压延加工业	482340	630660	662145	4.79	6.79	7.27
金属制品业	221348	118928	100484	2.20	1.28	1.10
普通机械制造业	553679	426120	453477	5.50	4.59	4.98
专用设备制造业	265325	166000	156254	2.63	1.79	1.72
交通运输设备制造业	690442	770083	825109	6.86	8.29	9.06
#汽车制造业	495180	675529	722929	4.92	7.27	7.94
电气机械及器材制造业	263054	197558	183503	2.61	2.13	2.01
电子及通信设备制造业	115223	116880	129582	1.14	1.26	1.42
仪器仪表及文化、办公用机械制造业	37928	28700	24123	0.38	0.31	0.26
其他制造业	143660	170334	171075	1.43	1.83	1.88
电力、蒸汽、热水的生产和供应业	400958	530590	585782	3.98	5.71	6.43
#电力生产业	276263	360326	403449	2.74	3.88	4.43
#水力发电业	131322	194386	235750	1.30	2.09	2.59
煤气生产和供应业	3893	868	1383	0.04	0.01	0.02
自来水的生产和供应业	39848	56423	63572	0.40	0.61	0.70

注:本表 1995 年统计口径为乡及乡以上工业按新规定计算,1998 年、1999 年统计口径为全部国有企业及年产品销售收入 500 万元及以上非国有工业。

表 13—6 主要工业产品产量

(1978－1999 年)

年 份	钢 (吨)	生 铁 (吨)	钢 材 (吨)	锰矿石 (万吨)	铁矿石 (万吨)	十种有色金属(吨)	发电量 (亿千瓦时)	原煤 (万吨)	硫酸 (万吨)
1978	190164	320926	162664	111.50	75.83	17712	49.47	828.54	17.64
1980	208163	180372	218150	84.97	47.19	17643	53.64	589.66	17.58
1985	390520	419289	301530	78.65	77.55	47272	81.82	598.90	17.28
1990	524118	579773	454780	138.39	86.43	86755	125.62	979.45	40.53
1991	591400	648800	544900	148.80	91.62	97900	135.55	992.91	41.07
1992	686000	696100	637300	113.49	108.40	113091	153.06	1093.40	41.97
1993	816800	809200	731600	223.40	118.04	160940	174.50	1196.08	37.41
1994	765524	872663	835450	125.34	134.88	207422	186.69	1174.85	39.49
1995	887800	967600	805000	265.40	272.32	272700	217.29	1391.42	57.43
1996	872600	887400	773400	129.01	114.35	328700	226.14	1252.26	53.08
1997	955614	1118610	786328	98.93	99.50	395371	237.26	1114.33	56.44
1998	1128244	1270657	944839	96.22	90.81	439738	245.00	1015.10	61.92
1999	1188483	1320138	1082726	81.54	77.49	523087	253.42	816.06	63.01

表 13—6 续表 1

年 份	烧 碱 (吨)	农用化肥 (折 100%) (万吨)	小 型 拖拉机 (台)	水泥 (万吨)	木 材 (万米^3)	化学纤维 (吨)	汽车 (辆)	布 (万米)	针棉织品折用纱 (吨)
1978	37962	23.75	20000	224.38	186.87	525	1050	9173	7185
1980	33705	27.42	17050	225.00	178.52	993	869	13636	8201
1985	36665	29.74	19124	416.34	182.10	12439	6800	15200	10700
1990	61232	41.35	29057	765.28	234.63	13717	14492	17711	18409
1991	63200	44.34	55847	961.52	237.96	16060	23753	18000	18287
1992	70600	45.88	58100	1167.10	288.51	19900	37210	19971	17900
1993	71700	41.58	45200	1426.49	321.85	18800	52158	20752	16300
1994	78070	38.20	64064	1712.34	372.20	27100	71611	18964	12250
1995	101700	43.12	100900	1980.47	420.71	21800	73824	16800	11700
1996	101200	44.35	102856	1933.52	388.42	17782	84579	12748	11518
1997	91100	47.04	107799	1893.00	365.86	21792	102737	12318	11546
1998	96519	48.69	102824	2008.47	350.16	18804	116703	9655	8238
1999	96968	46.14	112334	2062.55	318.61	26836	102248	8315	8529

表 13—6 续表 2

年 份	麻 袋 (万条)	丝织品 (万米)	机制纸及纸板 (万吨)	机制糖 (万吨)	手 表 (万只)	原 盐 (万吨)	卷 烟 (万箱)	罐 头 (吨)	饮料酒 (混合量) (万吨)
1978	1717.00	1898.00	11.91	25.10	5.62	12.35	29.77	40954	9.88
1980	2429.21	1608.35	11.55	39.25	10.08	14.70	50.62	56548	15.05
1985	4563.00	1404.00	19.01	62.21	50.01	9.70	65.57	125797	12.40
1990	2927.00	1392.04	33.50	136.64	82.98	10.42	108.45	144400	26.14
1991	2517.06	1194.70	42.21	137.45	65.03	19.55	100.65	200600	26.80
1992	3592.04	998.14	53.91	214.78	86.30	15.52	104.04	272400	35.14
1993	2574.00	884.00	75.10	232.19	777.81	11.78	104.45	257500	29.05
1994	1783.46	781.39	73.66	219.28	546.60	11.27	101.12	260070	32.86
1995	1535.00	622.00	95.02	178.12	86.90	9.69	98.35	234700	37.97
1996	1166.70	826.21	86.24	236.55	848.37	10.63	93.81	182700	34.98
1997	1459.20	1155.61	80.12	241.59	1145.44	7.19	90.68	172483	37.48
1998	1419.41	1016.82	73.83	344.60	1073.29	12.50	87.35	148640	39.56
1999	875.43	826.87	71.80	374.30	922.57	15.30	82.75	141811	44.31

表 13—7 工业企业主要经济指标

指　　标	企业单位数(个)				工业总产值(当年价,万元)			
	1985 年	1990 年	1995 年	1999 年	1985 年	1990 年	1995 年	1999 年
总　　计	**7503**	**8981**	**12603**	**3142**	**1235086**	**2989212**	**9642783**	**9109992**
国有经济	2436	2510	2685	1952	1026460	2395878	5549655	4368813
中央企业	54	64	82	70	154090	342421	863028	867139
地方企业	2328	2446	2603	1882	872370	2053457	4686627	3501674
集体经济	5061	6323	8878	600	207404	541426	2434225	1391433
其它经济	6	148	1040	590	1222	51908	1658903	3349746
#外商及港澳台商投资企业	2	36	700	183	111	17797	974770	993767
在总计中:国有及国有控股企业				2143				6367732
在总计中:轻工业	4477	5097	5931	1419	636948	1617118	4377100	3862408
以农产品为原料	2805	3229	4009	1040	481499	1244342	3493288	3104062
以非农产品为原料	1672	1868	1922	379	155449	372777	883813	758346
重工业	3026	3884	6672	1723	598138	1372094	5265686	5247584
采掘工业	467	630	923	296	78842	163349	565835	592406
原料工业	894	1243	2021	689	201192	559860	2124634	2396990
加工工业	1665	2011	3728	738	318104	648886	2575214	2258189
在总计中:大型企业	50	109	136	187	188819	808801	3007222	4182537
中型企业	146	219	439	416	313868	749283	2402327	1956697
小型企业	7307	8653	11713	2539	732399	1431129	4233234	2970758

指　　标	工业总产值(1990 年不变价,万元)				全部职工年平均人数(人)			
	1985 年	1990 年	1995 年	1999 年	1985 年	1990 年	1995 年	1999 年
总　　计	**1151007**	**3165726**	**7591618**	**8028269**	**1020003**	**1230439**	**1530034**	**974245**
国有经济	933179	2542041	4247999	3810430	737629	863437	913240	594612
中央企业	127236	359930	713125	615749	62514	79592	84269	55282
地方企业	805943	2182111	3534875	3194680	675115	783845	828971	539330
集体经济	216663	565592	2078593	1229838	282004	350841	463188	131427
其它经济	1165	58093	1265026	2988001	370	16161	153606	248206
#外商及港澳台商投资企业	125	1812	730966	907921		7251	83026	56284
在总计中:国有及国有控股企业				5541012				743830
在总计中:轻工业	654107	1806829	3499214	3634249	468369	571595	643944	393364
以农产品为原料	482525	1407861	2667926	2884357	326999	402414	458482	284546
以非农产品为原料	171582	398969	831288	749892	141370	169181	185462	108818
重工业	496900	1358897	4092404	4394020	551634	658844	886090	580881
采掘工业	52721	151813	441389	477598	139355	146733	163596	92186
原料工业	159540	532549	1424270	1696037	122963	187196	300389	232531
加工工业	284639	674534	2226747	2220386	289316	324915	422105	256164
在总计中:大型企业	184156	908718	2349915	3725460	83505	190520	339762	347397
中型企业	287841	800715	1857031	1856676	202347	237949	346902	226895
小型企业	679010	1456293	3384672	2446133	734151	801970	833857	399953

注:1999 年工业企业主要经济指标统计范围为全部国有工业及年产品销售收入 500 万元及以上非国有工业。

表 13—7 续表 单位：万元

指　　标	固定资产原价				全部资金			
	1985 年	1990 年	1995 年	1999 年	1985 年	1990 年	1995 年	1999 年
总　　计	**1172058**	**2284895**	**8332719**	**11474608**	**1209129**	**2590553**	**10475831**	**14412413**
国有经济	1059855	1953004	6263717	7563804	1070608	2168549	6962757	8858808
中央企业	250935	356699	1559733	2025279	229110	348211	1597799	1851564
地方企业	808920	1596305	4703984	5538525	841498	1820338	4764958	7007244
集体经济	112011	287707	1070458	703857	138220	372349	1835563	1172552
其它经济	192	44184	998544	3206947	301	49655	1677511	4381053
#外商及港澳台商投资企业	84	22032	584367	972538	101	24901	972726	1394782
在总计中：国有及国有控股企业				9773593				11829798
在总计中：轻工业	360617	847571	2779697	3766006	435376	1078300	3977965	5177811
以农产品为原料	262449	645673	2146839	2923608	315949	808728	3042191	3971478
以非农产品为原料	98168	201898	632858	842399	119427	269572	935774	1206332
重工业	811441	1437324	5553022	7708602	773757	1512253	6497866	9234603
采掘工业	144935	231275	468196	588762	120172	191598	499515	695519
原料工业	388476	729743	3337714	4903013	336716	695759	3384968	5141969
加工工业	278030	476307	1747113	2216826	316865	624896	2613384	3397115
在总计中：大型企业	285703	678922	3330509	5663100	266810	724667	3855573	6801983
中型企业	324721	579135	2205546	2703186	326844	671115	2686844	3409431
小型企业	561634	1026838	2196664	3108322	615475	1194771	3933414	4200999

指　　标	利税总额				产品销售收入			
	1985 年	1990 年	1995 年	1999 年	1985 年	1990 年	1995 年	1999 年
总　　计	**253111**	**416829**	**850130**	**749107**	**1196728**	**2828963**	**9031304**	**8714716**
国有经济	224201	374828	556946	314182	1000117	2309993	5344734	4256587
中央企业	58310	108084	205268	181446	142988	353924	876828	792804
地方企业	165891	266744	351678	132736	857129	1956070	4467905	3463783
集体经济	28517	41668	131174	77781	195454	475743	2209092	1301160
其它经济	393	333	162008	357144	1157	43227	1477478	3156969
#外商及港澳台商投资企业	6	960	88652	70430	79	14036	862860	904418
在总计中：国有及国有控股企业				554803				6165060
在总计中：轻工业	122044	247874	378526	320563	615747	1524726	3984614	3577702
以农产品为原料	98081	206683	321633	242941	465164	1191393	3157551	2886420
以非农产品为原料	23963	41191	56893	77622	150582	333333	827063	691282
重工业	131067	168955	471603	428544	580981	1304237	5046670	5137014
采掘工业	12643	13941	80787	64185	80176	143279	530024	565522
原料工业	61959	96106	214004	247227	208130	574350	2139682	2467916
加工工业	56465	58908	176813	117132	292585	586608	2376984	2103576
在总计中：大型企业	59266	185505	393116	487008	181993	807812	2821346	4016292
中型企业	72916	104221	242289	88496	311231	693822	2255388	1874132
小型企业	120929	127103	214725	173603	703504	1327328	3954570	2824292

注：本表统计口径为全部国有及年产品销售收入 500 万元及以上非国有企业。

表 13—8 工业企业主要经济指标

（1999 年）　　单位：万元

指　　标	企　业 单位数 （个）	工　业 总产值 （当年价）	工业总产值（1990 年不变价）	工　业 增加值 （生产法）	全部职工 平均人数 （人）	固定资产 原　　价
工业企业	**3142**	**9109992**	**8028269**	**2817952**	**974245**	**11474608**
煤炭采选业	31	68426	32892	27391	35471	163067
黑色金属矿采选业	42	50742	39344	18835	7440	45625
有色金属矿采选业	142	401864	346483	170292	39101	312652
非金属矿采选业	52	62517	50634	22647	11240	55797
其他矿采选业	3	4968	2536	1382	1871	2174
木材及竹材采运业	21	9086	6628	2702	3245	16319
食品加工业	296	1543853	1422397	386759	96341	1443729
#制糖业	100	980611	1046705	266039	75660	1183226
食品制造业	147	221933	193922	57940	27291	234880
#罐头食品制造业	30	38838	30878	10293	7996	75262
饮料制造业	100	195339	152198	59077	16163	253573
#酒精及饮料酒制造业	55	128589	84808	43881	9885	197620
烟草加工业	12	227273	195987	132776	7916	126089
#卷烟制造业	10	223701	195815	130800	7706	124251
纺织业	88	195964	200393	60366	48459	263860
服装及其他纤维制品制造业	19	18772	18976	7061	5021	29339
皮革、毛皮、羽绒及其制品业	25	53441	53115	13397	4642	28310
木材加工及竹、藤、棕、草制品业	54	99471	90402	26846	8823	118562
家具制造业	15	10485	10369	3308	2170	9860
造纸及纸制品业	92	220074	196157	57467	27002	293979
#造纸业	61	174180	150705	46204	21937	188071
印刷业	118	67692	61985	22079	13536	95262
文教体育用品制造业	4	2663	2779	624	901	3075
石油加工及炼焦业	9	103282	32190	27106	2371	63163
化学原料及化学制品制造业	227	690381	584650	190137	66812	708680
医药制造业	103	292964	332300	113326	23412	181901
化学纤维制造业	6	52531	62031	13117	6385	104174
橡胶制品业	14	87862	112209	24718	11378	72726
塑料制品业	58	67111	79701	17898	8960	74351
非金属矿物制品业	367	594727	517388	166947	118410	1111246
#水泥制造业	200	375570	296089	102476	69409	830585
黑色金属冶炼及压延加工业	64	403373	315088	102985	40596	546102
有色金属冶炼及压延加工业	74	662145	525673	166373	39202	736804
金属制品业	54	100484	100506	30584	11287	65520
普通机械制造业	123	453477	393315	126774	53831	509814
专用设备制造业	98	156254	152978	41258	25920	169899
交通运输设备制造业	157	825109	843895	177001	50700	496297
#汽车制造业	74	722929	756797	149474	31399	347665
电气机械及器材制造业	74	183503	202380	51186	41884	189690
电子及通信设备制造业	32	129582	178342	33650	10582	101228
仪器仪表及文化、办公用机械制造	14	24123	37563	8661	5961	48664
其他制造业	56	171075	161300	46718	23950	33636
电力、蒸汽、热水的生产和供应业	252	585782	291514	371306	61773	2494701
#电力生产业	169	403449	201332	240615	32400	1629362
#水力发电业	154	235750	145096	163866	24356	1265441
煤气生产和供应业	2	1383	689	756	386	8164
自来水的生产和供应业	96	63572	21913	35637	13117	248284

表 13—8 续表　　1999 年　　单位：万元

指标	固定资产净值	流动资产年平均余额	固定资产净值年平均余额	利润总额	利税总额	产品销售收入
工业企业	**8248518**	**6349789**	**8062625**	**38073**	**749107**	**8714716**
煤炭采选业	106710	64071	105221	－2739	2545	68644
黑色金属矿采选业	34964	35742	27573	511	5200	45228
有色金属矿采选业	211784	164590	201132	23549	51362	384849
非金属矿采选业	36561	30812	37387	1988	5806	55027
其他矿采选业	1368	3984	1387	287	940	5503
木材及竹材采运业	13572	11628	12933	－706	56	7959
食品加工业	1040912	801452	1018027	－38364	55444	1448258
#制糖业	842493	591167	830028	－43811	44902	919232
食品制造业	176019	156525	174699	－1506	10289	209311
#罐头食品制造业	60317	42895	61711	－2306	－1097	32025
饮料制造业	200203	96914	195988	－7964	15612	168532
#酒精及饮料酒制造业	162413	57641	157563	－7847	11824	104371
烟草加工业	91807	195447	89601	7362	107877	210300
#卷烟制造业	90289	192970	88082	7075	107349	205048
纺织业	182657	180079	185573	－4672	6103	180902
服装及其他纤维制品制造业	22039	22819	25505	－481	367	16646
皮革、毛皮、羽绒及其制品业	20306	28628	20439	－2460	－1131	42348
木材加工及竹、藤、棕、草制品业	89097	41188	97570	415	6543	89089
家具制造业	7701	3166	7165	25	274	10503
造纸及纸制品业	223940	143453	224865	－10539	3466	212511
#造纸业	143390	112358	140941	－2197	9526	169821
印刷业	66595	49548	63320	－833	3576	64637
文教体育用品制造业	1876	3047	1038	－539	－464	2346
石油加工及炼焦业	39496	34611	41463	2719	20998	101539
化学原料及化学制品制造业	493197	460480	457749	7650	42184	620328
医药制造业	129584	229799	128477	18374	43131	260897
化学纤维制造业	69705	57756	66242	487	3420	54716
橡胶制品业	45970	76607	45734	－2349	4587	73707
塑料制品业	52416	60154	52133	55	3212	61318
非金属矿物制品业	820525	439448	838534	－41067	2149	568818
#水泥制造业	610964	294642	645181	－34381	－4125	359184
黑色金属冶炼及压延加工业	407008	315705	402034	－4537	24866	401006
有色金属冶炼及压延加工业	571963	290476	600449	14631	56469	612266
金属制品业	48162	85680	44042	4208	9568	94185
普通机械制造业	348766	481422	348232	4637	28923	439534
专用设备制造业	113111	179578	112998	－2149	2668	147423
交通运输设备制造业	343358	563909	319856	20772	61931	794074
#汽车制造业	237784	453049	219447	25399	62410	719296
电气机械及器材制造业	132909	189323	132064	－3951	3700	152828
电子及通信设备制造业	73832	129903	59985	－510	3735	115188
仪器仪表及文化、办公用机械制造	25958	43976	24145	－1507	－115	20390
其他制造业	24292	67890	28105	1668	17901	161209
电力、蒸汽、热水的生产和供应业	1774963	553821	1679967	52496	137811	740712
#电力生产业	1102950	246855	1091847	35602	86608	412647
#水力发电业	902324	138999	896951	20757	55258	241496
煤气生产和供应业	5749	3862	5916	－46	67	3261
自来水的生产和供应业	189167	50232	180053	3136	7655	62133

表 13—9 国有及国有控股工业企业主要经济指标

(1999 年)

单位:万元

指标	企业单位数(个)	工业总产值(当年价)	工业总产值(1990 年不变价)	工业增加值(生产法)	全部职工平均人数(人)	固定资产原价
国有及国有控股工业企业	**2143**	**6367732**	**5541012**	**2029493**	**743830**	**9773593**
在总计中:轻工业	978	2395266	2298020	736489	270394	2911128
重工业	1165	3972466	3242992	1293003	473436	6862465
在总计中:特大型企业	4	474405	391395	180338	28210	1080450
大一型企业	39	1589318	1420054	429684	117269	2109299
大二型企业	118	1588805	1423868	586701	178074	2020997
中一型企业	123	751956	690886	225516	77113	1165271
中二型企业	209	767120	737262	206165	108677	1147693
小型企业	1650	1196129	877547	401088	234487	2249884
煤炭采选业	30	68056	32382	27360	35336	162972
黑色金属矿采选业	25	28043	20943	10601	5486	38065
有色金属矿采选业	48	235834	217363	119019	28178	255447
非金属矿采选业	37	33938	28847	14923	7331	49062
其他矿采选业	1	1463	732	247	230	1084
木材及竹材采运业	21	9086	6628	2702	3245	16319
食品加工业	213	1049685	1007568	249231	80767	1145025
#制糖业	85	797430	851327	207529	66321	961868
食品制造业	113	103432	92619	26229	17906	181657
#罐头食品制造业	24	24008	19301	5818	5675	67939
饮料制造业	74	59638	52759	17966	9120	83432
#酒精及饮料酒制造业	43	41539	27942	15921	5741	57075
烟草加工业	12	227273	195987	132776	7916	126089
#卷烟制造业	10	223701	195815	130800	7706	124251
纺织业	60	158671	162491	49968	41110	234650
服装及其他纤维制品制造业	11	8836	8368	3158	2698	17945
皮革、毛皮、羽绒及其制品业	12	33711	34767	8443	2210	15888
木材加工及竹、藤、棕、草制品	31	66414	62491	16214	4963	93875
家具制造业	8	1557	1439	628	742	5140
造纸及纸制品业	46	136370	126918	37462	17666	257251
#造纸业	33	117655	108009	32681	15397	164294
印刷业	108	45982	44103	15675	12378	82291
文教体育用品制造业	1	63	63	−33	64	107
石油加工及炼焦业	6	101276	30699	26604	2263	62755
化学原料及化学制品制造业	137	437355	347142	125826	52558	569617
医药制造业	83	188544	220539	67189	18750	143549
化学纤维制造业	6	52531	62031	13117	6385	104174
橡胶制品业	9	82326	107487	22944	10421	69311
塑料制品业	30	22416	29946	5993	3642	33369
非金属矿物制品业	233	339716	288873	98188	69486	756490
#水泥制造业	115	247405	190045	70650	45353	557407
黑色金属冶炼及压延加工业	37	349454	272752	90767	36492	527965
有色金属冶炼及压延加工业	35	452098	341013	106435	26591	643076
金属制品业	20	23275	23496	7252	5051	25303
普通机械制造业	86	375874	323261	102611	47691	477265
专用设备制造业	80	140082	136243	36264	24152	164020
交通运输设备制造业	105	705388	710708	142610	40763	437193
#汽车制造业	27	610623	631006	117156	22282	294286
电气机械及器材制造业	46	109166	121309	27294	34951	142325
电子及通信设备制造业	21	80488	114094	20607	8813	86614
仪器仪表及文化、办公用机械制	8	12485	20292	4170	4179	29557
其他制造业	9	2510	2399	760	1335	8454
电力、蒸汽、热水的生产和供应	243	553553	264331	361169	58841	2458391
#电力生产业	160	371220	174149	230478	29468	1593052
#水力发电业	149	219739	122196	159948	22455	1247979
煤气生产和供应业	2	1383	689	756	386	8164
自来水的生产和供应业	95	63054	21791	35508	13039	246289

表 13—9　续表 1　　1999 年　　单位:万元

指　　标	固定资产净值	流动资产年平均余额	固定资产净值年平均余额	利润总额	利税总额	产品销售收入
国有及国有控股工业企业	**6988941**	**5045773**	**6784025**	**-1173**	**554803**	**6165060**
在总计中:轻工业	2108621	1858659	2072530	-47119	207762	2240150
重工业	4880320	3187114	4711495	45947	347041	3924910
在总计中:特大型企业	809690	161836	848937	25283	71159	420335
大一型企业	1501133	1262104	1299115	38943	145679	1578344
大二型企业	1382575	1282413	1341503	21724	213918	1515434
中一型企业	822158	557597	795568	-22412	28789	684566
中二型企业	781707	709186	769284	-32632	26470	763570
小型企业	1691679	1072637	1729618	-32079	68788	1202812
煤炭采选业	106640	64043	105151	-2769	2503	68134
黑色金属矿采选业	28712	23471	23755	-191	1506	23335
有色金属矿采选业	169645	139668	159993	16486	36492	215616
非金属矿采选业	31968	22034	31581	679	3078	27253
其他矿采选业	803	2172	804	2	29	1145
木材及竹材采运业	13572	11628	12933	-706	56	7959
食品加工业	817213	664635	796966	-48392	27195	997891
#制糖业	677455	521755	660722	-45654	26778	749808
食品制造业	138573	112900	141308	-6352	-893	96205
#罐头食品制造业	53743	38356	55161	-2524	-1713	16950
饮料制造业	62405	51533	61628	-3095	6591	48084
#酒精及饮料酒制造业	42896	36068	42225	-780	7666	31709
烟草加工业	91807	195447	89601	7362	107877	210300
#卷烟制造业	90289	192970	88082	7075	107349	205048
纺织业	165770	155214	168412	-3533	5770	146496
服装及其他纤维制品制造业	13630	13148	16697	-119	239	7222
皮革、毛皮、羽绒及其制品业	10817	9166	10975	-283	-110	25633
木材加工及竹、藤、棕、草制品	68897	32573	77396	-453	3661	58951
家具制造业	4057	1532	4256	-73	39	1577
造纸及纸制品业	198839	105683	199111	-10322	306	134030
#造纸业	126854	87988	125443	-1753	7750	116240
印刷业	56885	40508	54071	-1208	2007	44148
文教体育用品制造业	59	340	59	-57	-55	40
石油加工及炼焦业	39217	33160	41179	2663	20911	99618
化学原料及化学制品制造业	391933	305815	357077	6604	28119	406724
医药制造业	103718	175749	100889	6824	21995	175403
化学纤维制造业	69705	57756	66242	487	3420	54716
橡胶制品业	43904	73440	43650	-2203	4437	69600
塑料制品业	23365	21448	24043	110	1223	19926
非金属矿物制品业	547112	298009	538649	-25261	1559	322442
#水泥制造业	400148	205570	405544	-15345	4775	237091
黑色金属冶炼及压延加工业	392176	289415	387034	-3496	23603	352866
有色金属冶炼及压延加工业	507039	194923	531609	11841	42948	397193
金属制品业	17851	32481	14278	-1155	37	19963
普通机械制造业	324122	453549	324302	2533	22057	367082
专用设备制造业	109623	172648	109410	-2308	1944	134537
交通运输设备制造业	302066	463457	276780	11914	46350	674730
#汽车制造业	200898	362475	180878	17280	48020	607056
电气机械及器材制造业	100859	131268	100327	-5711	-388	91505
电子及通信设备制造业	61507	80868	47447	-2270	-132	69438
仪器仪表及文化、办公用机械制	14431	29825	13298	-1607	-876	11835
其他制造业	6911	5474	7919	-726	-544	1337
电力、蒸汽、热水的生产和供应	1749595	524821	1655802	50520	133824	710653
#电力生产业	1077582	217855	1067682	33626	82621	382588
#水力发电业	887591	120797	884011	20240	54205	227295
煤气生产和供应业	5749	3862	5916	-46	67	3261
自来水的生产和供应业	187493	50047	178456	3116	7572	61618

表 13—9 续表 2　　1999 年　　单位:万元

指　　标	企　业 单位数 (个)	工　业 总产值 (当年价)	工业总产 值(1990 年 不变价)	工　业 增加值 (生产法)	全部职工 平均人数 (人)	固定资产 原　价
国有工业企业	**1952**	**4368813**	**3810430**	**1362607**	**594612**	**7563804**
在总计中:轻工业	890	1484805	1425562	434427	210012	2121233
重工业	1062	2884008	2384868	928179	384600	5442571
在总计中:特大型企业	2	248812	163980	80417	7821	859190
大一型企业	22	833472	817636	236391	77587	1334440
大二型企业	82	1105815	993553	388532	135536	1440138
中一型企业	99	552377	494158	169443	62719	959184
中二型企业	188	665852	636751	173986	98747	1052904
小型企业	1559	962485	704352	313837	212202	1917949
煤炭采选业	30	68056	32382	27360	35336	162972
黑色金属矿采选业	23	20011	14122	8626	5108	34048
有色金属矿采选业	42	54983	46959	16512	11902	80043
非金属矿采选业	34	31444	26552	13640	6107	41392
其他矿采选业	1	1463	732	247	230	1084
木材及竹材采运业	21	9086	6628	2702	3245	16319
食品加工业	183	616863	576395	128291	55019	788224
#制糖业	67	429130	460205	100083	42346	624516
食品制造业	105	71705	63178	16948	14071	121825
#罐头食品制造业	23	15897	11903	3408	4179	44734
饮料制造业	69	33360	25486	8997	6750	50530
#酒精及饮料酒制造业	41	27656	18907	7704	4540	43113
烟草加工业	10	133939	118134	80542	4755	80089
#卷烟制造业	8	130368	117962	78566	4545	78252
纺织业	53	143690	147652	45810	37674	216669
服装及其他纤维制品制造业	10	6722	6635	2418	2402	17602
皮革、毛皮、羽绒及其制品业	11	5737	5801	1322	1932	12123
木材加工及竹、藤、棕、草制品	29	53287	50439	12369	4629	77864
家具制造业	8	1557	1439	628	742	5140
造纸及纸制品业	39	104517	98436	26895	13879	211899
#造纸业	27	86640	80050	22327	11704	118994
印刷业	105	38580	34531	13110	11531	69493
文教体育用品制造业	1	63	63	−33	64	107
石油加工及炼焦业	4	88842	27553	23308	2065	58255
化学原料及化学制品制造业	120	229837	180261	60215	34480	318023
医药制造业	72	103331	121087	34832	13118	79059
化学纤维制造业	5	24426	38754	4742	2936	67832
橡胶制品业	7	77721	102893	21281	9533	63694
塑料制品业	28	16832	19745	4125	2907	23434
非金属矿物制品业	209	217061	199051	58372	53110	510555
#水泥制造业	93	128405	104163	32369	30367	319636
黑色金属冶炼及压延加工业	32	338502	262417	88828	35932	511151
有色金属冶炼及压延加工业	29	370751	266467	80343	21302	593179
金属制品业	20	23275	23496	7252	5051	25303
普通机械制造业	72	138574	148799	31248	28333	193239
专用设备制造业	75	117457	110410	26787	21251	150046
交通运输设备制造业	98	524785	573021	122588	36084	357585
#汽车制造业	23	441914	505102	98945	18131	217603
电气机械及器材制造业	43	82797	96337	21475	31015	118351
电子及通信设备制造业	20	65979	96838	16653	8530	82087
仪器仪表及文化、办公用机械制	8	12485	20292	4170	4179	29557
其他制造业	9	2510	2399	760	1335	8454
电力、蒸汽、热水的生产和供应	232	477606	240328	318998	54986	2166895
#电力生产业	151	297174	150771	189720	26276	1307556
#水力发电业	144	193966	113189	145514	21126	1115485
煤气生产和供应业	1	801	620	719	356	7874
自来水的生产和供应业	93	53473	18650	28665	12038	198395

表 13—9 续表 3 (1999 年) 单位:万元

指标	固定资产净值	流动资产年平均余额	固定资产净值年平均余额	利润总额	利税总额	产品销售收入
国有工业企业	**5452208**	**3579337**	**5279471**	**-64161**	**314182**	**4256587**
在总计中:轻工业	1557502	1257747	1536589	-72363	77942	1390071
重工业	3894705	2321590	3742883	8203	236241	2866516
在总计中:特大型企业	669641	65914	713150	15083	39740	212748
大一型企业	981755	685263	798803	7738	68166	829621
大二型企业	984417	860760	945720	12471	128780	1058561
中一型企业	668974	449083	642986	-24109	16417	506277
中二型企业	714544	617253	706847	-32607	19999	663674
小型企业	1432877	901064	1471964	-42736	41080	985706
煤炭采选业	106640	64043	105151	-2769	2503	68134
黑色金属矿采选业	25577	20389	20502	-272	1094	16228
有色金属矿采选业	50363	32983	46480	-62	3277	43321
非金属矿采选业	26680	19420	26495	834	3029	25202
其他矿采选业	803	2172	804	2	29	1145
木材及竹材采运业	13572	11628	12933	-706	56	7959
食品加工业	582694	420391	565589	-51034	-9205	595464
#制糖业	456287	303632	441058	-46059	-7311	408642
食品制造业	92874	78725	93565	-3539	176	66717
#罐头食品制造业	36342	29100	36581	-1581	-1058	11385
饮料制造业	40063	34123	40877	-2127	1883	24428
#酒精及饮料酒制造业	34571	27830	34957	-2023	1663	18484
烟草加工业	58355	123019	57650	4581	65105	130041
#卷烟制造业	56837	120543	56132	4294	64577	124789
纺织业	152376	139859	155028	-3407	4994	133322
服装及其他纤维制品制造业	13349	12698	16342	-119	231	5109
皮革、毛皮、羽绒及其制品业	8365	6483	8523	-606	-435	4653
木材加工及竹、藤、棕、草制品	56559	28326	57829	-992	1999	45214
家具制造业	4057	1532	4256	-73	39	1577
造纸及纸制品业	160983	81144	161497	-10831	-2804	100923
#造纸业	89036	63612	87860	-2192	4766	84007
印刷业	47198	33308	47004	-1230	1513	36337
文教体育用品制造业	59	340	59	-57	-55	40
石油加工及炼焦业	34946	30312	37309	392	17740	87217
化学原料及化学制品制造业	219785	174612	200564	-6993	2734	213108
医药制造业	58031	82874	61122	1749	8559	84080
化学纤维制造业	48623	42039	47346	-972	209	27843
橡胶制品业	40184	68978	39224	-2229	4252	66762
塑料制品业	15883	15167	16758	-15	770	14103
非金属矿物制品业	383977	182111	376788	-25525	-9566	201934
#水泥制造业	243303	97132	249977	-15474	-5749	120229
黑色金属冶炼及压延加工业	377672	278042	372124	-2549	24133	342267
有色金属冶炼及压延加工业	474156	142913	500040	10277	35603	318845
金属制品业	17851	32481	14278	-1155	37	19963
普通机械制造业	130433	161608	129708	-6724	-764	137344
专用设备制造业	101468	141876	101424	-3839	-746	111215
交通运输设备制造业	247929	393171	226140	7884	36633	497071
#汽车制造业	149013	297729	132237	12362	38166	436595
电气机械及器材制造业	83124	108885	82802	-5324	-1634	65030
电子及通信设备制造业	57145	74046	43085	-2411	-319	57432
仪器仪表及文化、办公用机械制	14431	29825	13298	-1607	-876	11835
其他制造业	6911	5474	7919	-726	-544	1337
电力、蒸汽、热水的生产和供应	1533903	452224	1437115	45454	117709	632090
#电力生产业	865132	151245	852271	28811	67487	310313
#水力发电业	777404	93877	771749	19192	48939	204330
煤气生产和供应业	5562	3613	5717	1	100	2668
自来水的生产和供应业	149356	46436	141103	2536	6341	52037

表 13—10 集体工业企业主要经济指标

（1999 年）　　　　单位:万元

指　　标	企业单位数（个）	工业总产值（当年价）	工业总产值(1990 年不变价）	工业增加值（生产法）	全部职工平均人数（人）	固定资产原价
集体工业企业	**600**	**1391433**	**1229838**	**381815**	**131427**	**703857**
在总计中:轻工业	216	529391	469706	144962	56628	235327
重工业	384	862041	760132	236853	74799	468531
在总计中:特大型企业						
大一型企业	1	38371	34469	16402	3865	27176
大二型企业	7	124303	110079	24079	7287	74554
中一型企业	11	50119	56328	10547	6046	55978
中二型企业	27	136391	129744	36825	10051	79592
小型企业	554	1042248	899219	293962	104178	466558
煤炭采选业	1	370	510	31	135	95
黑色金属矿采选业	15	20247	16394	7382	1745	6683
有色金属矿采选业	68	132623	100753	41420	8008	42951
非金属矿采选业	14	21961	18326	6453	3511	3537
其他矿采选业	1	2410	1229	632	1395	198
木材及竹材采运业						
食品加工业	35	103329	85331	28058	3833	52467
#制糖业	3	20548	20011	5120	1331	30503
食品制造业	21	80668	66705	22315	6335	32345
#罐头食品制造业	3	2126	1552	606	521	1111
饮料制造业	8	17112	13638	3374	1059	12614
#酒精及饮料酒制造业	4	13416	10476	2995	585	10786
烟草加工业						
#卷烟制造业						
纺织业	11	11526	11265	3440	2858	7984
服装及其他纤维制品制造业	5	7865	8731	3159	1374	8789
皮革、毛皮、羽绒及其制品业	6	9755	9923	2413	1064	2274
木材加工及竹、藤、棕、草制品	15	15691	13819	4404	2215	6580
家具制造业	4	4071	4095	1461	1174	3150
造纸及纸制品业	29	50811	38556	11850	5409	18389
#造纸业	18	36093	24690	8435	3815	12372
印刷业	5	6960	6255	2173	529	4110
文教体育用品制造业						
石油加工及炼焦业						
化学原料及化学制品制造业	51	113106	92606	28499	7763	65447
医药制造业	6	28550	25718	9320	1385	9045
化学纤维制造业						
橡胶制品业	3	3039	2254	784	425	1011
塑料制品业	18	28374	30541	7371	3223	22940
非金属矿物制品业	83	132277	121121	30693	25865	170997
#水泥制造业	55	67066	56766	14314	13363	138460
黑色金属冶炼及压延加工业	22	33292	26256	8261	2635	8979
有色金属冶炼及压延加工业	33	195842	170847	56807	11470	81635
金属制品业	20	41057	39257	9168	3140	15763
普通机械制造业	23	39953	34230	11588	2868	13655
专用设备制造业	7	4633	4480	1142	808	1769
交通运输设备制造业	40	87806	96899	20359	7900	42570
#汽车制造业	36	77596	86922	18212	7356	39850
电气机械及器材制造业	21	61993	66581	18872	5879	37102
电子及通信设备制造业	3	5627	6233	1716	256	439
仪器仪表及文化、办公用机械制	2	3248	5133	1510	1191	7760
其他制造业	25	113119	107572	31233	14950	18762
电力、蒸汽、热水的生产和供应	4	13601	4460	5801	947	1824
#电力生产业	4	13601	4460	5801	947	1824
#水力发电业	1	500	490	142	55	1123
煤气生产和供应业						
自来水的生产和供应业	1	518	122	129	78	1994

指标	固定资产净值	流动资产年平均余额	固定资产净值年平均余额	利润总额	利税总额	产品销售收入
集体工业企业	**496665**	**659509**	**513043**	**4577**	**77781**	**1301160**
在总计中:轻工业	164627	248226	161846	1319	32064	465940
重工业	332039	411283	351197	3258	45717	835221
在总计中:特大型企业						
大一型企业	15438	30217	16370	3962	7623	45197
大二型企业	45472	123702	45960	1301	7577	120363
中一型企业	38533	41694	38930	-5944	-3033	50011
中二型企业	53874	83261	52451	52	6638	134153
小型企业	343349	380636	359331	5207	58976	951437
煤炭采选业	70	28	70	30	42	510
黑色金属矿采选业	5690	11566	3241	730	3451	19507
有色金属矿采选业	30756	16166	29871	4774	9219	135779
非金属矿采选业	2252	4618	2266	854	1975	21604
其他矿采选业	92	723	110	74	580	3123
木材及竹材采运业						
食品加工业	40420	22323	39101	-2528	90	92170
#制糖业	22632	12188	26159	-3247	-2016	16058
食品制造业	22841	29415	18314	3569	8270	77061
#罐头食品制造业	954	904	953	18	98	2263
饮料制造业	9715	9722	9188	-1633	-993	10877
#酒精及饮料酒制造业	8674	5342	8262	-1644	-1274	7354
烟草加工业						
#卷烟制造业						
纺织业	5247	6825	5357	-370	32	10738
服装及其他纤维制品制造业	6740	8160	6986	-289	119	7521
皮革、毛皮、羽绒及其制品业	1118	4344	1161	-221	286	7808
木材加工及竹、藤、棕、草制品	5377	4903	5118	530	1366	14348
家具制造业	2170	934	2158	79	181	5036
造纸及纸制品业	11702	26042	12893	176	2389	49542
#造纸业	8294	17238	7912	-135	1316	35828
印刷业	2814	3655	2856	64	322	5327
文教体育用品制造业						
石油加工及炼焦业						
化学原料及化学制品制造业	42663	83098	42891	576	7135	105344
医药制造业	6818	11593	7045	657	1682	14024
化学纤维制造业						
橡胶制品业	616	704	620	-30	98	1897
塑料制品业	14445	29375	13901	155	1553	27663
非金属矿物制品业	124158	69468	143349	12104	-4201	127859
#水泥制造业	101988	45483	119770	-13536	-7970	63601
黑色金属冶炼及压延加工业	7329	12189	7372	111	1427	28914
有色金属冶炼及压延加工业	55044	86605	58924	2852	13123	200975
金属制品业	11497	17600	10724	593	1976	36865
普通机械制造业	11085	10835	10488	840	1930	36368
专用设备制造业	1009	2205	1023	-16	213	4582
交通运输设备制造业	29533	67298	30715	1301	5506	84604
#汽车制造业	27596	60950	28674	492	4171	78491
电气机械及器材制造业	24656	48464	24185	1255	2970	50736
电子及通信设备制造业	219	1799	167	129	235	3065
仪器仪表及文化、办公用机械制	4019	5149	3019	-184	103	3029
其他制造业	13687	55117	17071	1062	13773	100162
电力、蒸汽、热水的生产和供应	1210	8402	1267	1521	2847	13611
#电力生产业	1210	8402	1267	1521	2847	13611
#水力发电业	934	250	.950	60	87	510
煤气生产和供应业						
自来水的生产和供应业	1674	185	1597	20	83	515

表13—11 工业企业主要经济效益指标

(1999年)

单位：%

行业	企业亏损面	产值利税率	销售利税率	工业增加值率	资金利税率
总计	**45.96**	**8.22**	**8.6**	**27.14**	**5.2**
在总计中：国有经济	54.51	7.19	7.38	27.15	3.55
中央企业	35.71	20.92	22.89	37.58	9.80
地方企业	55.21	3.79	3.83	24.60	1.89
#集体经济	28.67	5.59	5.98	24.93	6.63
其他经济	35.25	10.66	11.31	28.02	8.15
外商及港澳台商投资企业	45.36	7.09	7.79	25.87	5.05
在总计中：轻工业	47.85	8.30	8.96	26.89	6.19
以农产品为原料	51.06	7.83	8.42	26.27	6.12
以非农产品为原料	39.05	10.24	11.23	29.41	6.43
重工业	44.40	8.17	8.34	27.33	4.64
采掘工业	29.39	10.83	11.35	35.72	9.23
原料工业	49.78	10.31	10.02	30.09	4.81
加工工业	45.39	5.19	5.57	22.15	3.45
在总计中：大型企业	35.29	11.64	12.13	27.94	7.16
中型企业	52.40	4.52	4.72	25.46	2.60
小型企业	45.69	5.84	6.15	27.10	4.13
煤炭采掘业	54.84	3.72	3.71	35.28	1.50
黑色金属矿采选业	28.57	10.25	11.50	33.64	8.21
有色金属矿采选业	11.27	12.78	13.35	37.24	14.04
非金属矿采选业	36.54	9.29	10.55	34.01	8.51
其他矿采选业	0.00	18.91	17.07	23.69	17.49
木材及竹材采运业	61.9	0.61	0.70	29.14	0.23
食品加工业	56.76	3.59	3.83	22.51	3.05
#制糖业	74.00	4.58	4.88	23.40	3.16
食品制造业	47.62	4.64	4.92	22.89	3.11
#罐头食品制造业	56.67	-2.82	-3.42	23.14	-1.05
饮料制造业	54.00	7.99	9.26	26.64	5.33
#酒精及饮料酒制造业	67.27	9.19	11.33	30.22	5.49
烟草加工业	50.00	47.47	51.30	50.49	37.85
#卷烟制造业	50.00	47.99	52.35	50.56	38.2
纺织业	55.68	3.11	3.37	26.85	1.67
服装及其他纤维制造制造业	52.63	1.96	2.20	34.27	0.76
皮革、毛皮、羽绒及其制品业	64.00	-2.12	-2.67	24.05	-2.30
木材加工及竹、藤、棕、草制造业	38.89	6.58	7.34	23.89	4.72
家具制造业	26.67	2.61	2.61	28.20	2.65
造纸业及纸制品业	51.09	1.57	1.63	22.68	0.94
#造纸业	55.74	5.47	5.61	22.99	3.76
印刷业	47.46	5.28	5.53	28.55	3.17
文教体育用品制造业	100.00	-17.44	-19.79	21.93	-11.37
石油加工及炼焦业	0.00	20.33	20.68	22.52	27.60
化学原料及化学制品制造业	46.70	6.11	6.80	24.61	4.59
医药制造业	42.72	14.72	16.53	33.83	12.04
化学纤维制造业	33.33	6.51	6.25	21.19	2.76
橡胶制品业	42.86	5.22	6.22	24.82	3.75
塑料制品业	39.66	4.79	5.24	23.79	2.86
非金属矿物制品业	64.58	0.36	0.38	25.22	0.17
#水泥制造业	78.00	-1.10	-1.15	24.49	-0.44
黑色金属冶炼及压延加工业	51.56	6.16	6.20	22.16	3.46
有色金属冶炼及压延加工业	31.08	8.53	9.22	21.42	6.34
金属制品业	38.89	9.52	10.16	26.61	7.38
普通机械制造业	47.97	6.38	6.58	24.35	3.49
专用设备制造业	54.08	1.71	1.81	23.05	0.91
交通运输设备制造业	42.04	7.51	7.80	18.30	7.01
#汽车制造业	22.97	8.63	8.68	17.52	9.28
电气机械及器材制造业	50.00	2.02	2.42	24.39	1.15
电子及通信设备制造业	37.5	2.88	3.24	23.47	1.97
仪器仪表及文化、办公用机械制	57.14	-0.48	-0.56	31.87	-0.17
其他制造业	23.21	10.46	11.10	25.44	18.65
电力、蒸汽、热水的生产和供应	36.51	23.53	18.61	52.73	6.17
#电力生产业	46.75	21.47	20.99	52.01	6.47
#水力发电业	50.00	23.44	22.88	61.39	5.33
煤气生产和供应业	50.00	4.85	2.06	42.18	0.69
自来水的生产和供应业	27.08	12.04	12.32	53.21	3.32

表 13—11　续表　　1999 年

行　　业	百元固定资产原价实现的利税(元)	百元销售收入实现的利润(元)	成本费用利润率(%)	流动资产周转次数(次/年)	全员劳动生产率(元/人)
总　　计	**6.53**	**0.44**	**0.45**	**1.37**	**28924**
在总计中:国有经济	4.15	-1.51	-1.51	1.19	22916
中央企业	8.96	5.67	6.60	1.54	67060
地方企业	2.40	-3.15	-3.06	1.13	18391
集体经济	11.05	0.35	0.36	1.97	29051
其他经济	11.14	3.09	3.25	1.50	43252
#外商及港澳台商投资企业	7.24	1.65	1.70	1.38	51537
在总计中:轻工业	8.51	-0.59	-0.60	1.44	29741
以农产品为原料	8.31	-1.65	-1.68	1.55	32244
以非农产品为原料	9.21	3.84	4.02	1.11	23198
重工业	5.56	1.15	1.17	1.33	28371
采掘工业	10.9	3.85	4.02	1.81	25885
原料工业	5.04	1.11	1.14	1.51	36097
加工工业	5.28	0.47	0.48	1.10	22253
在总计中:大型企业	8.60	2.54	2.66	1.35	39191
中型企业	3.27	-2.61	-2.57	1.2	24979
小型企业	5.59	-0.53	-0.53	1.57	22245
煤炭采掘业	1.56	-3.99	-3.88	1.07	7722
黑色金属矿采选业	11.40	1.13	1.17	1.27	25315
有色金属矿采选业	16.43	6.12	6.50	2.34	43552
非金属矿采选业	10.41	3.61	3.83	1.79	20149
其他矿采选业	43.22	5.22	5.47	1.38	7386
木材及竹材采运业	0.34	-8.86	-8.62	0.68	8325
食品加工业	3.84	-2.65	-2.58	1.81	40145
#制糖业	3.79	-4.77	-4.54	1.55	35162
食品制造业	4.38	-0.72	-0.73	1.34	21230
#罐头食品制造业	-1.46	-7.20	-6.77	0.75	12873
饮料制造业	6.16	-4.73	-4.92	1.74	36551
#酒精及饮料酒制造业	5.98	-7.52	-8.02	1.81	44391
烟草加工业	85.56	3.5	6.03	1.08	167731
#卷烟制造业	86.40	3.45	6.04	1.06	169738
纺织业	2.31	-2.58	-2.49	1.00	12457
服装及其他纤维制造制造业	1.25	-2.89	-2.80	0.73	14064
皮革、毛皮、羽绒及其制品业	-3.99	-5.81	-5.86	1.48	28861
木材加工及竹、藤、棕、草制造业	5.52	0.47	0.46	2.16	30428
家具制造业	2.78	0.23	0.23	3.32	15243
造纸业及纸制品业	1.18	-4.96	-4.77	1.48	21283
#造纸业	5.06	-1.29	-1.29	1.51	21062
印刷业	3.75	-1.29	-1.26	1.30	16311
文教体育用品制造业	-15.10	-22.99	-19.67	0.77	7 6925
石油加工及炼焦业	33.24	2.68	2.96	2.93	114325
化学原料及化学制品制造业	5.95	1.23	1.25	1.35	28458
医药制造业	23.71	7.04	7.63	1.14	48405
化学纤维制造业	3.28	0.89	0.89	0.95	20543
橡胶制品业	6.31	-3.19	-3.19	0.96	21724
塑料制品业	4.32	0.09	0.09	1.02	19976
非金属矿物制品业	0.19	-7.22	-6.79	1.29	14099
#水泥制造业	-0.50	-9.57	-8.85	1.22	14764
黑色金属冶炼及压延加工业	4.55	-1.13	-1.13	1.27	25368
有色金属冶炼及压延加工业	7.66	2.39	2.44	2.11	42440
金属制品业	14.60	4.47	4.69	1.10	27097
普通机械制造业	5.67	1.06	1.09	0.91	23550
专用设备制造业	1.57	-1.46	-1.43	0.82	15917
交通运输设备制造业	12.48	2.62	2.68	1.41	34911
#汽车制造业	17.95	3.53	3.65	1.59	47605
电气机械及器材制造业	1.95	-2.59	-2.48	0.81	12221
电子及通信设备制造业	3.69	-0.44	-0.44	0.89	31800
仪器仪表及文化、办公用机械制造业	-0.24	-7.39	-6.58	0.46	14530
其他制造业	53.22	1.03	1.14	2.37	19506
电力、蒸汽、热水的生产和供应业	5.52	7.09	7.82	1.34	60108
#电力生产业	5.32	8.63	9.88	1.67	74264
#水力发电业	4.37	8.59	10.42	1.74	67280
煤气生产和供应业	0.82	-1.41	-1.38	0.84	19583
自来水的生产和供应业	3.08	5.05	5.36	1.24	27169

表13—12 国有工业企业主要经济效益指标

(1999年)

单位:%

行业	企业亏损面	产值利税率	销售利税率	工业增加值率	资金利税率
总计	**52.92**	**8.71**	**9.00**	**27.60**	**4.69**
在总计中:中央企业	33.77	20.08	21.72	35.33	11.53
地方企业	53.63	5.70	5.81	25.53	3.02
在总计中:轻工业	54.09	8.67	9.27	26.99	5.28
以农产品为原料	58.02	8.32	8.92	26.37	5.34
以非农产品为原料	42.57	10.36	10.95	29.98	5.09
重工业	51.93	8.74	8.84	27.97	4.39
采掘工业	49.70	11.4	12.37	38.87	7.02
原料工业	48.96	12.27	11.67	31.99	5.12
加工工业	55.41	4.49	4.80	21.33	2.74
在总计中:大型企业	34.16	11.79	12.26	28.06	6.95
中型企业	56.33	3.64	3.82	25.04	1.95
小型企业	54.06	5.75	5.72	29.42	2.45
煤炭采掘业	56.67	3.68	3.67	35.44	1.48
黑色金属矿采选业	40.00	5.37	6.45	34.21	3.19
有色金属矿采选业	29.17	15.47	16.92	41.37	12.18
非金属矿采选业	51.35	9.07	11.30	40.90	5.74
其他矿采选业	0.00	1.99	2.54	15.20	0.98
木材及竹材采运业	61.90	0.61	0.70	29.14	0.23
食品加工业	63.85	2.59	2.73	20.99	1.86
#制糖业	77.65	3.36	3.57	22.43	2.26
食品制造业	54.87	-0.86	-0.93	22.53	-0.35
#罐头食品制造业	62.50	-7.14	-10.11	22.01	-1.83
饮料制造业	62.16	11.05	13.71	26.52	5.82
#酒精及饮料酒制造业	69.77	18.45	24.18	33.74	9.79
烟草加工业	50.00	47.47	51.30	50.49	37.85
#卷烟制造业	50.00	47.99	52.35	50.56	38.20
纺织业	60.00	3.64	3.94	27.30	1.78
服装及其他纤维制造制造业	54.55	2.70	3.31	33.16	0.80
皮革、毛皮、羽绒及其制品业	58.33	-0.33	-0.43	24.75	-0.54
木材加工及竹、藤、棕、草制造业	58.06	5.51	6.21	21.39	3.33
家具制造业	37.50	2.51	2.48	40.30	0.68
造纸业及纸制品业	56.52	0.22	0.23	23.47	0.10
#造纸业	54.55	6.59	6.67	23.71	3.63
印刷业	50.93	4.36	4.55	29.25	2.12
文教体育用品制造业	100.00	-87.16	-137.50	-48.54	-13.79
石油加工及炼焦业	0.00	20.65	20.99	22.53	28.13
化学原料及化学制品制造业	56.93	6.43	6.91	25.56	4.24
医药制造业	46.99	11.67	12.54	31.05	7.95
化学纤维制造业	33.33	6.51	6.25	21.19	2.76
橡胶制品业	33.33	5.39	6.38	24.56	3.79
塑料制品业	50.00	5.46	6.14	23.48	2.69
非金属矿物制品业	63.52	0.46	0.48	25.51	0.19
#水泥制造业	72.17	1.93	2.01	25.30	0.78
黑色金属冶炼及压延加工业	64.86	6.75	6.69	22.46	3.49
有色金属冶炼及压延加工业	31.43	9.50	10.81	19.99	5.91
金属制品业	55.00	0.16	0.18	26.95	0.08
普通机械制造业	60.47	5.87	6.01	23.43	2.84
专用设备制造业	60.00	1.39	1.44	22.52	0.69
交通运输设备制造业	54.29	6.57	6.87	17.24	6.26
#汽车制造业	37.04	7.86	7.91	16.23	8.84
电气机械及器材制造业	71.74	-0.36	-0.42	21.87	-0.17
电子及通信设备制造业	33.33	-0.16	-0.19	23.40	-0.10
仪器仪表及文化、办公用机械制造业	75.00	-7.02	-7.40	28.75	-2.03
其他制造业	77.78	-21.67	-40.71	27.96	-4.06
电力、蒸汽、热水的生产和供应业	37.45	24.18	18.83	54.02	6.14
#电力生产业	48.75	22.26	21.60	53.97	6.43
#水力发电业	51.01	24.67	23.85	63.91	5.39
煤气生产和供应业	50.00	4.85	2.06	42.18	0.69
自来水的生产和供应业	27.37	12.01	12.29	53.45	3.31

表 13—12　续表　　1999 年

行　　业	百元固定资产原价实现的利税(元)	百元销售收入实现的利润(元)	成本费用利润率(%)	流动资产周转次数(次/年)	全员劳动生产率(元/人)
总　　计	**5.68**	**-0.02**	**-0.02**	**1.22**	**27284**
在总计中:中央企业	11.43	5.51	6.34	1.58	68906
地方企业	3.86	-1.40	-1.39	1.16	22279
在总计中:轻工业	7.14	-2.1	-2.13	1.21	27238
以农产品为原料	7.32	-3.39	-3.42	1.26	28684
以非农产品为原料	6.53	3.94	4.09	1.01	22474
重工业	5.06	1.17	1.19	1.23	27311
采掘工业	8.11	3.68	3.80	1.29	23037
原料工业	5.15	2.02	2.09	1.47	37579
加工工业	4.04	-0.34	-0.34	1.03	20048
在总计中:大型企业	8.27	2.45	2.56	1.30	36987
中型企业	2.39	-3.8	-3.71	1.14	23235
小型企业	3.06	-2.67	-2.62	1.12	17105
煤炭采掘业	1.54	-4.06	-3.94	1.06	7743
黑色金属矿采选业	3.96	-0.82	-0.80	0.99	19323
有色金属矿采选业	14.29	7.65	8.15	1.54	42238
非金属矿采选业	6.27	2.49	2.60	1.24	20356
其他矿采选业	2.68	0.13	0.12	0.53	10735
木材及竹材采运业	0.34	-8.86	-8.62	0.68	8325
食品加工业	2.38	-4.85	-4.59	1.50	30858
#制糖业	2.78	-6.09	-5.71	1.44	31292
食品制造业	-0.49	-6.60	-6.24	0.85	14648
#罐头食品制造业	-2.52	-14.89	-12.99	0.44	10251
饮料制造业	7.90	-6.44	-6.71	0.93	19699
#酒精及饮料酒制造业	13.43	-2.46	-2.84	0.88	27732
烟草加工业	85.56	3.50	6.03	1.08	167731
#卷烟制造业	86.40	3.45	6.04	1.06	169738
纺织业	2.46	-2.41	-2.33	0.94	12155
服装及其他纤维制造制造业	1.33	-1.65	-1.60	0.55	11703
皮革、毛皮、羽绒及其制品业	-0.69	-1.10	-1.21	2.80	38203
木材加工及竹、藤、棕、草制造业	3.90	-0.77	-0.75	1.81	32670
家具制造业	0.76	-4.62	-4.41	1.03	8468
造纸业及纸制品业	0.12	-7.70	-7.23	1.27	21206
#造纸业	4.72	-1.51	-1.50	1.32	21225
印刷业	2.44	-2.74	-2.62	1.09	12663
文教体育用品制造业	-51.59	-143.5	-58.87	0.12	-5203
石油加工及炼焦业	33.32	2.67	2.96	3.00	117559
化学原料及化学制品制造业	4.94	1.62	1.65	1.33	23940
医药制造业	15.32	3.89	4.05	1.00	35834
化学纤维制造业	3.28	0.89	0.89	0.95	20543
橡胶制品业	6.40	-3.17	-3.17	0.95	22017
塑料制品业	3.67	0.55	0.53	0.93	16454
非金属矿物制品业	0.21	-7.83	-7.28	1.08	14131
#水泥制造业	0.86	-6.47	-6.12	1.15	15578
黑色金属冶炼及压延加工业	4.47	-0.99	-0.99	1.22	24873
有色金属冶炼及压延加工业	6.68	2.98	3.06	2.04	40027
金属制品业	0.15	-5.79	-5.44	0.61	14358
普通机械制造业	4.62	0.69	0.70	0.81	21516
专用设备制造业	1.19	-1.72	-1.68	0.78	15015
交通运输设备制造业	10.6	1.77	1.79	1.46	34985
#汽车制造业	16.32	2.85	2.92	1.67	52579
电气机械及器材制造业	-0.27	-6.24	-5.78	0.70	7809
电子及通信设备制造业	-0.15	-3.27	-3.11	0.86	23382
仪器仪表及文化、办公用机械制造业	-2.96	-13.57	-11.35	0.40	9978
其他制造业	-6.44	-54.28	-36.54	0.24	5690
电力、蒸汽、热水的生产和供应业	5.44	7.11	7.87	1.35	61380
#电力生产业	5.19	8.79	10.16	1.76	78213
#水力发电业	4.34	8.90	10.91	1.88	71230
煤气生产和供应业	0.82	-1.41	-1.38	0.84	19583
自来水的生产和供应业	3.07	5.06	5.37	1.23	27232

表 13—13 大中型工业企业主要经济效益指标

(1999 年)　　　　单位:%

行　　　业	企业亏损面	产值利税率	销售利税率	工业增加值率	资金利税率
总　　　计	**47.10**	**9.37**	**9.77**	**27.16**	**5.64**
在总计中:国有经济	53.94	8.02	8.35	26.78	4.21
中央企业	27.78	22.54	24.96	40.02	9.43
地方企业	56.58	4.05	4.15	23.19	2.29
集体经济	39.13	5.39	5.38	21.66	4.35
其他经济	32.93	11.9	12.49	28.51	8.61
#外商及港澳台商投资企业	45.28	8.30	8.87	27.25	5.38
在总计中:国有及国有控股	49.09	9.40	9.79	27.19	5.38
在总计中:轻工业	47.37	10.42	10.95	27.39	7.24
以农产品为	48.65	9.95	10.51	26.92	7.25
以非农产品	42.86	12.66	12.99	29.68	7.19
重工业	46.86	8.58	8.89	26.99	4.68
采掘工业	50.00	9.78	10.25	37.96	6.21
原料工业	45.76	11.74	11.87	31.29	5.42
加工工业	47.19	5.37	5.69	21.1	3.46
在总计中:大型企业	35.29	11.64	12.13	27.94	7.16
中型企业	52.40	4.52	4.72	25.46	2.60
煤炭采掘业	87.50	3.39	3.31	35.53	1.35
黑色金属矿采选业	50.00	4.04	5.03	46.17	2.38
有色金属矿采选业	30.00	12.02	12.82	38.22	9.08
非金属矿采选业	33.33	10.61	11.88	45.10	8.89
其他矿采选业					
木材及竹材采运业					
食品加工业	61.17	4.35	4.59	22.56	3.36
#制糖业	69.33	5.17	5.48	23.38	3.63
食品制造业	45.00	6.07	6.15	21.67	3.67
#罐头食品制造业	100.00	-9.52	-14.10	20.46	-2.44
饮料制造业	42.86	10.98	12.08	28.2	7.67
#酒精及饮料酒制造业	37.5	13.59	15.33	32.39	8.65
烟草加工业	50.00	48.72	52.92	50.9	41.26
#卷烟制造业	50.00	48.72	52.92	50.9	41.26
纺织业	43.48	5.70	5.79	27.47	3.02
服装及其他纤维制造制造业	100.00	-1.26	-1.50	32.24	-0.31
皮革、毛皮、羽绒及其制品业	33.33	1.01	1.32	25.16	2.76
木材加工及竹、藤、棕、草制造业	50.00	6.38	7.25	22.8	3.86
家具制造业	0.00	5.87	4.11	46.10	2.74
造纸业及纸制品业	45.45	0.13	0.14	24.25	0.06
#造纸业	40.00	6.56	6.64	24.66	3.93
印刷业	11.11	8.84	9.06	30.65	4.46
文教体育用品制造业					
石油加工及炼焦业	0.00	13.36	15.85	26.35	8.27
化学原料及化学制品制造业	43.14	7.39	8.00	24.89	4.84
医药制造业	10.00	17.69	17.84	33.96	14.78
化学纤维制造业	40.00	6.51	6.23	21.1	2.76
橡胶制品业	80.00	5.09	5.99	24.51	3.55
塑料制品业	22.22	6.92	7.46	25.45	3.35
非金属矿物制品业	65.15	4.18	4.27	26.86	1.91
#水泥制造业	69.05	3.41	3.54	25.52	1.41
黑色金属冶炼及压延加工业	77.78	7.36	7.31	22.7	3.55
有色金属冶炼及压延加工业	15.79	10.15	10.94	21.19	7.01
金属制品业	40.00	15.60	16.11	30.28	10.64
普通机械制造业	47.37	6.76	6.89	23.78	3.35
专用设备制造业	52.38	1.76	1.81	22.00	0.95
交通运输设备制造业	37.14	7.62	7.85	17.34	7.34
#汽车制造业	20.00	8.61	8.60	16.56	9.48
电气机械及器材制造业	60.71	0.33	0.39	22.38	0.16
电子及通信设备制造业	38.46	-0.99	-1.16	23.48	-0.61
仪器仪表及文化、办公用机械制造业	71.43	-4.53	-4.79	31.26	-1.39
其他制造业	50.00	0.97	0.96	5.95	0.57
电力、蒸汽、热水的生产和供应业	13.04	26.69	24.50	61.89	7.71
#电力生产业	13.33	25.36	24.21	57.14	8.67
#水力发电业	22.22	31.63	29.22	73.86	7.72
煤气生产和供应业	0.00	12.53	3.76	63.43	1.08
自来水的生产和供应业	20.00	15.75	16.06	58.12	4.13

表 13—13　续表　　　　1999 年

行　　业	百元固定资产原价实现的利税(元)	百元销售收入实现的利润(元)	成本费用利润率(%)	流动资产周转次数(次/年)	全员劳动生产率(元/人)
总　　计	**6.88**	**0.90**	**0.92**	**1.30**	**33576**
在总计中:国有经济	4.84	-0.66	-0.66	1.22	27425
中央企业	8.48	6.96	8.22	1.42	68719
地方企业	2.93	-2.58	-2.52	1.18	21417
集体经济	7.92	-0.18	-0.18	1.25	32241
其他经济	11.42	3.30	3.48	1.43	48085
#外商及港澳台商投资企业	7.16	2.11	2.20	1.42	68200
在总计中:国有及国有控股	6.46	0.62	0.64	1.25	31971
在总计中:轻工业	9.76	-0.19	-0.2	1.39	37351
以农产品为原料	9.63	-1.57	-1.62	1.49	40341
以非农产品为原料	10.28	6.28	6.68	1.05	28218
重工业	5.41	1.71	1.75	1.23	31189
采掘工业	6.57	1.60	1.62	1.40	22448
原料工业	5.33	2.80	2.91	1.46	45985
加工工业	5.32	0.63	0.63	1.05	23059
在总计中:大型企业	8.60	2.54	2.66	1.35	39191
中型企业	3.27	-2.61	-2.57	1.20	24979
煤炭采掘业	1.36	-4.26	-4.16	1.11	7849
黑色金属矿采选业	2.34	-2.62	-2.55	0.78	20794
有色金属矿采选业	9.91	3.24	3.30	1.61	37156
非金属矿采选业	9.30	7.25	7.87	1.52	34036
其他矿采选业					
木材及竹材采运业					
食品加工业	4.18	-3.05	-2.95	1.67	39861
#制糖业	4.38	-4.24	-4.05	1.57	36795
食品制造业	5.15	0.31	0.31	1.26	25565
#罐头食品制造业	-3.15	-18.09	-15.29	0.48	11642
饮料制造业	8.02	-4.04	-4.32	2.26	56232
#酒精及饮料酒制造业	8.76	-5.18	-5.75	2.46	66520
烟草加工业	96.24	3.53	6.23	1.12	192654
#卷烟制造业	96.24	3.53	6.23	1.12	192654
纺织业	4.27	-0.55	-0.54	1.04	14341
服装及其他纤维制造制造业	-0.50	-5.44	-5.10	0.48	12161
皮革、毛皮、羽绒及其制品业	3.77	1.14	1.30	4.11	94255
木材加工及竹、藤、棕、草制造业	4.13	0.34	0.34	2.01	80361
家具制造业	2.78	0.02	0.02	2.49	11085
造纸业及纸制品业	0.08	-7.44	-6.99	1.33	25019
#造纸业	5.12	-1.12	-1.12	1.38	24466
印刷业	5.46	1.60	1.59	1.08	24079
文教体育用品制造业					
石油加工及炼焦业	7.01	2.24	2.45	1.55	26845
化学原料及化学制品制造业	5.91	2.42	2.48	1.25	29648
医药制造业	28.94	7.95	8.67	1.25	59360
化学纤维制造业	3.28	0.88	0.88	0.95	20717
橡胶制品业	5.96	-3.57	-3.57	0.94	21575
塑料制品业	5.11	1.69	1.67	0.81	25351
非金属矿物制品业	2.17	-4.01	-3.83	1.16	17034
#水泥制造业	1.57	-5.17	-4.89	1.09	18724
黑色金属冶炼及压延加工业	4.54	-1.01	-1.00	1.14	25052
有色金属冶炼及压延加工业	8.09	3.36	3.47	2.17	44302
金属制品业	23.61	8.47	9.14	0.99	32925
普通机械制造业	5.41	1.66	1.71	0.84	25021
专用设备制造业	1.69	-1.15	-1.14	0.84	17468
交通运输设备制造业	12.78	2.74	2.81	1.46	41382
#汽车制造业	17.87	3.46	3.57	1.64	57534
电气机械及器材制造业	0.27	-5.07	-4.76	0.67	9091
电子及通信设备制造业	-0.92	-3.87	-3.68	0.83	24160
仪器仪表及文化、办公用机械制造业	-1.90	-11.6	-9.90	0.42	10747
其他制造业	3.75	-1.88	-1.89	0.70	20471
电力、蒸汽、热水的生产和供应业	5.83	11.47	13.71	1.50	158904
#电力生产业	6.73	11.73	14.36	2.21	192383
#水力发电业	5.95	13.24	18.07	2.93	280667
煤气生产和供应业	1.28	0.04	0.04	0.74	20183
自来水的生产和供应业	3.66	9.37	10.55	1.57	55107

表 13—14 大中型工业企业财务指标

(1999 年)

单位名称	全部从业人员年平均人数(人)	工业总产值(万元)	资金总额(万元)	产品销售收入(万元)	利税总额(万元)	产成品(万元)
南宁重型机器厂	2742	2232	22199	2566	-1207	2972
南宁市齿轮厂	360	398	3727	479	-121	252
南宁发电设备总厂	1770	4757	16398	1518	-444	1030
广西壮族自治区南宁铝厂	1515	24674	30169	24633	1429	1215
南宁市冶炼厂	678	10746	6382	9303	500	404
南宁市通用机械厂	458	1690	4149	1486	102	400
广西壮族自治区南宁机械厂	3116	18014	31256	19605	61	2441
广西南宁模具中心	290	494	3583	457	-262	331
南宁水泥制品总厂	771	4511	7123	4028	215	1755
南宁市塑料制品总厂	431	4818	6074	4673	431	1194
南宁金沙湾实业有限责任公司	593	1858	10440	757	-138	282
南宁市木器厂	517	1363	3500	1364	89	201
南宁市水泥厂	892	3552	11629	3655	-97	296
南宁市钢精厂	744	2120	4726	1452	-195	286
广西壮族自治区南宁平板玻璃厂	977	12391	27853	12493	1041	957
南宁市无线电三厂	264	336	13632	878	-109	5788
南宁手扶拖拉机厂	1769	35202	24217	35824	585	1750
广西南宁电线电缆厂	671	15654	11069	14293	516	1324
南宁壮宁砂石有限责任公司	728	1105	4229	873	-105	924
广西鑫叶彩印包装有限公司	217	4132	7549	4046	905	176
南宁罐头食品有限责任公司南宁罐头食品厂	1496	8111	27836	5565	-656	1860
南宁市肥皂厂(南宁市轻工化学厂)	212	1458	2456	1492	133	182
广西壮族自治区南宁合成纤维厂	783	2766	18736	3772	-430	566
南宁包装印刷集团公司	341	607	4937	535	22	410
南宁市自行车总厂	497	5091	10861	102	-441	6
广西壮族自治区南宁橡胶厂	2111	11614	20014	8984	72	5782
南宁市毛巾被单厂	528	1097	2797	1004	36	185
南宁麻纺织厂	1093	2222	6372	1164	119	1888
南宁市味精厂	743	13992	11140	14036	788	1824
南宁化工集团有限公司	4783	34027	60138	32457	-788	3939
广西南宁棉纺织印染总厂	4372	20547	48839	20511	390	541
广西壮族自治区南宁制药企业集团公司	1776	9455	17857	8628	812	1012
南宁糖业股份有限公司	6531	100537	70996	90597	15503	441
南宁康乐股份有限公司	757	2449	7421	2009	-163	133
南宁柠檬酸有限公司	243	4435	5686	4821	454	211
南宁可口可乐饮料有限公司	385	14897	8307	15894	2123	491
南宁万泰啤酒有限公司	1170	19427	70100	14278	-5574	284
南宁市手表厂	821	689	4842	880	-144	970
南宁市水暖器材厂	242	1384	4177	1372	115	733
南宁市多丽电器总厂	225	1804	2755	1289	6	745
广西盛全服装有限公司	645	761	2326	605	-91	384
南宁市矿务局	2119	2168	18485	2040	191	114
南宁市金龙水泥厂	362	3414	7276	2623	-72	216
南宁市自来水公司	1308	13198	39723	13198	3440	0

表 13—14　续表 1　　1999 年

单　位　名　称	全部从业人员年平均人数(人)	工　业总产值(万元)	资　金总　额(万元)	产品销售收入(万元)	利　税总　额(万元)	产成品(万元)
南宁胜利电子股份有限公司	283	14509	11183	12006	188	1773
南宁中西药厂	198	700	2755	761	−252	233
南宁市商业食品工业总公司	493	2448	4436	2340	160	105
南宁市粮油饲料总厂	277	8406	6675	8385	10	549
广西银雪面粉有限责任公司	1057	22962	22630	38036	300	229
广西民族印刷厂	1083	5785	9885	5339	596	912
广西南宁烟草(集团)有限责任公司	2855	91684	99923	78770	42704	5357
广西桂元赖氨酸有限责任公司广西赖氨酸厂	1611	10021	16949	11558	1086	430
广西建工集团建筑机械有限责任公司	1032	6520	9567	5314	372	3339
广西南宁玻璃厂	1457	5743	12693	5903	−309	1399
金光制糖化工厂	898	18265	19655	15649	632	736
广西中医学院制药厂	230	1811	5821	1522	324	561
广西南宁农垦玻璃厂	1096	2378	5890	2020	33	674
广西那龙矿务局	1271	1643	9121	1050	−72	175
广西华桂畜牧饲料有限公司	254	13819	6650	11713	767	91
广西高峰人造板有限公司	165	9169	17920	9979	1468	56
南宁燃气轮机发电有限公司	139	3117	13556	2757	173	0
南宁赫司特食品添加剂	340	2054	7848	2173	−1701	653
广西壮族自治区南宁肉类联合加工厂	874	3282	9275	4307	187	584
广西饲料企业集团公司天龙饲料厂	455	11817	11860	15617	83	17
广西明阳淀粉化工股份有限公司	797	11206	28403	12728	1238	1697
邕宁县纸业有限公司	580	3552	4686	3693	405	118
广西宁俊工贸有限公司	671	5234	4124	5356	470	27
广西华宏水泥股份有限公司	1313	13023	28314	12670	2200	2081
邕宁县大塘糖业股份有限责任公司	458	2623	7419	2100	−112	346
南宁市丰德电子有限公司	260	1199	4706	927	−407	562
南宁正大建材有限公司	496	6423	24989	6046	−267	430
南宁市中密度纤维板厂	280	10980	16467	9227	700	416
南宁正大畜牧有限公司	471	36187	16004	32278	4839	190
南宁市地区武鸣染织厂	690	91	1892	50	−37	374
武鸣县淀粉厂	190	188	4671	165	0	511
南宁华侨投资区糖厂	530	6489	6675	7304	906	738
南宁鸣昌肥料公司	390	6605	4928	5436	481	514
南宁市港鸣建陶发展有限公司	266	1955	5114	2114	5	77
武鸣县水泥厂	917	6005	9952	5596	−470	370
广西柳州钢铁(集团)公司	21223	204911	450928	215393	25681	39196
柳州锌品股份有限公司	3378	47702	50095	39575	5024	8092
柳州有色冶炼股份有限公司	998	17849	24581	24280	2030	253
柳州市柳锌劳动服务公司	684	8874	2858	13423	−67	2162
柳州市化学冶炼工业公司	1046	15010	15128	19299	556	1999
柳州市综合冶炼工业有限责任公司	559	8512	4762	6942	188	285
柳州佳力电机公司	1017	3074	24303	3267	−854	782
柳州市电器厂	515	260	3486	256	−216	307
柳州市钢圈厂	813	8077	11864	9234	693	1236
柳州市仪表总厂	706	3182	651	3694	−101	1002
柳州市链条总厂	333	646	3722	788	−91	541
柳州市滤清器厂	424	4158	4492	3972	511	775

表 13—14 续表 2

1999 年

单 位 名 称	全部从业人员年平均人数(人)	工业总产值(万元)	资金总额(万元)	产品销售收入(万元)	利税总额(万元)	产成品(万元)
柳州市磁电机厂	405	225	2217	220	－194	125
柳州市柳整电气制造有限责任公司	428	1270	5256	1338	－231	1379
广西壮族自治区柳州市锅炉总厂	564	2886	7668	2259	207	476
柳州市微电机总厂	418	2071	4821	1680	－93	503
广西柳发股份有限公司	179	796	22931	796	75	0
柳州开关电器有限责任公司	1442	4492	17821	4857	－14	3233
柳州市通用机械总厂	438	2905	5401	2475	－33	1635
柳州市铸造总厂	901	3570	7970	3721	154	1240
柳州市电子管厂	410	2483	8154	2342	－384	815
柳州市标准件总厂	160	337	2452	334	－183	79
柳州市威乐斯电梯厂	453	657	3192	369	－171	398
广西柳工机械股份有限公司	2795	65553	81052	62473	1476	13262
柳州柳工铸铁厂	154	992	2217	905	95	16
柳州工程机械齿轮有限公司	262	2780	4220	2834	451	521
柳州康达工程机械有限公司	210	4724	9391	4802	583	1425
中国第一汽车集团柳州特种汽车厂	502	40972	17070	40593	2829	2281
东风柳州汽车有限公司	3206	164098	104642	66459	9665	8855
柳州微型汽车厂	6339	240723	238277	43495	16368	12573
柳州五菱实业公司	343	10742	10573	11448	973	420
柳州五菱第一汽车配件厂	655	3626	6224	3892	554	442
柳州五菱汽车有限责任公司柳州机械厂	2600	50632	49932	52738	2197	3876
柳州索罗小型动力机厂	275	1410	3595	1595	104	385
中外合资柳州环宇压缩机有限公司	1521	6040	25045	7113	91	3880
柳州第二空气压缩机总厂	1283	4859	7823	5880	539	2618
柳州欧维姆建筑机械有限公司	692	15607	14407	16229	2786	1516
柳州富达机械有限公司	120	4422	4945	4015	498	1800
柳州市棉纺厂	2324	15150	21051	15208	1352	411
柳州市双合袜业有限责任公司	387	912	5167	458	－168	197
柳州市第二棉纺织厂	3408	15598	20996	15812	1013	676
柳州纺织机械股份有限公司	447	1386	8621	1005	－64	1023
柳州灯花有限责任公司	900	3919	8400	5255	409	946
广西柳州市针织总厂	889	3858	21646	2428	60	3590
柳州柳怡毛巾有限公司	77	1247	4198	1171	15	624
柳州市化学纤维厂	630	6545	16259	7043	309	1265
柳州华侨化纤纺织厂	2300	8457	15784	8867	335	1543
柳州金风毛巾品业有限公司	890	3452	7108	3654	415	604
柳州市经编针织厂	294	49	6930	73	－59	1107
柳州市第三棉纺织厂	1833	7023	16737	6535	588	1782
柳州两面针股份有限公司	1192	62616	63334	63878	21118	1815
柳州市鱼峰啤酒饮料有限责任公司	643	3775	4724	3387	995	737
柳州市灯泡厂	1197	2206	4434	2183	－280	438
柳州市搪瓷厂	1254	11160	13625	10515	738	3285
柳州市日用化工厂	284	3528	3443	2228	258	787
广西金嗓子有限责任公司	900	36877	21411	32490	7910	198
广西柳江造纸厂	2479	15732	40470	16130	1351	2252
广西甲天下烟草集团有限责任公司	1557	94294	93917	92981	53466	710
柳州市缝纫机台板家具总厂	516	821	1186	1759	39	611

表 13—14 续表 3　　1999 年

单　位　名　称	全部从业人员年平均人数(人)	工业总产值(万元)	资金总额(万元)	产品销售收入(万元)	利税总额(万元)	产成品(万元)
柳州市印刷有限责任公司	460	2410	6364	3101	228	1342
柳州市机械刀片厂	420	1306	5874	1769	120	531
广西柳州市玻璃厂	555	3615	5086	3324	303	1062
柳州市造纸厂	761	6380	18516	6324	611	330
柳州彩色印刷包装总厂	555	5400	11946	5444	259	432
柳州市冷柜厂	600	4463	13535	2337	-499	1082
广西柳州市塑料编织水泥袋厂	402	3991	4727	3103	219	1419
柳州市双马电器集团公司	622	1971	10396	2069	2	732
柳州塑料机械总厂	959	11751	20237	6120	105	3571
广西壮族自治区柳州塑料制品总厂	452	3691	10268	2008	402	1044
柳州化学工业集团有限公司	3528	40871	59858	38450	1865	4002
柳州东风化工有限责任公司	1263	7163	20563	6539	336	1103
柳州市造漆厂	228	3132	3281	3059	354	280
柳州市跃进化工厂	169	2856	6275	2362	111	347
广西柳州威奇化工有限责任公司	1005	8232	15359	7609	1219	1714
广西柳州制药有限责任公司	419	2637	6059	2390	32	519
广西花红药业厂	366	4343	5091	3684	378	557
柳州中一橡胶有限责任公司	812	3746	8057	2314	158	1337
广西鱼峰水泥股份有限公司	2085	38780	71982	41563	4543	1916
柳州市如一建筑材料有限责任公司	726	2627	11277	2329	372	1677
柳州市第二水泥厂	450	1362	5375	1444	-238	48
柳州大昌新型建材有限公司	557	3158	8966	3474	240	295
广西壮族自治区柳州肉类联合加工厂	461	1644	6222	1542	111	282
柳州市自来水有限责任公司	916	8980	36355	8980	1337	0
柳州市煤气公司	356	801	9331	2668	100	0
柳州市柳新饲料厂	128	18075	4551	17942	183	179
柳晶面粉有限公司	86	1691	4377	1651	-253	90
广西柳州面粉实业公司	340	9753	15648	9573	-1466	172
柳州市华力实业总公司	655	6343	13758	6204	555	1937
柳州市汽车改制厂	384	7528	7676	7799	298	432
柳州市汽车运输公司	504	3619	11937	3899	218	304
柳州市雅乐饼干总厂	177	705	4147	541	-12	16
柳州市汽车配件四厂	154	1041	1816	1588	260	55
柳州市无线电五厂	204	901	3780	907	14	989
柳州市水轮机厂	225	708	3069	816	73	93
柳州市高压电器厂	215	864	2954	784	60	343
柳州市食品总厂	396	1213	3416	875	95	312
柳州商业机械厂	328	1237	3424	1313	74	591
柳州达美实业有限责任公司	665	11831	6006	11309	5672	0
柳州市重型车轮厂	176	1313	1553	1410	110	205
柳州市金羊汽车配件厂	663	7070	7387	6964	246	202
柳州市白云冶炼厂	120	10105	7124	10445	792	468
柳州市建筑器具厂	250	4400	1141	2373	289	622
柳州工程机械大修配件厂	332	2480	4574	2411	492	0
市环东锑业化工厂	188	5653	2967	7225	116	308
柳州市车架厂	218	2894	3058	3888	53	54
柳州木材防腐厂	371	7788	16274	6634	397	2627

表 13—14　续表 4　　　　　　　　　　1999 年

单　位　名　称	全部从业人员年平均人数(人)	工业总产值(万元)	资金总额(万元)	产品销售收入(万元)	利税总额(万元)	产成品(万元)
国营西江造船厂	1451	4286	31923	2922	－1746	3138
柳州机车车辆厂	5029	17985	43455	15965	751	1129
柳州长虹机器制造公司	2602	9819	24445	10348	392	980
广西柳州发电有限责任公司	1234	41306	120292	41307	8865	0
广西柳州木材厂	369	300	4165	300	－971	19
广西壮族自治区柳州林业机械厂	447	611	4879	527	－440	380
广西柳州特种变压器厂	358	5002	8585	2799	218	2307
柳州农用运输车总厂	688	2023	10802	1747	－674	763
广西柳州电缆厂	390	1896	9133	1221	－357	306
柳州华锡集团有限责任公司	13858	125056	160713	116991	15915	9867
广西柳州龙晶特种电器有限公司	56	1026	3244	521	92	223
柳州市龙城化工总厂	1653	36767	67328	32390	541	14546
柳州钢化玻璃厂	150	1229	1701	1297	248	13
利达(柳州)化工有限公司	210	8472	20476	8530	1545	243
柳江县拉堡糖厂	554	8321	10410	7596	502	1737
广西柳兴实业开发总公司	3599	20866	31612	27500	630	3228
广西区露塘糖厂	517	12311	13306	12542	1869	302
柳州市百朋水泥厂	220	447	1259	535	－341	198
柳江金美有色金属工业公司	440	24024	8071	20949	590	3396
柳州市柳新汽车冲压件有限公司	209	13010	14921	13083	6385	1399
柳州富鑫化工有限公司	108	2719	583	2895	98	459
柳州市汽车车厢厂	280	3211	5113	3132	311	79
广西三柳化工有限责任公司	1470	8761	15442	8859	－161	1109
广西柳州市凤山糖业(集团)有限公司	1686	41060	55927	36519	3489	9710
广西柳城县六塘糖厂	256	2772	11872	2298	－637	1436
广西四塘水泥厂	187	2185	4269	2062	－14	528
桂林桂北磨床厂	506	2777	5543	2614	230	1250
桂林市天和药业有限公司	449	15239	8645	12417	2631	762
桂林市第一电机厂	233	328	3154	549	－104	536
桂林市金元珠宝企业集团公司	636	21480	27744	21521	－290	2171
桂林包装机械厂	575	1148	5742	682	－97	768
桂林冶金机械总厂	1481	7095	23248	7696	188	2114
桂林钢厂	1170	2761	21734	2788	－518	400
桂林第二造纸厂	408	2138	4850	1693	－298	555
桂林市医疗电子仪器厂	370	2559	3327	2149	247	103
桂林肉类联合加工厂	135	212	2965	177	－420	3
桂林内燃机配件厂(桂林有色金钢带厂)	1240	3754	8812	3473	274	1048
桂林市水泵厂	684	2489	5471	1620	128	304
桂林市大米厂	370	29492	7624	28291	1306	708
国营长海机器厂	1231	6185	13679	6445	－75	996
桂林机床股份有限公司	2040	5298	21776	5263	549	3111
桂林博达食品总厂	99	275	3467	185	－232	91
桂林威达仪器仪表办公设备集团公司	1483	3969	26796	3763	－904	3134
桂林三花股份有限公司	558	10108	10781	9838	5008	1101
桂林市乳品厂	79	378	1501	378	17	9
广西桂林轻工机械厂	513	1579	7361	1160	80	222

表 13—14　续表 5　　　　1999 年

单　位　名　称	全部从业人员年平均人数(人)	工　业总产值(万元)	资　金总　额(万元)	产品销售收入(万元)	利　税总　额(万元)	产成品(万元)
桂林量具刃具厂	1101	2904	8663	2094	57	2341
桂林市空调机厂	328	1994	6850	2203	－28	1108
桂林市玻璃厂	1117	8277	8813	8337	1249	899
桂林橡胶机械厂	1826	10207	20257	10328	1025	240
桂林市面粉厂	164	5639	9792	5824	39	289
桂林市自来水公司	484	4236	17685	4236	615	0
桂林邮电通信设备厂	417	4077	10083	1898	185	1132
桂林漓泉股份有限公司	1432	44385	36152	44300	10692	673
国营长虹机械厂	967	1036	4858	1291	－309	384
桂林市第三塑料厂	350	4233	13118	4245	210	2708
桂林齿轮厂	1253	2272	8966	2310	－268	1045
广西桂林化工厂	443	4828	3913	3248	－280	609
桂林市皮件厂	513	2954	3343	2613	108	219
桂林日用化工厂	213	4996	3900	4675	132	852
桂林市汽车配件总厂	922	5564	9368	5278	356	885
桂林航天电器公司	722	3041	8527	2684	91	570
桂林市造纸厂	974	11317	17760	12290	699	488
桂林第二机床厂	551	1643	6510	1414	－84	1444
桂林机床电器厂	549	2693	5040	2167	238	667
桂林市制药厂	1050	12093	14517	11882	1294	900
桂林化工机械厂	471	1049	4267	895	－278	66
桂林市电焊条厂	400	4826	5893	3490	63	1812
桂林市宏伟集团公司	1048	9397	48171	11660	327	9280
桂林能源开发集团公司	647	5111	4971	5101	653	272
桂林客车集团公司	2734	100821	72687	95352	15881	5994
桂林市银海纺织集团公司	4330	26378	39976	25649	2056	1632
桂林山美集团公司	822	3621	9675	3918	－73	617
桂林汉高洗涤剂有限公司	927	13897	16171	12409	－2377	390
桂林集琦包装有限公司	178	2426	4600	2349	214	87
桂林集琦药业股份有限公司	499	6624	54118	13122	1881	375
桂林市酱料厂	212	3470	3091	2869	286	110
广西桂林电缆厂	555	1593	11139	1186	－350	3418
桂林市第二制药厂	730	5015	3446	4950	205	638
广西第一机床厂	866	781	13138	824	－1327	671
桂林市无线电二厂	714	7199	4205	6816	180	408
桂林有色金属加工厂	342	5994	9627	5769	103	919
国营漓江无线电厂(国营第六一一厂)	996	22286	19123	24343	1057	1053
桂林市印刷厂	350	2208	2548	2208	215	145
桂林市制革厂	52	516	3019	490	－116	646
桂林市先资彩印包装有限公司	295	3109	2569	2259	226	1
桂林市建设印刷厂	209	1419	2988	1486	133	318
桂林无线电一厂	583	3829	8714	1989	199	449
广西英山柴油机总厂	849	3708	8813	4766	－84	2107
桂林市无线电三厂	16552	3162	11076	1272	－248	1778
桂林电力电容器总厂	1295	14871	23163	13723	1518	1357
桂林南方橡胶(集团)公司	6122	56368	76943	52133	3790	9203

表 13—14　续表 6

1999 年

单　位　名　称	全部从业人员年平均人数(人)	工　业总产值(万元)	资　金总　额(万元)	产品销售收入(万元)	利　税总　额(万元)	产成品(万元)
桂林蓝宇航空轮胎发展公司	969	7899	8625	4083	164	3379
桂林普天电信设备厂	1664	4341	14385	2888	-1943	2715
桂林三金药业集团公司	877	42180	29266	43462	13477	1215
桂林国际电线电缆集团公司	631	15032	14500	11235	1041	1148
桂林嘉盛科技发展有限公司	83	3651	7568	3613	291	71
桂林光通电子工程公司	430	6495	3778	1190	130	0
桂林百事可乐饮料有限公司	182	2392	2680	2491	119	84
桂林味全食品有限公司	270	6358	10953	5632	-42	401
桂林皮尔金顿安全玻璃有限公司	278	3455	10472	3175	245	448
桂林市无线电五厂	180	1117	3601	1105	130	52
桂林桂风机械总厂	514	1493	5778	1166	-52	781
桂林市鲁山建材联合有限责任公司	593	3523	17292	3406	449	370
桂林市临桂制药厂	282	2312	3952	1851	264	296
广西滑石工业公司	930	9143	9331	9312	1143	345
广西自治区桂林铁合金总厂	2123	23016	45371	17273	73	6952
灵川县氮肥厂	757	1884	4158	1326	-456	391
桂林联合收割机总厂	693	4870	10254	6059	206	369
灵川县化肥厂	10	0	5263	179	-445	223
桂林矿山机械厂	843	1856	3363	1634	-106	977
桂林独秀水泥总厂	536	2330	5338	1990	-341	169
广西全州县湘山酒厂	385	6049	5625	4719	1288	1992
全州县纸业股份合作总公司	448	813	1292	502	-250	137
桂林地区兴安水泥厂	772	2888	7329	2541	-153	70
广西桂林永福制药厂	274	4110	3751	3346	238	238
龙胜各族自治县滑石矿	956	8349	8642	6434	936	981
平乐县野牛集团有限责任公司	431	5431	6828	5250	1504	62
广西华兴苎麻纺织有限责任公司	435	1425	4121	1296	68	423
广西林业荔浦造纸厂	694	9816	8382	10176	1462	566
荔浦县罐头食品厂	368	3225	7804	2024	-252	1594
荔浦县万鹏集团有限公司印铁制罐厂	186	5751	2685	5688	471	583
桂林亚华饮料有限公司	17	368	2197	255	-11	7
栗木有色金属公司	1486	4001	12039	3270	227	535
广西梧州锅炉(集团)股份有限公司	1247	3992	16455	3228	-711	134
梧州市船用机械厂	410	1110	2476	917	-125	268
梧州市光学仪器厂	527	1266	3205	1236	86	160
梧州市蓄电池厂	495	4053	7528	3443	250	1396
广西梧州起重机器(集团)股份有限公司	1312	3464	17461	1655	-514	306
广西梧州电机制造有限公司	474	2369	5630	1562	27	1008
梧州市锻压机床厂	472	2151	4073	2220	172	203
梧州市缫丝厂	353	1950	3276	1634	-7	306
梧州市合成纤维厂	361	5420	5563	5162	-19	998
梧州市苎麻纺织印染厂	252	1698	9741	1899	321	1225
梧州市棉纺织厂	1487	6382	7914	6505	429	409
梧州市西华毛巾厂	670	3456	5169	2702	-84	668
梧州涤尼织染厂	268	4409	846	3984	74	402
梧州市龙山动植物酒总厂	568	3645	6305	2827	550	726
广西壮族自治区梧州木材厂	606	34079	43859	28529	3248	2507

表 13—14 续表 7 1999 年

单位名称	全部从业人员年平均人数(人)	工业总产值(万元)	资金总额(万元)	产品销售收入(万元)	利税总额(万元)	产成品(万元)
梧州市第一化工厂	220	2500	1662	2768	190	180
梧州市橡胶厂	434	1397	2652	1332	-60	418
梧州市造漆厂	207	4270	3756	3806	128	512
梧州市玻璃厂	460	3689	3151	3402	196	1147
梧州市印刷包装企业总公司	539	1816	4538	1815	-208	76
广西梧州制药(集团)股份有限公司	2203	19181	25969	34150	2358	4257
广西梧州奥奇丽集团股份有限公司	881	17160	11335	10796	1712	738
广西梧州市新华电池(集团)股份有限公司	2244	20975	19903	20861	1227	1758
广西梧州冰泉实业股份有限公司	988	13279	12250	12749	1233	1106
梧州市电筒工业公司	762	2603	3243	2756	87	470
梧州市塑料厂	395	2746	5113	2281	118	310
梧州市五一塑料制品厂	501	4346	4033	4884	362	1302
国营广西壮族自治区梧州造船厂	634	1332	5815	1275	-189	0
梧州市自来水公司	492	3615	14622	3329	321	0
梧州蛋白肠衣厂	351	4258	6283	3750	1490	328
梧州面粉厂	120	1855	15773	1556	-762	147
梧州乐农股份有限公司	297	1557	4733	1521	-368	47
国营华南船舶机械厂	1256	8876	13324	5682	489	1478
广西桂江造船厂	1263	16094	24037	8223	183	0
广西壮族自治区梧州松脂厂	952	14530	19046	21950	1601	3382
广西梧州市第二化工厂	448	4191	7993	4090	-48	791
广西壮族自治区佛子冲铅锌矿	1260	4149	6506	3373	274	250
苍梧县钛白粉制造有限公司	630	4928	4590	4718	482	358
梧州日成林产化工有限公司	269	8705	5970	9820	993	1681
岑溪市石材开发公司	125	172	1690	164	-167	233
广西北海海洋渔业总公司	496	981	988	1571	112	74
北海市供电局	500	3847	24570	11644	1019	0
北海德峰饲料厂	65	10482	3260	8865	15	99
广西喷施宝集团有限公司	154	7468	8251	5215	778	869
广西北海通海集装箱有限公司	59	105	21055	3846	-1959	140
星星糖厂	449	6609	10784	6336	-514	624
北海市铁山港南康糖厂	955	11470	25397	8761	-2544	563
赤江华侨陶瓷厂	1763	1507	3203	909	65	962
市群鹰集团股份有限公司	579	647	2890	946	-352	192
北海市蓄电池厂	150	376	5342	525	-972	429
北海化肥厂	682	12608	11513	4479	8	2076
北海轴承厂	73	476	3451	459	-247	298
北海鼓风机实业公司	282	889	3709	800	34	96
北海市水产供销总公司	980	6769	9009	3798	-66	210
北海市天鲜海洋食品总公司	182	7484	3277	3964	218	521
健力宝北海有限公司	230	7553	12556	5930	-1251	331
北海市面粉厂	65	139	4294	811	-1125	0
北海市北新饲料厂	137	8655	2652	7947	48	113
北海市烟花炮竹总厂	113	2822	13552	2853	525	1787
北海市自来水公司	495	3200	18445	2848	-480	0
攀钢集团北海金属制品工贸公司	130	1707	3770	1841	-1520	455
攀钢集团北海钢管有限公司	113	5729	21788	5680	-821	1230
尧大塑胶(北海)有限公司	179	479	4897	693	-128	35
合浦县汽车齿轮厂	465	3038	6923	1992	-73	1200
合浦县白沙糖厂	556	4489	9200	2024	-442	2227

表 13—14　续表 8　　1999 年

单　位　名　称	全部从业人员年平均人数(人)	工　业总产值(万元)	资　金总　额(万元)	产品销售收入(万元)	利　税总　额(万元)	产成品(万元)
广西区合浦化肥厂	458	2327	4353	785	－349	4
合浦县麻纺织厂	850	1156	6484	978	－195	2189
广西饲料企业集团合浦饲料厂	146	7210	4187	6702	－153	138
广西合浦万田饲料厂	105	3520	2913	2165	－129	0
合浦糖厂	1088	13706	12646	13574	－960	1435
北海科荣制革有限公司	278	27974	5135	20980	325	85
防城港市新海油脂工业有限公司	135	48486	24741	38151	－172	2547
防城天睦化工有限公司	112	4430	3262	4796	305	198
防城区罐头厂	150	498	4960	442	－391	211
防城区糖厂	468	1906	6529	1468	－618	315
广西昌菱实业发展公司甘化公司	540	10276	15478	9614	25	1912
上思糖业有限公司	1107	17733	20689	13918	－1937	256
钦州市缫丝厂	609	2568	2357	2555	261	248
广西半宙制药集团公司	920	11505	15052	3338	490	841
广西钦州矿务局	1400	2842	7954	9079	225	466
钦州市钦江糖厂	455	2954	13386	3004	－215	0
广西钦州那彭欧亚有限公司	468	9835	15535	10162	－2	941
钦州市大寺糖厂	414	2812	3203	1931	－827	367
钦州市平吉糖厂	442	1144	22162	978	－297	19
灵山县化肥有限责任公司	429	1958	5861	2696	13	1220
灵山县武利糖厂	518	6631	12085	6229	－405	870
广西陆屋欧亚糖业有限公司	446	4143	7379	4399	－154	465
浦北县水泥厂	595	4482	12360	3628	185	1674
浦北县制药厂	440	9128	7566	6733	764	642
浦北县造纸厂	406	3573	1118	2907	216	447
浦北县酒厂	277	211	4713	169	－55	407
贵港市甘化股份有限公司	1230	13803	17616	13098	1261	2065
贵港市水泥厂	1358	3144	16192	2952	－704	26
广西贵糖(集团)股份有限公司	3582	64731	74313	58841	5700	4032
广西贵港市红旗纸厂	523	7180	8695	5568	24	1429
广西西江氮肥厂	830	3959	8301	3596	－442	846
广西贵港市机械厂	378	1230	4634	967	－350	721
广西贵港钢铁总公司	1617	10959	29794	10569	－2170	1130
广西贵港肉类联合加工厂	361	2466	4705	2579	219	163
贵港市西江纸厂	141	4544	1567	4521	69	461
广西贵港市丰宝化工总厂	566	5817	7131	5152	－741	198
广西西江化工有限责任公司	1217	4260	12768	4876	67	1135
贵港市独山水泥厂	584	3702	6164	3736	－150	171
广西西江糖厂	371	4810	5919	4087	－143	676
广西贵港商包有限责任公司	177	2436	2904	2306	123	414
广西贵港动力机器有限责任公司	416	3250	7502	3309	－338	876
广西桂花水暖器材股份有限公司	1201	10060	13664	9697	3263	2597
广西平南县卷烟厂	311	3892	6647	3405	1280	1263
平南县水泥厂	358	418	2750	447	4	20
平南县糖厂	333	1920	10832	1858	30	10
平南县燕峰水泥厂	200	1775	6543	810	58	174

表 13—14　续表 9　　　　1999 年

单　位　名　称	全部从业人员年平均人数(人)	工　业总产值(万元)	资　金总　额(万元)	产品销售收入(万元)	利　税总　额(万元)	产成品(万元)
桂平市水泥总厂	832	3272	13809	3539	94	536
广西木圭锰矿	791	1984	4297	2019	-148	314
广西壮族自治区桂平糖厂	1802	6228	31550	4435	-2999	4249
玉林市长城机械机	425	2243	7307	1676	194	694
广西玉林制药厂	721	16019	12675	14008	2996	391
广西玉林秀峰机电总厂	589	680	3769	490	-117	792
广西玉林罐头食品总厂	945	2434	9786	1514	-271	543
广西壮族自治区玉林化肥厂	791	4404	10140	3038	-515	51
广西玉柴机器股份有限公司	6020	124861	254836	122448	20264	11509
玉林市自行车总厂.	821	6142	8314	4334	0	719
玉林市玉龙饲料公司.	173	3459	3939	3112	7	255
广西玉林市玉莲面粉厂.	120	1023	7829	968	-628	49
广西黑五类食品集团公司	3000	49731	29719	52229	7051	2059
陆川县瓷业有限责任公司	2697	4202	6206	4216	319	861
陆川县农药厂	282	2420	4484	1589	53	930
陆川县糖厂	413	2042	7578	1513	-693	0
陆川县龙珠公司	1200	4230	12601	3391	258	10
广西博白糖厂	363	2745	460	2038	37	277
广西绿珠股份有限公司	648	2023	3149	2100	114	867
博白龙潭糖厂	477	442	8797	0	-21	174
博白卷烟厂	422	2476	9148	2140	833	598
广西博白自行车厂	139	628	4451	642	31	50
玉林市水泥总厂	606	3418	5996	3390	-377	230
玉林市糖厂	543	3053	5186	2243	75	143
玉林市环江水泥厂	561	3650	8440	3638	-1299	69
玉林大秦水泥厂	290	1173	8183	1212	-880	0
玉林市北流水泥厂	689	4367	5231	4283	308	120
北流市大风门水泥厂	210	1342	5216	1580	-127	4
北流市第二瓷厂	79	112	3735	235	-123	194
北流市第六瓷厂	1450	3570	3477	3591	297	959
广西三环企业集团股份有限公司	3586	23315	13426	26206	2267	2273
广西北流市第二水泥厂	488	3004	4710	3539	370	73
广西北流市高档瓷厂	576	1309	2494	1100	-114	560
北流市虎威水泥有限责任公司	780	3870	7309	3589	108	575
北流市氮肥厂	800	3211	7032	2911	-391	6
广西北流精通企业有限公司	820	2415	4556	2308	286	107
北流市罐头厂	475	3624	19518	2537	-134	17
广西宝华集团有限公司	840	899	6435	868	-184	2121
广西三骏糖业有限责任公司	2581	23047	40490	24774	-1017	2495
广西海棠建材有限责任公司	707	3596	12407	3629	-341	59
广西农恳良圻实业总公司	674	5976	12794	6382	179	683
横县特种水泥有限公司	706	4823	16768	4841	504	158
广西宾阳县大桥糖厂	1142	9423	20138	8949	-1039	987
广西宾阳县黎塘糖厂	533	4281	11394	4099	-375	562
广西电力线路器材厂	850	4834	5558	4457	546	859

表 13—14　续表 10　　　　1999 年

单　位　名　称	全部从业人员年平均人数(人)	工业总产值(万元)	资金总额(万元)	产品销售收入(万元)	利税总额(万元)	产成品(万元)
广西宾阳县黎塘工业瓷厂	677	1548	7440	1082	－368	192
广西黎塘农垦氮肥厂	936	2427	4882	2699	－481	303
广西红水河水泥股份有限公司	2464	19061	36000	18247	1914	1017
广西宾阳县廖平农场水泥厂	584	2068	3443	1840	4	565
广西宾阳县廖平农场糖厂	425	4176	4081	4628	165	875
上林县糖厂	616	5644	10885	6329	－588	892
隆安县糖厂	810	14139	16270	11650	1200	1630
隆安县南圩糖厂	745	6904	16254	7996	743	389
马山县糖厂	330	4293	7653	3710	－1513	639
广西百龙滩电厂	74	24692	53115	24322	－4975	0
扶绥县东门糖厂	1042	20208	26461	17466	2648	1685
东罗矿务局	4696	5208	15441	4144	－117	1636
扶绥县东亚糖业有限公司	1246	27637	23312	28549	6946	2192
广西驮卢东亚糖业有限公司	1068	31454	25938	29900	6782	2404
广西崇左东亚糖业有限公司	1149	30275	25267	25511	2825	3118
广西壮族自治区大新锰矿	1588	7821	12371	5855	545	1560
广西大新铅锌矿	481	1924	2253	2523	121	0
广西大新县糖厂	737	3076	8262	3418	－110	1080
广西大新县雷平糖厂	742	10343	29972	12133	1641	2684
广西壮族自治区大新县化工厂	292	1298	8756	1491	－791	152
天等县胜利糖厂	400	5531	10189	4678	－253	1005
宁明县水泥厂	450	768	4689	576	－369	334
宁明县东亚糖业有限公司	950	18546	21393	20190	4900	2410
广西海棠东亚糖业有限公司	746	15790	24621	16421	3570	1778
龙州县第二糖厂	728	7622	9672	7862	829	1007
龙州糖厂	914	13279	23167	9991	－1768	1091
龙州霞秀糖厂	649	7260	11555	9091	1174	66
合山市矿务局	8615	24644	35814	23940	1722	4098
广西鹿寨县英山铸锻厂	641	1505	3664	1742	－7	381
广西壮族自治区柳州桂良实业有限公司	257	3934	16209	3471	83	218
广西鹿寨县鹿寨糖厂	685	7473	14947	6402	－43	197
广西鹿寨县雒容糖厂	549	7047	10009	7296	450	449
广西壮族自治区鹿寨县制药厂	185	613	361	512	22	27
广西壮族自治区鹿寨化肥总厂	2585	13866	23949	12207	－363	1167
广西壮族自治区柳州地区造纸厂	165	727	3388	697	－947	862
广西壮族自治区鹿寨交通水泥厂	318	2410	8802	1872	158	546
广西国发林业造纸有限责任公司	934	17681	31059	18481	2100	1305
广西桂中糖厂	324	4643	8513	5511	208	336
广西桂柳化工有限责任公司	927	6580	10197	3703	171	291
象州县石龙糖业有限责任公司	583	7442	11498	7045	957	915
广西博华食品有限公司	983	16339	35323	11221	－4212	1452
广西武宣县锰锌矿	284	1601	4254	1479	－225	27
武宣县糖厂	1075	19915	27710	17652	114	1261
广西黔江实业总公司	2172	10307	16259	14011	289	1609
广西来宾造纸有限责任公司	433	2124	4093	2254	135	103
广西来宾桂宝糖业有限责任公司	639	7398	9870	8495	244	475

表 13—14　续表 11　　　　　　　　　　1999 年

单　位　名　称	全部从业人员年平均人数(人)	工　业总产值(万元)	资　金总　额(万元)	产品销售收入(万元)	利　税总　额(万元)	产成品(万元)
广西壮族自治区来宾迁江糖业有限责任公司	1502	25716	22103	26046	3119	3532
广西壮族自治区来宾电厂	467	27089	44812	27292	4780	0
广西凤凰糖厂	525	9026	16402	7943	－2127	757
广西壮族自治区八一铁合金总厂	3812	46742	41854	44858	2983	2221
广西红河实业总公司制糖化工总厂	561	7221	12078	7736	－788	1049
来宾县二糖有限责任公司	487	4740	10328	4908	－795	953
广西康密劳铁合金有限公司	859	16705	19365	15960	－445	1865
泗顶铅锌矿	2451	10302	13549	8235	523	5619
柳州地区化工冶炼厂	403	7913	5841	7123	643	349
三江侗族自治县纸业有限责任公司	268	1068	2772	908	65	122
忻城县制糖有限责任公司	631	3777	7870	4504	－1121	404
广西壮族自治区忻城县糖厂	1155	9293	15641	10914	－514	728
广西壮族自治区恶滩水力发电厂	202	3772	10185	3724	2383	0
贺州地区电业公司	1305	18034	59125	33915	8142	0
广西贺州市瓷厂	1262	2332	1643	2101	201	245
广西贺州市微粒板厂	296	1612	6960	1572	－764	51
广西星光企业集团公司	818	3160	9976	3182	255	787
广西贺纸有限责任公司	1228	14536	79339	13633	－7453	4182
广西光明化工有限责任公司	586	5609	3648	5218	480	306
广西壮族自治区昭平县造纸厂	638	3564	9296	3233	－76	1014
平桂矿务局	4769	33588	30103	22450	955	1079
广西壮族自治区钟山卷烟厂	759	16300	34063	14944	5320	229
广西今朝股份有限公司	568	1887	6494	1887	－243	186
富川瑶族自治县卷烟厂	796	10502	15086	9529	3165	1600
百色市东笋造纸厂	1047	6422	9289	7249	762	1035
百色市林化总厂	272	1270	2552	1124	22	471
百色地区电业公司	570	9655	13777	10019	1380	0
广西壮族自治区百色电机厂	554	1279	4791	1369	－141	1151
广西壮族自治区百色地区通用机械厂	446	695	5266	660	－119	1682
广西大华化工厂	1513	6318	21924	6474	446	2822
百色甘化股份有限公司	1030	21853	19933	16230	1898	3610
广西百矿股份有限公司	746	1989	10720	2510	－255	3087
广西建华机械厂	1192	4947	6929	4369	411	2128
百色市电化厂	528	3392	5965	3178	－53	1447
广西桂西制药有限公司	300	2961	2818	1895	195	433
百林水泥厂	354	2076	2204	1983	235	452
田阳县造纸厂	748	5320	9376	5129	430	712
田阳县糖厂	850	17620	18199	15213	1371	211
广西壮族自治区右江矿务局	5864	10062	20733	8041	755	334
广西田东石油化工总厂	1170	10392	16792	8761	1388	1096
广西东泥股份有限公司	755	6685	11887	6639	824	175
田东县制糖有限责任公司	1119	16808	23715	15262	2036	1582
平果县糖厂	756	9986	12823	7287	－102	1059
平果县酒厂	241	5946	8526	3388	－193	1229
平果县水泥厂	769	4215	6420	4125	446	184

表 13—14 续表 12 1999 年

单位名称	全部从业人员年平均人数(人)	工业总产值(万元)	资金总额(万元)	产品销售收入(万元)	利税总额(万元)	产成品(万元)
平果铝业公司	7369	207097	449502	175020	26632	7526
平果县氟化盐厂	285	4548	3871	4234	152	19
广西磨料厂	277	1088	3862	1229	－585	154
广西壮族自治区德保铜矿	637	2518	5056	3047	549	0
田林县造纸厂	520	6525	7363	5050	628	162
广西高龙金矿有限责任公司	400	7913	9385	7312	202	0
隆林县有色金属公司	951	16771	18755	16447	3024	1269
广西河池化学工业集团公司	3389	24712	51357	23374	4186	984
广西东江棉纺织厂	1679	4305	5877	4412	276	782
广西人民机械厂	695	6709	7093	6593	385	1134
广西东江氮肥厂	230	1027	4140	854	0	158
河池地区水泥厂	658	2531	3874	2552	307	298
河池运输车辆有限责任公司	737	15057	19342	15957	525	3537
广西龙头焊剂厂	654	886	5670	1159	－547	522
广西维尼纶集团有限责任公司	3449	28106	34613	26873	3211	1140
广西德胜铝厂	1195	33023	33044	30180	2479	315
广西宜州市怀远糖厂	681	12570	15603	12089	1901	2234
广西轴承厂	1855	7660	20745	5703	－807	4707
广西宜山氮肥厂	784	1743	4804	1771	－440	132
广西玻璃钢厂	351	299	2346	286	－457	323
广西博庆食品有限公司	881	22045	39457	21126	2881	1562
广西南乐水泥发展有限公司	467	2049	2851	2026	98	19
广西壮族自治区罗城矿务局	2796	6481	16269	6691	－179	249
罗城仫佬族自治县糖厂	443	5845	11102	6560	5	873
广西壮族自治区北山矿业有限责任公司	587	11663	9568	12005	2758	499
广西壮族自治区河池钢厂	1548	687	11368	856	－1239	499
广西雅脉钢铁厂	601	2653	5205	1093	－146	0
广西壮族自治区都川水泥厂	561	3885	5567	3626	269	195
环江毛南族自治县糖厂	364	3870	7036	3678	－443	553
广西壮族自治区红茂矿务局	2722	4087	19797	3473	－590	140
广西拉么锌矿	840	2092	3265	2345	235	43
南丹县龙泉矿冶总厂	3865	38371	46587	45197	7623	22638
都安瑶族自治县糖厂	309	2433	11625	2689	－1372	0
广西大化水力发电总厂	767	37504	95302	37437	20780	0

十四、建筑业

表 14—1 全社会建筑业主要经济指标

<table>
<tr><th>指　　标</th><th>单　位</th><th>1978 年</th><th>1985 年</th><th>1990 年</th><th>1995 年</th><th>1998 年</th><th>1999 年</th></tr>
<tr><td>全社会建筑业总产值</td><td>万元</td><td>49932</td><td>145133</td><td>334800</td><td>2742600</td><td>3487400</td><td>3021695</td></tr>
<tr><td>#国有企业</td><td>万元</td><td>30741</td><td>87837</td><td>181903</td><td>638361</td><td>790929</td><td>919932</td></tr>
<tr><td>城镇集体企业</td><td>万元</td><td>11312</td><td>21199</td><td>54523</td><td>300307</td><td>483790</td><td>471013</td></tr>
<tr><td>农村集体企业</td><td>万元</td><td>7879</td><td>36097</td><td>78175</td><td>794335</td><td>577600</td><td>318092</td></tr>
<tr><td>农村个体</td><td>万元</td><td></td><td></td><td>20270</td><td>1009577</td><td>1565600</td><td>1212218</td></tr>
<tr><td>全社会房屋建筑竣工面积</td><td>万平方米</td><td>264.78</td><td>968.29</td><td>957.00</td><td>3517.19</td><td>4433.43</td><td>3957.73</td></tr>
<tr><td>#国有企业</td><td>万平方米</td><td>125.16</td><td>167.12</td><td>193.50</td><td>321.73</td><td>356.90</td><td>501.40</td></tr>
<tr><td>城镇集体企业</td><td>万平方米</td><td>139.62</td><td>128.06</td><td>181.50</td><td>394.41</td><td>705.30</td><td>614.50</td></tr>
<tr><td>农村集体企业</td><td>万平方米</td><td rowspan="2"></td><td rowspan="2">673.11</td><td rowspan="2">582.00</td><td rowspan="2">2801.05</td><td rowspan="2">3307.53</td><td rowspan="2">2745.26</td></tr>
<tr><td>农村个体</td><td>万平方米</td></tr>
<tr><td>全社会建筑企业个数</td><td>个</td><td>2263</td><td>1125</td><td>17693</td><td>55584</td><td>24306</td><td>21551</td></tr>
<tr><td>#国有企业</td><td>个</td><td>36</td><td>54</td><td>65</td><td>105</td><td>235</td><td>264</td></tr>
<tr><td>城镇集体企业</td><td>个</td><td>93</td><td>109</td><td>152</td><td>267</td><td>621</td><td>625</td></tr>
<tr><td>农村集体企业</td><td>个</td><td rowspan="2">2134</td><td rowspan="2">962</td><td>766</td><td>1157</td><td>677</td><td>802</td></tr>
<tr><td>农村个体</td><td>个</td><td>16710</td><td>54055</td><td>22700</td><td>19728</td></tr>
<tr><td>全社会建筑企业年末从业人员</td><td>万人</td><td>21.82</td><td>29.48</td><td>42.28</td><td>101.92</td><td>70.84</td><td>67.18</td></tr>
<tr><td>#国有企业</td><td>万人</td><td>8.24</td><td>13.10</td><td>13.07</td><td>15.84</td><td>17.60</td><td>17.70</td></tr>
<tr><td>城镇集体企业</td><td>万人</td><td>3.73</td><td>4.23</td><td>6.08</td><td>10.22</td><td>15.00</td><td>14.80</td></tr>
<tr><td>农村集体企业</td><td>万人</td><td rowspan="2">9.85</td><td rowspan="2">12.15</td><td>12.28</td><td>19.46</td><td>12.68</td><td>9.02</td></tr>
<tr><td>农村个体</td><td>万人</td><td>10.85</td><td>56.40</td><td>24.16</td><td>23.06</td></tr>
</table>

表 14—2 国有建筑企业主要经济指标

（中央、地方）

指　　标	单位	1978 年	1985 年	1990 年	1995 年	1998 年	1999 年
企业个数	个	36	54	65	105	235	264
计算劳动生产率的平均人数	万人	10.03	13.08	12.70	15.25	16.50	17.50
建筑业总产值	万元	30741	87837	181903	638361	790929	919932
建筑业增加值	万元				211924	202628	228124
竣工产值	万元		62982	118555	399873	567690	734698
房屋建筑施工面积	万平方米	246.06	321.06	416.80	1043.30	1016.10	1118.70
#本年新开工	万平方米		164.81	159.80	342.41	411.40	478.60
房屋建筑竣工面积	万平方米	125.16	167.12	193.50	321.70	356.80	501.40
#住 宅	万平方米		68.73	78.40	159.17	198.13	341.00
年末自有机械设备总台数	台		20146	32202	29468	44340	44924
年末自有机械设备净值	万元	15163	20699	51864	74058	123912	122133
年末自有机械设备总功率	万千瓦	31.16	45.87	86.60	73.96	109.20	107.10
年末固定资产原值	万元		41733	111558	216148	422707	435541
年末固定资产净值	万元		30191	81499	149329	287964	285252
本年固定资产折旧	万元		2233	5233	16645	21394	22961
利润总额	万元		2848	6457	4463	4240	5664
利税总额	万元		3434	13277	22432	27979	32829
按建筑业总产值计算的劳动生产率	元/人	3065	6715	14323	41860	47935	52568
按建筑业增加值计算的劳动生产率	元/人				13897	12281	13036
按竣工面积计算的劳动生产率	平方米/人	12	13	15	21	22	29
产值利润率	%		3.2	3.6	0.7	0.5	0.6
产值利税率	%		3.9	7.3	3.5	3.5	3.6
房屋建筑面积竣工率	%	50.9	53.3	46.4	30.8	35.1	44.8
工程质量优良品率	%	41.5	44.2	34.1	31.9	35.1	40.8
技术装备率	元/人	1997	2575	3968	4675	7040	6900
动力装备率	千瓦/人	4	6	7	5	6	6

表14—3 地方国有建筑企业主要经济指标

指　　标	单位	1978年	1985年	1990年	1995年	1998年	1999年
企业个数	个	35	48	56	96	219	243
计算劳动生产率的平均人数	万人	9.34	9.01	8.53	12.43	13.90	15.20
建筑业总产值	万元	28479	57191	109687	503151	621392	716634
建筑业增加值	万元				151590	157012	176950
竣工产值	万元		57311	92161	317650	482241	567392
房屋建筑施工面积	万平方米	246.06	269.81	368.70	991.40	940.20	1045.40
#本年新开工	万平方米		140.29	151.50	331.29	373.50	454.90
房屋建筑竣工面积	万平方米	125.16	143.78	181.00	305.37	327.50	460.10
#住宅	万平方米		61.27	76.00	156.86	177.19	315.00
年末自有机械设备总台数	台		20146	20314	20762	33636	35085
年末自有机械设备净值	万元	15163	20699	20736	47265	86229	81002
年末自有机械设备总功率	万千瓦	31.16	45.87	37.70	44.84	76.10	75.30
年末固定资产原值	万元		41733	54911	146374	304345	313638
年末固定资产净值	万元		30191	38970	100386	210441	210257
本年固定资产折旧	万元		2233	2508	11493	16517	14939
利润总额	万元		2848	4507	3812	4444	6272
利税总额	万元		3434	7627	17083	21723	26878
按建筑业总产值计算的劳动生产率	元/人	3049	6349	13719	40479	44704	47147
按建筑业增加值计算的劳动生产率	元/人				12195	11296	11641
按竣工面积计算的劳动生产率	平方米/人	13	16	21	25	24	30
产值利润率	%		5.0	3.9	0.8	0.7	0.9
产值利税率	%		6.0	6.5	3.4	3.5	3.8
房屋建筑面积竣工率	%	50.9	53.3	49.1	30.8	34.8	44.0
工程质量优良品率	%	41.5	44.2	20.6	12.7	24.2	31.0
技术装备率	元/人	1997	2575	2333	3781	5826	5294
动力装备率	千瓦/人	4	6	4	4	5	5

表14—4 # 建筑企业生产情况

(1999年)

指标	单位	总计	#国有经济	中央企业	地方企业	#城镇集体经济
企业个数	个	1021	264	21	243	625
#亏损企业个数	个	228	78	5	73	102
建筑业总产值	万元	1491385	919932	203298	716634	471013
建筑工程	万元	1317665	810954	133682	677272	422847
安装工程	万元	144593	94329	60756	33573	35358
房屋构筑物修理	万元	16205	3777	109	3668	11048
非标准设备制造	万元	12922	10872	8751	2121	1760
建筑业增加值	万元	368167	228124	51174	176950	120162
竣工产值	万元	1142177	734698	167306	567392	337131
单位工程施工个数	个	15160	6882	1407	5475	7204
#本年新开工	个	8997	3796	599	3197	4535
#投标承包	个	5311	2686	581	2105	2342
单位工程竣工个数	个	9428	4137	800	3337	4593
#优良工程	个	2691	1686	651	1035	890
房屋建筑施工面积	万平方米	2428.80	1118.70	73.30	1045.40	1112.90
#本年新开工	万平方米	1138.90	478.60	23.70	454.90	583.70
#投标承包	万平方米	1182.70	617.20	28.50	588.70	478.50
房屋建筑竣工面积	万平方米	1212.50	501.40	41.30	460.10	614.50
#优良工程	万平方米	382.20	211.30	20.30	191.00	147.80
#住宅面积	万平方米	768.00	341.00	26.00	315.00	353.91
年末自有机械设备总台数	台	142899	44924	9839	35085	88198
年末自有机械设备总功率	万千瓦	191.60	107.10	31.80	75.30	70.60
#施工机械功率	万千瓦	143.50	76.20	24.70	51.50	56.10
年末自有机械设备净值	万元	208113	122133	41131	81002	64030
计算劳动生产率的平均人数	万人	35.00	17.50	2.30	15.20	14.90

注:本篇资料凡末位小数点后各项相加不等于总计者,均由于四舍五入的缘故,以后各表同。

表14—5 按主要行业分组的建筑企业生产情况

（1999年）

指标	单位	总计	土木工程建筑业	房屋建筑业	线路管道设备安装业	建筑物装修装饰业
企业个数	个	1021	892	704	79	50
#亏损企业个数	个	228	195	160	19	14
建筑业总产值	万元	1491385	1339258	887371	139593	12534
建筑工程	万元	1317665	1261602	846028	46803	9260
安装工程	万元	144593	57494	23216	84799	2300
房屋构筑物修理	万元	16205	14837	13306	394	975
非标准设备制造	万元	12922	5324	4822	7597	–
建筑业增加值	万元	368167	330603	213967	34526	3039
竣工产值	万元	1142177	1012955	673418	116680	12542
单位工程施工个数	个	15160	13033	9953	2127	
#本年新开工	个	8997	7312	5486	1685	
#投标承包	个	5311	5095	4173	216	
单位工程竣工个数	个	9428	7709	5660	1719	
#优良工程	个	2691	2144	1381	547	
房屋建筑施工面积	万平方米	2428.80	2409.90	2229.90	18.90	
#本年新开工	万平方米	1138.90	1127.30	1045.10	11.60	
#投标承包	万平方米	1182.70	1179.20	1101.00	3.50	
房屋建筑竣工面积	万平方米	1212.50	1207.10	1090.40	5.40	
#优良工程	万平方米	382.20	380.40	352.90	1.80	
#住宅面积	万平方米	768.00	764.13	706.21	3.48	
年末自有机械设备总台数	台	142899	136234	105608	5362	1303
年末自有机械设备总功率	万千瓦	191.60	179.10	92.50	11.50	1.00
#施工机械功率	万千瓦	143.50	132.90	69.70	9.80	0.80
年末自有机械设备净值	万元	208113	193167	87546	13559	1388
计算劳动生产率的平均人数	万人	35.00	32.50	24.20	2.10	0.30

表 14—6 建筑企业主要财务状况

（1999 年）　　　　单位：万元

指　　标	总　计	# 国有经济	中央企业	地方企业	#城　镇 集体经济
实收资本合计	494644	255217	58063	197154	175946
流动资产合计	1908751	1325817	193289	1132528	343593
固定资产合计	502437	296364	75332	221032	159220
固定资产原价	684767	435541	121903	313638	190249
#生产经营用	505997	324582	97923	226659	136919
累计折旧	213678	150289	46908	103381	46874
#本年折旧	33112	22961	8022	14939	6625
资产总计	2546515	1701446	289552	1411894	535973
流动负债合计	1719204	1236148	194284	1041864	269314
长期负债合计	136458	85793	17364	68429	33221
所有者权益合计	690853	379505	77904	301601	233437
工程结算收入	1325075	875832	182068	693764	373727
工程结算成本	1164867	774863	154406	620458	323803
工程结算税金及附加	46624	25467	6313	19154	18368
工程结算利润	113584	75501	21349	54152	31556
其他业务收入	84388	58084	19747	38337	12606
其他业务利润	13715	7091	147	6944	4643
管理费用	96138	67161	20273	46888	19827
财务费用	13336	8096	1015	7081	2997
利润总额	13227	5664	－608	6272	12170
利税总额	63830	32829	5951	26878	32592

表 14—7 按主要行业分组的建筑企业主要财务状况

（1999 年）　　　　单位：万元

指　　标	总　计	土木工程建筑业	房　屋 建筑业	线路管道设备安装业	建筑物装修装饰业
实收资本合计	494644	419016	255683	67367	8261
流动资产合计	1908751	1668144	1167091	217334	23273
固定资产合计	502437	455286	252671	42983	4167
固定资产原价合计	684767	620077	326005	59789	4901
#生产经营用	505997	459591	214717	42229	4177
累计折旧	213678	191292	93961	21138	1248
#本年折旧	33112	27839	13109	5017	256
资产总计	2546515	2245320	1483728	273095	28100
流动负债合计	1719204	1515462	1064308	184706	19035
长期负债合计	136458	128792	67210	7352	315
所有者权益合计	690853	601067	352210	81037	8750
工程结算收入	1325075	1192573	781373	121402	11099
工程结算成本	1164867	1053994	695861	101677	9196
工程结算税金及附加	46624	42911	31955	3350	363
工程结算利润	113584	95669	53557	16375	1540
其他业务收入	84388	70726	54064	13203	459
其他业务利润	13715	13206	9301	303	206
管理费用	96138	81484	47818	13288	1367
财务费用	13336	12691	9194	527	118
利润总额	13227	10410	1944	2630	187
利税总额	63830	56846	36588	6345	640

表 14—8 各种分组的建筑企业主要经济效益指标

（1999 年）

指标	劳动生产率(元/人) 按总产值计算	按增加值计算	按房屋竣工面积计算(M²/人)	工程质量优良品率(%) 按单位工程个数计算	按房屋竣工面积计算	房屋建筑面积竣工率(%)
总计	**42611**	**10519**	**35**	**28.5**	**31.5**	**49.9**
按经济类型分						
#国有经济	52568	13036	29	40.8	42.1	44.8
中央企业	88390	22250	18	81.4	49.2	56.3
地方企业	47147	11641	30	31.0	41.5	44.0
集体经济	31612	8065	41	19.4	24.1	55.2
按企业资质等级分						
一、二级	51767	12627	31	46.4	42.8	44.8
三、四级	30685	7774	40	15.5	20.0	56.5
按行业分						
土木工程建筑业	41208	10172	37	27.8	31.5	50.1
#房屋建筑业	36668	8842	45	24.4	32.4	48.9
矿山建筑业	45944	11511	42	2.3	-	67.9
铁路公路遂道桥梁建筑业	58854	14884	6	54.0	24.7	55.4
堤坝电站码头建筑业	57149	16072	14	47.1	48.5	56.4
线路管道设备安装业	66473	16441	3	31.8	33.3	28.6
建筑物装修装饰业	41780	10130				

指标	资产利润率%	资产利税率%	产值利润率%	产值利税率%
总计	**0.5**	**2.5**	**0.9**	**4.3**
按经济类型分				
#国有经济	0.3	1.9	0.6	3.6
中央企业	-0.2	2.1	-0.3	2.9
地方企业	0.4	1.9	0.9	3.8
集体经济	2.3	6.1	2.6	6.9
按企业资质等级分				
一、二级	0.1	1.7	0.2	3.1
三、四级	1.7	4.8	2.5	6.8
按行业分				
土木工程建筑业	0.5	2.5	0.8	4.2
#房屋建筑业	0.1	2.5	0.2	4.1
矿山建筑业	-1.9	-0.4	-3.7	-0.8
铁路公路遂道桥梁建筑业	1.7	3.2	2.5	4.8
堤坝电站码头建筑业	0.3	1.7	0.5	3.3
线路管道设备安装业	1.0	2.3	1.9	4.5
建筑物装修装饰业	0.7	2.3	1.5	5.1

表 14—9 一级建筑企业生产情况

(1999 年)

企业名称	登记注册类型	建筑业总产值(万元)	企业总收入(万元)	劳动生产率(元/人)
广西壮族自治区水电工程局	国有	28846	29684	95961
广西壮族自治区送变电建设公司	国有	30807	33439	129550
广西建工集团第一建筑工程有限责任公司	国有	40527	52435	49261
广西建工集团第二建筑工程有限责任公司	国有	27505	71132	44629
广西建工集团第一建筑设备安装工程有限责任公司	国有	12999	8715	62286
广西壮族自治区邮电工程建设局	国有	5438	4640	36253
广西中建工程公司	国有	2130	4025	41602
中国水利电力对外广西公司	国有	3250	5250	38012
广西区公路桥梁总公司	国有	116127	121029	81219
南宁市基础工程总公司	国有	7156	5068	49284
南宁市市政工程总公司	国有	7650	5564	81124
南宁市建筑安装工程公司	国有	25813	25637	59096
广西建工集团桂港建筑装饰公司	国有	1530	1657	76500
广西建工集团有限责任公司	国有	5007	2348	50170
南宁市市政发展有限责任公司	股份有限	452	10	69538
广西建工集团第三建筑工程有限责任公司	国有	20841	15844	49339
广西建工集团第五建筑工程有限责任公司	国有	26189	26668	65391
柳州市市政工程有限责任公司	国有	6582	10727	80662
广西区火电建筑公司	国有	20479	15386	122044
广西壮族自治区矿业建设公司	国有	2707	2825	59757
中国有色金属第十一冶金建设公司	国有	22124	21779	51631
柳州市建筑工程集团有限责任公司	股份有限	12047	14374	33802
广西区火电安装公司	国有	20318	10452	117581
广西建工集团第二建筑设备安装工程有限责任公司	国有	7940	7840	42873
广西冶金建设公司	国有	12868	18803	40288
桂林市建筑安装工程公司	国有	15365	18720	59073
桂林市第九建筑安装工程总公司	国有	4079	2918	37082
广西建工集团第四建筑工程有限责任公司	国有	22070	18642	44424
中国石油天然气第六建筑工程公司	国有	40670	42787	129440
桂林市公路管理局	国有	11925	11925	29917
梧州市第一建筑安装工程总公司	国有	11940	9648	57542
北流市建筑工程总公司	集体	12275	11014	55293
柳州铁路局工程处	国有	42930	44876	107325

主要统计指标解释

建筑业总产值(自行完成施工产值)　指建筑业企业或附营建筑业施工单位自行完成的按工程进度计算的建筑安装总价值。它包括建筑工程产值,设备安装工程产值,房屋、构筑物修理产值,非标准设备制造产值。

竣工产值　指在报告期内,按照设计所规定的工程内容全部完成,达到了设计规定的交工条件,经质量监督检查部门检查验收鉴定合格的单位工程价值之和。

单位工程施工个数　指在报告期内施过工的全部单位工程个数。其中不仅包括本期内新开工的,还包括上期施工跨入本期继续施工的单位工程个数。

单位工程竣工个数　指报告期内按设计规定的工程内容全部完成,达到了使用条件,经质量监督检查部门验收鉴定合格的全部单位工程个数。

房屋建筑施工面积　指在报告期内施工的全部房屋建筑面积。包括本期新开工的、上期施工跨入本期继续施工、上期停建本期复工的房屋建筑面积;不包括上期开工后又停工,本期未施工的房屋建筑面积。

房屋建筑竣工面积　指在报告期内,按设计规定的工程内容全部完成,达到了设计规定的交工条件,经质量监督检查部门检查验收鉴定合格的房屋建筑面积。

建筑业增加值　指建筑业企业在报告期内以货币表现的建筑业生产经营活动的最终成果。目前建筑业增加值采用分配法计算,即从收入的角度出发,根据生产要素在生产过程中应得到的收入份额计算,构成项目有本年提取的固定资产折旧、应付工资、应付福利费、管理费用中的税金、劳动待业保险费、工程结算税金及附加、营业利润。

自有机械设备年末总台数　是指归本企业所有,属于本企业固定资产的生产性机械设备年末总台数。包括施工机械、生产设备、运输设备以及其他设备。

自有机械设备年末总功率　是指本企业自有施工机械、生产设备、运输设备以及其他设备等列为在册固定资产的生产性机械设备年末总功率,按设定能力或查定能力计算。包括机械本身的动力和为该机械服务的单独动力设备,如电动机等。计量单位用千瓦,动力换算可按 1 马力 = 0.735 千瓦折合成千瓦数。电焊机、变压器、锅炉不计算动力。

自有机械设备净值　是指本企业自有机械设备的原价减去累计折旧后的净额,即自有机械设备经过使用、磨损后实际存有的价值。

实收资本　是指企业实际收到的所有投资人投入的资本。包括货币、实物、无形资产等各种形式的投入。

资产　是企业拥有或可控制的能以货币计量的经济资源,包括各种财产、债权和其他权利。资产按其流动性分为:流动资产、长期投资、固定资产、专项工程、无形及递延资产和其他资产。

负债　是企业所承担的能以货币计量,将以资产或劳务偿付的债务。负债一般按其偿还期长短分为流动负债和长期负债。

流动资产合计　是指企业可以在一年内或者超过一年的一个生产周期内变现或者耗用的资产合计。包括现金及各种存款、短期投资、应收及预付款项、存货等。

固定资产原价　是指企业在建造、购置、安装、改建、扩建、技术改造某项固定资产时所支出的全部货币总额。它一般包括买价、包装费、运杂费和安装费等。

固定资产合计　指企业固定资产净值、固定资产清理、待处理固定资产净损失所占用的资金合计。

流动负债合计　是指企业在一年内或者超过一年的一个营业周期内偿还的债务。包括短期借款、应付票据、应付账款、预收账款、应付工资、应交税金、应付利润、其他应付款、预提费用等。

长期负债合计　指偿还期在一年以上或超过一年的一个营业周期以上的债务。它是除了投资人投入企业的资本以外,企业向债权人筹集,可供企业长期使用的资金。

所有者权益合计　指企业投资人对企业净资产的所有权,企业净资产等于企业全部资产减去全部负债后的余额。

工程结算收入　指企业按工程的分部分项自行完成的建筑产品价值并已与甲方在报告期内办理结算手续的工程价款收入,以及向甲方收取的除工程价款以外按规定列作营业收入的各种款项,如临时设施费、劳动保险费、施工机械调迁费等以及向甲方收取的各种索赔款。

工程结算成本　指企业在报告期内与甲方办理工程价款结算的已完工程实际成本。

工程结算税金及附加　指因从事建筑业生产活动,取得工程价款结算收入而按规定应该交纳的营业税、城市维护建设税等以及随同营业税金一并计算交纳的教育费附加等。

工程结算利润　指已结算工程实现的利润。如为亏损以"－"号表示。

利润总额　指企业全年实现的利润,亏损以"－"号表示。

企业总收入　指与企业生产经营直接有关的各项收入,包括工程结算收入和其他业务收入。

房屋建筑面积竣工率　是指报告期内房屋建筑竣工面积占同期房屋建筑施工面积的比重。

技术装备率　指在报告期末自有机械设备净值与期末从业人数的比重。

动力装备率　指在报告期末自有机械设备总功率与期末从业人数的比重。

产值利润率　指在报告期内每百元产值所实现的利润。它的计算方法是:利润总额除以建筑业总产值。

产值利税率　指在报告期内每百元产值所实现的利税。它的计算方法是:利税总额除以建筑业总产值。

十五、交通、运输和邮电通讯业

表 15—1 民用车辆拥有量

指标	计量单位	1995年		1998年		1999年	
		全区总计	#私人	全区总计	#私人	全区总计	#私人
民用汽车	辆	248960	65128	272507	97191	281264	119321
载客汽车	辆	107181	18886	136925	35530	144340	49373
载客量	客位	1111582	215546	1361035	448824	1815287	666308
#大型	辆	12994	3082	14284	5099	15403	4316
载客量	客位	480165	80518	512796	183179	642901	170213
普通载货汽车	辆	130721	45860	127078	61116	129162	68087
载重量	吨位	487644	176157	442231	225626	549999	246054
#大型	辆	89295	32406	73156	35595	73550	38351
载重量	吨位	443300	164057	354807	179112	380143	188956
专用载货汽车	辆	1537	101	2850	319	2980	565
载重量	吨位	7519	545	12141	1291	14387	2720
其他专用汽车	辆	2097	166	2164	187	2187	253
特种汽车	辆	7424	115	3490	39	2595	43
轮胎式拖拉机	辆	235159	226099	258311	201956	280083	255225
#手扶拖拉机	辆	191617	185954	173850	170241	242218	224562
摩托车	辆	456925	375517	926605	872570	1205922	1038445
#两轮摩托车	辆	374510	333386	857357	826125	1114092	982514
其他机动车	辆	10913	8565	34541	15386	36514	9396
载货挂车	辆	9145	3881	5468	3521	4810	2427

表15—2 民用运输船舶拥有量

指标	单位	1995年		1998年		1999年	
		总计	#私人	总计	#私人	总计	#私人
一、机动船	艘	12360	6457	8441	3785	8438	3924
载客量	客位	93152	61130	63101	33873	75656	43723
净载重量	吨位	917539	262394	847666	179417	816237	171825
总功率	千瓦	491044	179528	414780	93331	409401	95358
1、客船	艘	1379	998	1249	957	1705	1297
载客量	客位	59758	35715	53283	29038	66629	39723
2、客货船	艘	1150	1084	157	135	132	108
载客量	客位	33394	25415	9818	4835	9027	4000
净载重量	吨位	11912	10373	2889	1388	2947	852
3、货船	艘	9638	4367	6978	2693	6560	2490
净载重量	吨位	905627	252021	844777	178029	813290	170973
4、拖船	艘	193	8	57		41	29
二、驳船	艘	597	96	223		130	
载客量	客位	1688	738	754			
净载重量	吨位	106289	363	57085		38654	

表15—3 内河、沿海主要港口基本情况

指标	码头长度(米)			生产泊位(个)			货物综合通过能力(万吨)		
	1990年	1998年	1999年	1990年	1998年	1999年	1996年	1998年	1999年
内河									
梧州港	849	6359	7506	17	118	117	608	608	602
贵港港	630	6295	4960	15	101	93	867	867	892
南宁港	398	1611	2422	10	39	43	194	194	237
柳州港	480	1119	905	7	26	21	196	196	175
百色港	167	1005	1005	10	28	28	145	145	95
桂平港	32	662	534	2	19	16	135	135	130
沿海									
北海港	757	1876	1976	8	17	18	284	284	304
防城港	1636	2713	3303	12	21	25	646	676	676
钦州港	–	1230	1457	–	12	11	98	128	243

表 15—4 主要年份运输线路里程

单位:公里

年 份	中央铁路通车里程	地方铁路通车里程	公路里程	内河航道里程	航空里程
1950	573	–	3622	8659	
1952	978	–	5608	8659	1211
1957	1358	–	9634	8669	7552
1962	1401	–	17589	9966	9053
1965	1405	–	18181	9833	11399
1970	1405	–	20596	4466	13160
1975	1400	259	27512	3610	15912
1978	1401	314	29773	4355	20277
1980	1401	309	31624	4519	22964
1985	1805	309	32972	4521	34145
1990	1809	482	36214	4521	47292
1995	1893	580	40904	4521	85091
1998	2364	725	51073	4521	146156
1999	2384	725	51378	5582	136696

注:航空里程含重复计算。

表 15—5 主要港口货物吞吐量

单位:万吨

港口名称	1978 年	1980 年	1985 年	1990 年	1995 年	1998 年	1999 年
港口货物吞吐量	622	624	799	1101	1717	2235	2505
# 内河港口	563	571	693	781	998	942	980
梧州港	192	218	209	261	160	89	82
贵港港	107	118	137	244	362	364	385
南宁港	41	46	44	63	82	72	56
柳州港	30	28	33	52	74	41	31
百色港	11	12	15	23	28	25	20
桂平港	10	15	23	20	22	22	27
沿海港口	59	53	106	320	719	1293	1525
北海港	58	53	55	82	201	251	252
防城港			39	220	464	707	808
钦州港					9	120	130

表 15—6 全社会客货运输量

指标	全区总计	铁路	公路	#非交通系统	水路	#非交通系统	民航
客运量(万人)							
1985 年	20018	2456	16993	–	526	–	43
1990 年	26272	2391	22826	9903	984	594	69
1995 年	34317	2819	30024	20223	1192	978	282
1998 年	39670	2576	36006	26075	786	629	302
1999 年	41009	2496	37412	26722	779	657	322
旅客周转量(亿人公里)							
1985 年	127.77	55.72	66.50	–	5.55	–	–
1990 年	174.79	66.78	101.20	39.44	6.67	1.83	–
1995 年	298.41	112.14	180.80	107.20	5.49	2.56	–
1998 年	386.97	91.77	292.63	191.13	2.57	1.44	
1999 年	440.19	105.40	332.30	208.43	2.52	1.67	
货运量(万吨)							
1985 年	12909.58	2224	9897	8753	787	–	0.58
1990 年	19888	3798	14711	13920	1338	559	–
1995 年	28620	5072	20686	19911	2862	1714	–
1998 年	32671	5364	25482	24763	1823	779	2
1999 年	30862	5293	23720	22950	1846	809	3
货物周转量(亿吨公里)							
1985 年	276.26	200.52	47.30	41.09	28.44	–	–
1990 年	428.01	268.17	116.94	113.20	42.82	8.67	–
1995 年	592.93	351.61	143.39	137.39	97.93	21.29	–
1998 年	695.35	413.46	190.48	184.78	91.41	18.19	
1999 年	698.20	414.60	202.10	196.94	81.50	35.60	

表 15—7　交通部门客运量

单位:万人

年份	合计	铁路	公路	水运	民航
1978	6389	1368	4628	383	10.00
1980	9369	1869	7054	429	16.74
1985	20018	2456	16993	526	42.93
1990	15773	2391	12923	390	69.00
1995	13116	2819	9801	214	282
1997	13017	2495	10125	103	294
1998	12966	2576	9931	157	302
1999	13630	2496	10690	122	322

表 15—8　交通部门旅客周转量

单位:亿人公里

年份	合计	铁路	公路	水运
1978	41.20	21.64	16.89	2.67
1980	60.25	31.11	25.05	4.09
1985	127.77	55.72	66.50	5.55
1990	133.40	66.78	61.75	4.87
1995	188.65	112.14	73.58	2.93
1997	184.27	94.40	88.60	1.27
1998	194.40	91.77	101.50	1.13
1999	221.00	105.30	114.89	0.85

表15—9 交通部门货运量

单位:万吨

年份	合计	铁路	公路	水运
1978	5885	2118	2697	1070
1980	4496	1833	1772	891
1985	4155	2224	1144	787
1990	5368	3798	791	779
1995	6996	5072	775	1149
1997	6835	5315	426	1094
1998	7127	5364	719	1044
1999	7100	5293	770	1037

表15—10 交通部门货运周转量

单位:万吨公里

年份	合计	铁路	公路	水运
1978	1837793	1539300	75358	223135
1980	1604639	1325200	57735	221704
1985	2351639	2005200	62078	284361
1990	3060731	2681730	37472	341529
1995	4342422	3516063	59955	766404
1997	3994595	3667344	75955	742189
1998	4923873	4134594	57004	732275
1999	4656721	4145950	51650	459121

表 15—11 **广西公路线路按等级分类**

单位:公里

年份	公路里程总计	等级公路合计	高速	一级	二级	三级	四级	等外	公路等级里程占总里程(%)
1949	215								
1950	3314								
1951	4180								
1952	4544								
1953	4499								
1954	4556								
1955	5130								
1956	7462								
1957	8952								
1958	15852								
1959	15640								
1960	16239								
1961	15713								
1962	15713								
1963	16137								
1964	15860								
1965	18289								
1966	18929								
1967	19300								
1968	19422								
1969	19770								
1970	20488								
1971	27532								
1972	25553								
1973	26136								
1974	26640								
1975	27512								
1976	28335								
1977	29333								
1978	29773							14996	
1979	30692	13771			83	1341	12347	16921	44.87
1980	31624	14703			83	1348	13272	16921	46.49
1981	31823	14902			83	1373	13446	16921	46.83
1982	32156	15264			83	1465	13716	16892	47.47
1983	32529	15740			84	1531	14125	16789	48.39
1984	32757	16061			84	1531	14446	16696	49.03
1985	32972	16329			104	1633	14529	16643	49.52
1986	33222	16703			105	1670	14928	16519	50.28
1987	33928	17604			139	1763	15072	16324	51.89
1988	35400	19193			202	1803	17188	16207	54.22
1989	35945	19829			214	1875	17740	16116	55.16
1990	36214	20098		8	358	2031	17701	16116	55.50
1991	36660	20711		11	428	191	18353	15949	56.49
1992	37291	21488		11	682	1917	18878	15803	57.62
1993	38495	22754		11	1035	1910	19798	15741	59.11
1994	39550	23890		48	1074	2017	20751	15660	60.40
1995	40904	25509		66	1330	2163	21950	15395	62.36
1996	42696	27375		66	1448	2222	23639	15321	64.12
1997	45378	30283	193	189	1670	2208	26023	15095	66.73
1998	51073	43319	439	389	2107	16741	23643	7754	84.82
1999	51378	43671	575	389	2319	16721	23667	7707	85.00

表 15—12 邮电通信水平

指标	单位	1978 年	1980 年	1985 年	1990 年	1995 年	1998 年	1999 年
邮电通信水平								
平均每人每年发函件数	件	2.31	2.71	3.31	3.41	4.59	3.89	3.3
平均每人每年订报刊数	件	14.31	15.03	16.21	10.01	13.06	10.87	10.8
平均每万人拥有电话机数	部	22.69	23.99	28.61	47.79	233.64	531.40	614.0
设有邮电局、所乡(镇)比重	%	98.2	98.6	86.9	81.9	85.4	88.5	90.0
邮政储蓄市场占有率	%	–	–	–	–	4.0	5.5	6.3
开办邮储业务的乡(镇)比重	%	–	–	–	–	45.9	48.1	54.3
通电话的乡(镇)比重	%	97.2	97.0	98.5	97.7	96.8	99.3	100.0
按固定班期投递邮件的乡(镇)比重	%	–	–	–	–	98.2	97.6	99.9
通电话的行政村比重	%	–	–	–	–	–	87.4	89.5

注:1995 年以来的“平均每万人拥有电话机数”含移动电话。

表 15—13 邮政和电信主要指标

指标	单位	1978 年	1980 年	1985 年	1990 年	1995 年	1998 年	1999 年
邮电局、所总数	个	1430	1374	1387	1416	1503	1899	1671
邮路总长度(含农村投递线路)	万公里	18.15	17.96	18.30	16.52	16.33	17.25	17.40
邮运汽车	辆	170	187	211	328	683	1029	1043
长途业务电路总数	路	518	603	999	2079	21905	41622	64625
市内电话机	部	37035	43330	70630	157727	829896	1621371	1919259
农村电话机	部	40157	41580	40196	45913	120709	333243	466016
邮电业务总量	万元	3272	3701	6991	14235	205600	526645	654364
中央国有业务总量	万元	2566	2920	5883	12353	198520	501512	623238
地方国有业务总量	万元	706	781	1108	1882	7080	25133	31125.8
函件	万件	7870	9619	12823	14547	20833	18017	15672
报刊期发数	万份	375	502	752	563	720	509	631
公众电报	万份	356	418	682	810	458	152	136
长途电话	万次	439	445	755	1459	24369	42261	45455
市内电话年末户数	户	25557	28197	43410	89108	656469	1347574	1649271
农村电话年末户数	户	43400	46025	49151	34979	110368	319202	454161
订销报纸累计数	万份	46640	50297	58056	39062	54392	47357	47689
订销杂志累计数	万份	2064	2903	4732	3626	4284	3139	3311
计算机互联网用户	户				–	10	10564	35056
无线寻呼用户	户				5438	552927	1618200	1921788
移动电话用户	户				–	99156	507369	747519
公用电话	部			249	383	22554	66882	82336

十六、批发零售贸易和餐饮业

表16—1 限额以上批发零售贸易、餐饮业基本情况

(1999年)

	法人企业(个)	活动单位(个)	从业人数(人)
总　　计	**777**	**899**	**144985**
一、批发业	**423**	**456**	**65987**
内资企业	422	453	65825
国有企业	293	305	36448
集体企业	98	114	9658
股份合作企业	5	6	474
联营企业	1	1	9
国有联营企业	1	1	9
集体联营企业			
国有与集体联营企业			
其他联营企业			
有限责任公司	13	15	16643
国有独资企业	5	7	16039
其他有限责任公司	8	8	604
股份有限公司	10	10	2511
私营企业	2	2	82
私营独资企业			
私营合伙企业			
私营有限责任公司	2	2	82
私营股份有限公司			
其他企业			
港、澳、台商投资企业	1	1	72
合资经营企业(港或澳、台资)			
合作经营企业(港或澳、台资)			
港、澳、台商独资经营企业	1	1	72
港、澳、台商投资股份有限公司			
外商投资企业		2	90
中外合资经营企业		1	50
中外合作经营企业			
外资企业		1	40
外商投资股份有限公司			
二、零售业	**278**	**299**	**56452**
内资企业	276	296	55185
国有企业	179	196	32618
集体企业	51	51	6859
股份合作企业	9	11	3005
联营企业	2	2	98
国有联营企业	1	1	58
集体联营企业	1	1	40
国有与集体联营企业			
其他联营企业			

表 16—1　续表 1　　　　　　　　　　(1999 年)

	法人企业(个)	活动单位(个)	从业人数(人)
有限责任公司	13	14	4759
国有独资企业			
其他有限责任公司	13	14	4759
股份有限公司	11	11	6169
私营企业	11	11	1677
私营独资企业	4	4	338
私营合伙企业			
私营有限责任公司	6	6	1329
私营股份有限公司	1	1	10
其他企业			
港、澳、台商投资企业	1	2	106
合资经营企业(港或澳、台资)			
合作经营企业(港或澳、台资)		1	95
港、澳、台商独资经营企业	1	1	11
港、澳、台商投资股份有限公司			
外商投资企业	1	1	1161
中外合资经营企业	1	1	1161
中外合作经营企业			
外资企业			
外商投资股份有限公司			
三、餐饮业	**76**	**144**	**22546**
内资企业	68	124	18803
国有企业	35	66	12305
集体企业	21	35	3224
股份合作企业	5	7	1014
联营企业			
国有联营企业			
集体联营企业			
国有与集体联营企业			
其他联营企业			
有限责任公司	2	7	1505
国有独资企业	1	1	241
其他有限责任公司	1	6	1264
股份有限公司		3	254
私营企业	5	6	501
私营独资企业	3	4	388
私营合伙企业			
私营有限责任公司	2	2	113
私营股份有限公司			
其他企业			
港、澳、台商投资企业	6	14	2805
合资经营企业(港或澳、台资)	4	8	1835
合作经营企业(港或澳、台资)	1	4	665
港、澳、台商独资经营企业	1	2	305
港、澳、台商投资股份有限公司			
外商投资企业	2	6	938
中外合资经营企业	1	5	776
中外合作经营企业	1	1	162
外资企业			
外商投资股份有限公司			

表16—2 **历年社会消费品零售总额**

（1978－1999）

单位:万元

年份	合计	城镇	乡村
1978	335918	176653	159265
1979	387884	193988	193896
1980	457228	235879	221349
1981	499169	264080	235089
1982	545790	295922	249868
1983	597838	316614	281224
1984	686450	370809	315641
1985	886005	423345	462660
1986	1002375	470501	531874
1987	1178528	562025	616503
1988	1569833	794945	774888
1989	1699354	874633	824721
1990	1754369	924097	830272
1991	2002276	1004108	998168
1992	2436189	1329722	1106467
1993	3224031	1740991	1483040
1994	4165108	2228304	1936804
1995	5324847	2833025	2491822
1996	6113439	3295143	2818296
1997	6737174	3691972	3045202
1998	7340151	4044473	3295678
1999	7912683	4375713	3536970

表 16—3 社会消费品零售总额

单位:万元

项目	1995 年	1998 年	1999 年
社会消费品零售总额	**5324847**	**7340151**	**7912683**
(一)按销售地区分			
市的零售额	2357849	3523272	3813562
县的零售额	1357684	1468030	1578592
县以下的零售额	1609314	2348849	2520529
(二)按经济类型分			
国有经济	1447013	1174424	1209742
集体经济	796383	1027621	1029251
私营经济	107903	146803	218696
个体经济	1948752	3449871	3995597
联营经济	6790	8229	6660
股份制经济	177614	220205	191416
外商投资经济	16510	31837	31216
港澳台投资经济	38594	15379	14748
其他经济	785288	1265782	1215357
(三)按行业分			
批发、零售贸易业	3497771	4697697	5269481
餐饮业	438832	807417	885188
制造业	427331	513810	417232
其他	960913	1321227	1340782
#农民对城镇居民零售	670192	1101023	1096118

表 16—4 限额以上批发零售贸易业商品购进、销售和库存总额

单位:万元

项目	1995 年	1998 年	1999 年
一、商品购进总额	**5009775**	**3457662**	**3190534**
#进　口	214441	67691	81759
二、商品销售总额	**5637665**	**4002791**	**3631008**
1.批发总额	4654163	3083617	2689380
#出　口	690372	535880	350824
2.零售	983503	919174	941629
三、年末库存总额	**720914**	**466631**	**403687**

表 16—5 限额以上批发零售贸易业商品购进、销售、库存总额

（1999 年）　　　　单位:万元

	购进总额	进口	销售总额	批发	零售	年末库存总额
总　　计	**3190534**	**81759**	**3631008**	**2689380**	**941629**	**403687**
其中:国有及国有控股	2214808	31759	2505125	1852275	652850	263768
一、按登记注册类型分组						
内资企业	3158102	72498	3591599	2676581	915018	399171
国有企业	2192036	37296	2470291	1911461	558830	257034
集体企业	426109	32551	482258	371964	110293	66601
股份合作企业	46969		55096	15939	39157	27778
联营企业	5250		7533	5517	2016	883
国有联营企业	3848		6226	5501	724	788
集体联营企业	1402		1307	16	1292	95
国有与集体联营企业						
其他联营企业						
有限责任公司	237966	2322	264311	208991	55321	19057
国有独资企业	164078		169569	166369	3200	3925
其他有限责任公司	73888	2322	94742	42622	52120	15132
股份有限公司	178373	330	226551	117058	109493	22142
私营企业	71399		85559	45651	39908	5677
私营独资企业	4205		11728	390	11337	1205
私营合伙企业						
私营有限责任公司	66548		73282	45261	28021	4416
私营股份有限公司	645		549		549	56
其他企业						
港、澳、台商投资企业	13763	9260	15642	12798	2844	511
合资经营企业(港或澳、台资)						
合作经营企业(港或澳、台资)	470		754		754	453
港、澳、台商独资经营企业	13294	9260	14888	12798	2090	59
港、澳、台商投资股份有限公司						
外商投资企业	18668		23768	1	23767	4005
中外合资经营企业	18668		23768	1	23767	4005
中外合作经营企业						
外资企业						
外商投资股份有限公司						
二、按国民经济行业分组						
食品、饮料、烟草批发业	726909	6834	793351	748984	44367	53355
#粮食、食用油批发业	52030	6030	47488	44012	3476	14116
烟草及其制品批发业	418881		458579	457330	1249	29776
棉、麻、土畜产品批发业	52709	5820	65514	62660	2854	4245
纺织品、服装和鞋帽批发业	25745	11545	65865	62530	3336	9664
日用百货批发业	18156	2322	21437	10681	10757	7739
日用杂品批发业	35631	34	37997	30608	7390	846

表 16—5 续表 （1999 年） 单位:万元

	购进总额	进口	销售总额	批发	零售	年末库存总额
五金、交电、化工批发业	69506	4180	96693	84104	12589	13141
药品及医疗器械批发业	97366	9	107244	59867	47377	23757
能源批发业	536567	9260	601590	479735	121855	20098
#石油及制品批发业	528767	9260	590770	470076	120694	18953
煤炭及制品批发业	7800		10820	9659	1161	1145
化工材料批发业	37424	4830	34469	34469		8102
木材批发业	1125	1	2037	2036	1	657
建筑材料批发业	31069		35032	33314	1718	2498
矿产品批发业	14295	830	57240	57240		5677
金属材料批发业	135617	1012	135489	132228	3261	4848
机械、电子设备批发业	99166	69	99286	71092	28194	8715
汽车、摩托车及零配件批发业	126740	774	129724	83060	46664	19455
#汽车批发业	120623	774	123204	77096	46107	16142
再生物资回收批发业	5694		6296	4684	1612	324
工艺美术批发业	29138	5	43981	43981		3085
图书报刊批发业	97921	14	104887	98481	6406	1059
农业生产资料批发业	357816	28736	395770	371495	24275	52208
其他类未包括的批发业	50346	633	45509	45509		7998
食品、饮料和烟草零售业	91854		102283	33684	68598	30631
#粮油食品零售业	21586		22928	3043	19886	3787
副食品零售业	27739		32935	16551	16384	3236
日用百货零售业	241779	1020	301567	51016	250551	59951
#百货零售业	228960	1020	287793	48500	239293	55263
文化体育用品零售业	1401		1350	244	1106	678
纺织品、服装和鞋帽零售业	40574		45902	12026	33876	14235
日用杂品零售业	7500		8543	4005	4538	912
五金、交电、化工零售业	58275		74762	14072	60691	16974
药品及医疗器械零售业	60412		71353	18992	52361	15085
图书报刊零售业	42523	17	41993	13638	28356	6540
其他零售业	98678	3814	105196	25191	80005	11888
#家具零售业						
汽车、摩托车及其零配件零售	55981		57498	15471	42028	7185
计算机及软件、办公设备零售	8436		9175	1452	7723	601

表 16—6 限额以上批发零售贸易业商品销售类值

（1999 年）　　　　单位：万元

项　　目	合　计	批　发	零　售
合　　计	**3623258**	**2684216**	**939042**
食品类	398196	279300	118896
#肉禽蛋类	124232	81902	42330
饮料类	23039	8051	14988
烟酒类	484562	460836	23726
服装、鞋帽类	89810	31051	58759
针、纺织品类	51452	26914	24538
化妆品类	29352	11036	18316
金银珠宝类	14204	2040	12164
日用品类	145489	85935	59554
#洗涤用品类	18795	8253	10542
五金、电料类	26169	8917	17252
体育、娱乐用品类	7600	1301	6299
书报杂志类	134938	103194	31744
电子出版物及音像制品类	1852	81	1771
家用电器和音响器材类	174337	63715	110622
中西药品类	175443	77852	97591
文化办公用品类	37202	22094	15108
家具类	1845	187	1658
通讯器材类	21274	14004	7270
煤炭及制品类	17880	15142	2738
木材及制品类	18956	16909	2047
石油及制品类	597758	483086	114672
化工材料类	343300	337801	5499
黑色金属材料类	33883	33004	879
有色金属材料类	138590	138559	31
建筑及装潢材料类	33503	32585	918
机电产品及设备类	321287	203750	117537
#农机类	45555	38755	6800
种子饲料类	23235	23020	215
棉麻土畜类	33697	33022	675
其他类	244405	170830	73575
#生活消费品	18643	8487	10156

表16—7 限额以上批发零售贸易业主要商品销售数量

（1999年）

项　　目	计量单位	销　　售	批　　发	零　　售
粮食	吨	79435	50795	28640
食用植物油	吨	9064	2225	6839
食糖	吨	328432	324049	4383
棉花	吨	136	123	13
服装	百件	108639	46523	62116
电视机	台	308920	137967	170953
组合音响	台	4734	157	4577
摄像机	台	462	1	461
录像机	台	1968	497	1471
影碟机	台	45871	6724	39147
家用电冰箱	台	95970	27458	68512
家用洗衣机	台	141251	63286	77965
房间空调器	台	43583	21358	22225
微波炉	台	26229	2012	24217
微型计算机	台	16871	1479	15392
普通电话机	部	57442	14927	42515
移动电话机	部	23165	5339	17826
寻呼机	部	48519	33196	15323
煤炭	吨	640250	534923	105327
木材	立方米	87136	87130	6
汽油	吨	701454	560536	140918
柴油	吨	1469613	1221542	248071
硫酸	吨	5329	5329	
纯碱	吨	2719	2716	3
烧碱	吨	1534	1534	
橡胶	吨	5342	5342	
化学肥料	吨	2579173	2484924	94249
农用薄膜	吨	4682	3855	827
化学农药	吨	26799	25880	919
钢材	吨	84745	83680	1065
铜	吨	81	81	
铝	吨	1799	1799	
铅	吨	26813	26813	
锌	吨	6591	6591	
锡	吨	18591	18591	
铜材	吨	72	70	2
铝材	吨	150	141	9
水泥	吨	907359	906362	997
汽车	辆	18348	12258	6090
#轿车	辆	1992	945	1047
摩托车	辆	157978	35006	122972
拖拉机	台	9225	7834	1391

表16—8 限额以上批发零售贸易企业主要财务指标

（1999年） 单位：万元

项目	实收资本	流动资产小计	#存货	固定资产小计
批发、零售贸易企业总计	**411773**	**1489413**	**380609**	**785751**
一、批发企业	**241422**	**1074872**	**252186**	**413404**
#国有及国有控股	229196	1021919	248177	406095
（一）按登记注册类型分组				
内资企业	238422	1074024	252137	410732
国有企业	137329	765282	189444	304472
集体企业	59492	167299	42806	59886
股份合作企业	1187	5216	277	1739
联营企业	300	1721	567	
国有联营企业	300	1721	567	
集体联营企业				
国有与集体联营企业				
其他联营企业				
有限责任公司	11877	26675	7341	12086
国有独资企业	7998	16879	3309	5365
其他有限责任公司	3879	9795	4032	6721
股份有限公司	27047	86087	11636	32444
私营企业	1190	21745	67	105
私营独资企业				
私营合伙企业				
私营有限责任公司	1190	21745	67	105
私营股份有限公司				
其他企业				
港、澳、台商投资企业	3000	847	48	2672
合资经营企业(港或澳、台资)				
合作经营企业(港或澳、台资)				
港、澳、台商独资经营企业	3000	847	48	2672
港、澳、台商投资股份有限公司				
外商投资企业				
中外合资经营企业				
中外合作经营企业				
外资企业				
外商投资股份有限公司				
（二）按国民经济行业分组				
食品、饮料、烟草批发业	56211	264525	62115	128865
#粮食、食用油批发业	9578	45903	15952	13300
烟草及其制品批发业	14634	108205	30903	49844
棉、麻、土畜产品批发业	12819	59450	9017	11872
纺织品、服装和鞋帽批发业	13840	58466	12018	18698
日用百货批发业	6708	15278	4090	13168
日用杂品批发业	3696	17090	4493	3107
五金、交电、化工批发业	18338	59482	12015	32620
药品及医疗器械批发业	7389	54912	21926	21607
能源批发业	33444	108601	19138	67084
#石油及制品批发业	28087	94900	17251	56122
煤炭及制品批发业	5356	13701	1887	10961
化工材料批发业	3312	23172	6009	3829
木材批发业	696	4299	713	1344
建筑材料批发业	807	11729	1937	892
矿产品批发业	5042	53719	7119	6131
金属材料批发业	6282	27803	4995	8258
机械、电子设备批发业	3859	40396	11571	6855
汽车、摩托车及零配件批发业	9681	44780	14702	19252
#汽车批发业	8975	42908	14091	16436
再生物资回收批发业	858	786	319	1523

表 16—8 续表 1　　　　　　　　　（1999 年）　　　　　　　　　单位:万元

项　　　目	实收资本	流动资产 小　计	#存　货	固定资产 小　计
工艺美术批发业	1624	32955	3509	1643
图书报刊批发业	3230	36305	3846	13026
农业生产资料批发业	50418	138044	45888	49318
其他类未包括的批发业	3172	23079	6766	4314
二、零售企业	**170351**	**414541**	**128423**	**372347**
#国有及国有控股	94593	279363	95300	302991
(一)按登记注册类型分组				
内资企业	168025	407682	125645	350705
国有企业	60003	196527	69015	216411
集体企业	21956	33611	8659	19314
股份合作企业	25956	46928	8216	15476
联营企业	117	929	267	19
国有联营企业	20	167	158	19
集体联营企业	97	762	108	
国有与集体联营企业				
其他联营企业				
有限责任公司	28365	54819	11528	33172
国有独资企业				
其他有限责任公司	28365	54819	11528	33172
股份有限公司	29757	68238	24876	64905
私营企业	1871	6629	3085	1409
私营独资企业	445	2211	1022	314
私营合伙企业				
私营有限责任公司	1413	4351	2006	1096
私营股份有限公司	13	67	56	
其他企业				
港、澳、台商投资企业	26	391	9	47
合资经营企业(港或澳、台资)				
合作经营企业(港或澳、台资)				
港、澳、台商独资经营企业	26	391	9	47
港、澳、台商投资股份有限公司				
外商投资企业	2301	6468	2770	21594
中外合资经营企业	2301	6468	2770	21594
中外合作经营企业				
外资企业				
外商投资股份有限公司				
(二)按国民经济行业分组				
食品、饮料和烟草零售业	18778	42327	12333	38148
#粮油食品零售业	4479	12455	4205	9194
副食品零售业	6996	15991	3310	19907
日用百货零售业	94147	187318	63027	198875
#百货零售业	71802	161532	59870	189566
文化体育用品零售业	138	1044	501	442
纺织品、服装和鞋帽零售业	7402	31401	11430	11009
日用杂品零售业	2659	8425	815	4212
五金、交电、化工零售业	12677	56808	14854	46871
药品及医疗器械零售业	8026	30574	11864	17351
图书报刊零售业	6435	17534	5938	29539
其他零售业	20227	40153	8161	26342
#家具零售业				
汽车、摩托车及其零配件零售业	1311	6518	3564	1494
计算机及软件、办公设备零售业	1308	2415	676	1460

表 16—8 续表 2　　(1999 年)　　单位:万元

项　目	累计折旧	本年折旧	资产总计	流动负债小　计
批发、零售贸易企业总计	**179180**	**28752**	**2566454**	**1711370**
一、批发企业	**106582**	**15842**	**1706765**	**1215894**
#国有及国有控股	104660	15300	1594858	1166346
(一)按登记注册类型分组				
内资企业	105702	15665	1703226	1214878
国有企业	79101	11613	1225832	881541
集体企业	15737	2802	248674	185875
股份合作企业	383	18	8042	4471
联营企业	21	21	1721	1318
国有联营企业	21	21	1721	1318
集体联营企业				
国有与集体联营企业				
其他联营企业				
有限责任公司	4769	354	57868	33543
国有独资企业	2378	165	26951	21208
其他有限责任公司	2391	189	30917	12335
股份有限公司	5649	834	139017	86577
私营企业	43	24	22073	21553
私营独资企业				
私营合伙企业				
私营有限责任公司	43	24	22073	21553
私营股份有限公司				
其他企业				
港、澳、台商投资企业	880	176	3539	1016
合资经营企业(港或澳、台资)				
合作经营企业(港或澳、台资)				
港、澳、台商独资经营企业	880	176	3539	1016
港、澳、台商投资股份有限公司				
外商投资企业				
中外合资经营企业				
中外合作经营企业				
外资企业				
外商投资股份有限公司				
(二)按国民经济行业分组				
食品、饮料、烟草批发业	32382	5063	466776	273703
#粮食、食用油批发业	3563	200	66449	36366
烟草及其制品批发业	13714	2291	166464	94486
棉、麻、土畜产品批发业	4381	729	84205	77826
纺织品、服装和鞋帽批发业	4801	642	82576	70436
日用百货批发业	2557	99	43949	18699
日用杂品批发业	526	66	24341	19729
五金、交电、化工批发业	5054	484	109296	52125
药品及医疗器械批发业	6402	716	78875	64068
能源批发业	21620	3094	212250	127813
#石油及制品批发业	19498	2869	186663	112763
煤炭及制品批发业	2121	225	25586	15050
化工材料批发业	1296	271	29839	26767
木材批发业	907	92	5704	3800
建筑材料批发业	248	2	13357	11010
矿产品批发业	1936	589	69110	75597
金属材料批发业	1152	122	40607	34027
机械、电子设备批发业	1667	97	49738	58736
汽车、摩托车及零配件批发业	3291	339	68084	46006
#汽车批发业	2940	305	63255	43708
再生物资回收批发业	616	298	2309	1556

表 16—8 续表 3　　　　（1999 年）　　　　单位：万元

项　　目	累计折旧	本年折旧	资产总计	流动负债小计
工艺美术批发业	**440**	**131**	**35187**	**39797**
图书报刊批发业	2054	499	52121	39183
农业生产资料批发业	14050	2308	210623	151958
其他类未包括的批发业	1203	202	27821	23059
二、零售企业	72597	12910	859689	495476
#国有及国有控股	57097	10318	623962	384221
（一）按登记注册类型分组				
内资企业	69576	12110	830386	485244
国有企业	41835	7337	435845	276164
集体企业	3497	777	60304	32099
股份合作企业	2405	357	66543	38045
联营企业	5	5	981	268
国有联营企业	5	5	219	201
集体联营企业			762	67
国有与集体联营企业				
其他联营企业				
有限责任公司	8626	995	107928	44087
国有独资企业				
其他有限责任公司	8626	995	107928	44087
股份有限公司	12304	2395	150556	88359
私营企业	903	246	8229	6224
私营独资企业	474	61	2525	2009
私营合伙企业				
私营有限责任公司	429	185	5636	4160
私营股份有限公司			67	54
其他企业				
港、澳、台商投资企业	159	64	445	245
合资经营企业（港或澳、台资）				
合作经营企业（港或澳、台资）				
港、澳、台商独资经营企业	159	64	445	245
港、澳、台商投资股份有限公司				
外商投资企业	2863	736	28859	9987
中外合资经营企业	2863	736	28859	9987
中外合作经营企业				
外资企业				
外商投资股份有限公司				
（二）按国民经济行业分组				
食品、饮料和烟草零售业	8840	1874	85325	53604
#粮油食品零售业	2358	173	23496	16272
副食品零售业	4809	1498	38115	20262
日用百货零售业	37409	5425	430976	239589
#百货零售业	35871	5311	394180	229667
文化体育用品零售业	164	14	1486	924
纺织品、服装和鞋帽零售业	2108	449	45072	38303
日用杂品零售业	712	14	12936	9728
五金、交电、化工零售业	6203	968	111096	68158
药品及医疗器械零售业	5083	873	50285	31919
图书报刊零售业	6108	2224	48093	13434
其他零售业	6135	1084	75907	40741
#家具零售业				
汽车、摩托车及其零配件零售业	322	79	8102	5629
计算机及软件、办公设备零售业	459	91	3883	2558

表 16—8 续表 4　　(1999 年)　　单位:万元

项　　目	长期负债小计	负债合计	商品销售收入	商品销售收入净额
批发、零售贸易企业总计	**177891**	**1943624**	**3135856**	**3001299**
一、批发企业	**86413**	**1349175**	**2507768**	**2383836**
#国有及国有控股	86103	1299309	2441888	2318568
(一)按登记注册类型分组				
内资企业	86256	1348002	2494912	2370980
国有企业	52664	962947	1906363	1783184
集体企业	8864	197515	360192	360124
股份合作企业	2017	6488	4462	4462
联营企业		1318	5701	5701
国有联营企业		1318	5701	5701
集体联营企业				
国有与集体联营企业				
其他联营企业				
有限责任公司	16260	49803	88018	87944
国有独资企业	400	21608	53186	53186
其他有限责任公司	15860	28195	34832	34758
股份有限公司	6451	108378	96871	96871
私营企业		21553	33306	32695
私营独资企业				
私营合伙企业				
私营有限责任公司		21553	33306	32695
私营股份有限公司				
其他企业				
港、澳、台商投资企业	157	1173	12856	12856
合资经营企业(港或澳、台资)				
合作经营企业(港或澳、台资)				
港、澳、台商独资经营企业	157	1173	12856	12856
港、澳、台商投资股份有限公司				
外商投资企业				
中外合资经营企业				
中外合作经营企业				
外资企业				
外商投资股份有限公司				
(二)按国民经济行业分组				
食品、饮料、烟草批发业	35228	316915	520314	519508
#粮食、食用油批发业	16018	58932	21282	21102
烟草及其制品批发业	996	95872	309213	308644
棉、麻、土畜产品批发业	6	77833	56706	56706
纺织品、服装和鞋帽批发业	2967	73403	77014	77014
日用百货批发业	15505	34212	15629	15628
日用杂品批发业	92	19821	37576	37576
五金、交电、化工批发业	9142	76673	63323	63310
药品及医疗器械批发业	3318	67710	107141	106824
能源批发业	2644	149681	655353	555236
#石油及制品批发业	2555	134542	645039	544922
煤炭及制品批发业	89	15139	10314	10314
化工材料批发业	584	27351	34777	34777
木材批发业	22	3822	3234	3234
建筑材料批发业	1506	12516	32242	32242
矿产品批发业	1207	76804	51403	51000
金属材料批发业	2568	38119	28852	28775
机械、电子设备批发业	2317	61063	102884	102884
汽车、摩托车及零配件批发业	1689	47695	122524	122524
#汽车批发业	1661	45369	116402	116402
再生物资回收批发业	176	1813	3978	3978

表 16—8 续表 5　　　　　　　　　　(1999 年)　　　　　　　　　　单位:万元

项　　目	长期负债小　计	负债合计	商品销售收　入	商品销售收入净额
工艺美术批发业	484	40281	42670	42059
图书报刊批发业	1056	40824	100696	79244
农业生产资料批发业	5543	159225	397194	397074
其他类未包括的批发业	358	23418	54258	54243
二、零售企业	**91478**	**594449**	**628088**	**617464**
#国有及国有控股	78322	467047	405335	400750
(一)按登记注册类型分组				
内资企业	69425	561702	606149	595524
国有企业	45007	326034	306195	300565
集体企业	6802	41070	61416	61363
股份合作企业	542	38587	42977	42972
联营企业		268	2767	2767
国有联营企业		201	415	415
集体联营企业		67	2352	2352
国有与集体联营企业				
其他联营企业				
有限责任公司	4804	48891	58359	54476
国有独资企业				
其他有限责任公司	4804	48891	58359	54476
股份有限公司	12137	100495	86099	85098
私营企业	134	6358	48337	48284
私营独资企业	134	2143	10832	10799
私营合伙企业				
私营有限责任公司		4160	36954	36936
私营股份有限公司		54	551	549
其他企业				
港、澳、台商投资企业		245	1737	1737
合资经营企业(港或澳、台资)				
合作经营企业(港或澳、台资)				
港、澳、台商独资经营企业		245	1737	1737
港、澳、台商投资股份有限公司				
外商投资企业	22054	32503	20203	20203
中外合资经营企业	22054	32503	20203	20203
中外合作经营企业				
外资企业				
外商投资股份有限公司				
(二)按国民经济行业分组				
食品、饮料和烟草零售业	3952	59555	75984	73911
#粮油食品零售业	1039	18410	6970	6892
副食品零售业	2492	23653	25575	25574
日用百货零售业	64250	307070	233173	228744
#百货零售业	60794	292353	223559	219259
文化体育用品零售业	135	1059	1202	1127
纺织品、服装和鞋帽零售业	96	39034	40077	39691
日用杂品零售业	2702	12433	3868	3867
五金、交电、化工零售业	8359	77350	71138	70101
药品及医疗器械零售业	1908	33844	63426	63125
图书报刊零售业	5774	19885	44233	41986
其他零售业	4437	45277	96188	96037
#家具零售业				
汽车、摩托车及其零配件零售业		5629	55015	55013
计算机及软件、办公设备零售业	43	2601	8835	8835

表 16—8 续表 6　　(1999 年)　　单位:万元

项　　目	商品销售成本	经营费用	商品销售利润	主营业务利润
批发、零售贸易企业总计	**2735893**	**126697**	**131156**	**132556**
一、批发企业	**2197208**	**88738**	**93110**	**94484**
#国有及国有控股	2134291	87559	91976	93336
(一)按登记注册类型分组				
内资企业	2185205	88274	92721	94095
国有企业	1633645	68242	77267	78427
集体企业	339940	12044	7891	7906
股份合作企业	3679	442	304	304
联营企业	5636	22	43	43
国有联营企业	5636	22	43	43
集体联营企业				
国有与集体联营企业				
其他联营企业				
有限责任公司	80432	3479	3714	3716
国有独资企业	48321	1557	3218	3220
其他有限责任公司	32112	1922	497	497
股份有限公司	90194	3530	3004	3201
私营企业	31679	517	499	499
私营独资企业				
私营合伙企业				
私营有限责任公司	31679	517	499	499
私营股份有限公司				
其他企业				
港、澳、台商投资企业	12003	464	389	389
合资经营企业(港或澳、台资)				
合作经营企业(港或澳、台资)				
港、澳、台商独资经营企业	12003	464	389	389
港、澳、台商投资股份有限公司				
外商投资企业				
中外合资经营企业				
中外合作经营企业				
外资企业				
外商投资股份有限公司				
(二)按国民经济行业分组				
食品、饮料、烟草批发业	471883	19831	26095	26188
#粮食、食用油批发业	19975	958	163	164
烟草及其制品批发业	278868	9940	19104	19154
棉、麻、土畜产品批发业	52373	4284	7	169
纺织品、服装和鞋帽批发业	71508	2821	2650	2860
日用百货批发业	13935	1362	271	271
日用杂品批发业	36129	1316	123	123
五金、交电、化工批发业	58934	2839	994	1015
药品及医疗器械批发业	94075	5080	7445	7448
能源批发业	504077	15292	34997	34997
#石油及制品批发业	495350	14519	34224	34224
煤炭及制品批发业	8727	772	773	773
化工材料批发业	32653	1579	524	653
木材批发业	2821	124	170	170
建筑材料批发业	31110	358	761	761
矿产品批发业	46280	4313	134	696
金属材料批发业	27379	931	438	456
机械、电子设备批发业	97811	3285	1744	1898
汽车、摩托车及零配件批发业	118007	2256	2197	2197
#汽车批发业	112072	2128	2143	2143
再生物资回收批发业	3691	216	60	65

表 16—8 续表 7　　　　(1999 年)　　　　单位:万元

项　　目	商品销售成本	经营费用	商品销售利润	主营业务利润
工艺美术批发业	40052	1362	645	646
图书报刊批发业	66990	7676	4461	4461
农业生产资料批发业	376157	12897	7928	7942
其他类未包括的批发业	51346	916	1468	1468
二、零售企业	**538685**	**37960**	**38046**	**38072**
#国有及国有控股	344512	26653	27674	27680
(一)按登记注册类型分组				
内资企业	520996	36351	35404	35429
国有企业	263040	19443	16623	16627
集体企业	56897	2472	1735	1737
股份合作企业	38603	2678	1535	1539
联营企业	2604	106	51	51
国有联营企业	327	61	25	25
集体联营企业	2277	45	25	25
国有与集体联营企业				
其他联营企业				
有限责任公司	45027	4015	5136	5149
国有独资企业				
其他有限责任公司	45027	4015	5136	5149
股份有限公司	70616	5698	8306	8308
私营企业	44209	1939	2018	2018
私营独资企业	10013	584	168	168
私营合伙企业				
私营有限责任公司	33667	1343	1845	1845
私营股份有限公司	530	12	5	5
其他企业				
港、澳、台商投资企业	1632	162	-57	-57
合资经营企业(港或澳、台资)				
合作经营企业(港或澳、台资)				
港、澳、台商独资经营企业	1632	162	-57	-57
港、澳、台商投资股份有限公司				
外商投资企业	16058	1446	2700	2700
中外合资经营企业	16058	1446	2700	2700
中外合作经营企业				
外资企业				
外商投资股份有限公司				
(二)按国民经济行业分组				
食品、饮料和烟草零售业	67636	4213	1778	1781
#粮油食品零售业	6342	845	-329	-329
副食品零售业	23492	1221	734	738
日用百货零售业	197422	16673	13627	13646
#百货零售业	188936	16053	13332	13351
文化体育用品零售业	846	137	142	142
纺织品、服装和鞋帽零售业	33943	2458	3162	3162
日用杂品零售业	3532	322	-20	-18
五金、交电、化工零售业	59847	3354	6576	6576
药品及医疗器械零售业	53083	4202	5598	5598
图书报刊零售业	34039	3037	4410	4410
其他零售业	89183	3701	2915	2915
#家具零售业				
汽车、摩托车及其零配件零售业	52044	1181	1672	1672
计算机及软件、办公设备零售业	8385	466	-28	-28

表 16—8 续表 8　　（1999 年）　　单位：万元

项　　目	管理费用	财务费用	营业利润	利润总额
批发、零售贸易企业总计	**151553**	**58463**	**-39964**	**-32638**
一、批发企业	**101363**	**41546**	**-24718**	**-22011**
#国有及国有控股	100078	41286	-24479	-21787
（一）按登记注册类型分组				
内资企业	101221	41501	-24820	-22136
国有企业	80673	28079	-12494	-9336
集体企业	11492	9615	-10745	-10603
股份合作企业	275	126	386	414
联营企业	35	-0		11
国有联营企业	35	-0		11
集体联营企业				
国有与集体联营企业				
其他联营企业				
有限责任公司	4321	1552	-1696	-1171
国有独资企业	2914	1123	-738	-503
其他有限责任公司	1407	428	-958	-667
股份有限公司	4163	2101	-478	-1491
私营企业	262	29	207	41
私营独资企业				
私营合伙企业				
私营有限责任公司	262	29	207	41
私营股份有限公司				
其他企业				
港、澳、台商投资企业	142	45	102	124
合资经营企业（港或澳、台资）				
合作经营企业（港或澳、台资）				
港、澳、台商独资经营企业	142	45	102	124
港、澳、台商投资股份有限公司				
外商投资企业				
中外合资经营企业				
中外合作经营企业				
外资企业				
外商投资股份有限公司				
（二）按国民经济行业分组				
食品、饮料、烟草批发业	23508	8202	-2061	-574
#粮食、食用油批发业	1569	991	-2061	-1271
烟草及其制品批发业	11447	2081	5577	5189
棉、麻、土畜产品批发业	2430	4031	-5785	-5541
纺织品、服装和鞋帽批发业	3541	3132	-2988	-2362
日用百货批发业	1315	426	-141	-223
日用杂品批发业	376	161	-338	-277
五金、交电、化工批发业	3456	1707	-2307	-3265
药品及医疗器械批发业	7128	2431	-1770	-1131
能源批发业	34207	3589	8334	8847
#石油及制品批发业	33324	3179	8580	8933
煤炭及制品批发业	883	410	-246	-86
化工材料批发业	1068	1749	-2013	-1963
木材批发业	435	90	-323	-179
建筑材料批发业	474	52	272	291
矿产品批发业	1765	4393	-4736	-4899
金属材料批发业	1156	758	-1168	-1023
机械、电子设备批发业	1923	168	-2193	-2524
汽车、摩托车及零配件批发业	2882	1029	-921	-537
#汽车批发业	2608	921	-744	-402
再生物资回收批发业	334	76	-154	-39

表 16—8 续表 9　　　　(1999 年)　　　　单位:万元

项　　目	管理费用	财务费用	营业利润	利润总额
工艺美术批发业	751	1091	-1281	-1422
图书报刊批发业	2441	124	2360	2084
农业生产资料批发业	10816	7267	-7849	-7939
其他类未包括的批发业	1359	1070	344	666
二、零售企业	**50190**	**16917**	**-15245**	**-10627**
#国有及国有控股	37552	13445	-17225	-13671
(一)按登记注册类型分组				
内资企业	47483	14782	-13370	-8802
国有企业	25420	7637	-10723	-10117
集体企业	2778	1659	-1657	-1496
股份合作企业	1937	668	-846	-717
联营企业	67	8	-9	-7
国有联营企业	34	7		
集体联营企业	33	0	-9	-7
国有与集体联营企业				
其他联营企业				
有限责任公司	6091	1124	3334	4172
国有独资企业				
其他有限责任公司	6091	1124	3334	4172
股份有限公司	9953	3485	-3981	-1220
私营企业	1237	202	512	582
私营独资企业	191	5	-10	-10
私营合伙企业				
私营有限责任公司	1046	196	518	586
私营股份有限公司	0		4	6
其他企业				
港、澳、台商投资企业	121	-1	-177	-177
合资经营企业(港或澳、台资)				
合作经营企业(港或澳、台资)				
港、澳、台商独资经营企业	121	-1	-177	-177
港、澳、台商投资股份有限公司				
外商投资企业	2586	2137	-1699	-1648
中外合资经营企业	2586	2137	-1699	-1648
中外合作经营企业				
外资企业				
外商投资股份有限公司				
(二)按国民经济行业分组				
食品、饮料和烟草零售业	5780	1397	-4210	-1839
#粮油食品零售业	1274	621	-1895	-881
副食品零售业	2482	439	-1646	-318
日用百货零售业	23354	11692	-14929	-12918
#百货零售业	22484	11403	-14647	-12794
文化体育用品零售业	155	19	4	4
纺织品、服装和鞋帽零售业	2843	705	84	198
日用杂品零售业	373	224	-359	-404
五金、交电、化工零售业	4458	1317	4591	4745
药品及医疗器械零售业	5197	1070	-552	-423
图书报刊零售业	4973	-147	191	-250
其他零售业	3214	660	-142	182
#家具零售业			-138	-139
汽车、摩托车及其零配件零售业	573	130	969	1009
计算机及软件、办公设备零售业	307	18	-325	-280

表 16—9 限额以上批发零售贸易企业主要财务指标

（1999 年） 单位:万元

项目	合计	内资企业	#国有企业	港澳台投资企业	外商投资企业
一、年末资产负债					
流动资产小计	1489413	1481706	961809	1238	6468
#存货	380609	377782	258459	57	2770
长期投资	99724	99645	60278	20	59
固定资产小计	785751	761437	520883	2719	21594
固定资产原价	817944	789729	538217	3758	24457
#生产经营用	504698	480241	311094		24457
累计折旧	179180	175278	120936	1039	2863
#本年折旧	28752	27775	18950	240	736
无形及递延资产小计	85341	85259	43601	7	75
#无形资产	61421	61347	32129		75
资产合计	2566454	2533612	1661677	3984	28859
流动负债小计	1711370	1700122	1157705	1261	9987
长期负债小计	177891	155681	97671	157	22054
负债合计	1943624	1909704	1288981	1418	32503
所有者权益合计	622830	623908	372696	2566	-3644
#实收资本	411773	406447	197332	3026	2301
#国家资本	210490	209339	158132		1150
港澳台资本	135	109	99	26	
外商资本	4150			3000	1150
二、损益及分配					
商品销售收入(营业收入)	3135856	3101061	2212558	14593	20203
商品销售收入净额	3001299	2966504	2083749	14593	20203
商品销售成本(营业成本)	2735893	2706201	1896685	13635	16058
经营费用(营业费用)	126697	124625	87685	626	1446
#运杂及装卸费	30848	30724	21740	70	54
商品销售税金及附加	7553	7553	5489		
商品销售利润	131156	128125	93890	332	2700
代购代销收入	1400	1400	1165		
主营业务利润	132556	129524	95054	332	2700
其他业务利润	22070	21845	12800	-100	325
管理费用	151553	148704	106093	263	2586
#税金	19173	19079	16654	10	84
财产保险费	2541	2505	1848		36
劳动、待业保险费	17294	17148	11941		146
财务费用	58463	56283	35716	44	2137
#利息支出	49582	47425	30226	42	2115
营业利润	-39964	-38190	-23217	-75	-1699
补贴收入	6376	6376	5201		
利润总额	-32638	-30938	-19453	-53	-1648
#应交所得税	9458	9458	6194		
应付利润	2907	2907	204		
三、工资、福利费、增值税					
本年应付工资总额(贷方累计发生额)	120184	119305	99536	72	808
#主营业务应付工资总额	54684	54088	37806	66	530
本年应付福利费总额	13287	13178	8648	8	102
#主营业务应付福利费总额	9569	9495	6292		74
本年应交增值税	36295	35568	27199	12	715
本年进项税额	363788	359164	296200	1915	2709
本年销项税额	344065	338660	273484	2000	3404

表 16—10 年商品销售收入亿元以上批发零售贸易企业主要指标

（1999 年）　　　　单位：万元

单位名称	商品销售收入	商品销售成本	经营费用	财务费用
广西壮族自治农机供应总公司	24514	23756	365	142
康佳集团股份有限公司南宁分公司	16424	15920		-2
广西土产进出口公司	20826	18921	594	1211
南宁康迈商业有限责任公司	36428	33218	2353	725
柳州市医药总公司	17014	15171	1057	144
柳州水泥厂进出口公司	11529	11527		
柳州医药站	10869	9427	715	68
柳州市农业生产资料公司	14155	13495	228	177
柳州石油分公司	43586	39174	2504	-20
柳州市甲天下烟草集团	14408	12784	724	103
柳州市石油物资经营公司	11447	10799	117	-13
柳州市百货股份有限公司	23651	19412	2059	291
柳州五金交化集团有限公司	18020	15965	1011	117
柳州市佳用实业有限责任公司	20229	18418	953	24
柳州工贸大厦股份有限公司	22153	19624	834	466
柳江县农业生产资料公司	21701	21017	171	77
桂林市农业生产资料公司	14627	14011	248	109
梧州石油分公司	30785	27911	11010	336
广西土产进出口梧州公司	16952	15397	717	685
梧州市五金交电公司	10758	10322	79	157
广西广达进出品集团有限公司	54206	50294	1439	500
南宁市食品企业总公司	12653	12017	588	153
广西区医疗器械工业公司冷气工程部	13834	13381	116	76
南宁市农资公司	21452	20561	277	65
南宁市摩托车销售公司	11079	10555	205	11
广西壮族自治区北海石油分公司	33040	29895	1399	568
广西壮族自治区食品公司	19343	17409	765	385
广西农垦物资供销总公司	11451	10785	334	56
广西壮族自治区邮电器材公司	32827	31480	633	-52
广西农垦企业总公司	43370	41778	261	256
广西石油化学工业供销总公司	11543	10608	301	144
广西壮族自治区农业生产资料总公司	90245	83100	1317	935
广西区机电设备总公司	32620	31418	549	181
广西区交通物资总公司	19039	18078	326	3
南宁药材批发站	15632	14250	548	137
广西壮族自治区新华书店	83165	53361	1243	27

表 16—10 续表 1　　(1999 年)　　单位:万元

单位名称	商品销售收入	商品销售成本	经营费用	财务费用
中国有色金属进出品广西公司	14484	13723	158	611
广西五金矿产进出口集团公司	24915	20985	1010	1699
中国冶金进出口广西公司	10871	10471	212	74
广西南宁烟草(集团)有限责任公司	90103	84198	2025	1105
南宁市糖业烟酒总公司	10817	10383	566	21
南宁百货大楼股份有限公司	38973	32415	2670	1437
广西区机电设备南宁公司	17921	17266	383	173
南宁市机电设备股份有限公司	14900	14180	366	177
广西壮族自治区农业机械南宁公司	24571	23731	235	195
广西壮族自治区南宁石油分公司	84527	77769	3185	415
广西南宁燕兴公司	13126	12696	92	－1
广西南宁梦之岛购物中心	13088	10005	1376	179
广西南宁通信发展有限责任公司	16436	12114	1219	－74
广西出版印刷物资公司	17017	15691	464	79
南宁市邮政局	12297	10595	2000	－74
南宁医药有限责任公司	19567	17004	1375	166
广西华联综合超市有限公司	14970	13864	516	18
宾阳县石油公司	11201	10200	627	83
广西烟草集团桂林烟草有限责任公司	14206	12621	548	－1
广西壮族自治区桂林石油分公司	38562	35048	1713	38
中国燕兴桂林公司	47156	45577	646	158
桂林微笑堂实业发展有限公司	20203	16058	2586	2137
华南蓝天航空油料公司	17750	14178	3275	－9
广西粮油食品进出口梧公司	13408	11948	854	203
北海市农业生产资料总公司	10092	9765	209	－9
北海强盛进出口贸易有限公司	28629	27013	246	29
滇黔桂石油勘探局北海石油天然气销售公司	49911	48753	565	94
防城港桂华石油液化气有限公司	12856	12003	142	45
浦北县食品公司	17978	17449	270	2
贵港市农业生产资料公司	10030	9649	163	16
广西贵港石油分公司	37761	34506	1535	198
玉林石油分公司	35291	31819	1007	99
玉林地区农业生产资料总公司	10134	9605	323	179
玉林市食品企业总公司	12775	12461	123	99
广西正宇股份有限公司	22867	18349	1779	994
右江石油分公司	16083	14276	635	479
广西金城江石油分公司	20151	17794	1046	135

表 16—10 续表 2 （1999 年） 单位:万元

单位名称	实收资本	#国家资本	流动资产小计	固定资产小计
广西壮族自治农机供应总公司	285	285	5221	2432
康佳集团股份有限公司南宁分公司	273		3749	88
广西土产进出口公司	1530	1530	10949	1525
南宁康迈商业有限责任公司	5155	5155	13988	17425
柳州市医药总公司	771	771	5235	2965
柳州水泥厂进出口公司	100		4746	
柳州医药站	764	764	6492	391
柳州市农业生产资料公司	974		2131	3111
柳州石油分公司	3343	3343	10241	2146
柳州市甲天下烟草集团	935	935	8402	2362
柳州市石油物资经营公司	495		2914	23
柳州市百货股份有限公司	1929	1371	7146	14977
柳州五金交化集团有限公司	1848	1848	9359	27694
柳州市佳用实业有限责任公司	947		2859	599
柳州工贸大厦股份有限公司	4696	3538	22012	8473
柳江县农业生产资料公司	1560		3600	275
桂林市农业生产资料公司	868		2247	666
梧州石油分公司	1820		5812	3602
广西土产进出口梧州公司	2572	2565	11053	2338
梧州市五金交电公司	377	377	4680	1996
广西广达进出品集团有限公司	4636	4636	19159	6068
南宁市食品企业总公司	1513	1513	2335	3205
广西区医疗器械工业公司冷气工程部	50		1875	130
南宁市农资公司	612		4041	384
南宁市摩托车销售公司	500		999	658
广西壮族自治区北海石油分公司	1400	1400	7720	5212
广西壮族自治区食品公司	1939	1939	7723	2262
广西农垦物资供销总公司	754	754	4215	973
广西壮族自治区邮电器材公司	957		10806	2088
广西农垦企业总公司	1917	1917	16734	2044
广西石油化学工业供销总公司	798	798	3850	1242
广西壮族自治区农业生产资料总公司	3294		17593	5699
广西区机电设备总公司	1861	1861	9008	2747
广西区交通物资总公司	385		4067	166
南宁药材批发站	483	483	6103	3854
广西壮族自治区新华书店	1116		28222	8517

表 16—10 续表 3 （1999 年） 单位:万元

单位名称	实收资本	#国家资本	流动资产小计	固定资产小计
中国有色金属进出品广西公司	1517	1517	17665	573
广西五金矿产进出口集团公司	2794	2794	23188	2205
中国冶金进出口广西公司	107		1181	457
广西南宁烟草(集团)有限责任公司	1634	1634	32108	3545
南宁市糖业烟酒总公司	1688	1688	3521	4006
南宁百货大楼股份有限公司	9042	2226	37315	22203
广西区机电设备南宁公司	896	896	6054	2452
南宁市机电设备股份有限公司	2058	720	4524	2530
广西壮族自治区农业机械南宁公司	277	277	2343	1347
广西壮族自治区南宁石油分公司	3829	3829	12829	5764
广西南宁燕兴公司	15		1424	238
广西南宁梦之岛购物中心	1500	1500	7081	1038
广西南宁通信发展有限责任公司	3000		23946	1945
广西出版印刷物资公司	1552	1552	7316	1359
南宁市邮政局	2796	2796	4109	17335
南宁医药有限责任公司	2603	2039	8478	4053
广西华联综合超市有限公司	3000		6787	2742
宾阳县石油公司	382	382	1334	1519
广西烟草集团桂林烟草有限责任公司	1116	1116	2640	2959
广西壮族自治区桂林石油分公司	1975	1975	7055	1451
中国燕兴桂林公司	684	684	9454	1311
桂林微笑堂实业发展有限公司	2301	1150	6468	21594
华南蓝天航空油料公司	30	30	3771	26
广西粮油食品进出口梧公司	952	952	4567	3022
北海市农业生产资料总公司	228		2660	820
北海强盛进出口贸易有限公司	688		21297	73
滇黔桂石油勘探局北海石油天然气销售公司			2122	
防城港桂华石油液化气有限公司	3000		847	2672
浦北县食品公司	532	532	625	686
贵港市农业生产资料公司	671		3781	929
广西贵港石油分公司	1426	1426	7044	3515
玉林石油分公司	1785	1785	5715	8694
玉林地区农业生产资料总公司	1242	1242	3460	432
玉林市食品企业总公司	1559	1559	1576	3086
广西正宇股份有限公司	6173	1854	14617	7043
右江石油分公司	1639		4676	4358
广西金城江石油分公司	1075	1075	4201	1986

表 16—10 续表 4 （1999 年） 单位:万元

单位名称	资产合计	负债合计	#流动负债	所有者权益
广西壮族自治农机供应总公司	7747	4888	4847	2859
康佳集团股份有限公司南宁分公司	3856	3856	3851	0
广西土产进出口公司	20015	18281	19205	1735
南宁康迈商业有限责任公司	33033	17780	17752	15253
柳州市医药总公司	8257	5393	5489	2864
柳州水泥厂进出口公司	4746	4646	4646	100
柳州医药站	6902	5928	5607	974
柳州市农业生产资料公司	5255	3973	3967	1282
柳州石油分公司	14717	5856	5664	8861
柳州市甲天下烟草集团	11221	6407	6169	4814
柳州市石油物资经营公司	2937	1048	1048	1890
柳州市百货股份有限公司	22641	20364	15781	2277
柳州五金交化集团有限公司	37383	30051	23434	7332
柳州市佳用实业有限责任公司	3581	2908	2908	673
柳州工贸大厦股份有限公司	31555	26464	26458	5091
柳江县农业生产资料公司	3910	2170	2158	1739
桂林市农业生产资料公司	2915	2001	183	914
梧州石油分公司	10211	7516	7718	2695
广西土产进出口梧州公司	15086	10571	10185	4516
梧州市五金交电公司	6678	5387	5284	1291
广西广达进出品集团有限公司	26814	21040	20365	5774
南宁市食品企业总公司	5598	2798	2765	2800
广西区医疗器械工业公司冷气工程部	2071	1848	1848	223
南宁市农资公司	4436	3546	3409	889
南宁市摩托车销售公司	1666	1083	1083	583
广西壮族自治区北海石油分公司	13316	11054	11054	2262
广西壮族自治区食品公司	12529	8396	7509	4133
广西农垦物资供销总公司	5269	5308	5142	－39
广西壮族自治区邮电器材公司	12930	10443	10142	2487
广西农垦企业总公司	18830	14608	14339	4222
广西石油化学工业供销总公司	5122	3273	3278	1849
广西壮族自治区农业生产资料总公司	26319	17052	17052	9267
广西区机电设备总公司	13046	10122	9778	2924
广西区交通物资总公司	4860	3569	2197	1291
南宁药材批发站	9964	7295	6370	2669
广西壮族自治区新华书店	38447	30401	29785	8047

表 16—10　续表 5　　(1999 年)　　单位:万元

单位名称	资产合计	负债合计	#流动负债	所有者权益
中国有色金属进出品广西公司	18785	18466	18374	319
广西五金矿产进出口集团公司	30951	28276	27214	2675
中国冶金进出口广西公司	3351	2742	2728	609
广西南宁烟草(集团)有限责任公司	37785	28086	28122	9699
南宁市糖业烟酒总公司	7843	5835	2164	2008
南宁百货大楼股份有限公司	67203	30386	29867	36817
广西区机电设备南宁公司	8718	5718	5610	3000
南宁市机电设备股份有限公司	7143	4701	4758	2442
广西壮族自治区农业机械南宁公司	3690	2681	2691	1010
广西壮族自治区南宁石油分公司	21796	14334	11502	7462
广西南宁燕兴公司	1741	1646	1646	95
广西南宁梦之岛购物中心	9460	9102	9102	358
广西南宁通信发展有限责任公司	31385	10145	10145	21240
广西出版印刷物资公司	8708	5608	5701	3101
南宁市邮政局	21574	4706	2497	16868
南宁医药有限责任公司	12596	6558	5515	6038
广西华联综合超市有限公司	10075	7315	7315	2760
宾阳县石油公司	2853	2121	2074	733
广西烟草集团桂林烟草有限责任公司	5672	233	1058	5439
广西壮族自治区桂林石油分公司	8566	4858	4858	3707
中国燕兴桂林公司	10920	9709	9524	1211
桂林微笑堂实业发展有限公司	28859	32503	9987	－3644
华南蓝天航空油料公司	24381	25245	13609	－864
广西粮油食品进出口梧公司	7626	6327	5581	1299
北海市农业生产资料总公司	4142	3299	3292	843
北海强盛进出口贸易有限公司	21593	21494	21494	99
滇黔桂石油勘探局北海石油天然气销售公司	2122	3670	3171	－1548
防城港桂华石油液化气有限公司	3539	1173	1016	2366
浦北县食品公司	1311	654	573	657
贵港市农业生产资料公司	4719	3930	3930	789
广西贵港石油分公司	10571	8368	8664	2203
玉林石油分公司	15728	12946	5854	2782
玉林地区农业生产资料总公司	5226	3887	3287	1340
玉林市食品企业总公司	4705	2497	2497	2208
广西正宇股份有限公司	22652	12769	11871	9883
右江石油分公司	10022	9657	10154	365
广西金城江石油分公司	6196	4426	4478	1771

表 16—10　续表 6　　(1999 年)　　单位:万元

单位名称	管理费用		利润总额	本年应付工资总额
		#税金		
广西壮族自治农机供应总公司	365	2	-231	100
康佳集团股份有限公司南宁分公司			-229	10
广西土产进出口公司	594		-1486	199
南宁康迈商业有限责任公司	2353	127	-1483	1007
柳州市医药总公司	1057	7	26	505
柳州水泥厂进出口公司			1	
柳州医药站	715	23		300
柳州市农业生产资料公司	228	10	75	93
柳州石油分公司	2504	19	959	649
柳州市甲天下烟草集团	724	15	2	281
柳州市石油物资经营公司	117		368	57
柳州市百货股份有限公司	2059	14	444	1652
柳州五金交化集团有限公司	1011	16	-290	875
柳州市佳用实业有限责任公司	953	0	-213	491
柳州工贸大厦股份有限公司	834	10	6	72
柳江县农业生产资料公司	171	2	2	87
桂林市农业生产资料公司	248	12	7	7
梧州石油分公司	11010	10974	315	472
广西土产进出口梧州公司	717	29	-2158	315
梧州市五金交电公司	79	6	-45	23
广西广达进出品集团有限公司	1439	52	647	448
南宁市食品企业总公司	588	19	1	373
广西区医疗器械工业公司冷气工程部	116		116	80
南宁市农资公司	277		26	127
南宁市摩托车销售公司	205		115	83
广西壮族自治区北海石油分公司	1399	34	644	158
广西壮族自治区食品公司	765	9	52	245
广西农垦物资供销总公司	334	5	-331	104
广西壮族自治区邮电器材公司	633		437	157
广西农垦企业总公司	261	5	61	104
广西石油化学工业供销总公司	301	9	7	102
广西壮族自治区农业生产资料总公司	1317	50	1874	97
广西区机电设备总公司	549	12	55	240
广西区交通物资总公司	326	7	414	106
南宁药材批发站	548	16	85	362
广西壮族自治区新华书店	1243	642	1907	377

表 16—10 续表 7　　　　（1999 年）　　　　单位:万元

单位名称	管理费用	#税金	利润总额	本年应付工资总额
中国有色金属进出品广西公司	158		-441	119
广西五金矿产进出口集团公司	1010	8	-1379	228
中国冶金进出口广西公司	212	2	34	53
广西南宁烟草(集团)有限责任公司	2025	17	479	640
南宁市糖业烟酒总公司	566	67	15	130
南宁百货大楼股份有限公司	2670	66	2709	1887
广西区机电设备南宁公司	383	12	28	85
南宁市机电设备股份有限公司	366	24	14	121
广西壮族自治区农业机械南宁公司	235	2	29	122
广西壮族自治区南宁石油分公司	3185	14	725	847
广西南宁燕兴公司	92	1	22	54
广西南宁梦之岛购物中心	1376	1	225	512
广西南宁通信发展有限责任公司	1219	7	6041	997
广西出版印刷物资公司	464	9	524	233
南宁市邮政局	2000	81	-843	2276
南宁医药有限责任公司	1375	29	119	715
广西华联综合超市有限公司	516	2	-231	421
宾阳县石油公司	627	8	164	162
广西烟草集团桂林烟草有限责任公司	548	24	199	151
广西壮族自治区桂林石油分公司	1713	10	539	545
中国燕兴桂林公司	646	10	34	246
桂林微笑堂实业发展有限公司	2586	84	-1648	808
华南蓝天航空油料公司	3275	0	-217	573
广西粮油食品进出口梧公司	854	24	10	336
北海市农业生产资料总公司	209	2	2	120
北海强盛进出口贸易有限公司	246	2	49	44
滇黔桂石油勘探局北海石油天然气销售公司	565		686	53
防城港桂华石油液化气有限公司	142	10	124	72
浦北县食品公司	270	9	-26	185
贵港市农业生产资料公司	163	22	7	112
广西贵港石油分公司	1535	11	487	419
玉林石油分公司	1007	113	846	373
玉林地区农业生产资料总公司	323	37	-72	110
玉林市食品企业总公司	123	3	2	65
广西正宇股份有限公司	1779	648	256	84
右江石油分公司	635	477	537	231
广西金城江石油分公司	1046	49	501	313

表 16—11 城乡集市贸易情况

指　　标	单位	1995 年	1998 年	1999 年
集市贸易市场	个	**2826**	**3221**	**3264**
城　市	个	245	415	439
乡　村	个	2581	2806	2825
集市贸易成交总额	万元	**3552826**	**5292800**	**5901680**
城　市	万元	954598	1837463	2042248
乡　村	万元	2598228	3455337	3859432
在城乡集市贸易成交额中				
粮食类	万元	196348	369267	388166
#粮食	吨	708105	1334924	
油脂油料类	万元	97973	205459	214222
棉烟麻类	万元	22920	36291	26608
肉禽蛋类	万元	1233980	1577893	1719474
#猪肉	吨	613259	813104	
牛肉	吨	72955	100798	
羊肉	吨	2246	8679	
鸡鸭鹅	吨	128965	191910	
水产品类	万元	142642	229258	277669
蔬菜类	万元	199105	321423	402816
干鲜果类	万元	242302	354298	452007
大牲畜类	万元	56520	73306	56353
家畜幼禽类	万元	292069	340585	297969
工业品类	万元	337499	759818	1096338
其他类	万元	731468	452904	271251

注:集市贸易市场和集市贸易成交总额的“城市”系指南宁市、柳州市、桂林市、梧州市和北海市。

表 16—12 个体工商业发展情况

指　　标	1995 年	1998 年	1999 年
一、户数(户)	**923679**	**1041982**	**1148139**
按城乡分			
城　镇	362450	442501	520034
农　村	561229	599481	628105
按行业分			
农林牧渔业	2432	17155	45961
采掘业	3562	3161	2808
制造业	76662	85988	88743
建筑业	762	1442	1256
交通运输、仓储业	82886	93414	102171
批发零售贸易业	546260	614818	620823
餐饮业	97128	101154	146659
社会服务业	102206	112155	122355
其他行业	11781	12695	17363
二、从业人员(人)	**1307050**	**1460854**	**1638101**
按城乡分			
城　镇	529941	658678	762767
农　村	777109	802176	875334
按行业分			
农林牧渔业	3515	22100	61319
采掘业	7960	7099	7207
制造业	139534	148702	144271
建筑业	1759	3537	3433
交通运输、仓储业	104559	117399	129636
批发零售贸易业	732757	793481	849247
餐饮业	159363	180928	244430
社会服务业	142052	171591	176309
其他行业	15551	16017	22249
三、销售总额或营业收入(万元)	**2207961**	**3540265**	**3975652**
按城乡分			
城　镇	1079079	1929631	2345823
农　村	1128882	1610634	1629829
按行业分			
农林牧渔业	1802	24050	41786
采掘业			
制造业			
建筑业			
交通运输、仓储业	446543	583318	641319
批发零售贸易业	1314567	2198294	2408817
餐饮业	243321	393761	507315
社会服务业	181030	291977	328153
其他行业	20698	48865	48262

主要统计指标解释

批发零售贸易业 指专门从事商品流通行业。根据其经营方式不同可分为批发贸易业和零售贸易业两大部分。

批发贸易业 指从工农业生产者或从商品流通企业购进商品，转卖给工业、农业、建筑业、运输邮电业、餐饮业和服务业等生产经营单位作为生产经营用，以及将商品转卖给其他批发贸易企业或零售贸易企业的商品流通企业和单位。农副产品采购、供应企业、对国（境）外商品进口、出口的对外贸易企业、物资供销企业等，一般都属于批发贸易企业。

零售贸易业 指从工农业生产者、批发零售企业或居民购进商品，转卖给城乡居民作为生活消费和售给社会集团作为公共消费的商品流通企业和单位。

餐饮业 指从事食品的烹饪、调制并直接售给居民和社会集团的机构。包括中西餐馆、饭店、各种小吃店、冷饮店、酒店、茶楼等。

法人单位 指各种经济类型独立核算法人批发零售贸易企业、餐饮企业的单位个数。它应同时具备以下条件：⑴依法成立、有自己的名称、组织机构和场所，能独立承担民事责任；⑵独立拥有和使用资产、承担负债，有权与其他单位签订合同；⑶独立核算盈亏，并能编制资产负债表。

活动单位 也称产业活动单位。指经工商行政管理部门注册登记，领取营业执照从事批发零售贸易业、餐饮业单位个数。它必须同时具备以下三个条件：⑴在一个场所内从事或主要从事批发零售贸易业、餐饮业活动；⑵相对独立组织经营活动；⑶能够掌握收入和支出等业务核算资料。它从属于各类法人单位，一个法人单位至少有一个活动单位。

人员 即从业人员。指报告期末从事批发零售贸易业、餐饮业劳动并取得劳动报酬或经营收入的人员。包括职工（含长期职工、合同制职工、临时职工）和其他从业人员（含再就业的离退休人员、三资企业中的外方人员和港澳台方人员）。

商品购进总额 指批发零售贸易企业从本企业以外的单位和个人购进（包括从国外直接进口）作为转卖或加工后转卖的商品。它由从生产者购进额、从批发零售贸易业购进额、进口额和其他项目组成，反映批发零售贸易企业从国内、外市场上购进商品的总量。

商品销售总额 指批发零售贸易企业对本企业以外的单位和个人出售〔包括对国（境）外直接出口〕的商品。这个指标反映批发零售贸易企业在国内市场上出售商品以及出口商品的总量。

零售 指售给城乡居民直接用于生活消费的商品和社会集团直接用于消费的商品。

批发 指除零售以外的一切商品销售活动，包括对生产经营单位批发、对批发零售贸易企业批发和出口。

年末库存 指批发零售贸易企业已取得所有权的全部商品。这指标反映批发零售贸易业的商品库存情况，以及对市场商品供应的保证程度。

社会消费品零售总额 指各种经济类型的批发零售贸易业、餐饮业、制造业和其他行业对城乡居民和社会集团的消费品零售额和农民对城镇居民零售额的总和。这指标反映通过各种流通渠道向居民和社会集团供应生活消费品来满足他们的生活需要，是研究人民生活、社会集团购买力、货币流通等问题的重要指标。

实收资本 指实际收到投资者投入的资本总额，包括国家资本金、法人资本金、个人资本金和外商资本金。

商品销售收入 指批发零售贸易企业商品销售收入和接受其他单位委托代销商品的收入。

商品销售收入净额 指批发零售贸易企业已销售商品应负担的进货原价。

经营费用 指批发零售贸易企业在商品购、销、存过程中发生的各种经营费用。包括运输费、包装费、保险费、展览费、差旅费、广告费、商品损耗、进出口商品累计佣金、经营人员的工资及福利费等。

商品销售利润 指批发零售贸易企业由于商品销售得到的利润。

营业利润 指批发零售贸易企业营业收入扣除成本、费用和各种销售税金及附加费后的数额。

利润总额 指批发零售贸易企业全年实现的利润。包括工农业利润、投资净收益以及营业外收支净额。

城乡集市贸易成交额 指在城市和农村集市上买卖双方（包括农民、城镇居民、机关、团体、企事业单位和个体商贩）成交的全部商品金额。目前农民在集市外对城镇居民的商品销售也包括在内。

十七、对外经济贸易和旅游业

表 17—1　外贸进出口总额(按贸易方式分)

单位:万美元

项　目	进出口总额			出口总额			进口总额		
	1997 年	1998 年	1999 年	1997 年	1998 年	1999 年	1997 年	1998 年	1999 年
合　　计	**286894**	**240906**	**175322**	**227932**	**180411**	**124701**	**58962**	**60495**	**50621**
一般贸易	199357	159000	114216	184461	143929	91129	14896	15071	23087
国家间、国际组织无偿援助和赠送的物资	18	8	8	–	–	–	18	8	8
华侨、港澳台同胞、外籍华人捐赠物资	1240	5	–	–	–	–	1240	5	–
补偿贸易	1549	17	–	1512	17	–	37	–	–
来料加工装配贸易	22557	19006	14715	11696	10499	8363	10861	8507	6352
进料加工贸易	35407	25278	20860	19806	15580	12995	15601	9698	7865
寄售代销贸易	–	8	9	–	8	9	–	–	–
边境小额贸易	13324	13864	16076	9818	10115	11992	3506	3749	4084
来料加工装配进口的设备	–	–	28	–	–	–	–	–	28
对外承包工程出口货物	71	24	127	71	24	127	–	–	–
租货贸易	–	1	–	–	–	–	–	1	–
外商投资企业作为投资进口的设备物资	10173	22747	8944	–	–	–	10173	22747	8944
来料加工贸易	–	–	1	–	–	–	–	–	1
易货贸易	1757	2	–	138	1	–	1619	1	–
免税外汇商品	12	5	125	–	1	–	12	5	125
保税仓库进出境货物	1403	894	159	430	237	58	973	657	101
保税区仓储转口货物	–	–	–	–	–	–	–	–	–
其他	26	47	56	–	–	29	26	47	27

注:进出口数字(除另有说明外)一律采用海关提供的数据。

表 17—2　外贸进出口总额(按运输方式分)

(1999 年)

单位:万美元

	进出口	出口	进口
全区总值	**175322**	**124701**	**50621**
江、海运输	**121343**	**88212**	**38131**
铁路运输	**3924**	**2651**	**1273**
汽车运输	**39800**	**35364**	**4436**
空　　运	**10134**	**3407**	**6727**
邮　　运	**99**	**55**	**44**
其　　他	**22**	**11**	**11**

表 17—3 外贸出口商品总额(按贸易方式及企业性质分)

(1999 年)

单位:万美元

	合计	国有企业	外商投资企业				集体企业	其他
			小计	中外合作	中外合资	外商独资		
总值	**124701**	**97672**	**22044**	**1321**	**15847**	**4875**	**4673**	**312**
一般贸易	91129	76839	9822	276	8040	1506	4392	76
国家间、国际组织无偿援助和赠送的物资	–	–	–	–	–	–	–	–
补偿贸易	–	–	–	–	–	–	–	–
来料加工装配贸易	8363	1132	7224	667	3678	2879	8	–
进料加工贸易	12995	7940	4994	379	4129	486	61	–
寄售代销贸易	8	8	–	–	–	–	–	–
边境小额贸易	11992	11546	–	–	–	–	213	233
对外承包工程出口货物	127	127	–	–	–	–	–	–
租赁贸易	–	–	–	–	–	–	–	–
出料加工贸易	–	–	–	–	–	–	–	–
易货贸易	–	–	–	–	–	–	–	–
保税仓库进出境货物	58	58	–	–	–	–	–	–
保税区仓储转口货物	–	–	–	–	–	–	–	–
其他	29	22	4	–	–	4	–	4

表 17—4 外贸进口商品总额(按贸易方式及企业性质分)

(1999 年)

单位:万美元

	合计	国有企业	外商投资企业				集体企业	其他
			小计	中外合作	中外合资	外商独资		
总值	**50621**	**24057**	**26340**	**4252**	**11564**	**10524**	**207**	**18**
一般贸易	23087	15798	7200	2266	3018	1916	89	–
国家间、国际组织无偿援助和赠送的物资	8	6	–	–	–	–	–	2
华侨、港澳台同胞、外籍华人捐赠物资	–	–	–	–	–	–	–	–
补偿贸易	–	–	–	–	–	–	–	–
来料加工装配贸易	6352	449	5900	368	3484	2049	2	–
进料加工贸易	7865	3610	4236	314	3796	1255	185	–
寄售代销贸易	–	–	–	–	–	–	–	–
边境小额贸易	4084	3987	–	–	–	–	97	–
来料加工装配进口的设备	28	1	27	–	7	21	–	–
租赁贸易	–	–	–	–	–	–	–	–
外商投资企业作为投资进口的设备、物品	8944	–	8944	1304	1228	6412	–	–
出料加工贸易	1	–	1	–	–	–	–	–
易货贸易	–	–	–	–	–	–	–	–
免税外汇商品	125	125	–	–	–	–	–	–
保税仓库进出境货物	101	71	31	–	31	–	–	–
保税区仓储转口货物	–	–	–	–	–	–	–	–
其他	27	10	1	–	1	1	–	16

表 17—5 广西同主要国家(地区)进出口商品总值

(1999 年)　　　　单位:万美元

进口原产国(地) 出口最终目的国(地)	进出口	出　口	进　口	1999 年比 1998 年 ± %		
				进出口	出　口	进　口
总　值	**175322**	**124701**	**50621**	**-27.2**	**-30.8**	**-16.3**
亚　洲	**96250**	**73469**	**22781**	**-33.5**	**-39.9**	**0.5**
香港	25304	23839	1415	-63.4	-64.3	9.8
印度	1716	781	936	1.9	-8.1	12.1
印度尼西亚	1661	1264	398	19.8	154.1	-55.2
日本	13208	9122	4085	-0.3	4.5	-9.6
马来西亚	1937	1328	609	-16.1	47.6	-56.8
沙特阿拉伯	412	330	82	-64.0	9.6	-90.2
新加坡	1577	1364	213	-48.3	-45.3	-61.9
韩国	5014	2534	2480	-32.5	-39.3	-23.8
泰国	4393	2337	2056	47.7	16.5	112.6
越南	26429	21810	4619	-9.8	-14.1	17.5
台湾省	9329	4328	5001	15.9	-8.5	51.0
非　洲	**7461**	**3331**	**4130**	**-3.1**	**-5.6**	**-0.9**
加蓬	1502	2	1500	16.7	98.8	16.6
南非	2955	455	2500	-10.2	7.5	-12.8
欧　洲	**44234**	**28445**	**15789**	**-20.2**	**-5.4**	**-37.6**
比利时	1606	1104	502	-13.0	-5.0	-26.7
英国	5598	2969	2629	-9.6	-26.2	21.2
德国	7243	4992	2251	3.1	8.3	-6.8
法国	7568	2393	5175	-52.8	-11.5	-61.2
意大利	3265	2026	1239	-4.3	-3.7	-5.3
荷兰	10930	10743	187	17.1	19.2	-41.0
西班牙	2065	1827	238	-22.0	-25.6	25.9
芬兰	2897	116	2781	162.1	-5.4	182.9
瑞典	459	322	137	-74.8	-52.7	-87.9
俄罗斯联邦	230	45	135	-86.3	-89.7	-85.1
拉丁美洲	**3130**	**2033**	**1097**	**-29.6**	**-35.6**	**-14.9**
北美洲	**21000**	**15573**	**5427**	**-15.8**	**-20.7**	**1.8**
加拿大	1547	755	792	0.4	-34.9	108.4
美国	19453	14818	4635	-16.9	-19.8	-6.3
大洋洲	**3244**	**1851**	**1393**	**-5.1**	**8.6**	**-18.9**
澳大利亚	3217	1567	1650	-11.9	7.5	-24.8
东南亚国家联盟	**36883**	**28872**	**8011**	**-7.0**	**-9.3**	**2.7**
欧洲联盟	**42600**	**27380**	**15220**	**-15.5**	**-1.5**	**-32.8**
亚太经济合作组织	**88616**	**64599**	**24017**	**-35.7**	**-43.3**	**0.1**

注:东南亚国家联盟包括:文莱、印度尼西亚、马来西亚、菲律宾、新加坡、泰国、越南。
欧洲联盟包括:　比利时、丹麦、英国、德国、法国、爱尔兰、意大利、卢森堡、荷兰、希腊、葡萄牙、西班牙、奥地利、芬兰、瑞典。
亚太经济合作组织包括:文莱、香港、印度尼西亚、日本、马来西亚、菲律宾、新加坡、韩国、泰国、中华人民共和国、台湾省、智利、墨西哥、加拿大、美国、澳大利亚、新西兰、巴布亚新几内亚。

表17—6 主要出口商品数量和金额

金额单位:万美元

商品名称	数量单位	1998年		1999年		1999年比1998年±%	
		数量	金额	数量	金额	数量	金额
活猪(种猪除外)	万头	4	582	9	1426	109.6	144.8
活家禽	万只	135	350	216	782	60.7	123.3
鲜、冻猪肉	万吨	0	167	0	101	-9.1	-39.7
水海产品	万吨	0	434	0	309	-6.2	-28.7
鲜蛋	百万个	27	129	77	431	189.1	233.8
谷物及谷物粉	万吨	1	285	1	216	-38.2	-24.2
蔬菜	万吨	2	1142	3	1566	19.9	37.0
干豆	万吨	0	189	1	461	212.4	143.2
鲜、干水果及坚果	万吨	7	2254	6	2198	-18.3	-2.4
食用植物油(包括棕榈油)	吨	22012	1524	-	-	-	-
茶叶	吨	3676	561	2328	360	-36.6	-35.8
蘑菇罐头	吨	2061	167	959	81	-53.4	-51.6
植物榨油后的剩余物	万吨	1	45	1	94	109.5	107.4
填充用羽毛;羽绒	吨	742	318	981	297	32.2	-6.5
药材	吨	6785	725	7566	646	11.5	-10.8
生丝	吨	75	167	90	177	19.2	6.1
黏土及其他耐火矿物	万吨	23	209	29	284	28.0	35.7
重晶石	万吨	82	2868	57	1773	-30.2	-38.1
滑石	万吨	21	1643	22	1906	8.0	15.9
氧化锌及过氧化锌	吨	34272	2813	37033	2674	8.0	-4.9
锌钡白(立德粉)	吨	11889	347	12835	373	7.9	7.5
医药品	吨	1752	953	2124	865	21.2	-9.3
烟花、爆竹	吨	20994	5079	27498	6057	30.9	19.2
松香及树脂酸	吨	74415	4047	76784	4120	3.1	1.8
轮胎	万条	21	516	27	440	32.2	-14.7
家用或装饰用木制品	吨	4183	513	4413	472	5.4	-8.0
纸及纸板(未切成形的)	万吨	1	552	0	363	-55.3	-34.3
纺织纱线、织物及制品	—	-	5987	-	5956	-	-0.5
水泥	万吨	78	2941	49	1661	-36.6	-43.5
平板玻璃	万平方米	59	125	170	434	186.1	248.6
家用陶瓷器皿	吨	31355	3153	35602	2670	13.5	-15.3
装饰用陶瓷制品	吨	930	222	508	75	-45.3	-66.1

表 17—6 续表　　　　金额单位:万美元

商品名称	数量单位	1998 年		1999 年		1999 年比 1998 年 ± %	
		数量	金额	数量	金额	数量	金额
珍珠、宝石及半宝石	公斤	1102	1310	1769	570	60.5	-56.4
生铁及镜铁	万吨	5	713	2	207	-59.0	-70.9
钢坯及粗锻件	万吨	4	846	1	252	-63.8	-70.2
钢材	万吨	2	562	2	584	18.0	3.8
未锻造的铝及铝材	吨	1186	174	1799	367	51.6	111.5
未锻造的锌及锌合金	吨	7518	750	15984	1577	112.6	110.2
未锻造的锡及锡合金	吨	11295	5960	17142	8599	51.7	44.2
未锻造的锑	吨	2715	458	4760	508	75.2	10.8
餐桌,厨房及其它家用搪瓷器	吨	5358	658	3951	489	-26.2	-25.6
手用或机用工具	吨	1576	255	2257	286	43.1	11.9
金属加工机床	万台	0	188	0	64	-22.5	-65.8
轴承	万套	85	106	138	134	62.9	26.5
原电池	万个	23552	1313	27142	1388	15.2	5.6
录音机及收录(放)音组合机(包括整套散件)	万台	47	655	54	431	14.3	-34.2
收音机	万台	29	171	63	255	116.1	49.2
电容器	吨	121	193	82	166	-32.0	-13.8
电线和电缆	吨	2174	574	3192	764	46.8	33.0
集装箱	个	449	154	229	59	-49.0	-61.7
汽车零件	—	-	376	-	72	-	-80.8
家具	—	-	1493	-	491	-	-67.1
床垫、寝具及类似品	—	-	139	-	197	-	42.1
灯具、照明装置及类似品	—	-	139	-	425	-	206.9
旅行用品及箱包	—	-	1111	-	354	-	-68.1
服装及衣着附件	—	-	59539	-	11562	-	-80.5
鞋类	—	-	3078	-	2212	-	-28.1
塑料制品	吨	10326	1588	8969	1421	-13.1	-10.5
玩具	—	-	1374	-	281	-	-79.5
贵金属或包贵金属的首饰	—	-	1165	-	2043	-	75.3
伞	万把	80	125	41	55	-48.0	-56.2
竹编结品	吨	5827	1109	6111	987	4.8	-11.0
藤编结品	吨	3440	644	4757	837	38.2	29.9
柳编结品	吨	843	117	939	94	11.3	-16.2
人造花	吨	174	108	123	46	-29.1	-57.3
机电产品(包括本目录已具体列名的机电产品)	—	-	16326	-	16692	-	2.2

表 17—7 主要进口商品数量和金额

金额单位:万美元

商品名称	计量单位	1998 年		1999 年		1999 年比 1998 年 ± %	
		数量	金额	数量	金额	数量	金额
食用植物油(包括棕榈油)	万吨	5	3270	2	1240	-59.7	-62.0
其他植物油	万吨	0	143	0	86	-41.9	-39.9
饲料用鱼粉	吨	11801	889	9641	503	-18.3	-43.3
天然橡胶(包括胶乳)	万吨	2	1027	1	661	-34.4	-35.6
合成橡胶(包括胶乳)	吨	641	129	533	131	-16.8	1.3
纸浆	万吨	1	388	1	392	1.6	0.9
纺织用合成纤维	万吨	1	609	0	271	-60.9	-55.5
铁矿砂	万吨	54	1172	50	937	-8.0	-20.0
锰矿砂	万吨	22	2038	21	1932	-1.0	-5.2
氧化铝	万吨	1	242	0	1	-99.9	-99.6
成品油	万吨	2	281	2	507	25.0	80.6
己内酰胺	吨	1021	115	2071	211	102.8	84.3
医药品	吨	82	286	16	81	-80.1	-71.6
肥料	万吨	2	272	0	57	-83.0	-79.0
初级形状的塑料	万吨	3	1823	1	505	-74.0	-72.3
农药	吨	308	158	732	265	137.5	66.9
牛皮革及马皮革	吨	9723	1077	13823	1457	42.1	35.2
纸及纸板(未切成形的)	万吨	4	1454	1	482	-83.2	-70.3
合成纤维纱线	吨	1581	249	1285	165	-18.7	-33.4
棉机织物	万米	246	195	180	121	-26.8	-38.0
合成纤维长丝机织物	万米	466	413	494	593	6.0	43.6
针织或钩编织物	吨	353	102	247	97	-30.0	-4.5
钻石	公斤	10	1865	10	1961	-3.2	5.1
钢材	万吨	9	4105	4	2395	-58.7	-41.6
未锻造的铜及铜材	吨	2422	486	3243	590	33.9	21.3
未锻造的铝及铝材	吨	1092	208	1024	210	-6.2	0.9
蒸汽及过热水锅炉的辅助设备	吨	69	368	41	43	-40.5	-88.2
液泵及液体提升机	台	336	310	1807	83	437.8	-73.3
冷冻机和制冷设备	—	-	164	-	70	-	-57.4
机械提升搬运装卸设备及零件	—	-	1641	-	478	-	-70.8
建筑及采矿用机械	—	-	1221	-	582	-	-52.4
食品加工机械	—	-	186	-	50	-	-72.9
印刷、装订机械	—	-	109	-	246	-	125.9
纺织机械	—	-	471	-	205	-	-56.4
金属加工机床	台	112	1380	257	288	129.4	-79.1
橡胶或塑料加工机械	—	-	301	-	125	-	-58.5
阀门	万套	1	173	1	169	13.1	-2.8
自动数据处理设备及其部件	台	16417	249	2466	1073	50.2	330.8
自动数据处理设备的零件	吨	32	760	11	80	-65.1	-39.4
旋转式电力设备的零件	吨	758	2323	143	462	-81.1	-80.1
有线电话电报设备的零附件	吨	29	900	92	2619	217.5	190.8
通断及保护电路装置	万个	137	1425	17	655	-87.7	-54.0
电视显像管	万只	3	317	0	57	-87.8	-82.2
集成电路及微电子组件	万个	3954	301	6870	243	73.7	-19.4
电线和电缆	吨	737	755	185	96	-74.9	-87.3
汽车和汽车底盘	辆	161	370	43	262	-73.2	-29.2
医疗仪器及器械	—	-	206	-	316	-	52.9
计量检测分析自控仪器及器具	—	-	409	-	703	-	71.9
机电产品(包括本目录已具体列名的机电产品)	-	-	26714	-	21650	-	-18.9

表 17—8 边境贸易进出口总额

单位:万元

项目	进出口总额		进口总额		出口总额	
	1998 年	1999 年	1998 年	1999 年	1998 年	1999 年
合计	**342810**	**351046**	**96327**	**101514**	**246483**	**249532**
边境居民	179014	211421	62077	57797	116937	153624
社会团体企事业等单位	126487	63796	27716	27810	98771	35986
其他	37309	75829	6534	15907	30775	59922

表 17—9 边境贸易主要商品进出口数量和金额

金额单位:万元

项目	数量单位	进口				出口			
		数量		金额		数量		金额	
		1998 年	1999 年	1998 年	1999 年	1998 年	1999 年	1998 年	1999 年
农副土特产品	**万元**	–	–	**16541**	**24649**	–	–	**25572**	**22543**
#粮食(贸易粮)	吨	684	20563	470	4284	4708	10864	1400	2496
肉禽蛋	吨	–	–	–	–	–	2050	–	82
水产品	吨	5477	7454	5310	7147	–	–	–	–
干鲜果	吨	11909	29666	4574	8831	66041	87034	18676	17649
牛皮	张	–	–	–	–	–	–	–	–
工业品	**万元**	–	–	**15354**	**17500**	–	–	**68502**	**100294**
#自行车	辆	–	–	–	–	24933	109330	517	2199
布匹	百米	–	–	–	–	559870	860640	60954	90115
缝纫机	台	–	–	–	–	–	–	–	–
食糖	吨	–	–	–	–	345	7638	115	613
啤酒	吨	–	–	–	–	5595	4401	1257	900
电池	箱	–	–	–	–	9350	1400	1458	46
橡胶	吨	20590	252449	14167	16536	–	–	–	–
生产资料	**万元**	–	–	**2966**	**4700**	–	–	**8261**	**20352**
#化肥	吨	596	–	107	–	253	340	51	50
柴油机	台	–	–	–	–	1251	4498	128	354
手扶拖拉机	台	–	–	–	–	65	–	16	–
钢材	吨	–	–	–	–	–	–	–	–
水泥	吨	–	–	–	–	13540	35765	626	1805
锰矿石	吨	63526	11906	1454	468	–	–	–	–
焦炭	吨	38364	135062	793	1379	400	889	15	93
废旧品	**万元**	–	–	**251**	–	–	–	**2623**	**9838**
中药材	**万元**	–	–	**140**	**640**	–	–	**2992**	**2040**
其他商品	**万元**	–	–	**61075**	**54025**	–	–	**138533**	**94466**
#木材	立方米	5338	31370	492	31752	–	–	–	–

表 17—10 历年外贸进出口总额

年份	按人民币计算(万元)				按美元计算(万美元)			
	进出口总额	出口总额	进口总额	差额 顺差+ 逆差-	进出口总额	出口总额	进口总额	差额 顺差+ 逆差-
1978	54783	42305	3478	+38827	26931	24885	2046	+22839
1979	50202	46719	3483	+43236	30799	28662	2137	+26525
1980	57112	55234	1878	+53356	37823	36579	1244	+35335
1981	64955	59691	5264	+54427	39849	36620	3329	+33391
1982	68458	62339	6119	+56220	37611	34259	3362	+30897
1983	78494	67167	11327	+55840	40048	34269	5779	+28490
1984	115884	90205	25679	+64526	41387	32216	9171	+23045
1985	167444	119093	48351	+70742	52310	37205	15105	+22100
1986	202844	160094	42750	+117344	54528	43036	11492	+31544
1987	294568	202198	92370	+109828	79151	54331	24820	+29511
1988	300602	202468	98134	+104334	80807	54427	26380	+28047
1989	356054	275790	80264	+195526	75435	58430	17005	+41425
1990	423842	344296	79546	+264750	89797	72944	16853	+56091
1991	548601	446209	102392	+343817	102351	83248	19103	+64145
1992	888067	600704	387363	+313341	163850	110831	53019	+57812
1993	1194620	761823	432797	+329026	207760	132491	75269	+57222
1994	2098235	1366694	731541	+635153	245983	160222	85761	+74461
1995	2668432	1866301	302131	+1064170	321111	224585	96526	+128059
1996	2349996	1590446	759550	+830896	283132	191620	91512	+100108
1997	2378351	1889556	488795	+1400761	286894	227932	58962	+168970
1998	1994220	1493442	500778	+992664	240906	180411	60495	+119916
1999	1451341	1032293	419048	+613245	175322	124701	50621	+74080

注:从 1997 年起(含 1997 年)为海关提供的资料。
1996 年以前(含 1996 年)为外经贸厅提供的资料。

表 17—11 历年实际利用外资额

(1979—1999 年)　　单位:万美元

年份	合计	对外借款	外商直接投资	外商其他投资
1979－1983	4651	－	1226	3875
1984	3435	－	385	3035
1985	4493	1405	1251	1837
1986	7982	2787	3700	1495
1987	9233	4403	3774	1056
1988	18157	11513	4258	2386
1989	7425	1891	4594	940
1990	6031	1780	3025	1226
1991	6636	1624	3871	1141
1992	23741	4355	18026	1360
1993	92415	3891	87203	1321
1994	104724	22036	81506	1182
1995	96395	29042	66952	401
1996	102010	34697	66618	695
1997	126991	38412	87968	593
1998	128254	39641	88613	－
1999	92108	28378	63730	－

表 17—12 实际利用外资情况

（1999 年）

项　　目	1998 年末实有企业数（个）	实际利用外资额(万美元)		
		1997 年	1998 年	1999 年
总　　计	**4073**	**126991**	**128254**	**92108**
对外借款		**38412**	**39641**	**28378**
外国政府贷款		8964	12480	8231
国际金融组织贷款		7303	13718	18042
外国银行商业贷款		22145	13443	2105
出口信贷		–	–	–
外商直接投资	**4073**	**87986**	**88613**	**63730**
按投资方式分				
独资经营	1025	17670	40043	33041
合资经营	2364	30882	30947	21634
合作经营	682	39434	17623	7954
按国民经济行业分				
1.农林牧渔业	103	3042	3610	3212
2.工业	2295	31002	47525	39708
3.建筑业	114	15309	11449	2079
4.运输、邮电业	80	20644	2951	2267
5.商业、饮食和物资供销业	185	131	286	256
6.房地产、公用服务业	1122	16735	20767	14625
7.其他行业	140	1123	2025	1449
按国别、地区分				
#香港	2728	23954	23767	26996
澳门	119	1209	1444	533
日本	56	1365	590	522
新加坡	56	–	901	608
台湾	351	4462	7773	4002
美国	163	1751	2034	2240
泰国	42	–	676	623
外商其他投资		**593**	**–**	**–**
加工装配		223	–	–
补偿贸易		370	–	–
国际租赁		–	–	–

表 17—13 新签外商直接投资项目和金额

（按地市分）

地　　市	1997 年	1998 年	1999 年
新签项目个数(个)	**289**	**266**	**234**
#南宁市	49	42	51
柳州市	15	17	10
桂林市	68	48	48
梧州市	33	40	26
北海市	17	24	16
防城港市	7	18	7
钦州市	19	12	8
贵港市	6	7	7
玉林市	32	24	22
南宁地区	5	6	8
柳州地区	11	3	4
桂林地区	12	7	–
贺州地区	7	5	6
百色地区	2	5	4
河池地区	6	8	6
新签项目合同外资额(万美元)	**147001**	**64242**	**69106**
#南宁市	11636	18805	19180
柳州市	6483	951	278
桂林市	19658	10518	12225
梧州市	9479	2092	1337
北海市	2197	6078	6084
防城港市	6068	8439	4637
钦州市	2711	1343	2024
贵港市	357	264	223
玉林市	4359	2894	7908
南宁地区	1404	1649	1671
柳州地区	71884	5878	3496
桂林地区	5402	1068	–
贺州地区	2718	1031	1186
百色地区	96	351	321
河池地区	2549	3081	6793

表 17—14 外商实际投入金额和年末实有企业数

（按地市分）

地　　市	1997 年	1998 年	1999 年
外商实际投入金额（万美元）	**87986**	**88613**	**63730**
＃南宁市	15985	15033	9797
柳州市	4449	2953	2582
桂林市	16623	12029	11067
梧州市	6000	6194	4513
北海市	2152	2768	4340
防城港市	4290	2611	865
钦州市	3635	3208	927
贵港市	221	606	424
玉林市	6908	2651	4170
南宁地区	1384	1743	2525
柳州地区	20939	32134	20176
桂林地区	4490	3473	–
贺州地区	515	646	1108
百色地区	202	2007	317
河池地区	193	557	701
年末实有企业数（个）	**4299**	**4565**	**4073**
＃南宁市	413	423	431
柳州市	293	336	205
桂林市	477	464	524
梧州市	620	556	432
北海市	1048	1286	940
防城港市	124	137	137
钦州市	168	277	285
贵港市	166	171	171
玉林市	462	382	391
南宁地区	151	157	165
柳州地区	37	38	33
桂林地区	123	121	–
贺州地区	120	102	103
百色地区	29	33	33
河池地区	68	82	88

表 17—15 对外承包工程

项目	1997 年	1998 年	1999 年
合同项目(个)	**38**	**84**	**98**
＃乍得	–	–	–
冈比亚	–	–	–
布隆迪	–	–	–
巴基斯坦	3	2	–
越南	8	38	26
安哥拉	–	–	–
肯尼亚	–	–	2
美国	–	10	11
几内亚	–	–	–
合同金额(万美元)	**11658**	**7493**	**2452**
＃乍得	–	–	–
冈比亚	–	–	–
布隆迪	–	–	–
巴基斯坦	2500	105	–
越南	2475	4122	1468
安哥拉	–	–	–
肯尼亚	–	–	–
美国	–	132	114
几内亚	–	–	–
当年完成营业额(万美元)	**3858**	**2854**	**4509**

表 17—16 旅游部门职工人数

(1999 年)　　单位:人

	合计	其中			
		管理机构人员	旅行社员工	涉外饭店员工	其它人员
总计	**57108**	**793**	**5888**	**39744**	**10683**
南宁市	11847	45	853	8878	2071
柳州市	4294	17	253	3091	933
桂林市	16372	175	3523	8005	4669
梧州市	2684	22	95	2363	204
北海市	5219	51	584	3704	880
防城港市	1609	42	83	1438	46
钦州市	1284	20	22	1131	111
贵港市	1844	21	34	1284	505
玉林市	3622	67	143	2979	433
南宁地区	1757	88	185	1186	298
柳州地区	722	51	73	435	163
贺州地区	820	32	16	633	139
百色地区	3436	38	4	3283	111
河池地区	1536	62	20	1334	120

注:(1)"管理机构人员"指各级旅游局在职人员。
(2)"其它人员"指旅游车船公司、贸易公司、服务公司和主要旅游风景区(点)的在职人员。

表 17—17　旅游机构数

（1999 年）　　　　单位：个

	总计	其中										
		旅游管理部门	旅行社			旅游涉外饭店						
				国际社	国内社		星级饭店	五星	四星	三星	二星	一星
总计	**580**	**86**	**256**	**50**	**206**	**235**	**89**	**4**	**4**	**33**	**44**	**4**
南宁市	82	5	56	17	39	21	18	1	1	6	9	1
柳州市	28	1	18	2	16	9	5			3	2	
桂林市	125	13	82	18	64	30	27	2	3	12	10	
梧州市	33	5	9	2	7	19	6			2	2	2
北海市	74	2	49	7	42	23	15	1		4	10	
防城港市	21	4	5	1	4	12	3			1	2	
钦州市	14	3	2		2	9	2			2		
贵港市	19	2	5		5	12	1				1	
玉林市	42	7	8	2	6	27	5			2	3	
南宁地区	42	13	12	1	11	17	5				4	1
柳州地区	19	8	6		6	5						
贺州地区	15	5	2		2	8	1				1	
百色地区	33	9	1		1	23				1		
河池地区	33	12	1		1	20			1			

注："旅游管理部门"指各地市县旅游局。

表 17—18　旅游部门载客汽车和游船年末实有数

（1999 年）

	合　计（辆）	其　中			游船总数（艘）	游船总座　位（座）
		大型客车（辆）	中型客车（辆）	小型客车（辆）		
总 计	**741**	**199**	**249**	**293**	**215**	**13910**
南宁市	84	11	27	46	4	240
柳州市	34	4	12	18	3	496
桂林市	512	173	163	176	192	12060
梧州市	9	－	8	1	1	150
北海市	52	5	22	25	7	230
防城港市	3	—	1	2	—	—
钦州市	2	1	1	—	1	150
贵港市	2	1	－	1	1	80
玉林市	12	2	5	5	—	—
南宁地区	12	—	6	6	3	244
柳州地区	3	—	1	2	—	—
贺州地区	4	—	3	1		
百色地区	9	2	—	7	—	—
河池地区	3	—	—	3	3	260

表 17—19 国际旅游事业发展情况

项　　目	1990 年	1995 年	1998 年	1999 年
接待旅游人数(人次)	**518263**	**418499**	**524336**	**776812**
港澳和台湾同胞	340758	107672	238496	402321
华　侨	24120	3399	6398	2826
外国人	153385	307428	279442	371665
♯日　本	50378	72706	59969	78753
菲律宾	787	1444	1417	2011
新加坡	2803	7164	4168	5280
泰　国	3610	5166	1449	5439
越　南	–	1110	26141	47064
印度尼西亚	357	15057	1690	10417
美　国	19505	34878	40672	48994
加拿大	3243	5497	6214	6447
英　国	10041	12374	13704	13914
法　国	8078	23241	22329	27180
德　国	8070	22987	17651	21463
意大利	5036	10075	9953	8487
俄罗斯	74	550	516	372
澳大利亚	3697	5587	6817	7910
新西兰	543	1178	1715	1341
旅游收入(万元)	**36595**	**109243**	**119547**	**151466**
商品性收入	7312	24331	36381	44153
商品销售收入	4457	7314	18453	22986
饮食销售收入	2855	17017	17928	21167
劳务性收入	29283	84912	83166	107313
交通费收入	18085	36502	33799	45840
旅行社收入	2998	16543	14053	15850
住宿费收入	6579	23254	22537	26830
其它收入	1621	8613	12777	18793

表 17—20 各地接待国际旅游人数和旅游收入

项目	1990年		1998年		1999年	
	合计	外国人	合计	外国人	合计	外国人
接待旅游人数(人次)	**518263**	**153385**	**524336**	**279442**	**776812**	**371665**
#南宁市	7937	2337	26262	15999	35063	20289
柳州市	3761	333	19572	3505	18823	3754
桂林市	484929	147748	417831	229639	605300	29880
梧州市	12710	2142	14374	2632	26112	1986
北海市	2203	667	10002	2765	21256	3660
旅游收入(万元)	**36595**		**119547**		**151466**	
#南宁市	527		4338		4753	
柳州市	201		1405		1093	
桂林市	25551		92723		122878	
梧州市	226		665		771	
北海市	43		2232		3370	
平均每一旅游者消费额(元)	**706**		**2280**		**1950**	
#南宁市	664		1652		1356	
柳州市	534		718		581	
桂林市	733		2210		2030	
梧州市	178		463		295	
北海市	134		2232		1585	

表 17—21 旅游涉外饭店经营情况

(1999 年)

	客房数(间)	床位数(张)	住宿总人数(万人次)	营业总收入(万元)	营业税及附加(万元)	利润总额(万元)
总计	**28098**	**56564**	**617.41**	**157162**	**7964**	**-37908**
南宁市	5041	9333	97.26	45529	2191	-7474
柳州市	1842	3766	45.10	12459	558	-939
桂林市	6305	12556	122.24	42559	2164	-17773
梧州市	1870	3975	46.36	7165	317	-543
北海市	2953	5844	62.43	14062	845	-6739
防城港市	958	1864	16.98	3437	189	-1511
钦州市	985	2104	26.93	4585	281	-1007
贵港市	1140	2357	36.76	4231	249	-99
玉林市	1853	3934	41.87	8337	454	-527
南宁地区	1153	2279	37.91	3392	188	110
柳州地区	490	1048	6.29	748	30	-32
贺州地区	610	1391	8.29	830	45	-133
百色地区	1736	3661	35.50	6084	244	-834
河池地区	1162	2452	33.58	3744	208	-405

表17—22 广西与国外缔结友好城市一览表

国　别	区(市)名称	缔结日期
日　本	熊本市—桂林市	1979年10月1日
新西兰	黑斯廷市—桂林市	1981年3月1日
日　本	熊本县—广西壮族自治区	1982年5月20日
意大利	西西里大区—广西壮族自治区	1982年6月14日
美　国	奥兰多布—桂林市	1986年5月14日
奥地利	克恩顿州—广西壮族自治区	1987年2月10日
美　国	塔尔萨市—北海市	1987年3月6日
英　国	新港市—梧州市	1987年7月7日
冈比亚	班珠尔市—南宁市	1987年6月22日
英　国	格文特郡—广西壮族自治区	1988年4月29日
美　国	辛辛那提市—柳州市	1988年5月5日
巴　西	北里约格朗德州—广西壮族自治区	1995年11月28日
日　本	八代市—北海市	1996年3月5日
乍　得	恩贾梅纳市—柳州市	1997年3月10日
澳大利亚	黄金海岸市—北海市	1997年9月17日
韩　国	济州市—桂林市	1997年10月29
俄罗斯	沃罗涅日州—广西壮族自治区	1997年12月16日
斐　济	苏瓦市—北海市	1998年4月2日
澳大利亚	班伯格市—南宁市	1998年5月12日
美　国	蒙大那州—广西壮族自治区	1999年10月26日

表 17—23 广西风景名胜区

（1999 年末）

类　别	风景名胜区名称	所在地
国家级	漓江风景名胜区	桂林市、阳朔县
	桂平西山风景名胜区	桂平市
	花山风景名胜区	宁明县
自治区级	龙虎山风景名胜区	隆安县
	澄碧湖风景名胜区	百色市
	南山、东湖风景名胜区	贵港市
	水月岩、龙珠湖风景名胜区	玉林市、北流市、陆川县
	谢鲁山庄风景名胜区	陆川县
	林溪—八江风景名胜区	三江侗族自治县
	香桥岩风景名胜区	鹿寨县
	勾漏洞风景名胜区	北流市
	都峤山—真武阁风景名胜区	容县
	南沥—涠洲岛海滨风景名胜区	北海市
	古龙河—白龙洞风景名胜区	宜州市
	六峰山—三海岩风景名胜区	灵山县
	太平石山风景名胜区	滕县
	八角寨—资江风景名胜区	资源县
	青狮潭风景名胜区	灵川县
	龙胜龙脊风景名胜区	龙胜各族自治县
	元宝山—贝江风景名胜区	龙胜各族自治县、融水苗族自治县
	八仙天地—百崖槽风景名胜区	武宣县
	龙潭—都乐岩风景名胜区	柳州市
	大瑶山风景名胜区	金秀瑶族自治县
	白云山风景名胜区	梧州市
	青秀山风景名胜区	南宁市
	碧水风景名胜区	钟山县
	宴石山风景名胜区	博白县
	京岛风景名胜区	防城港市
	龙泉岩风景名胜区	玉林市
	浮山风景名胜区	贺州市
	黄姚风景名胜区	昭平县
	珍珠岩—金城江风景名胜区	河池市
	大化红水河—七百㟖风景名胜区	大化县

表 17—24 广西各类对外经济开发区

类　别	开发区类型	开发区名称	规划面积（平方公里）	批准时间
国家级	边境经济合作区	凭祥边境经济合作区	7.20	1992.9.26
		东兴边境经济合作区	4.01	1992.9.26
	高新技术开发区	桂林高新技术产业开发区	12	1991.3.6
		南宁高新技术产业开发区	12	1992.12.22
	旅游度假区	北海银滩国家旅游度假区	12	1992.10.4
自治区级	经济开发区	梧州市对外加工区	0.27	1991.5.8
		容县侨乡经济开发区	0.10	1991.9.15
		柳州古亭山经济开发区	4	1991.10.31
		桂林八里街经济开发区	2	1992.10.12
		合浦平田阳塘经济开发区	1.41	1992.7.7
		柳州高新技术产业开发区	1	1992.9.10
		北部湾扶贫经济开发区	4.66	1992.10.23
		金城江民族经济开发区	0.65	1992.10.24
		南宁经济技术开发区	7.28	1992.12.08
		鹿寨城南综合经济开发区	1.20	1992.12.12
		柳江工业开发区	1.50	1992.12.21
		荔浦龙口经济开发区	0.66	1992.12.23
		宜州城西经济开发区	0.59	1992.12.29
		环江城西开发区	1.20	1993.1.14
		南宁大沙田经济开发区	6.50	1994.11.30
		柳州阳和开发区	15.73	1994.11.30
		桂林西城工业开发区	16.05	1994.11.30
		钦州港经济开发区	10	1996.6.14
		邕宁沿海走廊经济开发区	8	1998.3.22
	旅游度假区	桂林桃花江旅游度假区	11.88	1994.12.17
		龙胜温泉旅游度假区	10	1994.12.17
		灵川青狮潭旅游度假区	10	1994.12.17
		桂平西山旅游度假区	5	1994.12.17
		玉林佛子山旅游度假区	6.5	1994.12.17
		合浦南国星岛湖旅游度假区	73	1995.3.2
		北海涠洲岛旅游度假区	8.12	1995.12.4
		荔浦丰鱼岩田园旅游度假区	55	1996.09.10
	华侨投资区	南宁华侨投资区	34	1990.12.20
		北海华侨投资开发区	3	1991.10.31

表 17—25 广西开放城市和地区

沿海开放城市：

南宁市　北海市　防城港市港口区

沿海经济开发区：

梧州市(含苍梧县)　合浦县　防城港市防城区　钦州市钦南区、钦北区

玉林市

沿边开放市镇：

凭祥市　东兴市

表 17—26 广西对外口岸

(一类口岸)

空　港：　南宁　桂林　北海

海　港：　北海港　防城港　钦州港

内河港：　梧州港　柳州港　贵港港

公　路：　友谊关　东兴　水口

铁　路：　凭祥市

国务院同意开放边境地区贸易口岸：

果子山港　江山港　石头埠港　企沙港

表 17—27《中越两国边境事务处临时决定》中决定开放(广西段)口岸

东兴　峒中　爱店　友谊关　凭祥　平而

水口　科甲　硕龙　岳圩　龙邦　平孟

自治区人民政府已批准的边民互市贸易点：

防城区的峒中、滩散、里火

东兴市的杨屋、东兴

宁明县的板烂、爱店、北山

凭祥市的油隘、凭祥、弄尧(含浦寨)、平而

龙州县的那花、科甲、水口

大新县的岩应、硕龙、德天

靖西县的新兴、岳圩、龙邦、孟麻

那坡县的平孟、百南、那布。

主要统计指标解释

进出口总额　指实际进出我国国境的货物总金额。包括对外贸易实际进出口货物，来料加工装配进出口货物，中外合资企业、合作企业和外商独资企业进出口货物和公用物品，以及国家间、联合国及国际组织无偿援助物资和赠送品，华侨、港澳同胞、外籍华人的捐赠物品金额。包括代理进出口额。

进口按到岸价计算，出口按离岸价计算。

利用外资　指我国各级政府、部门、企业、中国银行和其他单位通过对外借款，吸收外商直接投资和外商其他投资方式筹借的境外现汇，设备，技术等。

对外借款　指由我国政府、部门、企业和其他经济组织在境外借入的资金或发行的外币债券等。包括由我国政府和政府授权部门对外提供担保的借款。

外国政府贷款　指一国家政府利用国库资金向另一发展中国家提供的优惠贷款。

国际金融组织贷款　指从事国际金融业务机构对我国的贷款。

外国银行商业贷款　指国家批准的商业贷款项目。有权对外签订借款协议(合同)的单位和中国银行按利用外资计划借入的各种现汇资金。

外商直接投资　指依法批准在我国境内设立的外国、港澳台地区客商投资企业和海洋石油勘探开发项目合同中，由境外投资者以现金、实物、技术等对企业的投资(包括外商投资收益的再投资)以及批准的项目投资总额内，企业从境外借入的资金。

直接投资按照投资方式分为中外合资、中外合作、外资、港澳台与大陆合资、合作、港澳台独资等。

实际利用外资　指利用外资协议(合同)的执行数。即对外借款实际提取数或拨交的使用数；客商直接投资项目(合同)的实际投入的现金、实物、工业产权及专有技术的计价投资款。

对外承包工程　指我国对外承包公司承包国外建设工程项目，我国援外成套项目，我国驻外机构的工程项目和以服务成果向业主收费的技术服务项目以及由各对外承包公司提供的成套设备，工程物资等。对外承包工程的营业款是以货币表现的本期内完成的对外承包工程的工作量。

旅游人数　指来我国参观、访问、旅行、探亲、访友、休养、考察、参加会议和从事 经济、科技、文化、体育、宗教等活动的外国人、华侨、港澳和台湾同胞的人数。

旅游收入　指国内各部门为来我国旅游的外国人、华侨、港澳和台湾同胞提供商品和劳务而得到的收入。

边境贸易　是指在两国接壤的边境地区，通过居民、贸易机构或指定的企业进行的进出口贸易。是实际到达我国边境(口岸)和实际离开我国边境(口岸)直接进出口的所有商品贸易(我区试行包括边民互市贸易)。

十八、教育、科技和文化

表18—1 各类学校基本情况

项目	单位	1978年	1985年	1990年	1995年	1998年	1999年
培养研究生单位	个			7	9	7	9
毕业生人数	人			157	228	250	327
招生人数	人			116	318	503	610
在校学生数	个			375	747	1313	1591
普通高等学校	所	16	23	24	27	28	29
毕业生人数	万人	0.44	0.53	1.07	1.78	1.81	1.93
招生人数	万人	0.71	1.16	1.08	2.04	2.55	3.26
在校学生数	万人	2.09	3.05	3.78	6.00	7.75	9.03
专任教师	人	3393	5954	6834	7542	8043	8651
中等专业学校	所	172	115	121	123	127	126
毕业生人数	万人	0.15	2.16	2.25	3.83	3.13	3.76
招生人数	万人	1.79	1.38	2.18	4.07	4.71	4.85
在校学生数	万人	4.07	5.10	7.17	11.67	15.23	16.13
专任教师	人	4294	5604	7268	7797	8808	8941
职业中学	所		201	210	274	314	271
毕业生人数	万人		0.66	1.46	2.68	4.06	3.96
招生人数	万人		2.12	3.16	4.57	4.87	4.34
在校学生数	万人		4.50	7.04	11.35	13.26	12.61
专任教师	人		2696	4600	6758	7560	7307
技工学校	所	49	91	104	120	122	99
毕业生人数	万人	0.02	0.50	0.72	2.05	2.64	2.18
招生人数	万人		0.48	1.08	3.07	1.44	1.55
在校学生数	万人	0.55	1.03	2.81	6.39	5.37	4.31
专任教师	人		1201	2623	3780	3803	3666
普通中学	所	2212	2556	2751	3077	3037	3012
毕业生人数	万人	92.12	28.56	36.89	48.73	66.30	71.69
招生人数	万人	98.53	40.82	51.04	76.73	96.27	104.56
在校学生数	万人	221.12	116.32	140.88	194.05	252.37	267.02
专任教师	人	108280	70780	81518	97749	115698	121738
普通高中	所	1595	514	457	437	415	420
毕业生人数	万人	25.87	6.25	5.75	6.60	7.10	7.40
招生人数	万人	25.72	6.48	7.83	7.84	10.76	12.57
在校学生数	万人	56.23	19.82	21.26	20.93	26.76	30.95
专任教师	人	25264	14799	14885	14344	15598	16740
普通初中	所	617	2042	2294	2640	2622	2592
毕业生人数	万人	66.25	22.31	31.14	42.13	59.20	64.28
招生人数	万人	72.80	34.34	43.21	68.89	85.51	91.99
在校学生数	万人	164.89	69.50	119.62	173.12	225.61	236.07
专任教师	人	83016	55981	66633	83405	100100	104998
普通小学	所	13448	14875	15789	16005	16182	16155
毕业生人数	万人	87.64	69.29	69.03	81.05	92.84	101.84
招生人数	万人	110.31	105.52	97.95	107.48	84.36	80.64
在校学生数	万人	511.69	531.45	560.55	639.92	603.62	569.46
专任教师	人	191295	211113	204686	194780	195964	198950
幼儿园	所	12058	2706	2368	2555	2957	3639
在园儿童	万人	48.15	38.37	81.28	100.07	84.25	78.35
专任教师	人	18804	11738	20471	22956	23240	24416

表 18—2 高等学校分科学生数

(1999 年)

单位:人

	毕业生数		招生数		在校学生数	
	本　科	专　科	本　科	专　科	本　科	专　科
总　计	7152	12110	15136	17460	47908	42378
哲　学	30	30	38		143	
经济学	315	1979	1187	2624	2749	6908
法　学	174	83	500	490	1290	1229
教育学	291	1183	537	1983	1511	3948
文　学	925	2652	2021	4055	6067	10292
历史学	161	190	239	110	909	288
理　学	686	1994	1572	2611	5181	6916
工　学	2900	2829	5619	3983	17972	9351
农　学	636	459	777	253	3391	1008
医　学	1034	741	2646	1351	8695	2438

表 18—3 中等专业学校分科学生数

(1999 年)

单位:人

	毕业生数	招　生　数			在校生数
		合　计	招收高中毕业生数	招收初中毕业生数	
合　　计	37533	48471	1514	46957	161281
工　　科	9972	13641		13641	51357
农　　科	3000	4021		4021	14563
林　　科	825	1076		1076	4785
医药卫生科	3342	6367		6367	16216
财　　经	3696	4360	50	4310	16702
管　　理	4473	4218		4218	15745
政　　法	1915	1716	1330	386	4139
艺　　术	762	1159		1159	3704
体　　育	244	273		273	777
师　　范	9324	11640	134	11506	33293

表 18—4 专任教师负担学生数

年份	高等学校		中等学校		小学	
	教师（人）	平均每个教师负担学生(人)	教师（人）	平均每个教师负担学生(人)	教师（人）	平均每个教师负担学生(人)
1978	3396	6.2	112574	20.0	191295	26.8
1980	4446	5.7	99357	16.5	201979	24.9
1985	5954	5.1	80281	15.9	211113	25.2
1990	6834	5.6	96009	16.4	204686	27.4
1995	7542	8.0	116084	19.2	194780	32.9
1998	8043	9.6	135869	21.1	195964	30.8
1999	8651	10.44	141652	21.2	198950	28.6

表 18—5 在校学生及构成

年份	各级学校在校学生占全区人口 %	平均每万人中			在校学生占学生总数(%)		
		大学生（人）	中学生（人）	小学生（人）	大学生	中学生	小学生
1978	21.7	6.1	661.9	1504.1	0.3	30.5	69.2
1980	18.9	7.1	451.8	1420.1	0.4	24.0	75.6
1985	16.9	7.9	313.5	1372.1	0.5	18.5	81.0
1990	17.0	8.9	372.3	1321.6	0.5	21.9	77.6
1995	19.3	13.3	496.4	1421.4	0.7	25.7	73.6
1998	19.2	16.7	615.0	1297.0	0.9	31.9	67.2
1999	18.7	19.2	639.3	1213.2	1.0	34.2	64.8

表 18—6 成人教育基本情况

单位：人

项目	1985 年	1990 年	1995 年	1998 年	1999 年
成人高等学校在校学生	20600	24470	32797	68073	75491
广播电视大学	13098	11671	12142	11324	11722
职工(农民)大学	1425	3351	5518	2223	2173
函授(业余)大学					
管理干部学院	1186	1494	4142	7262	8577
教育学院	4891	7954	10995	11022	11102
成人中等学校在校学生	11925	19579915	167144	209941	116536
中等专业学校	2572	11459	94265	106169	93895
中学	2078	1835	41465	75333	3903
教师进修学校	4703	6285	31414	28439	18738
成人初等学校在校学生	1591	2468	159579	105573	193856
职工初等学校			5244	11	171
农民初等学校	1591	2468	154335	105562	193685
技术班	25	120			
小学班	1356	989	110423	22584	100559
扫盲班	210	1359	43912	60053	93126

表 18—7 科技活动基本情况

指标	单位	1996	1998	1999
科技机构数	**个**	**644**	**597**	**570**
#科学研究与技术开发机构	个	206	212	207
科技情报与文献机构	个	20	20	19
大中型工业企业属技术开发机构	个	266	228	220
大中型建筑业企业属技术开发机构		11		
全日制高等院校属科研机构	个	161	136	124
科技活动人员数	**万人**	**4.89**	**4.48**	**5.2**
#科学家、工程师	万人	3.31	2.7	3.09
科技活动经费筹集总额	**万元**	**137486.7**	**113766.3**	**110697.1**
政府拨款	万元	21796.2	28326.9	30173.3
自筹资金	万元	76908.3	65084.6	57099.5
银行贷款	万元	29129.4	8588.6	7594.9
其　他	万元	9652.8	11766.2	11118.4
科技活动经费使用总额	**万元**	**131460.4**	**99927.2**	**100961.4**
#内部支出	万元	129352.3	95905.7	98043.6
#劳务费	万元	23372.9	25113.9	27269.7
业务费	万元	43175.6	30551.1	32400
固定资产购建支出	万元	44864.8	21204.6	23031.5
其　他	万元	17939	19036.1	15324.2
研究与发展经费内部支出	万元	9578	13674.4	22990.6

表 18—8 县及县以上政府部门所属研究与开发机构

项目	单位	1995	1996	1998	1999
机构数	**个**	**230**	**226**	**232**	**226**
从事科技活动人员	**人**	**9227**	**9042**	**9145**	**8290**
#科学家、工程师	人	5048	5130	5457	4955
技术员	人	2048	1948		
经费筹集总额	**万元**	**44526**	**40368.5**	**52781.8**	**50004.7**
#政府拨款	万元	16910	17224.2	23197.8	22668.7
经费使用总额	**万元**	**39087**	**37638.5**	**46260.8**	**45653**
#固定资产购建支出	万元	8910	8674.7	7533.4	7450.7

表 18—9 大中型工业企业技术开发情况

指 标	单 位	1990	1995	1998	1999
企业数	**个**	**270**	**574**	**593**	**596**
#有科技活动机构的企业数	个	127	262	228	263
企业办科技活动机构数	**个**	**137**	**262**	**228**	**220**
从事科技活动的人员总计	**万人**	**0.88**	**1.82**	**2.15**	**2.41**
#工程技术人员	万人	0.5	1.11	1.3	1.39
#有高中级职称或大学本科以上学历人员	万人	0.25	0.62	0.91	0.98
#科技活动机构中的人员	万人	0.35	0.57	0.56	0.56
#有高中级职称或大学本科以上学历人员	万人	0.13	0.29	0.35	0.37
科技活动经费筹集总额	**万元**	**14044.4**	**80032.4**	**57839.4**	**55693.4**
#政府拨款	万元	807.4	802.6	2385.3	3057.6
银行贷款	万元	1923.6	9853.3	6429.9	5721.1
企业自筹	万元	10618.6	55474	46903.2	43532.5
接受外单位委托	万元	257.1	243.5		
科技活动经费支出总额	**万元**	**13627.9**	**63320.3**	**50752.6**	**50694.4**
#劳务费	万元	1945	7524.6	7640.9	8184.7
原材料费	万元	4783.2	18255.7	19121	20824.9
固定资产购建费	万元	3468.4	29933.3	12595.4	14129.8
开发新产品用款	万元	6615.3	30878.2	37816.2	37324.2
技术改造支出总额	**万元**	**43037.2**	**149461.3**	**85250.9**	**133534.6**
技术引进支出总额	**万元**	**9054.5**	**20408.5**	**23693.4**	**19919.9**
#引进设计、图纸、工艺、专利用款	万元	827.5	1082.6	19098.1	7656.2
用于消化吸收的经费	万元	261.1	744.7	379	2369.9
购买国内技术支出	万元	728.1	1778.7	979.3	2540.5
科技活动产出					
新产品销售收入合计	万元	116421.3	420590.7	793291	708691.7
新产品实现利税	万元	15514.7	43576	72512.2	85466.7
企业开发的科技成果转让收入	万元	19.9	631.2		
企业对外技术服务收入	万元	27.5	520.9		
企业科技活动成果获奖数	项		206	137	178
企业专利申请数	项	23	63	172	171
企业专利获准数	项	9	35	127	152

表 18—10 县及县以上政府部门所属研究与开发机构情况

(1999 年)

项　　目	机构数（个）	从事科技活动人员合计（人）	科学家工程师	经费筹集总额（万元）	政府拨款	经费使用总额（万元）
总　　计	**226**	**8290**	**4955**	**50004.7**	**22668.7**	**45653**
一、按单位类型分						
科学研究与技术开发机构	207	7968	4728	48454.8	21611.6	44372.2
科技情报与文献机构	19	322	227	1549.9	1057.1	1280.8
二、按隶属关系分						
中央属	10	1424	913	12338.1	4391.4	10149.9
自治区属	71	4324	2800	30557.8	14381.8	27529.4
地(市)属	80	1999	1067	6122.7	3299.4	6871.2
县　属	65	543	175	986.1	596.1	1102.5
三、按学科领域分						
自然科学	12	643	541			
农业科学	122	3112	1364			
医药科学	13	617	399			
工程与技术科学	51	3337	2206			
人文与社会科学	28	581	445			

表 18—11 县及县以上政府部门所属研究与开发机构成果情况

年　　份	科学著作(万字)	科学论文(篇)	获奖成果(项)
1987	689	641	164
1988	1196	675	133
1989	912	488	130
1990	887	579	185
1991	1520	675	189
1992	881	945	170
1993	1027	1072	135
1994	841	1135	202
1995	583	1274	176
1996	35	1403	192
1997	23	1691	124
1998	50	1505	121
1999	79	1525	128

注：1996—1999 年科学著作计量单位为:种，1988—1991 年科学著作、科学论文不包含科技情报与文献机构数。

表 18—12　县及县以上政府部门所属研究与开发机构课题情况

(1999 年)

项　　目	课题数(项)	投入人员(人年)	#科学家工程师	投入经费(万元)
总　　计	**1308**	**3122**	**2208**	**11147.6**
一、按单位类型分				
科学研究与技术开发机构	1288	3089	2183	10988.3
科技情报与文献机构	20	33	25	159.3
二、按活动类型分				
基础研究	40	93	71	501.7
应用研究	116	348	235	1415.9
实验发展	433	1232	878	6054.5
研究与实验发展成果应用	449	896	651	2068.9
科技服务	270	553	373	1106.6

注:基础研究、应用研究和实验发展人员及经费为按比例推算数,研究与实验发展成果应用、科技服务两项活动的人员和经费为直接投入数据,不包括间接投入数据。

表 18—13　国有企事业单位各类专业技术人员

单位:万人

	1990	1995	1998	1999
各类专业技术人员总计	24.86	69.19	75.58	77.6
#工程技术人员	9.03	10.68	12.02	12.12
农业技术人员	2.29	1.99	2.23	2.28
科学研究人员	0.41	0.33	0.32	0.32
卫生技术人员	8.23	9.15	9.9	10.13
教学人员	4.91	32.96	37.07	38.84

表 18—14　国有企事业单位分行业各类专业技术人员

单位:万人

行　　业	1990	1995	1998	1999
总　　计	24.86	69.19	75.58	77.6
农、林、牧、渔、水利业	3.8	5.82	5.43	5.55
工业	4.27	10.20	8.89	8.46
地质普查和勘探业	0.03	0.09	1.14	1.37
建筑业	0.86	1.93	1.4	1.34
交通运输、邮电通讯业	0.48	1.56	2.41	2.42
商业、公共饮食业、物资供销和仓储业	0.54	4.30	3.03	2.82
房地产管理、公用事业、居民服务和咨询服务业	0.26	1.16	3.03	3.84
卫生、体育和社会福利事业	7.1	8.65	9.51	9.68
教育文化艺术和广播电视事业	5.36	33.70	38.52	40.4
科学研究和综合技术服务	0.76	0.88	1.34	1.49
金融保险事业	0.01	0.06	0.14	0.1
其他行业	0.03	0.83	0.75	0.13

表 18—15　文化事业机构和人员

单位:机构:个　　人员:人

年　份	电影事业		艺术表演团体		图书馆		群众文化事业		其他文化事业	
	机构	人员	机构	人员	机构	人员	机构	人员	机构	人员
1978	4427	13729	118	6231	84	464	416	1362		
1980	5211	15189	121	6326	87	596	1085	2287	6	108
1985	8085	21997	117	4271	89	808	1256	2754	17	267
1990	5575	16924	115	4610	90	1208	1422	3630	14	321
1995	3530	12870	116	4386	99	1335	1523	5716	54	1129
1998	2454	9451	118	4555	173	1583	1504	3532	25	1048
1999	1256	6572	119	4583	194	1606	1540	3480	21	842

表 18—16　艺术表演团体演出情况

(1999 年)

项　目	国内演出场数(千场)	#到农村演出	观众人数(千人次)
总　计	12	5	12462
按经济类型分			
#国有剧团	12	5	12255
集体剧团			207
按剧种分			
#话剧、儿童剧、滑稽剧团			120
歌舞剧团			30
歌舞团、轻音乐团	2	1	2145
文工团、文宣队	5	2	5774
戏曲剧团	3	2	3556
曲艺、木偶、杂技团	1		837

表 18—17 电影放映情况

项目	单位	1978 年	1980 年	1990 年	1995 年	1998 年	1999 年
放映单位	个	4325	5118	5455	3414	2021	1163
放映场数	万场	78.58	110.25	115.14	51.2	20.5	11.2
观众人次	万人次	56937.00	82141.90	52799.62	11306.09	2154.3	1225.2
放映收入	万元	2630	3955	8986.87	7998.35	3799.4	1914.4
发行收入	万元	1159	1602	3876.02	2837.20	1700.40	793.48

表 18—18 广播事业发展情况

项　　目	单位	1978 年	1980 年	1990 年	1995 年	1998 年	1999 年
基本情况							
电台	座	1	1	13	26	26	26
发射台及转播台	座		17	27	24	24	24
节目	套		2	15	31	32	32
平均每日播出时间	小时		26	130	322	382	399
广播人口覆盖率	%		21.5	63.2	66.3	80.7	83.5
制作广播节目							
新闻节目	小时		1034	1875	6801	7394	7917
文艺节目	小时		3437	2685	17362	20548	18355
专题节目	小时		1490	2765	11999	14025	14978
教育节目	小时		365	512	3034	1915	1647
服务节目	小时		395	1803	7856	14428	12347

表 18—19 电视事业发展情况

项目	单位	1980年	1985年	1990年	1995年	1998年	1999年
基本情况							
电视台	座	1	1	9	19	22	22
1千瓦及以上发射及转播台	座	3	7	14	24	27	27
节目	套	1	1	9	20	23	23
平均每周播出时间	小时	60	88	530	818	1297	1308
电视人口覆盖率	%	20.0	59.3	77.5	79.5	85.5	88.3
制作电视节目							
新闻节目	小时	26	50	463	1591	1891	1597
文艺节目	小时	415	25	259	768	599	772
电视剧	部/集						3/26
专题节目	小时	17	14	234	1387	1187	1426
服务性节目	小时	26	48	273	1884	2602	1626

表 18—20 图书、报纸及杂志出版情况

年份	图书			报纸			杂志		
	种数（种）	印数（万册）	印张（万印张）	种数（种）	印数（万份）	印张（万印张）	种数（种）	印数（万册）	印张（万印张）
1978	179	8550.0	33644.7	4	25680.0	25036.7	12	697.0	1932.7
1980	188	9532.0	43393.3	6	20902.0	20221.3	34	878.0	3012.2
1985	520	13974.0	47908.0	45	35028.0	23620.7	95	5015.0	17107.2
1990	1672	13360.4	51582.9	48	33603.0	24206.6	124	3226.4	7667.1
1995	2694	25396.7	103117.3	66	47475.0	45152.4	159	4629.9	12900.1
1998	2748	28631.6	119304.1	66	54234.0	64508.3	164	4612.0	12621.9
1999	2791	27161.0	120393.8	66	55421.0	71794.9	183	5053.2	13663.8

十九、体育、卫生、社会福利及服务业

表 19—1 体育事业发展情况

项　目	单位	1978 年	1985 年	1990 年	1995 年	1998 年	1999 年
体育系统固定职工人数	人	**1993**	**3380**	**3234**	**3335**	**3813**	**3746**
#体育运动学校	人	37	206	174	180	194	179
业余体校	人	680	563	779	1028	1085	1147
训练基地	人	28	106	119	184	130	201
公共体育场、馆	人	193	194	146	272	553	303
体育场地	个					**40561**	**40564**
体育场	个	7	11	15	27		
体育馆	个	3	3	7	18		
游泳池	个	75	111	166	142		
灯光球场	个	275	340	614	891		
运动场	个	57	77	92	127		
各级体委举办运动会次数	次	391	2732	6502	3535	1018	1186
国家体育锻炼标准及格人数	万人	11.14	80.17	271.21	456.48	600.84	608.73
等级运动员发展人数	人	6	988	1216	2552		
#国际级健将	人						5
运动健将	人	6			27	15	10
一级运动员	人		6	27	41	72	126
二级运动员	人		21	269	354	236	398
三级运动员	人		550	412	428	587	688
等级裁判员发展人数	人	**160**	**1073**	**1550**	**2154**	**1276**	**2441**
#国家级裁判	人	7			10	9	12
打破纪录情况							
破世界纪录							
项　数	项			1		1	
人　数	人			1		1	
次　数	次			1		1	
破全国纪录							
项　数	项	6	9	3	2	1	
人　数	人		6	3	3	1	
次　数	次		14	4	3	1	
获奖情况							
在国际比赛中							
金　牌	枚	8	33	42	55	33	32
银　牌	枚	5	12	15	22	12	26
铜　牌	枚	4	9	21	9	15	5
在全国比赛中							
金　牌	枚		40	27	43	27	48
银　牌	枚		36	38	23	28	55
铜　牌	枚		39	34	28	33	59

表19—2 各类卫生机构数

单位:个

年份	卫生机构数	疗养院、所	门诊部、所	专科防治所、站	卫生防疫站	妇幼保健所、站	药品检验所、室	医学科学研究机构	其他卫生机构
1978	4865	12	3242	28	103	95	24	4	135
1980	5359	12	3680	33	102	92	36	5	149
1985	5861	18	4056	42	106	86	48	9	128
1990	5791	16	3779	57	115	87	85	12	120
1995	5571	11	3333	66	132	81	87	26	126
1998	13387	8	3368	67	136	80	88	27	139
1999	13319	8	3104	66	123	16	87	28	143

注:卫生机构数从1997年起含诊所数。

表19—3 卫生机构和病床数

年份	卫生机构数(个)	# 医院	病床数(张)	# 医院	每千人口中医院病床数(张)
1978	4865	1205	48793	43500	1.28
1980	5359	1231	53080	47608	1.35
1985	5861	1346	62422	57300	1.48
1990	5791	1496	74843	69005	1.63
1995	5571	1709	83863	78788	1.73
1998	13387	1791	85231	81273	1.75
1999	13319	1864	85426	83218	1.77

表19—4 卫生技术人员

单位:人

年份	卫生技术人员	# 医生	# 中医	# 西医师	护师护士	每千人口中有卫生技术人员
1978	55778	25988	4087	12161	13722	1.64
1980	66667	30023	4946	13313	15854	1.88
1985	94359	43796	8524	16942	20800	2.44
1990	107815	51163	10920	30906	30477	2.54
1995	116547	55346	9485	34507	35636	2.56
1998	123797	59981	9322	36667	38823	2.66
1999	125310	60754	9100	37827	39854	2.67

表 19—5 医院诊疗人次和入院人数

(1999 年)

医院类别	诊疗人数(人次)	#门、急诊	入院人数(人次)	每百门、急诊次的入院人数(人次)
总　　计	68486233	66620487	1563442	2.35
县及县以上医院	44654713	43347660	1114198	2.57
卫生部门	36096553	35250586	995682	2.82
工业及其他部门	8299886	7841316	114461	1.46
集体所有制	238376	235845	2551	1.08
私人开业及其他	19916	19913	1504	7.55
其他医院				
农村乡(镇)卫生院	23881502	23272827	449244	1.93

表 19—6 县和县以上医院病床使用情况

指　　标	单位	1978 年	1980 年	1985 年	1990 年	1995 年	1998 年	1999 年
病床周转次数	次	22.8	25.3	24.3	22.87	18.5	17.19	17.97
病床工作日数	日	287.7	295.5	307.2	322.04	263.7	229.27	225.00
病床使用率	%	78.8	80.7	84.2	88.2	72.2	62.81	61.64
出院者平均住院日数	日	12.2	11.3	12.2	13.7	13.6	12.54	11.86

表 19—7(1) 卫生部门城市医院住院病人前十位主要疾病死亡情况

(1999 年)

疾病名称(按系统分类)	死亡人数	占死亡人数%
合　　计	5667	100.00
肿瘤	1832	32.33
#恶性肿瘤	1779	97.11
循环系统疾病	1448	25.55
#心脏病	535	36.95
脑血管病	801	55.32
损伤和中毒	695	12.26
#颅内和体内损伤(包括神经)	428	61.58
消化系统疾病	473	8.36
呼吸系统疾病	433	7.64
传染病和寄生虫病	249	4.39
泌尿生殖系统疾病	168	2.97
内分泌、营养、代谢疾病系统疾病	149	2.63
起源于围产期的情况	138	2.44
神经系统和感官疾病	84	1.43

表 19—7(2) 卫生部门县医院住院病人前十位主要疾病死亡情况

(1999 年)

疾病名称(按系统分类)	死亡人数	占死亡人数%
合　计	3147	100.00
循环系统疾病	693	22.02
#心脏病	287	41.41
脑血管病	336	48.48
损伤和中毒	638	20.27
#颅内和体内损伤(包括神经)	330	51.72
肿瘤	483	15.35
#恶性肿瘤	471	97.52
消化系统疾病	304	9.66
传染病和寄生虫病	298	9.47
呼吸系统疾病	290	9.22
起源于围产期的情况	219	6.96
泌尿生殖系统疾病	91	2.89
内分泌、营养、代谢疾病系统疾病	69	2.19
神经系统和感官疾病	62	1.97

表 19—8 优抚和社会福利收养性单位基本情况

(1999 年)

项　目	机　构(个)	职工人数(人)	床　位(张)	年末收养人数(人)
总　计	571	2814	13525	8757
民政部门举办优抚、社会福利事业单位	70	1831	5269	4023
残废军人休养院	1	50	180	139
光荣院	16	111	549	228
复退军人精神病院	4	241	550	504
社会福利院	38	849	2778	2128
社会儿童福利院	5	121	192	178
社会精神病人福利院	4	356	870	715
其他收养性单位	2	103	150	131
乡镇集体办敬老院	501	983	8256	4734
老年公寓	8	40	385	191

表 19—9 社会救济对象享受救济情况

项目	单位	1985 年	1990 年	1995 年	1998 年	1999 年
社会困难户总人数	人			5641012	3842046	3476951
乡村社会困难户得到救济人次数	人次	2696821	1734324	2248726	2409113	1746837
# 得到国家定期定量救济人数 *	人	49034	13050	14122	14025	42995
城镇社会困难户得到救济人次数	人次	458949	375872	106779	103368	71123
# 得到国家定期定量救济人数 *	人	7975	6972	1230	1893	3796
社会散居孤老残幼人数	人			199819	218049	217785
# 农村得到国家定期定量救济人数 *	人	23627	30701	36691	36519	35174
得到集体给予供养人数 *	人	41587	74289	143613	132366	124279
# 城镇得到国家定期定量救济人数 *	人	4396	12246	2622	4334	4581
得到集体给予供养人数 *	人	11721	36961	3663		
精减退职老弱残职工得到救济人数	人	7534	6973	6398	6152	6199
享受原工资 40%的救济人数	人	5298	4547	4273	4034	4070
享受定量救济人数	人	2236	2426	2125	2118	2129
城乡扶贫总户数	户	117923	83018	70498	50965	
当年城乡新增扶贫户数	户	73772	22516	12221	6858	
# 新增脱贫户数	户	16581	22391	9116	12371	

*:1991 年以前的数是按行政区域划分,1993 年以后是按农业与非农业人数划分。

表 19—10 优抚和社会福利事业单位机构和人员

项目	1990 年		1995 年		1998 年		1999 年	
	机构(个)	职工人数(人)	机构(个)	职工人数(人)	机构(个)	职工人数(个)	机构(个)	职工人数(人)
收养性事业单位合计	190	1390	423	2135	559	2489	579	2854
优抚事业单位	21	356	20	409	21	431	21	402
社会福利事业单位	169	1034	403	1704	538	2058	558	2452
民政部门举办	40	804	42	1081	45	1286	49	1429
社会举办	129	230	361	623	493	772	509	1023
军队离退休干休所	10	78	10	93	15	110	16	122
军供站	11	297	11	388	11	318	12	410
社会福利企业单位合计	317	8198	482	12398	392	10351	334	10068
民政部门举办	205	6314	310	9043	249	6883	200	6013
社会举办	112	1884	172	3355	143	3468	134	4055
流浪乞讨收容遣送及安置单位	17	675	17	715	17	653	17	651
# 收容遣送站	15	237	15	245	15	256	15	255
安置农场	2	438	2	470	2	397	2	396
殡葬事业单位	24	442	24	61	26	528	29	629

表 19—11 服务业主要财务指标（行政单位）

（1999 年）

指标	单位数（个）	从业人员（人）	经费实际支出（万元）	预算外支出（万元）	专用基金支出（万元）	专项资金支出（万元）	年末固定资产原值（万元）
总计	14315	306373	596070.9	117348.1	12499.2	55473.3	1248905.9
国家机关	12897	288451	549652.5	117030.2	12345.2	52789.5	1193678.0
政党机关	1052	14381	36933.5	165.3	85.5	1730.8	38240.2
社会团体	366	3541	9498.9	152.6	68.5	953.0	16987.7

表 19—12 服务业主要财务指标(事业单位)

（1999 年）

指标	单位数（个）	从业人员（人）	收入合计（万元）	业务事业（万元）
总计	**23464**	**845633**	**1809185.9**	**921223.7**
按国民经济行业分组				
#公共设施服务业	463	32794	77720.9	32527.2
居民服务业	114	1973	12362.1	7110.7
旅馆业	35	1219	2529.1	2096.8
租赁服务业	2	55	201.1	200.7
旅游业	14	300	555.1	305.3
娱乐服务业	4	276	1191.1	1161.3
信息咨询服务业	221	1660	8491.4	3343.3
计算机应用服务业	7	72	266.1	116.3
其他社会服务业	221	5311	12281.9	9027.8
卫生	2339	132108	580642.8	490694.9
体育	50	1436	598.8	466.0
社会福利保障业	128	1590	72305.1	366.3
教育	255	3847	30956.7	8540.3
文化艺术业	985	13277	46738.5	26165.7
广播电影电视业	690	9099	278931.0	24497.9
科学研究业	238	14847	48748.8	14160.6
综合技术服务业	663	15544	40199.7	17625.9
国家机关	2193	35144	87625.5	43259.1
政党机关	9	177	980.2	205.6
社会团体	96	933	2243.6	947.0

表 19—12 续表　　　　　　　　(1999 年)

指　　标	支出合计（万元）	业务事业（万元）	专用资金支出（万元）	专项资金支出（万元）	年末固定资产原价（万元）
总　　计	**1687389.5**	**1564030.2**	**1463024.2**	**33241.5**	**2454117.5**
按国民经济行业分组					
#公共设施服务业	74447.2	66055.0	1658.0	5606.0	70812.3
居民服务业	11510.0	8198.3	788.5	79.7	27189.8
旅馆业	2570.6	1794.9	10.6	101.1	5668.0
租赁服务业					
旅游业	593.8	563.2	0.4	28.7	997.9
娱乐服务业	1109.6	817.0	32.5	194.3	686.1
信息咨询服务业	7490.4	7174.0	27.5	70.9	5925.2
计算机应用服务业	260.7	149.0	0.5	29.7	326.5
其他社会服务业	14367.2	10992.0	668.3	229.9	37030.4
卫生	531787.5	503365.7	121824.6	8511.2	409318.9
体育	2961.9	2904.3	20.0	243.7	86050.5
社会福利保障业	27305.1	25101.9	530.1	667.1	29271.6
教育	595874.9	556745.7	9043.8	9439.6	1408631.4
文化艺术业	39829.4	36628.0	1060.7	1621.8	55807.6
广播电影电视业	201703.4	1995500.7	1262.9	261.0	50325.2
科学研究业	42494.6	41400.3	3153.5	308.9	73556.8
综合技术服务业	40955.5	36126.1	1329.4	2714.7	53928.6
国家机关	88732.6	67908.2	4856.3	3067.4	135136.9
政党机关	990.3	918.1	0.1		261.7
社会团体	2404.8	1687.8	35.1	65.8	3192.1

表19—13 服务企业和企业化管理的事业单位主要财务指标

(1999年)

指标	企业单位数(个)	从业人员(人)	资本金(万元)	资产总计(万元)	负债总计(万元)
总计	785	62387	294757.6	1039859.7	749794.2
按经济类型分					
#公共设施服务业	36	9116	35909.8	90877.5	41153.7
居民服务业	45	1296	2794.7	14871.4	5871.0
旅馆业	333	39036	200974.3	613123.6	490398.4
租赁服务业	1	21	6.8	345.5	139.5
旅游业	98	3653	14571.9	58562.9	41741.5
娱乐服务业	19	711	2904.4	20976.8	18271.2
信息咨询服务业	39	966	3103.6	18381.7	8834.1
计算机应用服务业	4	139	1085.6	2523.5	1525.0
其他社会服务业	20	1024	979.5	4838.6	3278.4
卫生	4	179	220.4	5404.0	4569.5
体育					
社会福利保障业	1	63	62.8	541.0	477.4
教育	1	36	296.0	367.3	116.7
文化艺术业	19	1605	15145.5	111509.6	68220.1
广播电影电视业	132	2615	5955.9	31043.9	13246.0
科学研究业	3	272	1913.1	4499.1	2597.1
综合技术服务业	26	1574	7892.4	58639.1	46283.2
国家机关	4	81	940.9	3354.2	3071.4
政党机关					
社会团体					

表 19—13 续表　　(1999 年)

指　　标	所有者权　益(万元)	主营业务收入(万元)	利　润总　额(万元)	年末固定资产原价(万元)
总　　计	290065.5	410538.8	-12141.2	736564.7
按经济类型分				
#公共设施服务业	49723.8	19016.2	-148.8	72308.0
居民服务业	9000.4	1668.5	-107.8	12204.5
旅馆业	122725.2	134104.2	-31522.3	531206.7
租赁服务业	206.0	8.3	-0.6	280.3
旅游业	16821.4	61765.8	-1032.3	24219.8
娱乐服务业	2705.6	2648.1	-863.4	19116.1
信息咨询服务业	9547.6	5888.5	-47.1	6783.7
计算机应用服务业	998.5	2560.7	-15.7	1398.1
其他社会服务业	1560.2	1876.7	-56.7	2186.8
卫生	834.5	553.9	-345.2	5359.9
体育				
社会福利保障业	63.6	61.8	0.1	11.5
教育	250.6	121.4	-45.4	344.1
文化艺术业	43289.5	138482.8	20074.6	25113.5
广播电影电视业	17797.9	2318.6	-592.7	24744.7
科学研究业	1902.0	1968.4	28.8	2805.1
综合技术服务业	12355.9	36972.0	2187.5	7985.53
国家机关	282.8	522.6	48.2	460.4
政党机关				
社会团体				

二十、六大经济区域主要经济指标

表 20—1 桂东经济区

（按人口平均）

指标	国内生产总值（元）	第一产业	第二产业	#工业	第三产业	固定资产投资（元）	财政总收入（元）
梧州市	4151	1432	1243	1094	1476	605	350
梧州市辖区	13393	333	4901	4304	8160	6087	2921
苍梧县	3156	1423	983	811	750	282	235
藤　县	2776	1825	516	448	435	266	165
蒙山县	3384	1936	589	456	859	405	258
岑溪市	2754	1330	883	850	541	253	200
贵港市	2334	1022	499	441	813	233	167
贵港市辖区	2279	796	591	506	892	407	237
平南县	2186	1153	449	429	584	151	120
桂平市	1955	1028	365	307	562	129	131
玉林市	3423	1439	1023	942	961	408	273
玉林市辖区	4704	1229	1936	1799	1539	1787	1421
兴业县	2828	1475	657	552	696	453	142
容　县	3566	1767	843	758	957	408	242
陆川县	3009	1119	968	934	921	311	187
博白县	3169	1638	682	616	849	192	156
北流市	3305	1358	1108	1035	839	347	237
贺州地区	4360	1897	1169	1059	1294	496	303
昭平县	3498	2024	481	427	992	279	279
贺州市	4656	1943	1258	1120	1455	648	219
钟山县	4848	1799	1780	1683	1269	451	263
富川瑶族自治县	3951	1813	844	720	1294	398	321

指标	#地方财政收入	财政支出（元）	粮食产量（千克）	猪牛羊肉产量（千克）	社会消费品零售总额（元）	农民人均纯收入（元）	居民储蓄存款（元）
梧州市	246	345	412	45	1870	2394	2749
梧州市辖区	1770	2609	38	45	12917	3024	23920
苍梧县	190	231	564	44	1159	2429	1546
藤　县	131	175	419	50	1298	2145	1175
蒙山县	208	380	533	107	837	2218	1944
岑溪市	157	211	419	34	1389	2645	1766
贵港市	121	165	360	39	727	2114	1608
贵港市辖区	167	239	344	41	1031	2140	1863
平南县	88	119	394	29	574	2053	1527
桂平市	100	124	351	44	529	2136	1234
玉林市	194	253	438	47	1493	2688	2195
玉林市辖区	949	1210	813	61	7083	2844	10967
兴业县	107	190	473	52	1103	2629	1016
容　县	183	236	400	33	1643	2503	2079
陆川县	145	188	410	59	849	2611	1566
博白县	120	146	457	66	895	2603	1160
北流市	163	207	460	32	1252	3025	2146
贺州地区	215	331	433	83	1252	2594	1543
昭平县	232	316	431	95	749	2354	1144
贺州市	163	192	433	54	1347	2826	1791
钟山县	149	272	428	100	1358	2587	1474
富川瑶族自治县	179	333	444	130	1459	2226	1437

表 20—2 桂南沿海经济区

（按人口平均）

指　　标	国内生产总值（元）	第一产业	第二产业	#工业	第三产业	固定资产投资（元）	财政总收入（元）
南宁市	9625	1626	2964	2214	5035	3088	947
南宁市辖区	15095	788	4572	3210	9736	11078	3184
邕宁县	4376	2036	1425	1194	914	1026	300
武鸣县	5810	2761	1839	1607	1211	948	529
北海市	7766	2521	2145	1777	3099	1850	771
北海市辖区	12506	3183	3347	2669	5976	7792	3223
合浦县	5090	2148	1467	1273	1475	674	288
防城港市	7131	2537	1977	1532	2617	1329	708
防城港市辖区	7664	2567	2082	1555	3016	1441	732
上思县	4872	2240	1706	1594	927	541	435
东兴市	11414	3140	1928	1347	6346	2442	1168
钦州市	3956	2104	734	562	1118	523	237
钦州市辖区	5231	2750	862	545	1619	952	324
灵山县	3016	1476	573	490	967	231	161
浦北县	3570	2162	810	711	598	351	231

指　　标	#地方财政收入	财政支出（元）	粮食产量（千克）	猪牛羊肉产量（千克）	社会消费品零售总额（元）	农民人均纯收入（元）	居民储蓄存款（元）
南宁市	525	606	279	41	4808	2589	7681
南宁市辖区	1735	1932	174	39	18159	2618	29543
邕宁县	200	243	407	38	940	2480	1475
武鸣县	276	375	492	86	1466	2710	1835
北海市	545	625	303	35	2247	2452	5231
北海市辖区	2328	2564	257	65	9084	2452	19047
合浦县	189	248	401	36	928	2427	2758
防城港市	504	715	332	31	2531	2626	4016
防城港市辖区	520	743	274	34	3041	2742	4413
上思县	290	433	441	21	948	2237	1850
东兴市	875	1164	387	37	3389	2953	6634
钦州市	185	240	402	33	1570	2475	1617
钦州市辖区	273	352	430	26	2125	2475	2317
灵山县	123	157	407	36	1144	2585	1108
浦北县	153	207	348	39	1427	2698	1391

表20—3 桂 北 经 济 区

（按人口平均）

指标	国内生产总值（元）	第一产业	第二产业	#工业	第三产业	固定资产投资（元）	财政总收入（元）
桂林市	5778	2000	1762	1451	2016	1348	484
桂林市辖区	14425	1102	6582	5660	6741	9137	4034
阳朔县	3133	1663	466	324	1004	523	223
临桂县	3471	1755	681	572	1035	520	225
灵川县	5498	2589	1356	1114	1553	1105	437
全州县	4582	2121	934	719	1527	542	172
兴安县	5708	2419	1503	1228	1786	1024	303
永福县	4361	2102	1425	1169	834	2184	299
灌阳县	3107	1550	698	591	858	569	160
龙胜各族自治县	3869	1777	967	780	1126	1014	265
资源县	3287	1396	504	362	1387	668	204
平乐县	4370	2446	859	736	1065	1196	257
荔浦县	5419	2455	1622	1415	1342	880	329
恭城瑶族自治县	4457	2478	804	563	1175	673	237

指标	#地方财政收入	财政支出（元）	粮食产量（千克）	猪牛羊肉产量（千克）	社会消费品零售总额（元）	农民人均纯收入（元）	居民储蓄存款（元）
桂林市	318	455	465	57	2178	2673	3774
桂林市辖区	2297	2941	129	49	15196	2817	31065
阳朔县	191	261	452	57	1221	2350	1906
临桂县	157	238	516	71	910	2551	2169
灵川县	329	462	524	51	1696	2916	2970
全州县	129	222	596	65	1137	2216	1741
兴安县	241	342	631	86	1677	2402	2707
永福县	220	317	570	61	1320	2794	1832
灌阳县	131	278	579	46	923	2553	1589
龙胜各族自治县	194	392	363	44	800	2114	1738
资源县	161	379	392	24	879	1854	1679
平乐县	205	270	436	39	1590	2813	1589
荔浦县	239	346	529	93	2239	3082	2296
恭城瑶族自治县	174	326	480	69	1646	2926	1690

表20—4 桂中经济区

（按人口平均）

指　　标	国内生产总值（元）	第一产业	第二产业	#工业	第三产业	固定资产投资（元）	财政总收入（元）
柳州市	9735	1039	5007	4618	3689	2035	1379
柳州市辖区	15421	382	8914	8242	6124	7419	4966
柳江县	4389	1497	1305	1182	1588	358	260
柳城县	3909	1913	1038	942	958	397	342
柳州地区	3192	1307	920	657	965	896	280
合山市	4411	595	2757	2649	1059	481	671
鹿寨县	4232	1612	1382	1088	1239	1267	334
象州县	3305	1567	754	633	984	394	291
武宣县	3333	2050	392	322	891	140	266
来宾县	3961	1357	1394	917	1211	2151	373
融安县	3099	990	500	385	1609	496	180
三江侗族自治县	1720	678	372	187	671	375	109
融水苗族自治县	1769	874	348	245	548	455	143
金秀瑶族自治县	2648	1282	416	301	950	548	173
忻城县	2152	1159	455	398	538	199	194

指　　标	#地方财政收入	财政支出（元）	粮食产量（千克）	猪牛羊肉产量（千克）	社会消费品零售总额（元）	农民人均纯收入（元）	居民储蓄存款（元）
柳州市	645	709	248	30	3663	2463	7817
柳州市辖区	2211	2252	78	22	12385	2778	28044
柳江县	174	248	435	43	1058	2316	1785
柳城县	204	354	468	55	1268	2555	1520
柳州地区	190	303	374	60	732	2142	1268
合山市	318	355	236	24	1387	2449	3443
鹿寨县	249	296	442	71	833	2361	1995
象州县	211	303	620	84	904	2335	1163
武宣县	198	282	407	77	746	2351	1029
来宾县	228	260	370	82	659	2570	1055
融安县	126	243	353	32	802	2083	1662
三江侗族自治县	87	223	224	28	474	1549	840
融水苗族自治县	107	209	286	28	783	1546	1072
金秀瑶族自治县	132	428	420	57	714	1750	1393
忻城县	139	261	343	53	512	1896	727

表 20—5 沿边经济区

（按人口平均）

指　　标	国内生产总值（元）	第一产业	第二产业	#工业	第三产业	固定资产投资（元）	财政总收　入（元）
防城港市区	7664	2567	2082	1555	3016	1441	732
东兴市	11414	3140	1928	1347	6346	2442	1168
凭祥市	8707	816	721	328	7170	1864	850
大新县	2619	1267	773	657	580	563	304
宁明县	3873	1466	612	525	1796	460	477
龙州县	3760	1802	753	570	1205	935	409
靖西县	2001	1198	269	217	534	182	124

指　　标	#地方财政收入	财政支出（元）	粮食产量（千克）	猪牛羊肉产量（千克）	社会消费品零售总额（元）	农民人均纯收入（元）	居民储蓄存款（元）
防城港市辖区	520	743	274	34	3041	2742	4413
东兴市	875	1164	387	37	3389	2953	6634
凭祥市	695	878	233	29	7396	2448	6627
大新县	214	324	369	43	528	2053	1289
宁明县	373	440	344	42	1285	2346	1554
龙州县	299	453	302	29	1468	1979	1857
靖西县	102	205	359	34	422	1751	656

表20—6　桂西经济区

（按人口平均）

指　标	国内生产总值（元）	第一产业	第二产业	#工业	第三产业	固定资产投资（元）	财政总收入（元）
南宁地区	3015	1371	614	474	1030	699	306
凭祥市	8707	816	721	328	7170	1864	850
横　县	3041	1419	509	335	1113	830	244
宾阳县	2463	1002	667	513	793	830	225
上林县	2314	1293	378	276	643	518	164
隆安县	2383	1355	531	403	497	610	255
马山县	1740	807	453	364	480	427	131
扶绥县	4234	2329	809	737	1096	515	448
崇左县	4906	1922	1599	1368	1385	1126	621
大新县	2619	1267	773	657	580	563	304
天等县	1882	1069	233	131	580	393	150
宁明县	3873	1466	612	525	1796	460	477
龙州县	3760	1802	753	570	1205	935	409
百色地区	3094	1306	792	668	997	466	311
百色市	7016	1644	2151	1784	3221	1370	624
田阳县	4380	2163	1157	994	1060	613	319
田东县	4214	1361	1083	921	1770	592	411
平果县	3815	1292	1549	1425	974	500	507
德保县	2460	1208	306	239	947	254	153
靖西县	2001	1198	269	217	534	182	124
那坡县	1472	811	171	120	490	175	88
凌云县	2004	1067	340	222	597	345	114
乐业县	1414	752	215	151	447	275	121
田林县	2517	1314	581	496	621	402	238
隆林各族自治县	1699	693	471	375	535	347	421
西林县	2447	1444	269	157	733	393	151
河池地区	3675	1166	1229	997	1280	889	352
河池市	7759	1122	2407	1842	4230	2346	752
宜州市	5845	1883	1429	1154	2533	958	434
罗城仫佬族自治县	2629	1140	806	665	683	604	177
环江毛南族自治县	3560	1356	1466	1317	738	899	325
南丹县	7097	1631	3554	3187	1912	1762	896
天峨县	2687	1345	492	209	850	1208	186
凤山县	1552	841	306	183	405	615	109
东兰县	1576	764	265	93	547	668	102
巴马瑶族自治县	2345	1347	394	203	604	481	144
都安瑶族自治县	1445	670	260	162	515	288	102
大化瑶族自治县	3497	667	2187	2085	643	680	349

表 2—6 续表

指　　标	#地方财政收入	财政支出（元）	粮食产量（千克）	猪牛羊肉产量（千克）	社会消费品零售总额（元）	农民人均纯收入（元）	居民储蓄存款（元）
南宁地区	227	345	343	37	1181	2213	1630
凭祥市	695	878	233	29	7396	2448	6627
横　县	183	223	382	41	1217	2550	1652
宾阳县	166	203	364	30	1432	2486	1747
上林县	123	220	339	41	567	1935	983
隆安县	181	283	366	46	1096	1828	1417
马山县	90	213	232	43	526	1733	759
扶绥县	326	470	423	34	1167	2511	1916
崇左县	444	567	269	20	1410	2322	1944
大新县	214	324	369	43	528	2053	1289
天等县	119	258	318	37	604	1802	1012
宁明县	373	440	344	42	1285	2346	1554
龙州县	299	453	302	29	1468	1979	1857
百色地区	211	374	333	42	881	1985	1453
百色市	415	521	284	35	2224	2456	5153
田阳县	218	317	422	63	1262	2519	1399
田东县	257	347	385	56	1126	2366	1564
平果县	277	308	314	65	1339	2433	1705
德保县	121	268	315	36	460	1653	635
靖西县	102	205	359	34	422	1751	656
那坡县	66	360	271	24	505	1658	687
凌云县	88	330	241	40	565	1602	766
乐业县	103	363	313	27	567	1631	833
田林县	193	307	394	35	610	1986	1156
隆林各族自治县	276	342	257	21	389	1689	1061
西林县	125	374	404	40	512	2083	894
河池地区	237	405	316	53	1245	1885	1804
河池市	477	526	301	67	3474	2085	6694
宜州市	326	419	510	66	1985	2317	1774
罗城仫佬族自治县	138	279	406	46	731	2027	1166
环江毛南族自治县	229	339	411	46	1079	1883	1384
南丹县	584	728	314	57	1770	2096	4834
天峨县	164	400	354	53	1086	1948	1063
凤山县	96	333	252	43	687	1677	684
东兰县	80	291	221	41	831	1593	722
巴马瑶族自治县	106	316	283	42	1004	1764	678
都安瑶族自治县	71	214	210	60	513	1646	758
大化瑶族自治县	142	262	152	44	585	1678	826

二十一、各地、市国民经济基本情况

表21—1 各地、市国民经济基本情况

(1999年)

指标名称	单位	南宁市	南宁市辖区	柳州市	柳州市辖区
土地面积	平方公里	10029	1834	5284	651
年末总人口	万人	285.87	131.36	180.41	89.4
#非农业人口	万人	116.18	96.12	91.08	78.22
人口自然增长率	‰	5.79	6.35	6.04	4.6
社会从业人员	万人	159.98	77.93	93.48	43.49
#在岗职工	万人	44.91	36.69	36.53	31.81
#专业技术人员	万人	11.89	9.69	12.59	11.3
#第一产业	万人	80.99	18.65	40.72	4.92
第二产业	万人	26.56	17.77	23.51	19.74
#工业	万人	19.87	12.94	19.94	17.06
第三产业	万人	52.43	41.51	29.25	18.83
#农村从业人员	万人	91.2	22.78	48.68	5.97
国内生产总值(当年价)	万元	2745506	1978768	1752306	1372387
第一产业	万元	463683	103240	186937	34017
第二产业	万元	845594	599291	901282	793325
#工业	万元	631482	420840	831329	733462
第三产业	万元	1436229	1276237	664087	545045
国内生产总值指数(上年为100,不变价格)	%	110.49	111.42	109	109.6
第一产业	%	110.31	111.32	105.9	103.9
第二产业	%	108.46	109.52	109.7	110.5
#工业	%	106.94	107.55	109.9	110.5
第三产业	%	112.26	112.72	108.6	108
人均国内生产总值(当年价)	元	9625	15095	9735	15421
固定资产投资	万元	880793	727622	365816	331643
#50万元以上及房地产	万元	784299	663847	327027	315632
#基本建设	万元	438954	378722	120880	112981
更新改造	万元	122874	110492	153807	152637
房地产	万元	146274	138842	45312	44557
#国有经济单位	万元	509415	458137	266827	255225
集体经济单位(含农村集体)	万元	60432	39298	23592	13843
#城镇	万元	30446	21635	5381	4272
新增固定资产	万元	600699	472187	304630	282405
#国有经济单位	万元	343459	304585	237916	220011
房屋施工面积	万平方米	990.1	806.16	305.67	286.5
#国有经济单位	万平方米	501.49	465.76	193.01	177.38
房屋竣工面积	万平方米	575.98	410.58	148.63	133.41
#国有经济单位	万平方米	258.93	233.63	102.56	90.66
#住宅	万平方米	486.77	347.15	97.2	88.53
中央、地方财政收入	万元	270113	209110	247860	221989
#地方财政收入	万元	149700	113930	115906	98846
#各项税收	万元	136283	109756	96741	83883
地方财政支出	万元	172851	126897	127515	100661
单位从业人员年平均人数	人	460631	378742	369276	322744
#在岗职工	人	450935	369220	356483	311850
单位从业人员平均货币工资	元	8183	8733	8339	8721
#在岗职工	元	8245	8823	8462	8842
城镇居民家庭人均可支配收入	元	6847	6847		5328
城镇居民家庭人均生活费支出	元	6321	6321		4351
农村居民家庭人均纯收入	元	2589	2618	2463	2778
城乡居民储蓄存款余额	万元	2190918	1940379	1405134	1253578
年末耕地面积	千公顷	170.26	35.37	104.82	9.86
水田	千公顷	88.78	14.14	44.5	3.02
旱地	千公顷	81.48	21.23	60.32	6.84

表 21—1　续表 1　　(1999 年)

指　标　名　称	单　位	南宁市	南宁市辖　区	柳州市	柳州市辖　区
农业机械总动力	万千瓦	122.97	28.01	43.32	8.5
化肥施用量(折纯量)	吨	150159	26479	65674	6569
农村用电量	万千瓦小时	23550	8280	11899	3372
有效灌溉面积	千公顷	96.34	25.01	41.88	4.48
农林牧渔业总产值(当年价)	万元	720486	159238	317221	58469
农　业	万元	477719	91302	222448	31737
林　业	万元	14965	1771	4466	1487
牧　业	万元	182088	49048	74050	19323
渔　业	万元	45714	17117	16257	5922
农林牧渔业总产值指数(上年为 100,不变价格)	%	113.58	113.98	105.8	105.7
农　业	%	116.08	115.55	104.6	111.8
林　业	%	101.97	166.15	53.7	30.7
牧　业	%	108.72	112.24	114.3	111
渔　业	%	108.49	103.74	116.1	120.3
农作物播种面积	千公顷	375.46	70.33	208.32	20.92
#粮　食	千公顷	171.7	26.75	101.14	7.43
油　料	千公顷	22.02	4.2	16.13	1.52
甘　蔗	千公顷	58.18	12.27	40.45	3.06
主要农产品产量					
粮　食	吨	796159	114232	445025	35056
油　料	吨	43713	8621	22989	3694
甘　蔗	吨	3373039	649359	2802591	188125
水　果	吨	485971	162580	64811	19778
造林面积	千公顷	0.34		1.45	0.26
生猪出栏	头	1536912	347579	671306	131538
生猪存栏	头	1193029	211616	476487	62302
羊年末存栏	只	34728	1437	82009	3448
猪牛羊肉产量	吨	115648	25811	54058	9780
水产品产量	吨	65333	24846	22086	7481
全部工业总产值(当年价)	万元	1870681	1321272	2706700	2386944
#轻工业	万元	1096563	868266	807965	633003
重工业	万元	774118	453006	1898735	1753941
#大中型	万元	796444	684686	1956271	1816585
#国有及国有控股	万元	802720	727198	1826250	1709911
#大中型	万元	675088	634535	1742261	1648756
#国　有	万元	492613	445650	905428	839880
#国有大中型	万元	356678	343905	838510	792127
全部工业总产值指数(上年为 100,不变价格)	%	107.3	108.26	107.38	107.12
#规模以上工业	%	106.82	108.09	107.47	107.49
#大中型	%	109.07	107.57	121.22	118.93
#国有及国有控股	%	110.12	108.83	112.12	112.4
#大中型	%	107.52	107.43		
#国　有	%	67.71	65.75	75.45	74.15
#国有大中型	%	62.12	61.13	75.25	74.46
工业主要经济指标(规模以上)					
企业单位数	个	344	255	375	296
#亏损企业	个	139	99	118	91
#大中型	个	33	27	46	40
#国有及国有股	个	93	70	188	159
#大中型	个	25	23	99	93
从业人员平均人数	人	117493	95479	186133	166116
#国有及国有控股	人	94296	82174	150012	137940
工业总产值(当年价)	万元	1149691	942070	2302138	2080538

表 21—1　续表 2　　　　　　　　　　(1999 年)

指　标　名　称	单　位	南宁市	南宁市辖　区	柳州市	柳州市辖　区
# 新产品	万元	54228	44867	644662	644492
# 国有及国有控股	万元	794089	719408	1826250	1709911
工业销售产值(当年价)	万元	1094975	896864	2267712	2057092
# 国有及国有控股	万元	754917	681153	1811156	1699268
工业增加值(当年价)	万元	378007	308666	694584	629306
# 国有及国有控股	万元	268083	239075	570886	536978
资产总计	万元	2220342	1847587	4023092	3715190
# 国有及国有控股	万元	1768479	1562835	3502599	3292007
流动资产合计	万元	817083	702869	1736880	1605048
# 国有及国有控股	万元	660685	593570	1440431	1361833
产成品	万元	113473	91022	274297	243052
# 国有及国有控股	万元	84288	72728	212624	193377
流动资产年平均余额	万元	696734	580269	1745993	1611544
# 国有及国有控股	万元	549124	485561	1448357	1365237
固定资产原价	万元	1450851	1186051	2342906	2167466
# 国有及国有控股	万元	1141735	1005538	2119509	1980647
固定资产净值	万元	1072482	875207	1651753	1528730
# 国有及国有控股	万元	836398	734806	1502929	1405808
固定资产净值年平均余额	万元	912651	708932	1618908	1499200
# 国有及国有控股	万元	678594	576133	1466154	1373273
实收资本	万元	475559	407054	748613	656765
# 国家资本	万元	285929	258410	562773	498271
产品销售收入	万元	1076975	880854	2265813	2047350
# 国有及国有控股	万元	766398	681961	1810791	1691687
利润总额	万元	6837	5915	56806	52753
# 大中型	万元	5384	1204	53575	50029
# 国有及国有控股	万元	7418	7209	43292	44709
# 大中型	万元	8233	7978	44311	45271
亏损企业亏损额	万元	35094	26790	24118	19390
# 大中型	万元	23505	21276	18452	15239
# 国有及国有控股	万元	19946	17564	17913	14699
# 大中型	万元	14014	13013	14279	12101
利税总额	万元	99779	88660	242956	224888
# 大中型	万元	84146	74197	224463	211741
# 国有及国有控股	万元	86836	80416	207209	199562
# 大中型	万元	81449	77208	203646	197331
全员劳动生产率(按增加值计算)	元/人	32173	32328	37317	37884
公路里程	公里	2682	601	974	144
邮电业务总量(1990 年不变价格)	万元	133877	125160	75024	68406
移动电话	户	175777	166903	87858	80858
长话电路	路	29555	29555	13671	13671
市内电话	部	444855	420224	214167	200130
农村电话	部	25085		9272	
社会消费品零售总额	万元	1371382	1192695	658404	553600
# 农业生产者	万元	301380	261579	54797	43253
小学在校学生	人	312795	132227	210676	94704
普通中学在校学生	人	194445	82888	118225	60987
中等专业学校在校学生	人	68744	64513	29869	29869
学龄儿童入学率	%	99.41	99.94	98.48	99.68
医院数	个	101	51	58	46
医院床位数	张	11520	9354	7566	6850
医生数	人	8350	7076	5388	4624

表 21—1　续表 3　　(1999 年)

指标名称	单位	桂林市	桂林市辖区	梧州市	梧州市辖区
土地面积	平方公里	27809	565	12588	307
年末总人口	万人	479.19	62.28	279.95	33.02
#非农业人口	万人	100.48	46.93	55.11	25.47
人口自然增长率	‰	3.02	3.15	8.69	4.97
社会从业人员	万人	266.57	37.7	150.26	18.7
#在岗职工	万人	33.98	16.75	17.31	9.04
#专业技术人员	万人	11.43	4.77	5.35	2.22
#第一产业	万人	165.4	5.81	84.97	2.68
第二产业	万人	46.19	12.86	23.89	7.15
#工　业	万人	38.86	11.44	18.02	6.24
第三产业	万人	55.13	19.03	41.4	8.87
#农村从业人员	万人	216.79	7.88	126.78	4.65
国内生产总值(当年价)	万元	2763149	890047	1157764	441025
第一产业	万元	956653	68023	399488	10959
第二产业	万元	842395	406092	346686	161376
#工　业	万元	694053	349209	305098	141725
第三产业	万元	964101	415932	411590	268690
国内生产总值指数(上年为 100,不变价格)	%	109.5	114.1	108.2	109.9
第一产业	%	106.1	122	107.5	110.7
第二产业	%	109.2	110.9	107.3	106.5
#工　业	%	108.5	110.8	108.9	105.1
第三产业	%	113.5	118.3	109.7	111.4
人均国内生产总值(当年价)	元	5778	14425	4151	13393
固定资产投资	万元	644636	284526	168674	100495
#50 万元以上及房地产	万元	460543	272175	134231	96920
#基本建设	万元	233843	131798	76950	46391
更新改造	万元	126016	64908	22256	21443
房地产	万元	60091	53808	27710	25808
#国有经济单位	万元	333262	177968	99966	65312
集体经济单位(含农村集体)	万元	92054	29766	11154	7347
#城　镇	万元	17830	13520	1650	1374
新增固定资产	万元	379766	174659	144017	91209
#国有经济单位	万元	178754	92554	79218	59984
房屋施工面积	万平方米	565.62	245.27	202.38	88.85
#国有经济单位	万平方米	167.92	78.45	61.96	35.69
房屋竣工面积	万平方米	393.95	123.24	162.92	54.18
#国有经济单位	万平方米	113.07	48.65	49.47	27.04
#住　宅	万平方米	217.63	90.5	124.68	36.04
中央、地方财政收入	万元	231578	125629	97678	48224
#地方财政收入	万元	152126	71544	68549	29219
#各项税收	万元	109840	61401	41017	20450
地方财政支出	万元	217675	91581	96323	43077
单位从业人员年平均人数	人	346421	171477	181000	92500
#在岗职工	人	340022	169313	173700	91800
单位从业人员平均货币工资	元	6932	8124	5670	6574
#在岗职工	元	6972	8127	5836	6588
城镇居民家庭人均可支配收入	元		6494		5415
城镇居民家庭人均生活费支出	元		5786		4475
农村居民家庭人均纯收入	元	2673	2817	2394	3024
城乡居民储蓄存款余额	万元	1804895	967372	766754	394918
年末耕地面积	千公顷	280.54	7.96	94.52	1.26
水　田	千公顷	203.11	5.34	78.54	0.63
旱　地	千公顷	77.43	2.62	15.98	0.63

表 21—1　续表 4　　(1999 年)

指　标　名　称	单　位	桂林市	桂林市辖　区	梧州市	梧州市辖　区
农业机械总动力	万千瓦	130.74	5.18	56.7	4.34
化肥施用量(折纯量)	吨	155922	4715	53559	517
农村用电量	万千瓦小时	34431	1350	15171.62	1095.22
有效灌溉面积	千公顷	213.89	26.56	70.98	0.89
农林牧渔业总产值(当年价)	万元	1449961	48162	715500	26399
农　业	万元	978344	23732	392880	5383
林　业	万元	92191	18	68346	1932
牧　业	万元	314492	19804	220594	15309
渔　业	万元	64934	4608	33680	3775
农林牧渔业总产值指数(上年为 100,不变价格)	%	105.78	102.56	106	111.8
农　业	%	109.14	99.39	108.1	121.4
林　业	%	97.51	13.33	91.9	142.5
牧　业	%	99.36	106.37	110	104
渔　业	%	100.47	106.42	104.5	112.5
农作物播种面积	千公顷	794.97	19.84	286.09	2.7
#粮　食	千公顷	436.13	8.77	176.41	1.42
油　料	千公顷	44.19	0.5	14.33	0.32
甘　蔗	千公顷	7.1	0.02	4.38	
主要农产品产量					
粮　食	吨	2222645	40039	1149592	6353
油　料	吨	76134	868	30101	695
甘　蔗	吨	475120	1255	265374	185
水　果	吨	958861	18134	140138	2080
造林面积	千公顷	3.27	0.26	0.86	
生猪出栏	头	3524520	200903	1427702	104634
生猪存栏	头	2379295	109197	1330634	86526
羊年末存栏	只	148057	7165	2591	28
猪牛羊肉产量	吨	273574	15198	125783	7351
水产品产量	吨	68711	5298	39567	6737
全部工业总产值(当年价)	万元	2216358	1082934	1141611	467262
#轻工业	万元	1147619	551499	575050	260927
重工业	万元	1068739	531445	566561	206335
#大中型	万元	768245	670607	247667	229713
#国有及国有控股	万元	718380	537306	539712	414729
#大中型	万元	573048		226041	208087
#国　有	万元	667372	496423	234741	173104
#国有大中型	万元	303098		159714	141759
全部工业总产值指数(上年为 100,不变价格)	%	108.05	110.19	103.9	103.6
#规模以上工业	%	110.3	110.93	96.6	111
#大中型	%	118.29	120.05	115.1	115
#国有及国有控股	%	101.93	101.71	106.7	110.3
#大中型	%	125.19		116.8	116.8
#国　有	%	110.42	111.01	126.3	129.1
#国有大中型	%			140.7	137.6
工业主要经济指标(规模以上)					
企业单位数	个	478	183	231	108
#亏损企业	个	185	59	123	56
#大中型	个	40	31	20	18
#国有及国有股	个	140	43	95	36
#大中型	个	34		20	18
从业人员平均人数	人	120872	76883	64230	39459
#国有及国有控股	人	94086	63776	45281	28632
工业总产值(当年价)	万元	1132518	835368	503910	355141

表 21—1　续表 5　　(1999 年)

指标名称	单位	桂林市	桂林市辖区	梧州市	梧州市辖区
#新产品	万元	220149	218064	36432	36423
#国有及国有控股	万元	757334	681103	304970	241625
工业销售产值(当年价)	万元	1101863	818745	479435	339065
#国有及国有控股	万元	701814	526481	294046	232200
工业增加值(当年价)	万元	345501	252744	134658	92453
#国有及国有控股	万元	218115	158393	84991	63599
资产总计	万元	2060687	1510562	891300	652365
#国有及国有控股	万元	1597601	1183580	714867	521072
流动资产合计	万元	1015050	787900	362545	270272
#国有及国有控股	万元	770683	601057	270813	201423
产成品	万元	149314	107811	61902	47692
#国有及国有控股	万元	115997	86147	35432	28262
流动资产年平均余额	万元	977860	755946	356725	270576
#国有及国有控股	万元	740830	574545	255516	190072
固定资产原价	万元	1105291	745145	593508	449529
#国有及国有控股	万元	883690	604417	498124	381069
固定资产净值	万元	753971	502482	416831	316465
#国有及国有控股	万元	588736	398453	353992	272955
固定资产净值年平均余额	万元	712908	475170	426398	313055
#国有及国有控股	万元	550896	375506	363005	269958
实收资本	万元	489093	326636	257400	190422
#国家资本	万元	317367	202231	167535	121275
产品销售收入	万元	1048586	774084	471904	327215
#国有及国有控股	万元	676885	506488	294667	228981
利润总额	万元	13002	11827	-5407	-3183
#大中型	万元	9551	10155	-531	-166
#国有及国有控股	万元	-1447	590	-5311	-2028
#大中型	万元	-170		-617	-253
亏损企业亏损额	万元	29296	18885	15682	9978
#大中型	万元	20038	16552	5008	4629
#国有及国有控股	万元	21344	14324	10650	6806
#大中型	万元	15916		4794	4414
利税总额	万元	92348	71165	23509	17585
#大中型	万元	69818	63952	15341	13759
#国有及国有控股	万元	50123	38532	16558	13593
#大中型	万元	41273		13718	12136
全员劳动生产率(按增加值计算)	元/人	25260	27250	20965	23430
公路里程	公里	6257	315	2889	100
邮电业务总量(1990 年不变价格)	万元	82146	53904	39970	24670
移动电话	户	95099	60343	47200	26400
长话电路	路	4109	4109	4757	4757
市内电话	部	224100	141900	125500	80039
农村电话	部	39308		28722	
社会消费品零售总额	万元	1041665	473212	521708	213257
#农业生产者	万元	148213	89620	46471	28687
小学在校学生	人	483501	49864	344500	28863
普通中学在校学生	人	307200	34055	140084	18700
中等专业学校在校学生	人	23370	20874	10594	7064
学龄儿童入学率	%	99.19	99.38	98.78	98.2
医院数	个	65	28	93	16
医院床位数	张	10768	5326	5548	3025
医生数	人	6250	2248	3645	1677

表 21—1　续表 6　　　　(1999 年)

指　标　名　称	单　位	北海市	北海市辖　区	防城港市	防城港市辖　区
土地面积	平方公里	3337	957	6181	2822
年末总人口	万人	139.52	50.5	77.09	46.68
#非农业人口	万人	38.31	21.32	18.02	12.07
人口自然增长率	‰	7.4	8.28	7.79	6.43
社会从业人员	万人	80.5	29.32	40.64	24.37
#在岗职工	万人	11.18	6.33	5.98	3.79
#专业技术人员	万人	3.49	2.01	1.3	0.6
#第一产业	万人	47.26	11.77	26.07	14.85
第二产业	万人	14.65	5.8	4.99	3.05
#工　业	万人	12.02	5.51	3.67	2.29
第三产业	万人	18.59	11.75	9.58	6.47
#农村从业人员	万人	64.28	18.93	29.25	16.64
国内生产总值(当年价)	万元	1076779	625683	546187	356823
第一产业	万元	349589	159226	194279	119512
第二产业	万元	297472	167471	151462	96912
#工　业	万元	246328	133519	117333	72384
第三产业	万元	429718	298986	200446	140399
国内生产总值指数(上年为 100,不变价格)	%	108.07	107.8	108.2	110.7
第一产业	%	107.39	110	104.5	106
第二产业	%	106.96	105.59	107.4	114.5
#工　业	%	109.8	109.22	108.2	121
第三产业	%	109.62	108.48	112.7	111.8
人均国内生产总值(当年价)	元	7766	12506	7131	7664
固定资产投资	万元	256486	196748	101814	67072
#50 万元以上及房地产	万元	174633	136707	59290	41429
#基本建设	万元	153257	119517	43971	29096
更新改造	万元	16655	14609	8378	7522
房地产	万元	2364	2083	3593	2595
#国有经济单位	万元	142891	106948	62499	45786
集体经济单位(含农村集体)	万元	14873	183	15444	13416
#城　镇	万元	780		2626	2260
新增固定资产	万元	253942	218696	71657	47241
#国有经济单位	万元	58855	47119	34402	24839
房屋施工面积	万平方米	326.36	297.02	74.06	44.24
#国有经济单位	万平方米	18.92	13.41	24.08	14.09
房屋竣工面积	万平方米	312.48	286.22	63.18	37.81
#国有经济单位	万平方米	8.61	4.94	17.2	10.65
#住　宅	万平方米	81.74	80.73	48.73	30.41
中央、地方财政收入	万元	106868	81372	54251	34064
#地方财政收入	万元	75556	58780	38618	24229
#各项税收	万元	45395	33367	24672	15938
地方财政支出	万元	86664	64736	54722	34599
单位从业人员年平均人数	人	111482	63041	62835	39253
#在岗职工	人	110503	62400	59599	38075
单位从业人员平均货币工资	元	6909	8086	6622	7145
#在岗职工	元	6888	8044	6749	7366
城镇居民家庭人均可支配收入	元	6483	6483	5591	
城镇居民家庭人均生活费支出	元	5693	5693	4435	
农村居民家庭人均纯收入	元	2452	2452	2626	2742
城乡居民储蓄存款余额	万元	725245	480940	307557	205447
年末耕地面积	千公顷	79.63	23.45	47.18	18.53
水　田	千公顷	45.27	6.94	29.83	14
旱　地	千公顷	34.36	16.51	17.35	4.53

表 21—1　续表 7　　(1999 年)

指　标　名　称	单　位	北海市	北海市辖　区	防城港市	防城港市辖　区
农业机械总动力	万千瓦	70.33	40.17	34.23	17.61
化肥施用量(折纯量)	吨	60697	22026	28289	9806
农村用电量	万千瓦小时	9730	3985	4842	2646
有效灌溉面积	千公顷	46.06	9.49	24.28	10.57
农林牧渔业总产值(当年价)	万元	612271	277446	307024	188544
农　业	万元	183009	55491	107645	51975
林　业	万元	3968	1160	28601	17540
牧　业	万元	104270	30062	40552	29319
渔　业	万元	321024	190733	130226	89710
农林牧渔业总产值指数(上年为 100,不变价格)	%	102.85	100.84	109.76	106.34
农　业	%	101.69	98.75	110.85	104.29
林　业	%	83.61	68.27	103.36	95.69
牧　业	%	100.76	96.54	114.36	116.02
渔　业	%	104.31	102.12	110.6	107.82
农作物播种面积	千公顷	177.01	47.1	109.88	50.06
#粮　食	千公顷	95.11	16.57	67.38	34.54
油　料	千公顷	14.61	4.52	5.62	2.97
甘　蔗	千公顷	22.01	9	18.25	1.35
主要农产品产量					
粮　食	吨	419806	64982	254627	127500
油　料	吨	33181	10407	9056	4408
甘　蔗	吨	1378228	571954	1035236	70126
水　果	吨	37356	14143	45720	22619
造林面积	千公顷	0.12	0.04	4.91	4.1
生猪出栏	头	509638	159523	268502	182616
生猪存栏	头	506656	142972	227521	139762
羊年末存栏	只	5522	1422	6275	4335
猪牛羊肉产量	吨	47982	16469	23738	15914
水产品产量	吨	820429	481417	380381	284241
全部工业总产值(当年价)	万元	880241	482949	385070	234944
#轻工业	万元	618282	295895	284853	193008
重工业	万元	261959	187054	100217	41936
#大中型	万元	165421	102001	83329	55320
#国有及国有控股	万元	286773	213150	50678	15036
#大中型	万元	132829	98538	34843	6834
#国　有	万元	219200	174210	43779	8137
#国有大中型	万元	94801	60510	30413	2404
全部工业总产值指数(上年为 100,不变价格)	%	109.17	100.63	112.42	111.89
#规模以上工业	%	109.81	109.81	93.34	99.31
#大中型	%	94.57	94.61	102.12	103.77
#国有及国有控股	%	121.73	132.5	88.65	90.26
#大中型	%	113.58	197.37	91.88	72.04
#国　有	%	103.82	107.01	89.12	93.51
#国有大中型	%	119.9	148.98	94.2	63.38
工业主要经济指标(规模以上)					
企业单位数	个	137	85	67	36
#亏损企业	个	83	54	39	25
#大中型	个	22	15	5	3
#国有及国有股	个	73	48	35	25
#大中型	个	17	11	4	2
从业人员平均人数	人	32657	18479	9713	4309
#国有及国有控股	人	22586	15678	8116	3391
工业总产值(当年价)	万元	399938	268559	134724	74824

表 21—1 续表 8 (1999 年)

指 标 名 称	单 位	北海市	北海市辖 区	防城港市	防城港市辖 区
#新产品	万元	4748	4748	65	65
#国有及国有控股	万元	286773	213150	50678	15036
工业销售产值(当年价)	万元	372202	256362	116663	65213
#国有及国有控股	万元	266243	203435	43355	14372
工业增加值(当年价)	万元	103562	68061	41062	23328
#国有及国有控股	万元	71119	53180	13795	3920
资产总计	万元	597386	457112	196228	94528
#国有及国有控股	万元	442833	356963	143206	63692
流动资产合计	万元	231235	179202	66168	32523
#国有及国有控股	万元	161299	129463	46010	19154
产成品	万元	36057	22440	8355	5245
#国有及国有控股	万元	22233	15293	4051	1465
流动资产年平均余额	万元	242986	193291	80669	36805
#国有及国有控股	万元	173445	135084	55082	19940
固定资产原价	万元	386329	292245	112147	51978
#国有及国有控股	万元	308543	247217	75386	30026
固定资产净值	万元	281822	208201	75849	36691
#国有及国有控股	万元	219042	171771	48176	20519
固定资产净值年平均余额	万元	296715	220538	81780	37217
#国有及国有控股	万元	227972	179918	54057	21028
实收资本	万元	134596	95010	50114	27344
#国家资本	万元	70522	55310	25275	12906
产品销售收入	万元	340493	247960	114944	60879
#国有及国有控股	万元	255409	194664	44005	13834
利润总额	万元	-17770	-14630	-6798	-3010
#大中型	万元	-17028	-13568	-5204	-1125
#国有及国有控股	万元	-18238	-14544	-7852	-3091
#大中型	万元	-13596	-10026	-5018	-939
亏损企业亏损额	万元	24818	19798	8375	3596
#大中型	万元	18419	14636	5328	1249
#国有及国有控股	万元	20081	15709	8045	3266
#大中型	万元	14385	10815	5142	1063
利税总额	万元	14628	9900	-958	-1551
#大中型	万元	-11132	-9157	-2788	-876
#国有及国有控股	万元	6495	5292	-4195	-2277
#大中型	万元	-8898	-6794	-2616	-704
全员劳动生产率(按增加值计算)	元/人	31712	36832	42275	54138
公路里程	公里	1552	556	1481	870
邮电业务总量(1990 年不变价格)	万元	45470	32933	19239	12751
移动电话	户	52809	38507	22842	14272
长话电路	路	5750	5750	3330	3090
市内电话	部	119277	86639	36848	23605
农村电话	部	21493		9911	6126
社会消费品零售总额	万元	311578	229377	193823	141607
#农业生产者	万元	29569	20344	6956	5254
小学在校学生	人	209110	72659	94627	55432
普通中学在校学生	人	83849	33465	39171	22938
中等专业学校在校学生	人	3778	428		
学龄儿童入学率	%	99.58	99.89	98.81	98.75
医院数	个	48	23	6	4
医院床位数	张	3198	1717	715	490
医生数	人	2322	1311	1145	780

表 21—1 续表 9 (1999 年)

指 标 名 称	单 位	钦州市	钦州市辖 区	贵港市	贵港市辖 区
土地面积	平方公里	10843	4772	10606	3543
年末总人口	万人	314.82	114.97	445.83	164.82
#非农业人口	万人	33.01	17.69	49.97	24.79
人口自然增长率	‰	9.6	6.92	9.74	7.46
社会从业人员	万人	176.6	74.37	218.85	79.93
#在岗职工	万人	11.46	5.7	14.21	7.14
#专业技术人员	万人	3.42	1.83	4.83	2.03
#第一产业	万人	106.93	32.37	144.55	52.71
第二产业	万人	33.27	19.45	19.15	6.95
#工 业	万人	19.32	11.82	9.2	3.48
第三产业	万人	36.4	22.55	55.15	20.27
#农村从业人员	万人	162.7	66.47	198.2	69.7
国内生产总值(当年价)	万元	1238784	598412	1035320	373952
第一产业	万元	658708	314605	453264	130579
第二产业	万元	229998	98592	221403	96980
#工 业	万元	176090	62396	195734	82957
第三产业	万元	350078	185215	360653	146393
国内生产总值指数(上年为 100,不变价格)	%	110.48	111.27	105.5	108.7
第一产业	%	115.57	119.2	106.8	103.7
第二产业	%	102.47	79.27	102	111.4
#工 业	%	102.13	72.27	102.3	110.3
第三产业	%	107.97	125.6	106.7	111.7
人均国内生产总值(当年价)	元	3956	5231	2334	2279
固定资产投资	万元	163754	108886	103570	66702
#50 万元以上及房地产	万元	114335	78333	67579	47004
#基本建设	万元	78663	51155	45165	31558
更新改造	万元	26466	19376	11216	10350
房地产	万元	4152	3131	5490	4139
#国有经济单位	万元	101300	64486	56307	39765
集体经济单位(含农村集体)	万元	7948	3276	5020	1654
#城 镇	万元	2103	1839	1308	19
新增固定资产	万元	157435	111962	80819	50201
#国有经济单位	万元	70732	43148	38817	26258
房屋施工面积	万平方米	155.56	95	149.7	100.18
#国有经济单位	万平方米	39.95	23	41.59	33.33
房屋竣工面积	万平方米	134.78	82	132.83	85.93
#国有经济单位	万平方米	19.92	9	26.33	19.45
#住 宅	万平方米	114.34	72	106.28	71.31
中央、地方财政收入	万元	74360	37069	74083	38875
#地方财政收入	万元	57917	31262	53856	27349
#各项税收	万元	34370	15841	38974	21084
地方财政支出	万元	75247	40301	73265	39172
单位从业人员年平均人数	人	120596	60826	152951	72228
#在岗职工	人	113001	57316	140929	69963
单位从业人员平均货币工资	元	5842	5906	5307	5571
#在岗职工	元	5964	5976	5539	5662
城镇居民家庭人均可支配收入	元	5672	5672	5590	5590
城镇居民家庭人均生活费支出	元	4622	4623	4739	4739
农村居民家庭人均纯收入	元	2475	2475	2114	2140
城乡居民储蓄存款余额	万元	506391	265020	713363	305650
年末耕地面积	千公顷	148.53	63.15	195.05	78.9
水 田	千公顷	107.86	42.39	134.29	47.94
旱 地	千公顷	40.67	20.76	60.76	30.96

表 21—1　续表 10　　　　　　　　　　(1999 年)

指 标 名 称	单 位	钦州市	钦州市辖 区	贵港市	贵港市辖 区
农业机械总动力	万千瓦	62.65	30.13	108	47.1
化肥施用量(折纯量)	吨	170122	62756	112379	44297
农村用电量	万千瓦小时	13120.07	3220.07	18280.8	6649.4
有效灌溉面积	千公顷	83.87	35.74	146.39	49.82
农林牧渔业总产值(当年价)	万元	1055443	259464	814053	239561
农 业	万元	624429	129157	487811	149947
林 业	万元	19291	2687	15552	1735
牧 业	万元	166445	22489	253186	72713
渔 业	万元	245278	105131	57504	15166
农林牧渔业总产值指数(上年为 100,不变价格)	%	116.27	110	106.98	105.68
农 业	%	122.27	116.86	108.16	105.74
林 业	%	114.44	118.16	105.54	88.61
牧 业	%	104.59	101.59	103.17	105.01
渔 业	%	105.55	104.16	115.14	110.82
农作物播种面积	千公顷	351.99	157.23	472.42	184.87
#粮 食	千公顷	227.84	101.99	302.69	112.86
油 料	千公顷	10.02	5.67	27.68	11.81
甘 蔗	千公顷	29.22	18.17	29.66	22.59
主要农产品产量					
粮 食	吨	1257321	491561	1597000	563851
油 料	吨	21044	11312	58876	25750
甘 蔗	吨	1437587	853822	1614132	1265196
水 果	吨	757222	149141	127483	22959
造林面积	千公顷	0.63	0.5	1.81	
生猪出栏	头	949718	292027	1994636	807132
生猪存栏	头	1106052	315914	1896553	739088
羊年末存栏	只	22877	9181	11073	4720
猪牛羊肉产量	吨	103564	29890	173208	67586
水产品产量	吨	522190	456772	84955	24945
全部工业总产值(当年价)	万元	620321	191295	663793	278647
#轻工业	万元	496816	131586	365891	176245
重工业	万元	123505	59709	297902	102402
#大中型	万元	65573	35447	165840	136290
#国有及国有控股	万元	87462	36095	198560	160267
#大中型	万元	40091	14109	148800	129311
#国 有	万元	87050	35683	99021	60728
#国有大中型	万元	40091	14108	66006	46516
全部工业总产值指数(上年为 100,不变价格)	%	100.84	100.88	98.21	104.64
#规模以上工业	%	102.38	101.02	111.27	124.95
#大中型	%	118.15	101	105.29	108.56
#国有及国有控股	%	62.53	101.09	119.12	129.28
#大中型	%	144.33	101.47	121.56	128.8
#国 有	%	62.38	101.09	99.23	99.14
#国有大中型	%	144.33	101.47	94.87	98.5
工业主要经济指标(规模以上)					
企业单位数	个	127	63	120	56
#亏损企业	个	77	37	68	32
#大中型	个	11	6	17	10
#国有及国有股	个	53	24	52	21
#大中型	个	9	5	16	9
从业人员平均人数	人	27968	11976	37487	21652
#国有及国有控股	人	15959	4807	28966	17303
工业总产值(当年价)	万元	164418	81464	316976	225894

表 21—1 续表 11 （1999 年）

指标名称	单位	钦州市	钦州市辖区	贵港市	贵港市辖区
#新产品	万元	13019	5903	986	986
#国有及国有控股	万元	87050	39756	198560	160267
工业销售产值(当年价)	万元	156284	73139	306982	221037
#国有及国有控股	万元	89955	38266	191523	155993
工业增加值(当年价)	万元	47026	23230	79847	53985
#国有及国有控股	万元	26771	12385	50110	41383
资产总计	万元	367208	206892	812504	605550
#国有及国有控股	万元	259566	144713	688073	529264
流动资产合计	万元	122128	58517	242971	164873
#国有及国有控股	万元	82803	38953	187991	137987
产成品	万元	23067	9459	34439	18728
#国有及国有控股	万元	15691	5973	23743	14650
流动资产年平均余额	万元	124471	62470	260789	175522
#国有及国有控股	万元	83747	42000	209045	151512
固定资产原价	万元	260673	153091	413783	480157
#国有及国有控股	万元	198188	119691	364358	247995
固定资产净值	万元	197434	114836	310398	209697
#国有及国有控股	万元	152989	90345	273904	184807
固定资产净值年平均余额	万元	189747	115428	310046	211408
#国有及国有控股	万元	143645	81801	265881	180160
实收资本	万元	111462	61258	242215	195655
#国家资本	万元	77673	41529	193333	160290
产品销售收入	万元	154616	75014	304079	222752
#国有及国有控股	万元	94676	45000	199944	158573
利润总额	万元	－11461	－4811	－10329	－9451
#大中型	万元	－5396	－4048	－7343	－5778
#国有及国有控股	万元	－9286	－3887	－12625	－9101
#大中型	万元	－4226	－2401	－9282	－5776
亏损企业亏损额	万元	13035	5651	18688	12282
#大中型	万元	6089	4338	9694	6187
#国有及国有控股	万元	10203	4159	16320	10688
#大中型	万元	4669	3450	9684	6178
利税总额	万元	952	884	10676	3942
#大中型	万元	－607	－1170	4007	2425
#国有及国有控股	万元	－2962	－7761	3381	2419
#大中型	万元	－940	－1657	551	2232
全员劳动生产率(按增加值计算)	元/人	16814	19397	21300	24933
公路里程	公里	1730	783	2027	867
邮电业务总量(1990 年不变价格)	万元	26372	16827	37950	20470
移动电话	户	25686	15338	38478	17892
长话电路	路	1930	1048	786	726
市内电话	部	48493	31649	71813	36032
农村电话	部	36956	19678	44215	16718
社会消费品零售总额	万元	491623	243116	322641	169193
#农业生产者	万元	48882	14987	42126	17640
小学在校学生	人	400700	140500	624727	250410
普通中学在校学生	人	140400	49600	262745	96681
中等专业学校在校学生	人	6715	6715	2890	920
学龄儿童入学率	%	97.77	98.35	98.59	98.09
医院数	个	77	33	21	10
医院床位数	张	3814	1929	2348	1031
医生数	人	2096	944	3243	1324

表 21—1 续表 15 （1999 年）

指 标 名 称	单 位	贺州地区	百色地区	河池地区
土地面积	平方公里	11855	36201	33508
年末总人口	万人	202.36	361.83	375.61
#非农业人口	万人	26.42	44.56	54.67
人口自然增长率	‰	8.07	4	4.44
社会从业人员	万人	107.53	193.09	184.12
#在岗职工	万人	9.03	18.97	18.94
#专业技术人员	万人	2.84	5.49	7.14
#第一产业	万人	71.04	147.62	132.01
第二产业	万人	16.68	16.85	21.65
#工 业	万人	14.13	13.81	16.7
第三产业	万人	19.81	28.61	30.46
#农村从业人员	万人	94.5	172.62	173.63
国内生产总值(当年价)	万元	879554	1120163	1377519
第一产业	万元	382731	472787	436990
第二产业	万元	235845	286572	460810
#工 业	万元	213652	241669	373706
第三产业	万元	260978	360804	479719
国内生产总值指数(上年为 100,不变价格)	%	107.2	109.1	109.3
第一产业	%	101.7	109.4	106.72
第二产业	%	114.2	110.5	110.81
#工 业	%	116.6	109.4	111.79
第三产业	%	108.2	107.3	109.76
人均国内生产总值(当年价)	元	4360	3094	3675
固定资产投资	万元	99996	168192	333236
#50 万元以上及房地产	万元	54643	107276	236693
#基本建设	万元	34678	83952	210358
更新改造	万元	11848	16071	19293
房地产	万元	2299	3330	
#国有经济单位	万元	49929	97731	232731
集体经济单位(含农村集体)	万元	10310	27205	56402
#城 镇	万元	1149	2236	4126
新增固定资产	万元	52168	154477	267646
#国有经济单位	万元	33290	88771	171989
房屋施工面积	万平方米	173.89	101.17	267.19
#国有经济单位	万平方米	42.54	97.59	134.38
房屋竣工面积	万平方米	150.88	77.29	219.75
#国有经济单位	万平方米	16.2	74.11	89.04
#住 宅	万平方米	17.01	40.49	170.11
中央、地方财政收入	万元	61022	112442	132018
#地方财政收入	万元	43354	76181	88682
#各项税收	万元	24787	54466	59346
地方财政支出	万元	66810	134993	151701
单位从业人员年平均人数	人	93788	192228	215478
#在岗职工	人	90361	187562	188076
单位从业人员平均货币工资	元	5700	6228	5556
#在岗职工	元	5811	6306	6106
城镇居民家庭人均可支配收入	元	5200	5607	4726
城镇居民家庭人均生活费支出	元	4130		4122
农村居民家庭人均纯收入	元	2594	1985	1885
城乡居民储蓄存款余额	万元	311185	524860	675950
年末耕地面积	千公顷	97.34	267.23	222.99
水 田	千公顷	67.71	96.02	99.23
旱 地	千公顷	29.63	171.21	123.76

表 21—1 续表 16 （1999 年）

指标名称	单位	贺州地区	百色地区	河池地区
农业机械总动力	万千瓦	36.51	106.3	120.39
化肥施用量(折纯量)	吨	54090	64021	70845
农村用电量	万千瓦小时	12927.9	26795.06	16245.65
有效灌溉面积	千公顷	67.45	95.61	76.2
农林牧渔业总产值(当年价)	万元	648797	724438	678498
农业	万元	341489	479569	392597
林业	万元	37247	53782	39484
牧业	万元	237649	173051	230173
渔业	万元	32392	18036	16244
农林牧渔业总产值指数(上年为100,不变价格)	%	101.08	109.03	107.42
农业	%	99.84	110.9	107
林业	%	104.36	100.57	100.3
牧业	%	101.42	107.1	110.12
渔业	%	105.19	109.5	108.73
农作物播种面积	千公顷	297.09	538.84	584.6
#粮食	千公顷	163.93	354.7	387.97
油料	千公顷	26.89	7.87	42
甘蔗	千公顷	2.96	44.24	36.03
主要农产品产量				
粮食	吨	872994	1202148	1184260
油料	吨	41351	5594	33404
甘蔗	吨	190552	1986126	2057325
水果	吨	164058	267286	129088
造林面积	千公顷	4.44	32.2	4.44
生猪出栏	头	1895971	1932966	2324834
生猪存栏	头	1447752	2235296	2168457
羊年末存栏	只	26866	467880	1014698
猪牛羊肉产量	吨	167969	150792	199998
水产品产量	吨	47405	23398	20409
全部工业总产值(当年价)	万元	722584	868388	1052152
#轻工业	万元	246322	267515	205438
重工业	万元	476262	600873	846714
#大中型	万元	111123	78358	334044
#国有及国有控股	万元	157882	504983	434859
#大中型	万元	108791	78358	295673
#国有	万元	140415	435950	315940
#国有大中型	万元	62276	78358	231811
全部工业总产值指数(上年为100,不变价格)	%	115.05	110.28	114.73
#规模以上工业	%	97.24	109.67	114.17
#大中型	%	110.87	108.19	118.88
#国有及国有控股	%	106.82	112.26	109.04
#大中型	%	108.12	108.19	113.68
#国有	%	105.01	109.7	95.91
#国有大中型	%	106.35	108.19	101.26
工业主要经济指标(规模以上)				
企业单位数	个	104	239	291
#亏损企业	个	46	112	103
#大中型	个	11	29	13
#国有及国有股	个	41	225	93
#大中型	个	10	29	13
从业人员平均人数	人	26548	58875	71785
#国有及国有控股	人	22698	57020	53691
工业总产值(当年价)	万元	183563	532823	668471

表 21—1　续表 17　　　　　　　　　　　　(1999 年)

指　标　名　称	单　位	贺州地区	百色地区	河池地区
#新产品	万元	14684	1131	651
#国有及国有控股	万元	157882	504984	434859
工业销售产值(当年价)	万元	173793	519784	668624
#国有及国有控股	万元	157882	494138	438396
工业增加值(当年价)	万元	63589	137510	290176
#国有及国有控股	万元	55865	131794	211538
资产总计	万元	491499	1151599	1480261
#国有及国有控股	万元	463772	1121092	1294362
流动资产合计	万元	171820	279560	383712
#国有及国有控股	万元	163316	268871	307811
产成品	万元	16244	49432	58874
#国有及国有控股	万元	14950	47749	31869
流动资产年平均余额	万元	167773	274336	388182
#国有及国有控股	万元	160167	267122	320179
固定资产原价	万元	368451	988470	1247607
#国有及国有控股	万元	349723	968085	1137252
固定资产净值	万元	244828	756371	914068
#国有及国有控股	万元	231464	739286	833234
固定资产净值年平均余额	万元	246912	843400	883030
#国有及国有控股	万元	234825	829070	801484
实收资本	万元	85011	297859	338327
#国家资本	万元	70926	276440	257562
产品销售收入	万元	182582	4703959	650357
#国有及国有控股	万元	159171	443156	410533
利润总额	万元	－7547	6046	35010
#大中型	万元	－4521	8582	23217
#国有及国有控股	万元	－7629	6041	25962
#大中型	万元	－4523	8582	19255
亏损企业亏损额	万元	16250	9983	17868
#大中型	万元	10518	3373	9353
#国有及国有控股	万元	15149	9662	15980
#大中型	万元	10518	3373	9353
利税总额	万元	12077	49152	90008
#大中型	万元	9027	42797	58230
#国有及国有控股	万元	11089	47853	68333
#大中型	万元	9781	42797	60709
全员劳动生产率(按增加值计算)	元/人	23951	23346	40423
公路里程	公里	1934	4498	3804
邮电业务总量(1990 年不变价格)	万元	15528	27684	34388
移动电话	户	18989	32318	33935
长话电路	路	333	2235	2950
市内电话	部	43967	103266	86214
农村电话	部	21317	37904	34348
社会消费品零售总额	万元	252477	318228	466581
#农业生产者	万元	25035	61689	63737
小学在校学生	人	286718	423736	399680
普通中学在校学生	人	119319	188724	186129
中等专业学校在校学生	人	4462	10575	12011
学龄儿童入学率	%	98.11	99.12	95.35
医院数	个	94	225	50
医院床位数	张	3264	6016	4593
医生数	人	3806	3888	4737

表 21—1　续表 18　　　　　　　　　　　　(1999 年)

指　标　名　称	单　位	玉林市	玉林市辖　区	南宁地区	柳州地区
土地面积	平方公里	12838	1251	29569	26811
年末总人口	万人	563.3	86.91	553.72	398.15
#非农业人口	万人	66.36	19.37	69.15	53.53
人口自然增长率	‰	12.6	6.84	4.66	4.5
社会从业人员	万人	298.35	47.43	320.6	209.16
#在岗职工	万人	23.14	6.72	25.16	18.28
#专业技术人员	万人	6.59	2	8.93	6.81
#第一产业	万人	185.85	25.17	226.31	152.46
第二产业	万人	56.12	8.29	28.27	27.31
#工　业	万人	41.25	6.28	19.02	23.63
第三产业	万人	56.38	13.97	66.02	29.39
#农村从业人员	万人	259.58	35.95	287.51	176.74
国内生产总值(当年价)	万元	1911475	407199	1662823	1267326
第一产业	万元	803677	106360	756224	518986
第二产业	万元	571023	167620	338426	365166
#工　业	万元	525946	155740	261257	260740
第三产业	万元	536775	133219	568173	383174
国内生产总值指数(上年为 100,不变价格)	%	106.5	107.8	106.2	107.6
第一产业	%	107.4	104.8	105.5	110.2
第二产业	%	102.8	108.2	103.9	102.7
#工　业	%	103.3	108	105.9	110.5
第三产业	%	111	109.9	109	110.5
人均国内生产总值(当年价)	元	3423	4704	3015	3192
固定资产投资	万元	227866	77642	386124	355652
#50 万元以上及房地产	万元	107609	54993	158914	346640
#基本建设	万元	59918	34967	121274	259072
更新改造	万元	22469	14527	17517	17232
房地产	万元	5874	3829	7891	623
#国有经济单位	万元	75111	41318	129225	89892
集体经济单位(含农村集体)	万元	36027	5737	95929	47052
#城　镇	万元	7106	553	3527	833
新增固定资产	万元	188697	62419	218907	123655
#国有经济单位	万元	47173	30583	104614	56052
房屋施工面积	万平方米	348.95	84.22	184.46	126.17
#国有经济单位	万平方米	39.02	15.05	124.95	60.02
房屋竣工面积	万平方米	328.57	75.67	165.66	98.3
#国有经济单位	万平方米	22.13	7.29	106.8	34
#住　宅	万平方米	261.44	50.1	66.21	60.42
中央、地方财政收入	万元	152411	61754	169302	111095
#地方财政收入	万元	108462	41240	125696	75312
#各项税收	万元	65631	26204	71653	51898
地方财政支出	万元	141093	52589	190820	120156
单位从业人员年平均人数	人	256884	72030	258800	187273
#在岗职工	人	230550	67092	248800	183578
单位从业人员平均货币工资	元	5614	7388	5459	5907
#在岗职工	元	5947	7654	5565	5954
城镇居民家庭人均可支配收入	元				5222
城镇居民家庭人均生活费支出	元				3879
农村居民家庭人均纯收入	元	2688	2844	2213	2142
城乡居民储蓄存款余额	万元	1225725	476577	900501	503361
年末耕地面积	千公顷	194.09	29	422.27	333.55
水　田	千公顷	162.34	26.07	197.49	154.25
旱　地	千公顷	31.75	2.93	224.78	179.3

表 21—1　续表 19　　(1999 年)

指　标　名　称	单　位	玉林市	玉林市辖　区	南宁地区	柳州地区
农业机械总动力	万千瓦	163.53	28.5	196.81	122.45
化肥施用量(折纯量)	吨	133778	23798	250101	167878
农村用电量	万千瓦小时	39466.65	8939.9	33042	26449.66
有效灌溉面积	千公顷	152.25	25.86	191.84	150.21
农林牧渔业总产值(当年价)	万元	1313159	189503	1186704	800906
农　业	万元	893219	141531	820562	516945
林　业	万元	22575	1006	29232	30920
牧　业	万元	349321	35079	257044	225353
渔　业	万元	48044	11887	79866	27688
农林牧渔业总产值指数(上年为 100,不变价格)	%	107.18	104.98	102.65	110.04
农　业	%	108.79	105.29	105.77	108.79
林　业	%	94.89	97.72	87.12	116.82
牧　业	%	103.07	104	93.23	111.91
渔　业	%	108.83	104.61	105.29	108.12
农作物播种面积	千公顷	551.3	79.42	885.99	686.57
#粮　食	千公顷	370.95	50.59	492.5	377.06
油　料	千公顷	16.92	2.28	37.4	58.77
甘　蔗	千公顷	7.83	1.33	165.67	86.94
主要农产品产量					
粮　食	吨	2443238	353455	1893110	1486960
油　料	吨	37620	6046	58891	75330
甘　蔗	吨	487762	90506	9421587	5682057
水　果	吨	325787	25844	386685	161385
造林面积	千公顷	0.5	0.1	7.85	3.96
生猪出栏	头	3117439	319750	2443511	2871803
生猪存栏	头	3584141	268412	2373039	2170538
羊年末存栏	只	11938	2044	263502	313998
猪牛羊肉产量	吨	259817	26619	204109	236975
水产品产量	吨	82568	23165	94652	37260
全部工业总产值(当年价)	万元	1911155	599257	853490	875039
#轻工业	万元	1203042	317867	510046	416944
重工业	万元	708113	281390	343444	458095
#大中型	万元	301691	169321	357808	382569
#国有及国有控股	万元	295549	205108	541078	387331
#大中型	万元	209137	169321	228384	340499
#国　有	万元	134998	62842	238547	308718
#国有大中型	万元	75781	42217	176705	268818
全部工业总产值指数(上年为 100,不变价格)	%	102.9	103.87	101.31	111
#规模以上工业	%	97.48	104.39	100.37	112
#大中型	%	95.42	112.53	99.67	113.29
#国有及国有控股	%	94.85	116.77	96.64	105.32
#大中型	%	97.08	120.73	99.87	105.59
#国　有	%	99.41	113.9	98.24	96.1
#国有大中型	%	99.77	114.88	101.7	95.84
工业主要经济指标(规模以上)					
企业单位数	个	264	73	227	155
#亏损企业	个	137	40	128	89
#大中型	个	22	5	21	20
#国有及国有股	个	78	27	112	77
#大中型	个	27	5	37	17
从业人员平均人数	人	88585	21055	61827	55265
#国有及国有控股	人	36356	16110	48623	48563
工业总产值(当年价)	万元	670182	250112	494305	459496

表 21—1　续表 20　　　　　　　　　　（1999 年）

指　标　名　称	单　位	玉林市	玉林市辖　区	南宁地区	柳州地区
#新产品	万元			110	2242
#国有及国有控股	万元	295549	205108	302531	387331
工业销售产值(当年价)	万元	658555	245811	479654	451335
#国有及国有控股	万元	290916	202544	299659	384008
工业增加值(当年价)	万元	198591	84002	168241	135155
#国有及国有控股	万元	99592	74540	103551	117214
资产总计	万元	1198919	613028	993559	856500
#国有及国有控股	万元	800961	532749	729311	714340
流动资产合计	万元	429769	250133	285020	289058
#国有及国有控股	万元	289358	213858	204120	242836
产成品	万元	60062	27460	55675	43635
#国有及国有控股	万元	29445	20058	33334	36783
流动资产年平均余额	万元	426146	253313	311326	301642
#国有及国有控股	万元	284350	214961	229792	257951
固定资产原价	万元	763226	339950	786369	661913
#国有及国有控股	万元	510221	314740	411692	593940
固定资产净值	万元	571342	244106	560173	446096
#国有及国有控股	万元	381039	227193	428119	389353
固定资产净值年平均余额	万元	565498	260163	545101	433106
#国有及国有控股	万元	363971	224233	413978	378123
实收资本	万元	243639	95857	248351	185677
#国家资本	万元	107277	43586	128160	133996
产品销售收入	万元	677586	246589	504536	455649
#国有及国有控股	万元	294141	199544	317218	391777
利润总额	万元	2469	11722	－12300	－10372
#大中型	万元	10489	12048	－9325	－8341
#国有及国有控股	万元	6132	12822	－46129	－1569
#大中型	万元	9106	12048	－38395	838
亏损企业亏损额	万元	23916	5317	33285	26433
#大中型	万元	7937	1720	25883	21631
#国有及国有控股	万元	11134	3593	58078	15891
#大中型	万元	4687	1789	46366	12453
利税总额	万元	51905	29833	37337	24927
#大中型	万元	33874	25625	26915	20795
#国有及国有控股	万元	29432	29004	10076	28952
#大中型	万元	25695	25625	2409	27578
全员劳动生产率(按增加值计算)	元/人	22418	24582	27212	24456
公路里程	公里	3994	581	7520	4554
邮电业务总量(1990 年不变价格)	万元	61059	25139	29912	20222
移动电话	户	65280	30249	39800	24019
长话电路	路	5081	5081		
市内电话	部	127933	64941	80860	63581
农村电话	部	63889	5855	50147	34839
社会消费品零售总额	万元	833856	307809	652415	290737
#农业生产者	万元	67314	12848	157272	45446
小学在校学生	人	759944	106565	627381	506770
普通中学在校学生	人	367496	57524	309853	207115
中等专业学校在校学生	人	10767	6317	3753	
学龄儿童入学率	%	99.4	99.32	97.99	98.36
医院数	个	156	27	51	181
医院床位数	张	6971	2896	7628	5137
医生数	人	5529	1865	4796	3507

二十二、各县（市）国民经济基本情况

表22-1 各县(市)国民经济基本情况

指 标 名 称	单 位	邕宁县	武鸣县	柳江县	柳城县
土地面积	平方公里	4725	3470	2504	2124
年末总人口	万人	90.24	64.27	50.66	40.35
#非农业人口	万人	9.76	10.3	6.94	5.92
人口自然增长率	‰	6.72	3.32	4.08	4.83
社会从业人员	万人	45.44	36.61	28.04	21.33
#在岗职工	万人	4	4.22	2.31	2.26
#专业技术人员	万人	1.26	0.94	0.79	0.72
#第一产业	万人	36.12	26.22	24.24	16.06
第二产业	万人	3.87	4.92	1.29	2.31
#工 业	万人	3.01	3.92	1.25	2.01
第三产业	万人	5.45	5.47	2.51	2.96
#农村从业人员	万人	39.83	28.59	24.04	19.45
国内生产总值(当年价)	万元	393569	373169	222459	157460
第一产业	万元	183138	177305	75858	77062
第二产业	万元	128203	118100	66132	41825
#工 业	万元	107397	103245	59929	37938
第三产业	万元	82228	77764	80469	38573
国内生产总值指数(上年为100,不变价格)	%	109.46	106.61	110	102.3
人均国内生产总值(当年价)	元	4376	5810	4389	3909
固定资产投资	万元	92309	60862	18199	15974
#国有经济单位	万元	29363	21915	5659	5943
集体经济单位(含农村集体)	万元	14152	6982	6979	2770
房屋施工面积	万平方米	92.6	91.34	6.02	13.15
房屋竣工面积	万平方米	80.05	85.35	6.02	9.2
#住 宅	万平方米	60.68	78.94	3.92	4.75
中央、地方财政收入	万元	27015	33988	13185	13764
#地方财政收入	万元	18025	17745	8830	8230
#各项税收	万元	15039	11488	3976	6355
地方财政支出	万元	21850	24104	12615	14239
单位从业人员年平均人数	人	40313	41576	24390	22318
#在岗职工	人	40158	41557	23080	22066
单位从业人员平均货币工资	元	5970	5322	6325	6221
#在岗职工	元	5960	5321	6615	6245
农村居民家庭人均纯收入	元	2480	2710	2316	2555
城乡居民储蓄存款余额	万元	132697	117842	90663	61210
年末耕地面积	千公顷	75.73	59.16	52.56	42.4
水 田	千公顷	49.63	25.01	21.75	19.73
旱 地	千公顷	26.1	34.15	30.81	22.67
农村机械总动力	万千瓦	50.16	44.8	18.59	16.19
化肥施用量(折纯量)	吨	67826	55854	26795	32310
农村用电量	万千瓦小时	8915	6355	5486	3041
有效灌溉面积	千公顷	41.75	29.58	18.79	18.61
农林牧渔业总产值(当年价)	万元	286153	275095	121219	137530
农 业	万元	202480	183937	89734	100977
林 业	万元	9209	3985	1416	1562

表 22—1　续表 1　　（1999 年）

指　标　名　称	单　位	邕宁县	武鸣县	柳江县	柳城县
牧　业	万元	62519	70521	26038	28688
渔　业	万元	11945	16652	4031	6303
农林牧渔业产值指数(上年为 100,不变价格)	%	114.6	112.34	107.33	104.4
农作物播种面积	千公顷	171.5	133.63	74.16	94.33
#粮　食	千公顷	81.49	63.46	50.14	43.56
主要农产品产量					
粮　食	吨	365671	316256	220880	188343
油　料	吨	19098	15994	7277	11425
甘　蔗	吨	1520386	1203294	122587	1504466
水　果	吨	122509	200882	14100	30933
生猪出栏	头	431511	757822	257157	282611
生猪存栏	头	404249	577164	182235	231950
羊年末存栏	只	4494	28797	56732	21829
猪牛羊肉产量	吨	34476	55361	22014	22264
水产品产量	吨	16752	23735	3099	7725
全部工业总产值(当年价)	万元	286607	262802	190032	134362
#国　有	万元	14083	32880	55068	12562
全部工业总产值指数(上年为 100,不变价格)	%	110.44	99.73	107.17	101.25
#规模以上工业	%	107.57	91.55	120.4	94.17
#国　有	%	110.97	109.5	113.81	45.11
工业主要经济指标(规模以上)					
企业单位数	个	49	40	43	36
#亏损企业	个	28	12	19	9
#国有及国有控股	个	15	8	17	12
从业人员平均人数	人	12038	9976	10320	9697
#国有及国有控股	人	6729	5393	7091	4981
工业总产值(当年价)	万元	129281	78340	124147	51241
工业销售产值(当年价)	万元	123829	74282	118349	47265
资产总计	万元	248584	124171	170329	137572
产成品	万元	14153	8298	9719	15087
流动资产年平均余额	万元	76966	39499	75655	58794
固定资产净值	万元	132270	65005	61668	61192
产品销售收入	万元	126733	69388	127422	91016
利润总额	万元	3418	−2496	4454	−417
亏损企业亏损额	万元	3780	4524	2564	2168
利税总额	万元	9798	1321	11800	6248
全员劳动生产率(按增加值计算)	元/人	37519	24234	36120	28874
公路里程	公里	783	1298	499	489
社会消费品零售总额	万元	84531	94156	53732	51072
#农业生产者	万元	16761	23040	25636	10536
小学在校学生数	人	108487	72081	71863	44547
普通中学在校学生数	人	60224	51333	32972	24522
学龄儿童入学率	%	98.55	99.82	99.88	99.71
医院床位数	张	1278	888	537	509
医生数	人	643	631	345	281

表 22—1 续表 2 (1999 年)

指标名称	单位	阳朔县	临桂县	灵川县	全州县
土地面积	平方公里	1428	2202	2287	4021
年末总人口	万人	29.76	44.58	35.16	76.22
#非农业人口	万人	3.61	5.44	6.04	8.21
人口自然增长率	‰	3.15	5.15	0.96	2.98
社会从业人员	万人	15.8	23.05	22.08	40.25
#在岗职工	万人	1.09	1.56	2	2.6
#专业技术人员	万人	0.41	0.77	0.67	1.05
#第一产业	万人	11.27	16.5	13.82	26.47
第二产业	万人	1.35	1.56	4.25	2.88
#工业	万人	1.12	0.86	3.53	1.57
第三产业	万人	2.71	4.99	4.01	10.9
#农村从业人员	万人	14.65	20.33	17.75	34.3
国内生产总值(当年价)	万元	93183	154485	192608	350034
第一产业	万元	49457	78101	90703	162042
第二产业	万元	13851	30315	47512	71314
#工业	万元	9622	25446	39017	54926
第三产业	万元	29875	46069	54393	116678
国内生产总值指数(上年为100,不变价格)	%	96.83	107.01	109.4	106.8
人均国内生产总值(当年价)	元	3133	3471	5498	4582
固定资产投资	万元	15555	23145	38708	41441
#国有经济单位	万元	8537	5156	19498	11597
集体经济单位(含农村集体)	万元	2067	1338	7699	10166
房屋施工面积	万平方米	13.86	29.44	48.57	80.74
房屋竣工面积	万平方米	12.33	25.61	38.91	76.62
#住宅	万平方米	1.7	23.24	31.34	25.96
中央、地方财政收入	万元	6639	10001	15299	13168
#地方财政收入	万元	5686	6988	11540	9843
#各项税收	万元	2803	6017	5273	6828
地方财政支出	万元	7777	10590	16191	16939
单位从业人员年平均人数	人	10971	16067	19190	27014
#在岗职工	人	10856	15492	19110	26114
单位从业人员平均货币工资	元	6658	6042	6463	5405
#在岗职工	元	6618	6150	6477	5481
农村居民家庭人均纯收入	元	2350	2551	2916	2216
城乡居民储蓄存款余额	万元	56687	96537	104050	133033
年末耕地面积	千公顷	19.65	35.43	23.4	48.19
水田	千公顷	12.75	28.49	19.41	36.5
旱地	千公顷	6.9	6.94	3.99	11.69
农村机械总动力	万千瓦	8.18	8.1	16.67	17.24
化肥施用量(折纯量)	吨	9893	15137	14640	27526
农村用电量	万千瓦小时	891	2898	7414.39	3628.54
有效灌溉面积	千公顷	13.39	22.96	8.37	37.99
农林牧渔业总产值(当年价)	万元	80875	125711	139523	233167
农业	万元	51874	76085	103955	157837
林业	万元	1886	2942	9583	11234

表 22—1 续表 3 (1999 年)

指 标 名 称	单 位	阳朔县	临桂县	灵川县	全州县
牧 业	万元	20814	38965	21541	53005
渔 业	万元	6301	7719	4444	11091
农林牧渔业产值指数(上年为 100,不变价格)	%	103	104.15	109.36	103.88
农作物播种面积	千公顷	50.58	85.65	74.21	142.52
#粮 食	千公顷	29.23	51.71	37.77	80.39
主要农产品产量					
粮 食	吨	134352	229664	183566	455444
油 料	吨	3895	1138	1916	25263
甘 蔗	吨	55267	50702	15943	14409
水 果	吨	60867	18851	61386	120060
生猪出栏	头	220567	401010	233463	630455
生猪存栏	头	134955	212957	178030	474731
羊年末存栏	只	19570	6282	14662	12698
猪牛羊肉产量	吨	17077	31653	18025	49609
水产品产量	吨	4080	9764	5968	13841
全部工业总产值(当年价)	万元	31126	91201	141586	167790
#国 有	万元	3644	20923	40327	18857
全部工业总产值指数(上年为 100,不变价格)	%	104.52	115.25	116.86	104.12
#规模以上工业	%	88.93	122.07	122.52	104.93
#国 有	%	93.49	100.84	97.25	92.84
工业主要经济指标(规模以上)					
企业单位数	个	17	26	41	38
#亏损企业	个	7	10	28	19
#国有及国有控股	个	7	7	17	13
从业人员平均人数	人	1073	3774	8974	4961
#国有及国有控股	人	1031	2668	6439	2747
工业总产值(当年价)	万元	5020	35289	59466	33558
工业销售产值(当年价)	万元	5193	34484	55713	31834
资产总计	万元	8527	61448	147537	65587
产成品	万元	210	2083	14741	3937
流动资产年平均余额	万元	3447	24806	59324	17370
固定资产净值	万元	4567	23047	67976	36194
产品销售收入	万元	5875	35981	51107	29753
利润总额	万元	162	2775	-4191	-209
亏损企业亏损额	万元	59	483	4614	1420
利税总额	万元	646	5275	-1696	2676
全员劳动生产率(按增加值计算)	元/人	19357	36404	16337	23413
公路里程	公里	335	507	456	714
社会消费品零售总额	万元	36313	40506	59409	86876
#农业生产者	万元	7238	6210	4454	10174
小学在校学生数	人	30448	54046	37700	81943
普通中学在校学生数	人	22055	27348	29400	49442
学龄儿童入学率	%	99	99.7	99.9	99.7
医院床位数	张	377	435	599	690
医生数	人	293	292	333	529

表 22—1 续表 4 （1999 年）

指 标 名 称	单 位	兴安县	永福县	灌阳县	龙胜各族自治县
土地面积	平方公里	2344	2806	1837	2538
年末总人口	万人	36.98	26.59	27.03	16.68
#非农业人口	万人	5.28	3.33	2.63	2.1
人口自然增长率	‰	1.91	2.72	2.13	1.93
社会从业人员	万人	21.42	14.99	14.73	9.11
#在岗职工	万人	1.82	1.14	0.98	0.91
#专业技术人员	万人	0.7	0.38	0.5	0.34
#第一产业	万人	14.46	9.93	11.13	6.79
第二产业	万人	3.07	2.77	1.69	0.91
#工 业	万人	2.83	2.51	1.34	0.86
第三产业	万人	3.89	2.29	1.91	1.41
#农村从业人员	万人	18.72	12.48	13.6	8.36
国内生产总值(当年价)	万元	210853	115958	84025	64488
第一产业	万元	89358	55883	41926	29611
第二产业	万元	55507	37891	18884	16117
#工 业	万元	45344	31078	15988	13006
第三产业	万元	65988	22184	23215	18760
国内生产总值指数(上年为 100,不变价格)	%	102.93	106.8	97.7	105.34
人均国内生产总值(当年价)	元	5708	4361	3107	3869
固定资产投资	万元	37817	58064	15389	16903
#国有经济单位	万元	9011	47705	8310	8952
集体经济单位(含农村集体)	万元	5289	6101	301	4241
房屋施工面积	万平方米	43.19	5.65	10.03	3.79
房屋竣工面积	万平方米	38.41	2.35	6.55	3.59
#住 宅	万平方米	21.75	0.77	4.63	1.91
中央、地方财政收入	万元	11200	7961	4313	4420
#地方财政收入	万元	8915	5856	3533	3240
#各项税收	万元	4746	3813	1985	2436
地方财政支出	万元	12630	8427	7513	6533
单位从业人员年平均人数	人	18530	11336	10025	9156
#在岗职工	人	18474	11064	9652	9149
单位从业人员平均货币工资	元	5999	5433	5381	5854
#在岗职工	元	6008	5496	5543	5854
农村居民家庭人均纯收入	元	2402	2794	2553	2114
城乡居民储蓄存款余额	万元	100002	48691	42979	28968
年末耕地面积	千公顷	23.43	22.85	16.08	13.19
水 田	千公顷	18.71	16.62	11.28	6.79
旱 地	千公顷	4.72	6.23	4.8	6.4
农村机械总动力	万千瓦	15.03	5.97	10.63	4.95
化肥施用量(折纯量)	吨	13982	11343	8446	2434
农村用电量	万千瓦小时	1591.94	2427	2486	580.02
有效灌溉面积	千公顷	19.28	16.24	12.13	7.28
农林牧渔业总产值(当年价)	万元	139098	88774	69837	44124
农 业	万元	83401	59340	50883	28769
林 业	万元	16536	8773	4882	8153

表22—1 续表5 （1999年）

指标名称	单位	兴安县	永福县	灌阳县	龙胜各族自治县
牧业	万元	32957	17733	11965	6808
渔业	万元	6204	2928	2107	394
农林牧渔业产值指数(上年为100,不变价格)	%	98.28	106.92	105.17	102.34
农作物播种面积	千公顷	70.64	63.26	40.59	21
#粮食	千公顷	43.43	35.61	28.13	13.04
主要农产品产量					
粮食	吨	233266	151625	156491	60568
油料	吨	4789	3634	3260	582
甘蔗	吨	2127	49508	1072	
水果	吨	118834	25269	50080	18349
生猪出栏	头	416685	206431	163511	91325
生猪存栏	头	204983	117886	138306	95015
羊年末存栏	只	9709	3219	2405	18818
猪牛羊肉产量	吨	31794	16292	12550	7410
水产品产量	吨	7762	3649	2632	496
全部工业总产值(当年价)	万元	160771	111981	51982	36567
#国有	万元	12520	11126	6131	11794
全部工业总产值指数(上年为100,不变价格)	%	103.52	110.58	82.38	116.56
#规模以上工业	%	85.56	118.1	116.31	120.9
#国有	%	85.16	115.95	118.42	117.71
工业主要经济指标(规模以上)					
企业单位数	个	32	24	25	13
#亏损企业	个	13	9	17	1
#国有及国有控股	个	10	7	17	1
从业人员平均人数	人	5029	2103	1550	2246
#国有及国有控股	人	3693	1648	1550	1848
工业总产值(当年价)	万元	28241	16946	6131	18412
工业销售产值(当年价)	万元	25652	14725	5690	17394
资产总计	万元	44861	25391	19684	28128
产成品	万元	4088	2072	1661	1410
流动资产年平均余额	万元	18939	11821	6748	10720
固定资产净值	万元	22100	9696	11529	13465
产品销售收入	万元	24844	14483	5573	15527
利润总额	万元	-583	-161	-420	1292
亏损企业亏损额	万元	1382	363	429	5
利税总额	万元	1640	899	171	2067
全员劳动生产率(按增加值计算)	元/人	16009	19358	12413	34470
公路里程	公里	478	488	418	858
社会消费品零售总额	万元	61975	35091	24960	13330
#农业生产者	万元	3224	6654	2184	1813
小学在校学生数	人	36348	24155	28129	15210
普通中学在校学生数	人	28453	12253	15997	9466
学龄儿童入学率	%	99.1	98.31	99.6	99.7
医院床位数	张	1039	360	379	165
医生数	人	447	187	265	334

表 22—1 续表 6 (1999 年)

指 标 名 称	单 位	资源县	平乐县	荔浦县	恭城瑶族自治县
土地面积	平方公里	1954	1919	1759	2149
年末总人口	万人	16.63	42.99	36.61	27.68
#非农业人口	万人	1.88	5.97	5.2	3.86
人口自然增长率	‰	2.75	4.34	2.97	2.66
社会从业人员	万人	8.18	23.03	21.74	14.49
#在岗职工	万人	0.87	1.54	1.47	1.25
#专业技术人员	万人	0.38	0.46	0.57	0.43
#第一产业	万人	5.39	17.27	14.34	11.29
第二产业	万人	0.71	2.71	3.61	1.37
#工 业	万人	0.53	2.25	2.77	1.26
第三产业	万人	2.08	3.05	3.79	1.83
#农村从业人员	万人	7.09	20.63	19.54	12.92
国内生产总值(当年价)	万元	54668	186939	197806	123328
第一产业	万元	23214	104642	89623	68562
第二产业	万元	8386	36753	59192	22258
#工 业	万元	6014	31496	51645	15588
第三产业	万元	23068	45544	48991	32508
国内生产总值指数(上年为 100,不变价格)	%	106.26	108.33	106.2	101.2
人均国内生产总值(当年价)	元	3287	4370	5419	4457
固定资产投资	万元	11106	51168	32179	18635
#国有经济单位	万元	5719	13783	9273	7753
集体经济单位(含农村集体)	万元	1382	5717	9975	8012
房屋施工面积	万平方米	10.23	56.16	1.48	17.21
房屋竣工面积	万平方米	9.65	38.88	1.48	16.33
#住 宅	万平方米	6.34	2.18	0.24	7.07
中央、地方财政收入	万元	3395	10974	12022	6557
#地方财政收入	万元	2675	8754	8728	4824
#各项税收	万元	1478	4611	4999	3450
地方财政支出	万元	6296	11531	12652	9015
单位从业人员年平均人数	人	8935	15278	15041	13401
#在岗职工	人	8667	14997	14664	12470
单位从业人员平均货币工资	元	6168	5134	5300	5557
#在岗职工	元	6214	5156	5359	5750
农村居民家庭人均纯收入	元	1854	2813	3082	2926
城乡居民储蓄存款余额	万元	27921	67984	83913	46750
年末耕地面积	千公顷	8.29	20.98	22.09	19
水 田	千公顷	7.36	13.72	14.27	11.87
旱 地	千公顷	0.93	7.26	7.82	7.13
农村机械总动力	万千瓦	5.05	11.19	7.75	14.8
化肥施用量(折纯量)	吨	2166	17703	12511	15426
农村用电量	万千瓦小时	536.61	5852	3226	1549.86
有效灌溉面积	千公顷	7.1	13.55	16.68	12.36
农林牧渔业总产值(当年价)	万元	35525	146780	135437	106297
农 业	万元	23732	116876	94685	79229
林 业	万元	5906	6993	4926	3738

表 22—1　续表 7

（1999 年）

指　标　名　称	单　位	资源县	平乐县	荔浦县	恭城瑶族自治县
牧　业	万元	5185	18934	32052	19644
渔　业	万元	702	3976	3774	3687
农林牧渔业产值指数(上年为 100,不变价格)	%	111.76	110.79	105.78	108.14
农作物播种面积	千公顷	22.75	71.89	73.7	58.34
#粮　食	千公顷	11.32	33.11	34.5	29.12
主要农产品产量					
粮　食	吨	65189	186438	193182	132821
油　料	吨	1455	10384	4850	14100
甘　蔗	吨		38065	220474	26298
水　果	吨	9544	135038	76016	246433
生猪出栏	头	49394	220799	449720	240257
生猪存栏	头	72560	181004	279935	179736
羊年末存栏	只	7764	8442	9803	27520
猪牛羊肉产量	吨	3931	16836	34154	19045
水产品产量	吨	876	4985	4734	4626
全部工业总产值(当年价)	万元	21039	118891	151020	49460
#国　有	万元	6668	7999	18866	12094
全部工业总产值指数(上年为 100,不变价格)	%	105.4	112.57	111.39	76.24
#规模以上工业	%	110.31	105.63	131.66	73.38
#国　有	%	99.07	88.4	121.3	63.07
工业主要经济指标(规模以上)					
企业单位数	个	11	18	24	26
#亏损企业	个	6	5	4	7
#国有及国有控股	个	5	2	4	7
从业人员平均人数	人	1544	3538	4009	5188
#国有及国有控股	人	1439	1370	2442	3435
工业总产值(当年价)	万元	7333	24141	37388	25225
工业销售产值(当年价)	万元	6545	23809	35702	26377
资产总计	万元	12097	43285	54067	39513
产成品	万元	1503	2045	5408	2345
流动资产年平均余额	万元	5672	18332	26800	17935
固定资产净值	万元	5626	22282	15198	19809
产品销售收入	万元	6546	20936	37615	26262
利润总额	万元	−294	985	744	1075
亏损企业亏损额	万元	317	529	504	306
利税总额	万元	291	2633	3822	2759
全员劳动生产率(按增加值计算)	元/人	11833	23607	29698	13094
公路里程	公里	381	370	461	476
社会消费品零售总额	万元	14626	68002	81820	45545
#农业生产者	万元	2149	4069		10424
小学在校学生数	人	14390	53236	31127	26905
普通中学在校学生数	人	12666	27517	19763	18785
学龄儿童入学率	%	99.7	99.46	99.65	99.74
医院床位数	张	149	310	595	344
医生数	人	451	257	310	304

表 22—1 续表 8 (1999 年)

指标名称	单位	苍梧县	藤县	蒙山县	岑溪市
土地面积	平方公里	4273	3946	1279	2783
年末总人口	万人	62.94	88.79	19.55	75.65
#非农业人口	万人	6.5	9.17	2.43	11.54
人口自然增长率	‰	12.42	9.36	4.37	7.53
社会从业人员	万人	36.68	46.88	11.74	39.68
#在岗职工	万人	2.39	2.15	0.87	2.86
#专业技术人员	万人	0.89	0.88	0.29	1.07
#第一产业	万人	21.89	30.17	8.49	23.45
第二产业	万人	5.3	3.27	1.37	6.8
#工业	万人	4.33	1.82	0.77	4.87
第三产业	万人	9.49	13.44	1.88	9.43
#农村从业人员	万人	33.51	41.36	10.75	36.51
国内生产总值(当年价)	万元	197450	245573	66088	207628
第一产业	万元	89020	161432	37814	100263
第二产业	万元	61530	45677	11502	66601
#工业	万元	50730	39640	8900	64103
第三产业	万元	46900	38464	16772	40764
国内生产总值指数(上年为100,不变价格)	%	109.12	107.5	108.9	103.6
人均国内生产总值(当年价)	元	3156	2776	3384	2754
固定资产投资	万元	17644	23555	7907	19073
#国有经济单位	万元	6591	9327	2522	16214
集体经济单位(含农村集体)	万元	908	1460	375	1064
房屋施工面积	万平方米	36.74	42.65	17.72	16.42
房屋竣工面积	万平方米	36.35	39.78	16.59	16.02
#住宅	万平方米	31.94	29.93	14.48	12.29
中央、地方财政收入	万元	14683	14629	5034	15108
#地方财政收入	万元	11878	11574	4061	11817
#各项税收	万元	5573	6064	2470	6460
地方财政支出	万元	14443	15468	7414	15921
单位从业人员年平均人数	人	25426	25455	9210	28342
#在岗职工	人	23746	21219	8692	28268
单位从业人员平均货币工资	元	4709	4427	5223	4881
#在岗职工	元	5015	4936	5435	4895
农村居民家庭人均纯收入	元	2429	2145	2218	2645
城乡居民储蓄存款余额	万元	96720	103992	37979	133145
年末耕地面积	千公顷	29.32	33.01	9.24	21.69
水田	千公顷	24.86	26.95	7.87	18.23
旱地	千公顷	4.46	6.06	1.37	3.46
农村机械总动力	万千瓦	19.94	14.1	5.57	12.75
化肥施用量(折纯量)	吨	16384	18072	5442	13144
农村用电量	万千瓦小时	4851	3188.3	869	5168.1
有效灌溉面积	千公顷	22.3	23.96	7.24	16.59
农林牧渔业总产值(当年价)	万元	163211	250439	73584	201867
农业	万元	87185	159078	28061	113173
林业	万元	14669	18974	2889	29882

表 22—1　续表 9　　　　　　　　　　（1999 年）

指　标　名　称	单　位	苍梧县	藤　县	蒙山县	岑溪市
牧　业	万元	55511	63109	35845	50820
渔　业	万元	5846	9278	6789	7992
农林牧渔业产值指数(上年为 100,不变价格)	%	108.38	106.35	108.1	109.51
农作物播种面积	千公顷	67.31	92.13	30.87	93.08
#粮　食	千公顷	52.6	52.41	16.55	53.43
主要农产品产量					
粮　食	吨	352797	370575	104069	315798
油　料	吨	5842	8112	2388	13064
甘　蔗	吨	15203	94445	70607	84934
水　果	吨	29067	51907	5163	51921
生猪出栏	头	329281	470301	244000	279486
生猪存栏	头	328793	411445	238039	265831
羊年末存栏	只	2055		167	341
猪牛羊肉产量	吨	27412	44220	20858	25942
水产品产量	吨	7651	11465	4710	9004
全部工业总产值(当年价)	万元	178041	168595	40569	287145
#国　有	万元	25458	11782	5911	18459
全部工业总产值指数(上年为 100,不变价格)	%	110.81	108.15	120.4	97.45
#规模以上工业	%	105.51	139.79	116.3	50.62
#国　有	%	96.05	88.01	106.6	118
工业主要经济指标(规模以上)					
企业单位数	个	24	33	20	46
#亏损企业	个	11	19	15	22
#国有及国有控股	个	11	17	13	18
从业人员平均人数	人	5388	6863	3096	9424
#国有及国有控股	人	4114	5904	2054	5011
工业总产值(当年价)	万元	47026	22688	10575	68480
工业销售产值(当年价)	万元	46973	21611	9472	62314
资产总计	万元	87751	49770	21973	79439
产成品	万元	3264	3216	1816	5914
流动资产年平均余额	万元	37586	13337	7813	27413
固定资产净值	万元	36955	21082	11374	30955
产品销售收入	万元	46957	24184	11609	61939
利润总额	万元	-71	-927	-732	-494
亏损企业亏损额	万元	440	1444	829	2991
利税总额	万元	3056	978	226	1663
全员劳动生产率(按增加值计算)	元/人	27081	9349		19263
公路里程	公里	977	949	192	671
社会消费品零售总额	万元	72493	114884	16350	104724
#农业生产者	万元	3273	4860	2170	7481
小学在校学生数	人	73757	117946	24419	99515
普通中学在校学生数	人	30398	42289	11737	36960
学龄儿童入学率	%	99.6	99.45	99.6	97.6
医院床位数	张	612	615	424	872
医生数	人	662	496	190	620

表 22—1　续表 10　　　　　　　　　　(1999 年)

指　标　名　称	单　位	合浦县	防城港市	防城港市辖　区	上思县
土地面积	平方公里	2380	6181	2822	2810
年末总人口	万人	89.02	77.09	46.68	20.33
#非农业人口	万人	16.99	18.02	12.07	3.74
人口自然增长率	‰	6.36	7.79	6.43	7.78
社会从业人员	万人	51.18	40.64	24.37	10.32
#在岗职工	万人	4.85	5.98	3.79	1.45
#专业技术人员	万人	1.48	1.3	0.6	0.49
#第一产业	万人	35.49	26.07	14.85	7.49
第二产业	万人	8.85	4.99	3.05	1.16
#工　业	万人	6.51	3.67	2.29	0.9
第三产业	万人	6.84	9.58	6.47	1.67
#农村从业人员	万人	45.35	29.25	16.64	8.09
国内生产总值(当年价)	万元	451096	546187	356823	98901
第一产业	万元	190363	194279	119512	45466
第二产业	万元	130001	151462	96912	34624
#工　业	万元	112809	117333	72384	32348
第三产业	万元	130732	200446	140399	18811
国内生产总值指数(上年为 100,不变价格)	%	108.44	108.2	110.7	109.17
人均国内生产总值(当年价)	元	5090	7131	7664	4872
固定资产投资	万元	59738	101814	67072	10986
#国有经济单位	万元	35943	62499	45786	8470
集体经济单位(含农村集体)	万元	14690	15444	13416	1302
房屋施工面积	万平方米	29.34	74.06	44.24	9.34
房屋竣工面积	万平方米	26.26	63.18	37.81	7.06
#住　宅	万平方米	1.01	48.73	30.41	5.69
中央、地方财政收入	万元	25496	54251	34064	8821
#地方财政收入	万元	16776	38618	24229	5879
#各项税收	万元	12028	24672	15938	4249
地方财政支出	万元	21928	54722	34599	8796
单位从业人员年平均人数	人	48441	62835	39253	15063
#在岗职工	人	48103	59599	38075	14384
单位从业人员平均货币工资	元	5377	6622	7145	5093
#在岗职工	元	5389	6749	7366	5193
农村居民家庭人均纯收入	元	2427	2626	2742	2237
城乡居民储蓄存款余额	万元	244305	307557	205447	37562
年末耕地面积	千公顷	56.18	47.18	18.53	23.45
水　田	千公顷	38.33	29.83	14	12.55
旱　地	千公顷	17.85	17.35	4.53	10.9
农村机械总动力	万千瓦	30.16	34.23	17.61	13.33
化肥施用量(折纯量)	吨	38671	28289	9806	16513
农村用电量	万千瓦小时	5745	4842	2646	876
有效灌溉面积	千公顷	36.57	24.28	10.57	10.65
农林牧渔业总产值(当年价)	万元	334825	307024	188544	70107
农　业	万元	127518	107645	51975	46516
林　业	万元	2808	28601	17540	8992

表 22—1　续表 11　　(1999 年)

指 标 名 称	单 位	合浦县	防城港市	防城港市辖　区	上思县
牧　业	万元	74208	40552	29319	7010
渔　业	万元	130291	130226	89710	7589
农林牧渔业产值指数(上年为 100,不变价格)	%	104.89	109.76	106.34	114.61
农作物播种面积	千公顷	129.91	109.88	50.06	46.82
#粮　食	千公顷	78.54	67.38	34.54	22.7
主要农产品产量					
粮　食	吨	354824	254627	127500	89512
油　料	吨	22774	9056	4408	3770
甘　蔗	吨	806274	1035236	70126	960252
水　果	吨	23213	45720	22619	15927
生猪出栏	头	350115	268502	182616	45595
生猪存栏	头	363684	227521	139762	60985
羊年末存栏	只	4100	6275	4335	1455
猪牛羊肉产量	吨	31513	23738	15914	4234
水产品产量	吨	339012	380381	284241	11680
全部工业总产值(当年价)	万元	397292	385070	234944	104310
#国　有	万元	44990	43779	8137	33538
全部工业总产值指数(上年为 100,不变价格)	%	104.19	112.42	111.89	98.47
#规模以上工业	%	109.81	93.34	99.31	87.94
#国　有	%	95.77	89.12	93.51	87.34
工业主要经济指标(规模以上)					
企业单位数	个	52	67	36	26
#亏损企业	个	29	39	25	12
#国有及国有控股	个	25	35	25	12
从业人员平均人数	人	14178	9713	4309	5111
#国有及国有控股	人	6908	8116	3391	4465
工业总产值(当年价)	万元	131379	134724	74824	55372
工业销售产值(当年价)	万元	115840	116663	65213	47370
资产总计	万元	140274	196228	94528	83076
产成品	万元	13617	8355	5245	2939
流动资产年平均余额	万元	59695	80669	36805	37185
固定资产净值	万元	73621	75849	36691	29368
产品销售收入	万元	92533	114944	60879	49813
利润总额	万元	−3140	−6798	−3010	−4000
亏损企业亏损额	万元	5020	8375	3596	4769
利税总额	万元	4728	−958	−1551	5
全员劳动生产率(按增加值计算)	元/人	25054	42275	54138	31831
公路里程	公里	996	1481	870	479
社会消费品零售总额	万元	82201	193823	141607	19240
#农业生产者	万元	9225	6956	5254	1085
小学在校学生数	人	136451	94627	55432	25345
普通中学在校学生数	人	50384	39171	22938	10747
学龄儿童入学率	%	99.43	98.81	98.75	98.84
医院床位数	张	1481	715	490	165
医生数	人	1011	1145	780	237

表 22—1　续表 12　　　　　　　　　　(1999 年)

指　标　名　称	单　位	东兴市	钦州市	钦州市辖　区	灵山县
土地面积	平方公里	549	10843	4772	3559
年末总人口	万人	10.09	314.82	114.97	125.5
#非农业人口	万人	2.21	33.01	17.69	9.22
人口自然增长率	‰	14.3	9.6	6.92	11.17
社会从业人员	万人	5.95	176.6	74.37	65.21
#在岗职工	万人	0.74	11.46	5.7	3.14
#专业技术人员	万人	0.21	3.42	1.83	1.19
#第一产业	万人	3.73	106.93	32.37	49.82
第二产业	万人	0.78	33.27	19.45	7.58
#工　业	万人	0.48	19.32	11.82	4.06
第三产业	万人	1.44	36.4	22.55	7.81
#农村从业人员	万人	4.52	162.7	66.47	61.74
国内生产总值(当年价)	万元	111063	1238784	598412	376088
第一产业	万元	30551	658708	314605	184064
第二产业	万元	18758	229998	98592	71408
#工　业	万元	13103	176090	62396	61050
第三产业	万元	61754	350078	185215	120616
国内生产总值指数(上年为 100,不变价格)	%	110.8	110.48	111.27	112.35
人均国内生产总值(当年价)	元	11414	3956	5231	3016
固定资产投资	万元	23756	163754	108886	28893
#国有经济单位	万元	8243	101300	64486	17846
集体经济单位(含农村集体)	万元	726	7948	3276	4109
房屋施工面积	万平方米	20.48	155.56	95	31.89
房屋竣工面积	万平方米	18.31	134.78	82	30.16
#住　宅	万平方米	12.63	114.34	72	23.16
中央、地方财政收入	万元	11366	74360	37069	20164
#地方财政收入	万元	8510	57917	31262	15307
#各项税收	万元	4485	34370	15841	9503
地方财政支出	万元	11327	75247	40301	19646
单位从业人员年平均人数	人	8519	120596	60826	32655
#在岗职工	人	7140	113001	57316	30834
单位从业人员平均货币工资	元	6912	5842	5906	5896
#在岗职工	元	7234	5964	5976	6051
农村居民家庭人均纯收入	元	2953	2475	2475	2585
城乡居民储蓄存款余额	万元	64548	506391	265020	138376
年末耕地面积	千公顷	5.2	148.53	63.15	56.61
水　田	千公顷	3.28	107.86	42.39	41.32
旱　地	千公顷	1.92	40.67	20.76	15.29
农村机械总动力	万千瓦	3.29	62.65	30.13	17.94
化肥施用量(折纯量)	吨	1970	170122	62756	65116
农村用电量	万千瓦小时	1320	13120.07	3220.07	7200
有效灌溉面积	千公顷	3.06	83.87	35.74	37.83
农林牧渔业总产值(当年价)	万元	48373	1055443	503543	290909
农　业	万元	9154	624429	245581	203926
林　业	万元	2069	19291	5004	2720

表 22—1 续表 13 (1999 年)

指标名称	单位	东兴市	钦州市	钦州市辖区	灵山县
牧业	万元	4223	166445	57376	63889
渔业	万元	32927	245278	195582	20374
农林牧渔业产值指数(上年为100,不变价格)	%	115.99	116.27	110	125.13
农作物播种面积	千公顷	13	351.99	157.23	124.88
#粮食	千公顷	10.14	227.84	101.99	79.22
主要农产品产量					
粮食	吨	37615	1257321	491561	507974
油料	吨	878	21044	11312	5998
甘蔗	吨	4858	1437587	853822	480728
水果	吨	7174	757222	149141	301661
生猪出栏	头	40291	949718	292027	374413
生猪存栏	头	26774	1106052	315914	437654
羊年末存栏	只	485	22877	9181	6006
猪牛羊肉产量	吨	3590	103564	29890	44759
水产品产量	吨	84460	522190	456772	26835
全部工业总产值(当年价)	万元	45816	620321	191295	240682
#国有	万元	2104	87050	35683	21149
全部工业总产值指数(上年为100,不变价格)	%	97.76	100.84	100.88	108.42
#规模以上工业	%	52.8	102.38	101.02	94.82
#国有	%	98.86	62.38	101.09	95
工业主要经济指标(规模以上)					
企业单位数	个	5	127	63	28
#亏损企业	个	2	77	37	18
#国有及国有控股	个	2	53	24	14
从业人员平均人数	人	293	27968	11976	5869
#国有及国有控股	人	260	15959	4807	5178
工业总产值(当年价)	万元	4528	164418	81464	36891
工业销售产值(当年价)	万元	4080	156284	73139	38926
资产总计	万元	18624	367208	206892	84164
产成品	万元	171	23067	9459	6546
流动资产年平均余额	万元	6679	124471	62470	33375
固定资产净值	万元	9790	197434	114836	39040
产品销售收入	万元	4252	154616	75014	38337
利润总额	万元	212	-11461	-4811	-5980
亏损企业亏损额	万元	10	13035	5651	6116
利税总额	万元	588	952	884	-2755
全员劳动生产率(按增加值计算)	元/人	50000	16814	19397	15018
公路里程	公里	132	1730	783	466
社会消费品零售总额	万元	32976	491623	243116	142860
#农业生产者	万元	617	48882	14987	25360
小学在校学生数	人	13850	400700	140500	158829
普通中学在校学生数	人	5486	140400	49600	59509
学龄儿童入学率	%	98.95	97.77	98.35	98.29
医院床位数	张	60	3814	1929	1170
医生数	人	128	2096	944	636

表 22—1　续表 14　　　　　　　　　　(1999 年)

指标名称	单位	浦北县	贵港市	贵港市辖区	平南县
土地面积	平方公里	2524	10606	3543	2988
年末总人口	万人	74.35	445.83	164.82	122
#非农业人口	万人	6.1	49.97	24.79	9.76
人口自然增长率	‰	9.86	9.74	7.46	10.07
社会从业人员	万人	37.02	218.85	79.93	58.8
#在岗职工	万人	2.49	14.21	7.14	3.22
#专业技术人员	万人	0.92	4.83	2.03	1.27
#第一产业	万人	24.74	144.55	52.71	34.81
第二产业	万人	6.24	19.15	6.95	6.47
#工　业	万人	3.44	9.2	3.48	3.54
第三产业	万人	6.04	55.15	20.27	17.52
#农村从业人员	万人	34.31	198.2	69.7	54.07
国内生产总值(当年价)	万元	264284	1035320	373952	265335
第一产业	万元	160039	453264	130579	139947
第二产业	万元	59998	221403	96980	54520
#工　业	万元	52644	195734	82957	52023
第三产业	万元	44247	360653	146393	70868
国内生产总值指数(上年为 100,不变价格)	%	113.73	105.5	108.7	105.7
人均国内生产总值(当年价)	元	3570	2334	2279	2186
固定资产投资	万元	25975	103570	66702	18361
#国有经济单位	万元	18967	56307	39765	4944
集体经济单位(含农村集体)	万元	563	5020	1654	2077
房屋施工面积	万平方米	29.24	149.7	100.18	12.5
房屋竣工面积	万平方米	23.29	132.83	85.93	10.14
#住　宅	万平方米	19.24	106.28	71.31	10.04
中央、地方财政收入	万元	17127	74083	38875	14520
#地方财政收入	万元	11348	53856	27349	10681
#各项税收	万元	9026	38974	21084	7578
地方财政支出	万元	15300	73265	39172	14486
单位从业人员年平均人数	人	27115	152951	72228	36575
#在岗职工	人	24851	140929	69963	32361
单位从业人员平均货币工资	元	5319	5307	5571	4880
#在岗职工	元	5509	5539	5662	5153
农村居民家庭人均纯收入	元	2698	2114	2140	2053
城乡居民储蓄存款余额	万元	102995	713363	305650	185379
年末耕地面积	千公顷	28.11	195.05	78.9	46.5
水　田	千公顷	21.7	134.29	47.94	35.81
旱　地	千公顷	6.41	60.76	30.96	10.69
农村机械总动力	万千瓦	14.59	108	47.1	31.02
化肥施用量(折纯量)	吨	42249	112379	44297	28290
农村用电量	万千瓦小时	6800	18280.8	6649.4	3914.7
有效灌溉面积	千公顷	10.28	146.39	49.82	42.03
农林牧渔业总产值(当年价)	万元	260991	814053	239561	290041
农　业	万元	174922	487811	149947	167887
林　业	万元	11567	15552	1735	7663

表 22—1　续表 15　　　　(1999 年)

指　标　名　称	单　位	浦北县	贵港市	贵港市辖　区	平南县
牧　业	万元	45180	253186	72713	94846
渔　业	万元	29322	57504	15166	19645
农林牧渔业产值指数(上年为 100,不变价格)	%	115.97	106.98	105.68	106.87
农作物播种面积	千公顷	69.69	472.42	184.87	120.82
#粮　食	千公顷	46.42	302.69	112.86	81.24
主要农产品产量					
粮　食	吨	257786	1597000	563851	478059
油　料	吨	3734	58876	25750	11424
甘　蔗	吨	103037	1614132	1265196	145435
水　果	吨	306420	127483	22959	63890
生猪出栏	头	283278	1994636	807132	412496
生猪存栏	头	352484	1896553	739088	576506
羊年末存栏	只	7690	11073	4720	4615
猪牛羊肉产量	吨	28915	173208	67586	35679
水产品产量	吨	38583	84955	24945	28903
全部工业总产值(当年价)	万元	188344	663793	278647	186334
#国　有	万元	30218	99021	60728	16474
全部工业总产值指数(上年为 100,不变价格)	%	118.45	98.21	104.64	102.4
#规模以上工业	%	112.51	111.27	124.95	104.1
#国　有	%	108.66	99.23	99.14	113.75
工业主要经济指标(规模以上)					
企业单位数	个	36	120	56	22
#亏损企业	个	22	68	32	11
#国有及国有控股	个	15	52	21	10
从业人员平均人数	人	10123	37487	21652	6257
#国有及国有控股	人	5434	28966	17303	4346
工业总产值(当年价)	万元	46063	316976	225894	37316
工业销售产值(当年价)	万元	44219	306982	221037	34493
资产总计	万元	76152	812504	605550	81671
产成品	万元	7062	34439	18728	4748
流动资产年平均余额	万元	28626	260789	175522	33832
固定资产净值	万元	43558	310398	209697	41974
产品销售收入	万元	41265	304079	222752	39401
利润总额	万元	−670	−10329	−9451	2510
亏损企业亏损额	万元	1268	18688	12282	1020
利税总额	万元	2823	10676	3942	7348
全员劳动生产率(按增加值计算)	元/人	14800	21300	24933	20744
公路里程	公里	481	2027	867	536
社会消费品零售总额	万元	105647	322641	169193	69693
#农业生产者	万元	8589	42126	17640	3321
小学在校学生数	人	101216	624727	250410	167572
普通中学在校学生数	人	31208	262745	96681	74373
学龄儿童入学率	%	98.86	98.59	98.09	99.92
医院床位数	张	715	2348	1031	610
医生数	人	516	3243	1324	669

表 22—1　续表 16　　　　　　　　　　　　　　　　　　　(1999 年)

指　标　名　称	单　位	桂平市	玉林市	玉林市辖　区	兴业县
土地面积	平方公里	4074	12838	1251	1487
年末总人口	万人	159	563.3	86.91	63.94
#非农业人口	万人	15.42	66.36	19.37	2.88
人口自然增长率	‰	11.82	12.6	6.84	8.46
社会从业人员	万人	82.66	298.35	47.43	36.96
#在岗职工	万人	4.26	23.14	6.72	1.52
#专业技术人员	万人	1.62	6.59	2	0.71
#第一产业	万人	56.8	185.85	25.17	24.86
第二产业	万人	5.86	56.12	8.29	6.47
#工　业	万人	2.74	41.25	6.28	4.88
第三产业	万人	20	56.38	13.97	5.63
#农村从业人员	万人	74.42	259.58	35.95	34.05
国内生产总值(当年价)	万元	309334	1911475	407199	180081
第一产业	万元	162704	803677	106360	93941
第二产业	万元	57726	571023	167620	41843
#工　业	万元	48577	525946	155740	35149
第三产业	万元	88904	536775	133219	44297
国内生产总值指数(上年为 100,不变价格)	%	106.03	106.5	107.8	105.7
人均国内生产总值(当年价)	元	1955	3423	4704	2828
固定资产投资	万元	20344	227866	77642	28831
#国有经济单位	万元	9694	75111	41318	3224
集体经济单位(含农村集体)	万元	332	36027	5737	8729
房屋施工面积	万平方米	31.91	348.95	84.22	37.79
房屋竣工面积	万平方米	31.35	328.57	75.67	34.8
#住　宅	万平方米	24.91	261.44	50.1	30.16
中央、地方财政收入	万元	20688	152411	61754	9016
#地方财政收入	万元	15826	108462	41240	6842
#各项税收	万元	10197	65631	26204	4219
地方财政支出	万元	19607	141093	52589	12111
单位从业人员年平均人数	人	44148	256884	72030	15418
#在岗职工	人	38605	230550	67092	15026
单位从业人员平均货币工资	元	5229	5614	7388	5347
#在岗职工	元	5638	5947	7654	5220
农村居民家庭人均纯收入	元	2136	2688	2844	2629
城乡居民储蓄存款余额	万元	195233	1225725	476577	64670
年末耕地面积	千公顷	69.65	194.09	29	26.27
水　田	千公顷	50.54	162.34	26.07	19.41
旱　地	千公顷	19.11	31.75	2.93	6.86
农村机械总动力	万千瓦	29.9	163.53	28.5	20.95
化肥施用量(折纯量)	吨	39792	133778	23798	15101
农村用电量	万千瓦小时	7716.71	39466.65	8939.9	3775.93
有效灌溉面积	千公顷	54.54	152.25	25.86	20.91
农林牧渔业总产值(当年价)	万元	284447	1313159	189503	154777
农　业	万元	169974	893219	141531	116562
林　业	万元	6154	22575	1006	2282

表 22—1　续表 17　　　　　　　　　　　　　　　(1999 年)

指　标　名　称	单　位	桂平市	玉林市	玉林市辖　区	兴业县
牧　业	万元	85626	349321	35079	31914
渔　业	万元	22693	48044	11887	4019
农林牧渔业产值指数(上年为 100,不变价格)	%	108.27	107.18	104.98	105.2
农作物播种面积	千公顷	166.73	551.3	79.42	73.35
#粮　食	千公顷	108.59	370.95	50.59	43.59
主要农产品产量					
粮　食	吨	555090	2443238	353455	300958
油　料	吨	21702	37620	6046	8256
甘　蔗	吨	203501	487762	90506	51874
水　果	吨	40634	325787	25844	19525
生猪出栏	头	775008	3117439	319750	401067
生猪存栏	头	580959	3584141	268412	397920
羊年末存栏	只	1738	11938	2044	2029
猪牛羊肉产量	吨	69950	259817	26619	32806
水产品产量	吨	31107	82568	23165	6346
全部工业总产值(当年价)	万元	198812	1911155	599257	118949
#国　有	万元	21819	134998	62842	6471
全部工业总产值指数(上年为 100,不变价格)	%	100.74	102.9	103.87	102.61
#规模以上工业	%	76.32	97.48	104.39	91.78
#国　有	%	91.53	99.41	113.9	80.28
工业主要经济指标(规模以上)					
企业单位数	个	42	264	73	22
#亏损企业	个	25	137	40	18
#国有及国有控股	个	21	78	27	2
从业人员平均人数	人	9578	88585	21055	4888
#国有及国有控股	人	7317	36356	16110	1149
工业总产值(当年价)	万元	53767	670182	250112	29822
工业销售产值(当年价)	万元	51452	658555	245811	28543
资产总计	万元	125283	1198919	613028	71639
产成品	万元	10963	60062	27460	1865
流动资产年平均余额	万元	51436	426146	253313	13165
固定资产净值	万元	58727	571342	244106	50687
产品销售收入	万元	41926	677586	246589	28849
利润总额	万元	－3387	2469	11722	－8188
亏损企业亏损额	万元	5386	23916	5317	8432
利税总额	万元	－613	51905	29833	－5744
全员劳动生产率(按增加值计算)	元/人	13451	22418	24582	5178
公路里程	公里	624	3994	581	491
社会消费品零售总额	万元	83755	833856	307809	70264
#农业生产者	万元	21165	67314	12848	14023
小学在校学生数	人	206745	759944	106565	77038
普通中学在校学生数	人	91691	367496	57524	35160
学龄儿童入学率	%	99.32	99.4	99.32	99.56
医院床位数	张	699	6971	2896	364
医生数	人	1250	5529	1865	247

表 22—1 续表 18 (1999 年)

指 标 名 称	单 位	容 县	陆川县	博白县	北流市
土地面积	平方公里	2257	1551	3835	2457
年末总人口	万人	73	83.64	143	112.8
#非农业人口	万人	10.49	7.88	11.39	14.34
人口自然增长率	‰	8.49	9.93	23.86	10.21
社会从业人员	万人	39.67	44.62	70.22	59.45
#在岗职工	万人	3.38	3.16	4.03	4.33
#专业技术人员	万人	0.42	0.91	1.33	1.22
#第一产业	万人	25.08	30.18	44.44	36.12
第二产业	万人	4.74	8.2	13.02	15.4
#工 业	万人	3.31	5.21	11.87	9.7
第三产业	万人	9.85	6.24	12.76	7.93
#农村从业人员	万人	35.3	40.57	59.09	53.62
国内生产总值(当年价)	万元	259342	250011	444190	370652
第一产业	万元	128475	92993	229573	152335
第二产业	万元	61288	80458	95595	124219
#工 业	万元	55099	77599	86317	116042
第三产业	万元	69579	76560	119022	94098
国内生产总值指数(上年为 100,不变价格)	%	106	105.7	105.48	107.6
人均国内生产总值(当年价)	元	3566	3009	3169	3305
固定资产投资	万元	29690	25825	26939	38939
#国有经济单位	万元	6833	11284	5654	6798
集体经济单位(含农村集体)	万元	6238	913	12674	1736
房屋施工面积	万平方米	86.11	5.08	42.12	93.63
房屋竣工面积	万平方米	83.54	4.48	38.78	91.3
#住 宅	万平方米	64.18	2.62	32.66	81.72
中央、地方财政收入	万元	17617	15569	21860	26595
#地方财政收入	万元	13279	12018	16765	18318
#各项税收	万元	7669	7103	7842	12594
地方财政支出	万元	17150	15616	20421	23206
单位从业人员年平均人数	人	33713	36569	49620	49534
#在岗职工	人	33576	31652	40046	43158
单位从业人员平均货币工资	元	5321	4680	3877	5737
#在岗职工	元	5349	4991	4344	6154
农村居民家庭人均纯收入	元	2503	2611	2603	3025
城乡居民储蓄存款余额	万元	151206	130127	162549	240596
年末耕地面积	千公顷	22.77	26.87	53.94	35.24
水 田	千公顷	19.18	22.09	43.44	32.15
旱 地	千公顷	3.59	4.78	10.5	3.09
农村机械总动力	万千瓦	14.32	25.74	39.74	34.28
化肥施用量(折纯量)	吨	15699	15655	35154	28371
农村用电量	万千瓦小时	5437.82	4495	9968	6850
有效灌溉面积	千公顷	19.11	22.91	37.04	26.42
农林牧渔业总产值(当年价)	万元	198944	146441	390922	232572
农 业	万元	133523	77048	263872	160683
林 业	万元	9698	1395	2910	5284

表 22—1　续表 19　　　　　　　　　　　　(1999 年)

指　标　名　称	单　位	容　县	陆川县	博白县	北流市
牧　业	万元	50757	63722	110369	57480
渔　业	万元	4966	4276	13771	9125
农林牧渔业产值指数(上年为 100,不变价格)	%	109.29	103.32	104.5	115.64
农作物播种面积	千公顷	61.33	80.41	149.39	107.4
#粮　食	千公顷	40.53	56.52	106.65	73.07
主要农产品产量					
粮　食	吨	290802	340799	641210	516014
油　料	吨	3765	2048	11348	6157
甘　蔗	吨	16830	87502	136874	104176
水　果	吨	58125	42156	94230	85907
生猪出栏	头	278760	509161	1195069	413632
生猪存栏	头	655700	477861	1026210	758038
羊年末存栏	只	990	611	4100	2164
猪牛羊肉产量	吨	23889	48821	91877	35805
水产品产量	吨	7250	10294	20301	15212
全部工业总产值(当年价)	万元	231933	258360	281295	421361
#国　有	万元	19024	10657	9039	26966
全部工业总产值指数(上年为 100,不变价格)	%	101.31	101.9	101.74	102.04
#规模以上工业	%	93.9	90.41	96.34	91.36
#国　有	%	120.04	94.35	58.19	87.49
工业主要经济指标(规模以上)					
企业单位数	个	35	36	45	53
#亏损企业	个	23	17	11	28
#国有及国有控股	个	12	15	10	12
从业人员平均人数	人	10326	12103	19212	21001
#国有及国有控股	人	4204	5572	3832	5489
工业总产值(当年价)	万元	100450	41661	136427	111710
工业销售产值(当年价)	万元	96007	39422	135124	113649
资产总计	万元	136715	105787	77848	193903
产成品	万元	6103	6938	3980	13717
流动资产年平均余额	万元	50013	27183	29911	52562
固定资产净值	万元	70977	57584	34599	113390
产品销售收入	万元	103225	41146	140870	116907
利润总额	万元	－402	－746	1943	－1860
亏损企业亏损额	万元	4443	1326	535	3864
利税总额	万元	5729	1525	14328	6235
全员劳动生产率(按增加值计算)	元/人	23432	11420	22516	14657
公路里程	公里	582	536	891	913
社会消费品零售总额	万元	119481	70524	125430	140348
#农业生产者	万元	11668	6891	8281	13603
小学在校学生数	人	101215	112229	218991	143906
普通中学在校学生数	人	40904	53752	104045	76111
学龄儿童入学率	%	99.31	99.87	99.78	99.9
医院床位数	张	768	797	1119	1027
医生数	人	542	615	906	1354

表 22—1　续表 20　　　　　　　　(1999 年)

指标名称	单位	凭祥市	横县	宾阳县	上林县
土地面积	平方公里	650	3464	2314	1876
年末总人口	万人	10.02	104.8	94.53	44.34
#非农业人口	万人	2.85	12.29	12.5	3.98
人口自然增长率	‰	3.48	5.15	7.8	4.22
社会从业人员	万人	6.05	59.29	50.17	22.13
#在岗职工	万人	0.84	3.54	4.42	1.41
#专业技术人员	万人	0.32	1.57	1.74	0.56
#第一产业	万人	3.8	42.81	36.61	17.49
第二产业	万人	0.25	7.39	5.9	1.87
#工　业	万人	0.21	3.97	4.05	1.06
第三产业	万人	2	9.09	7.66	2.77
#农村从业人员	万人	4.5	54.34	45.7	20.48
国内生产总值(当年价)	万元	86897	318133	231655	102412
第一产业	万元	8141	148457	94285	57221
第二产业	万元	7199	53283	62778	16719
#工　业	万元	3275	35075	48220	12200
第三产业	万元	71557	116393	74592	28472
国内生产总值指数(上年为 100,不变价格)	%	111.6	104.19	105.95	104.97
人均国内生产总值(当年价)	元	8707	3041	2463	2314
固定资产投资	万元	18648	86837	78038	22918
#国有经济单位	万元	10581	18773	23598	11178
集体经济单位(含农村集体)	万元	1583	14796	33903	2229
房屋施工面积	万平方米	20.9	192.53	111.02	27.48
房屋竣工面积	万平方米	18.97	188.33	107.02	26.14
#住　宅	万平方米	14.74	164.52	73.93	26.14
中央、地方财政收入	万元	8503	25523	21169	7271
#地方财政收入	万元	6950	19180	15626	5461
#各项税收	万元	4361	10816	9857	3685
地方财政支出	万元	8782	23368	19087	9739
单位从业人员年平均人数	人	8800	35386	43764	16330
#在岗职工	人	8361	34764	43197	13898
单位从业人员平均货币工资	元	6731	5490	6020	4787
#在岗职工	元	6932	5516	6044	5183
农村居民家庭人均纯收入	元	2448	2550	2486	1935
城乡居民储蓄存款余额	万元	66305	172806	164326	43514
年末耕地面积	千公顷	4.19	63.62	54.22	27.89
水　田	千公顷	2.76	40.67	36.05	17.82
旱　地	千公顷	1.43	22.95	18.17	10.07
农村机械总动力	万千瓦	2.8	34.88	25.54	18.9
化肥施用量(折纯量)	吨	1093	38563	33244	12567
农村用电量	万千瓦小时	201	6337.35	6666.43	4232
有效灌溉面积	千公顷	2.1	49.72	30.99	17.45
农林牧渔业总产值(当年价)	万元	12525	243511	145171	92528
农　业	万元	7612	156334	93289	58414
林　业	万元	1384	5284	1032	3415

表 22—1　续表 21　　（1999 年）

指　标　名　称	单　位	凭祥市	横　县	宾阳县	上林县
牧　业	万元	2548	61230	35100	24392
渔　业	万元	981	20663	15750	6307
农林牧渔业产值指数(上年为 100,不变价格)	%	111.8	103.26	103.56	103.73
农作物播种面积	千公顷	7.5	136.98	114.4	60.27
#粮　食	千公顷	5.2	83.68	73.77	41.08
主要农产品产量					
粮　食	吨	23360	399337	342332	150152
油　料	吨	250	9016	9064	5959
甘　蔗	吨	44839	962382	692809	269830
水　果	吨	4704	36713	6532	3277
生猪出栏	头	34667	479113	320404	206837
生猪存栏	头	41937	423616	254432	231366
羊年末存栏	只	10336	1733	2541	20265
猪牛羊肉产量	吨	2951	43388	28004	18104
水产品产量	吨	1409	22302	17500	7803
全部工业总产值(当年价)	万元	10265	110959	194313	43090
#国　有	万元	6820	10512	34823	18992
全部工业总产值指数(上年为 100,不变价格)	%	102.03	94.21	100.25	109.38
#规模以上工业	%	101.31	96.95	87.86	103.26
#国　有	%	120.46	109.83	91.37	103.26
工业主要经济指标(规模以上)					
企业单位数	个	8	17	31	24
#亏损企业	个	4	12	19	9
#国有及国有控股	个	4	7	19	9
从业人员平均人数	人	1030	7624	11781	3132
#国有及国有控股	人	844	5247	10657	3132
工业总产值(当年价)	万元	7818	55358	68258	18992
工业销售产值(当年价)	万元	6345	56458	67260	21097
资产总计	万元	12889	118773	150143	46923
产成品	万元	1222	7354	8288	1331
流动资产年平均余额	万元	4588	51096	55834	12896
固定资产净值	万元	7570	69002	71511	34587
产品销售收入	万元	7044	62959	72942	19813
利润总额	万元	－61	－2859	－4377	－1991
亏损企业亏损额	万元	208	5822	5326	2217
利税总额	万元	412	3747	1558	221
全员劳动生产率(按增加值计算)	元/人	23320	24857	14521	16050
公路里程	公里	230	927	507	502
社会消费品零售总额	万元	74000	127295	134698	25097
#农业生产者	万元	182	24133	54337	4862
小学在校学生数	人	13383	131714	126553	49595
普通中学在校学生数	人	4407	61214	53933	30671
学龄儿童入学率	%	95.9	99.8	99.4	99.4
医院床位数	张	266	794	1436	410
医生数	人	175	932	935	422

表 22—1　续表 22　　（1999 年）

指　标　名　称	单　位	隆安县	马山县	扶绥县	崇左县
土地面积	平方公里	2277	2345	2875	2902
年末总人口	万人	36.62	48.95	40.63	33.06
#非农业人口	万人	3.45	3.51	7.53	6.45
人口自然增长率	‰	2.47	4.49	4.37	4.1
社会从业人员	万人	19.44	21.09	23.05	19.28
#在岗职工	万人	1.6	1.45	2.46	15.83
#专业技术人员	万人	0.55	0.61	0.02	1.15
#第一产业	万人	15.8	17.52	17.6	13.9
第二产业	万人	1.34	1.17	2.11	2.24
#工　业	万人	0.76	0.76	1.9	1.93
第三产业	万人	2.3	2.4	3.34	3.14
#农村从业人员	万人	17.69	17.52	20.01	16.53
国内生产总值(当年价)	万元	87159	85021	171758	161803
第一产业	万元	49569	39430	94493	63384
第二产业	万元	19408	22151	32808	52744
#工　业	万元	14725	17767	29883	45119
第三产业	万元	18182	23440	44457	45675
国内生产总值指数(上年为 100,不变价格)	%	108.09	109.73	107.3	102
人均国内生产总值(当年价)	元	2383	1740	4234	4906
固定资产投资	万元	22301	20874	20896	37141
#国有经济单位	万元	8553	5199	6574	10536
集体经济单位(含农村集体)	万元	7105	4140	6269	3365
房屋施工面积	万平方米	66.36	40.38	25.35	40.77
房屋竣工面积	万平方米	51.22	40.38	23.89	39.29
#住　宅	万平方米	41.06	32.55	20.35	33.18
中央、地方财政收入	万元	9332	6395	18158	20500
#地方财政收入	万元	6637	4404	13230	14629
#各项税收	万元	4913	2795	6631	8465
地方财政支出	万元	10337	10388	19048	18713
单位从业人员年平均人数	人	17286	15185	26891	21469
#在岗职工	人	15663	14582	25011	21394
单位从业人员平均货币工资	元	4680	4590	5526	6293
#在岗职工	元	4926	4635	5713	6307
农村居民家庭人均纯收入	元	1828	1733	2511	2322
城乡居民储蓄存款余额	万元	51849	37096	77730	64128
年末耕地面积	千公顷	31.61	23.99	51.39	48.03
水　田	千公顷	10.18	10.48	15.57	9.21
旱　地	千公顷	21.43	13.51	35.82	38.82
农村机械总动力	万千瓦	15.39	9.15	23.98	12.2
化肥施用量(折纯量)	吨	19657	25194	31942	40471
农村用电量	万千瓦小时	2209	1933.87	1725	4424.47
有效灌溉面积	千公顷	8.9	8.13	17.56	11.02
农林牧渔业总产值(当年价)	万元	79950	60848	152416	97516
农　业	万元	54171	34661	121764	84824
林　业	万元	3545	1274	506	521

表 22—1　续表 23　　　　　　　　　　（1999 年）

指　标　名　称	单　位	隆安县	马山县	扶绥县	崇左县
牧　业	万元	18626	20898	20497	8290
渔　业	万元	3608	4015	9649	3881
农林牧渔业产值指数(上年为 100,不变价格)	%	102.62	108.27	117.6	93.64
农作物播种面积	千公顷	63.21	53.08	107.18	83.46
#粮　食	千公顷	34.14	39.31	46.6	28.6
主要农产品产量					
粮　食	吨	133704	113366	171406	88766
油　料	吨	1697	2986	15922	4351
甘　蔗	吨	801747	114326	1646302	2071665
水　果	吨	73067	7717	81056	36197
生猪出栏	头	188321	249660	170081	82986
生猪存栏	头	219668	212723	180348	75251
羊年末存栏	只	35564	65810	15891	21108
猪牛羊肉产量	吨	16713	21048	13656	6453
水产品产量	吨	5091	6001	8830	5516
全部工业总产值(当年价)	万元	48009	44917	86762	116410
#国　有	万元	27092	33520	29307	7678
全部工业总产值指数(上年为 100,不变价格)	%	93.9	118.69	99.27	100.68
#规模以上工业	%	90.18	126.09	98.29	108.34
#国　有	%	92.53	128.52	104.96	68.94
工业主要经济指标(规模以上)					
企业单位数	个	13	16	20	28
#亏损企业	个	7	10	9	15
#国有及国有控股	个	6	10	9	13
从业人员平均人数	人	3484	1957	9837	5757
#国有及国有控股	人	3178	1749	9567	2201
工业总产值(当年价)	万元	29180	34424	63408	85714
工业销售产值(当年价)	万元	29745	34402	58954	75645
资产总计	万元	59291	80991	132841	136152
产成品	万元	2281	1571	6282	7043
流动资产年平均余额	万元	17040	9552	34029	27370
固定资产净值	万元	40556	59603	77655	62264
产品销售收入	万元	28352	34742	64653	79575
利润总额	万元	300	－9589	2682	4511
亏损企业亏损额	万元	914	9668	1197	1162
利税总额	万元	2372	－6267	9348	11636
全员劳动生产率(按增加值计算)	元/人	26725	74701	23915	51669
公路里程	公里	203	522	763	458
社会消费品零售总额	万元	40075	25688	47352	46502
#农业生产者	万元	10754	8231	8405	6971
小学在校学生数	人	44591	50643	41400	32068
普通中学在校学生数	人	19146	25247	26627	21525
学龄儿童入学率	%	97.65	98.78	99.53	99.7
医院床位数	张	473	305	1187	421
医生数	人	402	494	565	377

表 22—1　续表 24　　(1999 年)

指　标　名　称	单　位	大新县	天等县	宁明县	龙州县
土地面积	平方公里	2755	2159	3698	2318
年末总人口	万人	35.2	39.95	38.81	26.74
#非农业人口	万人	4	2.57	5.65	4.34
人口自然增长率	‰	3.1	3.71	5.41	1.04
社会从业人员	万人	20.23	27.36	22.26	15.38
#在岗职工	万人	2.12	1.29	2.04	1.91
#专业技术人员	万人		0.38	0.65	0.4
#第一产业	万人	14.24	17.49	17.15	11.91
第二产业	万人	1.9	1.78	1.65	0.99
#工　业	万人	1.41	1.03	1.22	0.95
第三产业	万人	4.09	8.09	3.46	2.48
#农村从业人员	万人	18.07	26.06		13.44
国内生产总值(当年价)	万元	92187	75116	150145	100537
第一产业	万元	44581	42659	56828	48179
第二产业	万元	27196	9294	23710	20133
#工　业	万元	23129	5243	20368	15250
第三产业	万元	20410	23163	69607	32225
国内生产总值指数(上年为 100,不变价格)	%	106	111.3	106.96	108.1
人均国内生产总值(当年价)	元	2619	1882	3873	3760
固定资产投资	万元	19794	15672	17828	25015
#国有经济单位	万元	6052	5132	7017	12008
集体经济单位(含农村集体)	万元	8761	4301	9341	6810
房屋施工面积	万平方米	19.1	27.2	30.78	35.99
房屋竣工面积	万平方米	17.33	23.43	29.12	34.79
#住　宅	万平方米	14.97	17.91	20.15	31.62
中央、地方财政收入	万元	10670	6006	18508	10933
#地方财政收入	万元	7514	4768	14461	7987
#各项税收	万元	4149	2580	6774	4783
地方财政支出	万元	11400	10293	17065	12104
单位从业人员年平均人数	人	21652	13037	21468	19078
#在岗职工	人	21245	12939	20444	18722
单位从业人员平均货币工资	元	5178	4556	5499	5310
#在岗职工	元	5233	4560	5645	5372
农村居民家庭人均纯收入	元	2053	1802	2346	1979
城乡居民储蓄存款余额	万元	45315	40370	60248	49661
年末耕地面积	千公顷	32.75	25.76	32.06	27.33
水　田	千公顷	15.47	13.15	15.28	11.11
旱　地	千公顷	17.28	12.61	16.78	16.22
农村机械总动力	万千瓦	16.2	13.23	14.12	10.36
化肥施用量(折纯量)	吨	15696	11025	22530	14326
农村用电量	万千瓦小时	1926.18	565	936.57	1885.8
有效灌溉面积	千公顷	16.08	7.7	14.61	7.58
农林牧渔业总产值(当年价)	万元	68587	66666	92159	75516
农　业	万元	47551	47005	60727	55500
林　业	万元	1261	653	7727	2503

表 22—1 续表 25　　　　　　　　　　　（1999 年）

指 标 名 称	单 位	大新县	天等县	宁明县	龙州县
牧 业	万元	15746	17714	20365	11164
渔 业	万元	4029	1294	3340	6349
农林牧渔业产值指数(上年为 100,不变价格)	%	110.6	107	102.04	105.2
农作物播种面积	千公顷	64.02	51.25	60.8	53.54
#粮 食	千公顷	42.13	38.79	32.91	26.28
主要农产品产量					
粮 食	吨	129621	127046	133373	80647
油 料	吨	1491	648	4382	2763
甘 蔗	吨	597423	194353	996672	1036278
水 果	吨	28244	6572	53252	49355
生猪出栏	头	202949	216861	203521	88101
生猪存栏	头	212947	240471	214459	65861
羊年末存栏	只	30480	112955	5190	9412
猪牛羊肉产量	吨	15282	14629	16190	7703
水产品产量	吨	5857	1543	5565	7135
全部工业总产值(当年价)	万元	63359	17841	70382	50491
#国 有	万元	28984	8567	3389	32996
全部工业总产值指数(上年为 100,不变价格)	%	96.66	138.4	112.3	112.73
#规模以上工业	%	89.27	142.28	109.2	112.32
#国 有	%	75.13	177.03	129.1	112.32
工业主要经济指标(规模以上)					
企业单位数	个	30	17	16	14
#亏损企业	个	13	10	12	8
#国有及国有控股	个	13	10	12	7
从业人员平均人数	人	7272	1567	4249	3595
#国有及国有控股	人	5909	1361	2553	3149
工业总产值(当年价)	万元	47259	9578	41320	32996
工业销售产值(当年价)	万元	47669	8498	41504	32074
资产总计	万元	101147	28552	67962	57896
产成品	万元	9948	1668	6237	2450
流动资产年平均余额	万元	43018	10193	24484	21228
固定资产净值	万元	48588	13676	38113	37150
产品销售收入	万元	50561	8707	43699	26944
利润总额	万元	-530	-744	3756	-2754
亏损企业亏损额	万元	1855	846	1115	2850
利税总额	万元	5497	656	8028	236
全员劳动生产率(按增加值计算)	元/人	23085	21400	32264	50375
公路里程	公里	692	263	816	578
社会消费品零售总额	万元	18551	24098	49816	39243
#农业生产者	万元	4953	7567	20639	6480
小学在校学生数	人	32371	39687	42835	25951
普通中学在校学生数	人	14888	17580	23862	12201
学龄儿童入学率	%	97.26	98.11	99.92	98.6
医院床位数	张	570	390	477	270
医生数	人	360	553	421	473

表 22—1 续表 26 (1999 年)

指 标 名 称	单 位	合山市	鹿寨县	象州县	武宣县
土地面积	平方公里	350	3377	1899	1739
年末总人口	万人	14.22	46.32	34.81	40.2
#非农业人口	万人	6.1	8.78	3.84	4.82
人口自然增长率	‰	4.24	3.53	4.07	6.68
社会从业人员	万人	7.43	26.84	20.59	21.55
#在岗职工	万人	1.67	2.71	1.3	1.87
#专业技术人员	万人	0.98	0.84	0.62	0.7
#第一产业	万人	3.39	17.22	13.15	16.23
第二产业	万人	2.94	5.35	4.05	1.99
#工 业	万人	2.8	5.12	3.04	1.47
第三产业	万人	1.1	4.27	3.39	3.33
#农村从业人员	万人	4.28	21.31	16.36	18.74
国内生产总值(当年价)	万元	62675	195794	114813	133293
第一产业	万元	8460	74557	54441	81981
第二产业	万元	39168	63926	26193	15673
#工 业	万元	37635	50338	21993	12890
第三产业	万元	15047	57311	34179	35639
国内生产总值指数(上年为100,不变价格)	%	105.2	107.9	105.3	105.6
人均国内生产总值(当年价)	元	4411	4232	3305	3333
固定资产投资	万元	6833	58591	13674	5613
#国有经济单位	万元	3856	39615	4497	3314
集体经济单位(含农村集体)	万元	199	13939	2855	1129
房屋施工面积	万平方米	12.94	30.85	16.93	5.19
房屋竣工面积	万平方米	11.1	15.56	16.02	4.84
#住 宅	万平方米	2.37	3.39	14.47	3.77
中央、地方财政收入	万元	9533	15468	10110	10624
#地方财政收入	万元	4524	11538	7319	7923
#各项税收	万元	4010	7458	4287	4548
地方财政支出	万元	5044	13700	10513	11292
单位从业人员年平均人数	人	19200	27392	15083	19012
#在岗职工	人	19072	27121	13664	18472
单位从业人员平均货币工资	元	6672	6076	5614	5599
#在岗职工	元	6682	6080	5965	5641
农村居民家庭人均纯收入	元	2449	2361	2335	2351
城乡居民储蓄存款余额	万元	48927	92268	40397	41143
年末耕地面积	千公顷	5.65	47.82	34.05	36.88
水 田	千公顷	3.27	23.9	20.82	14.48
旱 地	千公顷	2.38	23.92	13.23	22.4
农村机械总动力	万千瓦	3.86	23.58	15.18	14.26
化肥施用量(折纯量)	吨	3021	27531	31321	17991
农村用电量	万千瓦小时	356.28	4169	1106.44	3794
有效灌溉面积	千公顷	3.43	18.18	19.35	17.63
农林牧渔业总产值(当年价)	万元	13513	114702	90736	127226
农 业	万元	9414	76759	59985	91010
林 业	万元	242	4284	2609	863

表 22—1　续表 27　　　　　　　　　　　　　（1999 年）

指　标　名　称	单　位	合山市	鹿寨县	象州县	武宣县
牧　业	万元	3371	30287	24740	31989
渔　业	万元	486	3372	3402	3364
农林牧渔业产值指数(上年为 100,不变价格)	%	108.39	112.48	108.82	113.76
农作物播种面积	千公顷	12.84	91.18	80.21	82.95
#粮　食	千公顷	7.92	47.15	42.07	38.97
主要农产品产量					
粮　食	吨	33490	204323	215417	162837
油　料	吨	1065	9382	8641	10850
甘　蔗	吨	72471	770519	731527	1235184
水　果	吨	451	54400	6138	38605
生猪出栏	头	45728	344151	398077	390827
生猪存栏	头	39800	287789	199368	253852
羊年末存栏	只	5300	35244	13419	5733
猪牛羊肉产量	吨	3376	32619	29199	30895
水产品产量	吨	786	4690	5018	5143
全部工业总产值(当年价)	万元	107739	176014	70956	75683
#国　有	万元	75928	53424	563	34043
全部工业总产值指数(上年为 100,不变价格)	%	102.78	110.3	110.75	109.93
#规模以上工业	%	101.18	106.12	123.26	112.8
#国　有	%	96.4	73.7	2	115.03
工业主要经济指标(规模以上)					
企业单位数	个	10	34	7	12
#亏损企业	个	5	16	2	9
#国有及国有控股	个	3	14	1	9
从业人员平均人数	人	11895	10262	3819	4773
#国有及国有控股	人	10852	9655	1441	4773
工业总产值(当年价)	万元	90295	80582	31656	34043
工业销售产值(当年价)	万元	85888	80484	28227	34028
资产总计	万元	111760	177433	91138	61545
产成品	万元	4510	8814	3578	3085
流动资产年平均余额	万元	41202	64192	21198	18070
固定资产净值	万元	61169	101591	38183	38356
产品销售收入	万元	89306	78568	25904	37059
利润总额	万元	7527	-2740	-4977	-2886
亏损企业亏损额	万元	1354	3695	5426	2925
利税总额	万元	13973	2196	-2296	194
全员劳动生产率(按增加值计算)	元/人	29834	22811	26541	11913
公路里程	公里	135	529	348	332
社会消费品零售总额	万元	19712	38539	31400	29819
#农业生产者	万元	9611	5406	1108	4940
小学在校学生数	人	17876	53696	35670	54048
普通中学在校学生数	人	10161	26093	22297	25608
学龄儿童入学率	%	99.44	99	99.55	97.63
医院床位数	张	550	638	306	400
医生数	人	213	400	246	420

表 22—1　续表 28　(1999 年)

指　标　名　称	单　位	来宾县	融安县	三江侗族自治县	融水苗族自治县
土地面积	平方公里	4364	2905	2454	4664
年末总人口	万人	96.14	31.92	33.84	45.96
#非农业人口	万人	12	5	2.75	5.23
人口自然增长率	‰	5.89	3.07	3.88	5.14
社会从业人员	万人	44.86	18.12	17.07	23.94
#在岗职工	万人	4.22	1.36	1.07	1.82
#专业技术人员	万人	1.22	0.61	0.57	0.65
#第一产业	万人	33.49	13.1	14.03	19.05
第二产业	万人	6.29	1.48	0.73	1.76
#工　业	万人	5.68	1.23	0.52	1.25
第三产业	万人	5.08	3.54	2.31	3.13
#农村从业人员	万人	39.24	14.34	14.03	22
国内生产总值(当年价)	万元	378708	98709	58171	81163
第一产业	万元	129700	31544	22914	40081
第二产业	万元	133243	15915	12571	15957
#工　业	万元	87676	12268	6337	11255
第三产业	万元	115765	51250	22686	25125
国内生产总值指数(上年为100,不变价格)	%	106.6	107.9	107.3	108.9
人均国内生产总值(当年价)	元	3961	3099	1720	1769
固定资产投资	万元	205696	15706	12675	20865
#国有经济单位	万元	13071	12545	1530	2434
集体经济单位(含农村集体)	万元	1473	993	8240	14521
房屋施工面积	万平方米	20.64	15.31	2.81	6.47
房屋竣工面积	万平方米	19.48	11.16	1.79	5.24
#住　宅	万平方米	11.87	9.36	1.64	4.17
中央、地方财政收入	万元	35688	5706	3703	6552
#地方财政收入	万元	21839	3985	2937	4910
#各项税收	万元	17133	2912	1822	3285
地方财政支出	万元	24907	7681	7542	9575
单位从业人员年平均人数	人	41404	13304	10606	19067
#在岗职工	人	41103	13135	10592	18425
单位从业人员平均货币工资	元	6590	5919	5483	4943
#在岗职工	元	6555	5959	5486	5054
农村居民家庭人均纯收入	元	2570	2083	1549	1546
城乡居民储蓄存款余额	万元	100917	52602	28432	49164
年末耕地面积	千公顷	91.92	25.83	14.51	31.52
水　田	千公顷	37.68	15.65	9.12	15.63
旱　地	千公顷	54.24	10.18	5.39	15.89
农村机械总动力	万千瓦	28.54	6.51	4.6	8.64
化肥施用量(折纯量)	吨	55788	6643	1302	5549
农村用电量	万千瓦小时	7891.26	1825	2450	1732.18
有效灌溉面积	千公顷	38.24	14.18	9.12	13.79
农林牧渔业总产值(当年价)	万元	199539	49657	35102	65674
农　业	万元	123001	31922	19414	39168
林　业	万元	1518	3602	4149	9951

表 22—1　续表 29　　　　　　　　　（1999 年）

指　标　名　称	单　位	来宾县	融安县	三江侗族自治县	融水苗族自治县
牧　业	万元	69070	11220	10059	12439
渔　业	万元	5950	2913	1480	4116
农林牧渔业产值指数(上年为 100,不变价格)	%	112.04	105.88	101.63	106.87
农作物播种面积	千公顷	186.92	39.46	30.56	57.77
#粮　食	千公顷	106.72	24.05	16.01	29.12
主要农产品产量					
粮　食	吨	353382	111852	75627	131034
油　料	吨	30434	1057	688	6761
甘　蔗	吨	2016365	51906	250	114166
水　果	吨	17119	13640	2605	17200
生猪出栏	头	923900	128080	100600	162104
生猪存栏	头	669964	133303	126000	218878
羊年末存栏	只	130998	21667	7800	11869
猪牛羊肉产量	吨	78818	10282	9385	12845
水产品产量	吨	10061	3100	1480	4203
全部工业总产值(当年价)	万元	280783	40566	26483	26327
#国　有	万元	84545	20576	4660	9188
全部工业总产值指数(上年为 100,不变价格)	%	112.2	123.88	125.83	101.7
#规模以上工业	%	115	134.12	128.2	92.75
#国　有	%	110.8	130.7	125.45	87.6
工业主要经济指标(规模以上)					
企业单位数	个	19	16	11	16
#亏损企业	个	11	10	5	12
#国有及国有控股	个	8	8	5	11
从业人员平均人数	人	10930	4208	1176	3238
#国有及国有控股	人	9232	4020	989	2890
工业总产值(当年价)	万元	151623	22331	9706	10536
工业销售产值(当年价)	万元	153120	21100	9046	9637
资产总计	万元	219311	39648	21730	61218
产成品	万元	11539	7430	188	1629
流动资产年平均余额	万元	95647	14279	5772	13132
固定资产净值	万元	96721	20163	12999	41245
产品销售收入	万元	154134	20356	9801	9875
利润总额	万元	−4505	−50	136	−789
亏损企业亏损额	万元	7646	312	177	852
利税总额	万元	7673	1399	658	215
全员劳动生产率(按增加值计算)	元/人	34609	10352	26241	16689
公路里程	公里	699	384	407	554
社会消费品零售总额	万元	62977	25366	16052	35901
#农业生产者	万元	10868	3129	2483	5224
小学在校学生数	人	147328	35928	42959	54369
普通中学在校学生数	人	53980	16055	10790	13770
学龄儿童入学率	%	99.97	98	97.82	95.98
医院床位数	张	1029	584	309	649
医生数	人	726	350	228	432

表 22—1　续表 30　　　　　　　　　(1999 年)

指　标　名　称	单　位	金秀瑶族自治县	忻城县	昭平县	贺州市
土地面积	平方公里	2518	2541	3273	5147
年末总人口	万人	14.64	40.1	38.54	87.49
#非农业人口	万人	1.8	3.21	5.28	11.45
人口自然增长率	‰	3.7	1.76	6.75	9.53
社会从业人员	万人	7.62	21.14	21.29	45.76
#在岗职工	万人	0.78	1.48	1.75	3.61
#专业技术人员	万人	0.37	0.25	0.55	1.4
#第一产业	万人	5.95	16.85	14.91	32.95
第二产业	万人	0.53	2.19	3.28	4.95
#工　业	万人	0.44	2.08	2.97	3.58
第三产业	万人	1.14	2.1	3.1	7.86
#农村从业人员	万人	6.8	19.64	18.75	42.09
国内生产总值(当年价)	万元	38692	86305	134459	401598
第一产业	万元	18732	46491	77814	167570
第二产业	万元	6078	18254	18497	108538
#工　业	万元	4393	15955	16427	96595
第三产业	万元	13882	21560	38148	125490
国内生产总值指数(上年为 100,不变价格)	%	107.29	107.2	106.5	108
人均国内生产总值(当年价)	元	2648	2152	3498	4656
固定资产投资	万元	8006	7993	10724	56468
#国有经济单位	万元	4619	4411	4495	34522
集体经济单位(含农村集体)	万元	2513	1190	766	2287
房屋施工面积	万平方米	4.18	10.85	8.93	104.2
房屋竣工面积	万平方米	3.92	9.19	6.14	88.48
#住　宅	万平方米	2.09	7.29	2.2	78.67
中央、地方财政收入	万元	2533	7800	10719	19107
#地方财政收入	万元	1935	5586	8932	14204
#各项税收	万元	1551	3393	4286	8565
地方财政支出	万元	6252	10482	12130	16721
单位从业人员年平均人数	人	7816	14389	17742	36628
#在岗职工	人	7816	14178	17361	36138
单位从业人员平均货币工资	元	5289	5234	5209	6144
#在岗职工	元	5289	5269	5241	6153
农村居民家庭人均纯收入	元	1750	1896	2354	2826
城乡居民储蓄存款余额	万元	20364	29147	43998	156053
年末耕地面积	千公顷	14.68	30.69	14.53	40.45
水　田	千公顷	5.91	7.79	11.7	26.94
旱　地	千公顷	8.77	22.9	2.83	13.51
农村机械总动力	万千瓦	6.08	11.2	7.34	17.09
化肥施用量(折纯量)	吨	2250	16482	7072	25193
农村用电量	万千瓦小时	980.5	2145	2055	6543.9
有效灌溉面积	千公顷	6.37	9.92	11.87	26.12
农林牧渔业总产值(当年价)	万元	28855	75902	140162	278617
农　业	万元	17237	49035	64792	159173
林　业	万元	3135	567	15582	10626

表 22—1 续表 31 (1999 年)

指标名称	单位	金秀瑶族自治县	忻城县	昭平县	贺州市
牧业	万元	8084	24094	49467	98864
渔业	万元	399	2206	10321	9954
农林牧渔业产值指数(上年为 100,不变价格)	%	109.04	107.94	102.74	96.46
农作物播种面积	千公顷	24.16	80.52	53.86	119.35
#粮食	千公顷	13.81	51.24	32.69	63.77
主要农产品产量					
粮食	吨	61366	137632	165856	377002
油料	吨	2493	3959	3381	16003
甘蔗	吨	83169	606500	16079	144605
水果	吨	7627	3600	34948	56529
生猪出栏	头	115636	262700	422767	583945
生猪存栏	头	73718	167866	199395	703821
羊年末存栏	只	1776	80192	2213	9184
猪牛羊肉产量	吨	8275	21281	36354	47078
水产品产量	吨	574	2205	11420	19095
全部工业总产值(当年价)	万元	15045	55443	58409	326512
#国有	万元	4068	21723	12775	55882
全部工业总产值指数(上年为 100,不变价格)	%	110.8	107.92	119.4	112.45
#规模以上工业	%	115.8	108.05	126.9	108.83
#国有	%	107.6	108.05	113.9	110.2
工业主要经济指标(规模以上)					
企业单位数	个	16	14	15	52
#亏损企业	个	8	11	8	21
#国有及国有控股	个	7	11	15	19
从业人员平均人数	人	1333	3631	2952	11846
#国有及国有控股	人	1080	3631	2952	8694
工业总产值(当年价)	万元	7001	21723	24481	78370
工业销售产值(当年价)	万元	6009	23796	24551	73885
资产总计	万元	20981	51736	74356	268472
产成品	万元	825	2037	2690	8904
流动资产年平均余额	万元	8186	19964	19571	80457
固定资产净值	万元	9703	25966	43319	139600
产品销售收入	万元	6414	24232	22830	92654
利润总额	万元	−52	−2036	−225	−5850
亏损企业亏损额	万元	257	3789	1206	13013
利税总额	万元	402	513	2026	187
全员劳动生产率(按增加值计算)	元/人	14404	21575	35166	23150
公路里程	公里	690	476	632	740
社会消费品零售总额	万元	10429	20542	28799	117410
#农业生产者	万元	555	2122		12211
小学在校学生数	人	16000	48896	52389	129913
普通中学在校学生数	人	6640	21721	23136	52592
学龄儿童入学率	%	98.21	99.14	97.28	98.9
医院床位数	张	263	409	377	1068
医生数	人	208	284	620	830

表 22—1　续表 32　　　　　　　　　　　　　　(1999 年)

指　标　名　称	单　位	钟山县	富川瑶族自治县	百色市	田阳县
土地面积	平方公里	1862	1572	3702	2387
年末总人口	万人	47.72	28.62	32.21	32.92
#非农业人口	万人	6.42	3.28	12.12	4.24
人口自然增长率	‰	7.09	7.1	3	0.9
社会从业人员	万人	23.38	17.1	19.26	20.26
#在岗职工	万人	2.23	1.44	4.71	1.8
#专业技术人员	万人	0.49	0.4	1.38	0.56
#第一产业	万人	11.61	11.57	10.69	15.53
第二产业	万人	6.73	1.72	2.07	1.95
#工　业	万人	5.92	1.66	1.84	1.88
第三产业	万人	5.04	3.81	6.5	2.78
#农村从业人员	万人	20.3	13.36	11.58	17.5
国内生产总值(当年价)	万元	230689	112808	225132	144192
第一产业	万元	85590	51757	52756	71210
第二产业	万元	84719	24091	69014	38078
#工　业	万元	80079	20551	57244	32735
第三产业	万元	60380	36960	103362	34904
国内生产总值指数(上年为 100,不变价格)	%	107.5	104.6	111.2	108.4
人均国内生产总值(当年价)	元	4848	3951	7016	4380
固定资产投资	万元	21457	11347	43949	20175
#国有经济单位	万元	6280	5271	32892	11013
集体经济单位(含农村集体)	万元	6865	422	6365	1962
房屋施工面积	万平方米	39.1	21.66	41.24	9.02
房屋竣工面积	万平方米	35.9	20.36	26	7.37
#住　宅	万平方米	28.7	1.24	17.06	3.71
中央、地方财政收入	万元	12521	9168	20028	10511
#地方财政收入	万元	7105	5107	13308	7194
#各项税收	万元	3666	2665	10774	4857
地方财政支出	万元	12920	9492	16717	10435
单位从业人员年平均人数	人	25851	14536	46870	18333
#在岗职工	人	22293	14440	46528	17795
单位从业人员平均货币工资	元	5162	5758	6817	5582
#在岗职工	元	5525	5765	6825	5703
农村居民家庭人均纯收入	元	2587	2226	2456	2519
城乡居民储蓄存款余额	万元	70129	41005	165351	46072
年末耕地面积	千公顷	24.27	18.09	26.23	22.4
水　田	千公顷	16.82	12.25	7.5	10.28
旱　地	千公顷	7.45	5.84	18.73	12.12
农村机械总动力	万千瓦	6.68	5.4	10.06	16.7
化肥施用量(折纯量)	吨	12194	9631	6056	16344
农村用电量	万千瓦小时	1983	2346	2310	1620
有效灌溉面积	千公顷	16.45	13	9.18	12.77
农林牧渔业总产值(当年价)	万元	148360	81658	84165	113031
农　业	万元	74457	43067	55793	89445
林　业	万元	7385	3674	11468	2935

表 22—1 续表 33　　(1999 年)

指标名称	单位	钟山县	富川瑶族自治县	百色市	田阳县
牧业	万元	57572	31746	13681	17592
渔业	万元	8946	3171	3223	3059
农林牧渔业产值指数(上年为 100,不变价格)	%	106.7	105.2	109.44	110.11
农作物播种面积	千公顷	61.28	62.6	48.52	58.14
#粮食	千公顷	37.47	30	20.42	28.91
主要农产品产量					
粮食	吨	203462	126674	91001	138823
油料	吨	7129	14838	572	712
甘蔗	吨	26537	3331	570064	409262
水果	吨	43849	28732	53250	65182
生猪出栏	头	480946	408313	150170	247260
生猪存栏	头	284693	259843	172100	253949
羊年末存栏	只	11023	4446	13500	32123
猪牛羊肉产量	吨	47541	36996	11086	20830
水产品产量	吨	11275	5615	3990	4430
全部工业总产值(当年价)	万元	291584	56975	166526	90607
#国有	万元	60324	13851	59105	35550
全部工业总产值指数(上年为 100,不变价格)	%	112.8	94.07	106.88	114.54
#规模以上工业	%	94.7	63.26	107.85	110.31
#国有	%	102.4	86.38	108.94	106.62
工业主要经济指标(规模以上)					
企业单位数	个	18	16	63	25
#亏损企业	个	10	7	30	9
#国有及国有控股	个	8	6	30	9
从业人员平均人数	人	8990	2340	15206	6597
#国有及国有控股	人	8455	2177	14629	6597
工业总产值(当年价)	万元	65736	14976	90024	37625
工业销售产值(当年价)	万元	61134	14223	88079	37616
资产总计	万元	106042	37855	209013	90938
产成品	万元	2631	2032	23191	3826
流动资产年平均余额	万元	52431	15313	72649	30786
固定资产净值	万元	43993	17915	113804	56048
产品销售收入	万元	51588	15511	81922	34557
利润总额	万元	-343	-1129	506	-725
亏损企业亏损额	万元	808	1223	2713	992
利税总额	万元	6828	3040	7548	2245
全员劳动生产率(按增加值计算)	元/人	23582	30588	19544	17622
公路里程	公里	148	414	467	382
社会消费品零售总额	万元	64613	41655	71354	41580
#农业生产者	万元	11115	1709	17838	9579
小学在校学生数	人	64590	39826	29862	31231
普通中学在校学生数	人	28058	15533	19839	19067
学龄儿童入学率	%	99.6	97.33	99.79	99.91
医院床位数	张	457	534	1873	418
医生数	人	301	495	1001	320

表 22—1 续表 34 (1999 年)

指 标 名 称	单 位	田东县	平果县	德保县	靖西县
土地面积	平方公里	2806	2473	2575	3322
年末总人口	万人	38.92	44.89	34.08	57.18
#非农业人口	万人	5.86	5.51	2.57	4.24
人口自然增长率	‰	3.87	4.33	1.55	3.85
社会从业人员	万人	19.88	21.72	16.61	32.07
#在岗职工	万人	2.16	2.26	1.25	1.67
#专业技术人员	万人	0.85	0.56	0.4	0.1
#第一产业	万人	15.33	16.84	13.2	23.51
第二产业	万人	1.49	1.59	1.2	1.2
#工 业	万人	1.36	1.36	0.98	0.76
第三产业	万人	3.06	3.29	2.21	7.36
#农村从业人员	万人	18.81	21.17	16.62	29.09
国内生产总值(当年价)	万元	163638	170962	83933	114102
第一产业	万元	52846	57897	41210	68327
第二产业	万元	42074	69430	10427	15347
#工 业	万元	35774	63854	8162	12368
第三产业	万元	68718	43635	32296	30428
国内生产总值指数(上年为 100,不变价格)	%	110.1	111.9	107.8	110.5
人均国内生产总值(当年价)	元	4214	3815	2460	2001
固定资产投资	万元	23013	22396	8651	10400
#国有经济单位	万元	7959	16598	6093	3972
集体经济单位(含农村集体)	万元	1972	1839	1566	2916
房屋施工面积	万平方米	8.6	11.86	3.45	4.59
房屋竣工面积	万平方米	8.44	11.12	2.48	4.59
#住 宅	万平方米	5.82	6.62	0.17	0.22
中央、地方财政收入	万元	16003	22705	5218	7071
#地方财政收入	万元	9994	12390	4138	5791
#各项税收	万元	6863	10059	1026	2765
地方财政支出	万元	13507	13814	9138	11678
单位从业人员年平均人数	人	22304	23397	12474	17202
#在岗职工	人	21927	22260	12139	16484
单位从业人员平均货币工资	元	7334	7394	4943	4821
#在岗职工	元	7406	7532	5044	4920
农村居民家庭人均纯收入	元	2366	2433	1653	1751
城乡居民储蓄存款余额	万元	60821	76386	21647	37414
年末耕地面积	千公顷	26.52	20.78	23.35	35.46
水 田	千公顷	12.46	9.29	10.35	16.95
旱 地	千公顷	14.06	11.49	13	18.51
农村机械总动力	万千瓦	16.83	15.62	4.5	8.71
化肥施用量(折纯量)	吨	8488	11961	4473	7442
农村用电量	万千瓦小时	1992	2980.58	3873	6175
有效灌溉面积	千公顷	14.26	8.18	9.04	15.81
农林牧渔业总产值(当年价)	万元	82300	94160	63600	105391
农 业	万元	55438	53445	41010	75440
林 业	万元	2433	3404	4821	1304

表 22—1　续表 35　　(1999 年)

指标名称	单位	田东县	平果县	德保县	靖西县
牧业	万元	21053	34270	16672	26691
渔业	万元	3376	3041	1097	1956
农林牧渔业产值指数(上年为 100,不变价格)	%	109.2	110.07	107.59	110.03
农作物播种面积	千公顷	63.58	55.03	50.46	82.61
#粮食	千公顷	32.02	35.71	41.33	73.31
主要农产品产量					
粮食	吨	149779	140692	107565	204803
油料	吨	344	319	197	932
甘蔗	吨	493000	330382	31277	64864
水果	吨	70300	14262	10144	7810
生猪出栏	头	270707	326234	169999	275842
生猪存栏	头	237211	275284	161114	334474
羊年末存栏	只	84448	84237	34610	26729
猪牛羊肉产量	吨	21896	29324	12416	19474
水产品产量	吨	5056	4002	994	2402
全部工业总产值(当年价)	万元	94355	345285	24021	39406
#国有	万元	32225	236943	9048	7050
全部工业总产值指数(上年为 100,不变价格)	%	107.28	109.96	103.43	118.2
#规模以上工业	%	106.02	109.78	107.73	114.16
#国有	%	122.82	108.35	89.82	93.84
工业主要经济指标(规模以上)					
企业单位数	个	19	22	17	21
#亏损企业	个	5	14	12	13
#国有及国有控股	个	4	11	11	13
从业人员平均人数	人	11595	11472	2943	3028
#国有及国有控股	人	10876	11111	2870	3028
工业总产值(当年价)	万元	65761	248605	12009	12602
工业销售产值(当年价)	万元	62987	245029	10868	11651
资产总计	万元	129380	520635	36443	34463
产成品	万元	4576	11703	985	1604
流动资产年平均余额	万元	30500	78305	12052	9333
固定资产净值	万元	80550	393656	19096	23700
产品销售收入	万元	58957	213442	11401	11822
利润总额	万元	888	5233	−763	−854
亏损企业亏损额	万元	86	2636	1112	1141
利税总额	万元	6532	26508	853	234
全员劳动生产率(按增加值计算)	元/人	19022	40076	14001	14802
公路里程	公里	239	265	379	674
社会消费品零售总额	万元	43779	59999	15709	24080
#农业生产者	万元	8330	8416	3629	5624
小学在校学生数	人	45290	53501	36032	64238
普通中学在校学生数	人	26848	26356	16046	26642
学龄儿童入学率	%	99.2	99.43	98.86	99.3
医院床位数	张	592	609	461	600
医生数	人	398	465	257	343

表 22—1　续表 36　　　　　　　　　　　　　（1999 年）

指　标　名　称	单　位	那坡县	凌云县	乐业县	田林县
土地面积	平方公里	2231	2039	2620	5532
年末总人口	万人	19.01	18.08	14.41	22.65
#非农业人口	万人	1.59	1.26	1.22	2.18
人口自然增长率	‰	2.78	6.77	7.56	5.54
社会从业人员	万人	10.5	8.45	6.65	11.77
#在岗职工	万人	0.77	0.66	0.7	1.16
#专业技术人员	万人	0.28	0.25	0.12	0.43
#第一产业	万人	8.92	6.6	5.47	9.91
第二产业	万人	0.49	0.67	0.51	0.47
#工　业	万人	0.45	0.36	0.42	0.38
第三产业	万人	1.09	1.18	0.67	1.39
#农村从业人员	万人	9.7	8.04	5.94	11.46
国内生产总值(当年价)	万元	28036	36136	20316	56865
第一产业	万元	15438	19245	10807	29693
第二产业	万元	3264	6131	3093	13132
#工　业	万元	2290	4009	2176	11195
第三产业	万元	9334	10760	6416	14040
国内生产总值指数(上年为 100,不变价格)	%	106.8	104.4	106.8	109.1
人均国内生产总值(当年价)	元	1472	2004	1414	2517
固定资产投资	万元	3337	6214	3949	9087
#国有经济单位	万元	2294	2370	2289	2776
集体经济单位(含农村集体)	万元	311	2336	1534	4126
房屋施工面积	万平方米	3.49	3.29	2.7	2.85
房屋竣工面积	万平方米	2.37	2.94	1.04	2.85
#住　宅	万平方米	0.52	0.19	0.2	1.15
中央、地方财政收入	万元	1668	2063	1745	5369
#地方财政收入	万元	1258	1589	1474	4361
#各项税收	万元	822	1047	849	3311
地方财政支出	万元	6847	5952	5221	6928
单位从业人员年平均人数	人	7939	7038	6971	11468
#在岗职工	人	7635	6477	6846	11466
单位从业人员平均货币工资	元	5043	5205	5031	5912
#在岗职工	元	5142	5509	5102	5912
农村居民家庭人均纯收入	元	1658	1602	1631	1986
城乡居民储蓄存款余额	万元	13086	13802	11963	26119
年末耕地面积	千公顷	12.51	11.23	13.52	26.48
水　田	千公顷	4.3	3.43	3.58	7.18
旱　地	千公顷	8.21	7.8	9.94	19.29
农村机械总动力	万千瓦	4.73	3.9	4.55	8.86
化肥施用量(折纯量)	吨	801	1675	563	1962
农村用电量	万千瓦小时	550	670.53	240	377.86
有效灌溉面积	千公顷	3.04	3.38	2.97	7.26
农林牧渔业总产值(当年价)	万元	23751	29433	17716	45682
农　业	万元	14029	15393	10792	23761
林　业	万元	2468	4292	2790	10820

表 22—1 续表 37 (1999 年)

指 标 名 称	单 位	那坡县	凌云县	乐业县	田林县
牧 业	万元	6897	9446	3836	10489
渔 业	万元	357	302	298	612
农林牧渔业产值指数(上年为 100,不变价格)	%	106.15	104.5	108.64	109.31
农作物播种面积	千公顷	28.33	32.12	18.75	34.67
#粮 食	千公顷	21.28	20.93	14.03	24.43
主要农产品产量					
粮 食	吨	51618	43472	44949	89100
油 料	吨	68	596	503	77
甘 蔗	吨	1568	1860	4114	37716
水 果	吨	6979	5666	3887	15240
生猪出栏	头	54783	100792	54228	124575
生猪存栏	头	112347	139898	88089	191617
羊年末存栏	只	1036	63052	3924	27756
猪牛羊肉产量	吨	4592	7154	3924	7832
水产品产量	吨	302	261	228	730
全部工业总产值(当年价)	万元	6882	12626	6167	34503
#国 有	万元	2410	5101	1578	12051
全部工业总产值指数(上年为 100,不变价格)	%	112.59	105.32	109.4	108.09
#规模以上工业	%	142.33	113.11	113.26	103.37
#国 有	%	142.33	113.11	113.26	118.39
工业主要经济指标(规模以上)					
企业单位数	个	12	10	11	16
#亏损企业	个	3	7	4	8
#国有及国有控股	个	3	7	4	7
从业人员平均人数	人	929	1341	500	1954
#国有及国有控股	人	929	1341	500	1829
工业总产值(当年价)	万元	2410	5101	1579	22219
工业销售产值(当年价)	万元	2374	4857	1583	20995
资产总计	万元	9850	21348	6046	38037
产成品	万元	123	325	57	625
流动资产年平均余额	万元	5021	4988	1280	10272
固定资产净值	万元	2852	13492	4478	25570
产品销售收入	万元	2285	4624	1503	17270
利润总额	万元	-111	-428	-30	221
亏损企业亏损额	万元	212	468	49	316
利税总额	万元	80	-17	114	1049
全员劳动生产率(按增加值计算)	元/人	7775	12491	12926	35176
公路里程	公里	453	401	162	477
社会消费品零售总额	万元	9627	10193	8150	13788
#农业生产者	万元	1766	2007	1420	1057
小学在校学生数	人	22855	22858	22498	29343
普通中学在校学生数	人	6960	7871	7380	10952
学龄儿童入学率	%	97.91	98.55	98.6	98.59
医院床位数	张	334	196	160	228
医生数	人	193	161	150	215

表 22—1　续表 38　　　　　　　　　　　　　　(1999 年)

指　标　名　称	单　位	隆林各族自治县	西林县	河池市	宜州市
土地面积	平方公里	3551	2963	2340	3877
年末总人口	万人	34.73	12.75	30.72	59.86
#非农业人口	万人	2.56	1.19	11.03	9.77
人口自然增长率	‰	5.82	7.35	2.68	5.43
社会从业人员	万人	18.1	7.61	15.96	32.42
#在岗职工	万人	1.24	0.6	3.77	3.32
#专业技术人员	万人	0.4	0.16	1.36	1.25
#第一产业	万人	15.4	6.54	7.86	22.93
第二产业	万人	0.5	0.33	3.13	3.62
#工　业	万人	0.3	0.3	2.63	3.22
第三产业	万人	2.2	0.74	4.97	5.87
#农村从业人员	万人	16.18	6.53	11.98	28.52
国内生产总值(当年价)	万元	58883	31057	237815	349069
第一产业	万元	24032	18331	34399	112473
第二产业	万元	16314	3417	73769	85348
#工　业	万元	13010	1991	56460	68945
第三产业	万元	18537	9309	129647	151248
国内生产总值指数(上年为 100,不变价格)	%	106.7	107.5	109.26	106.47
人均国内生产总值(当年价)	元	1699	2447	7759	5845
固定资产投资	万元	12033	4988	71879	57223
#国有经济单位	万元	6060	3415	59668	43646
集体经济单位(含农村集体)	万元	1909	369	6764	1400
房屋施工面积	万平方米	7.69	2.38	67.4	67.13
房屋竣工面积	万平方米	6.68	1.85	44.52	54.62
#住　宅	万平方米	3.67	1.17	34.13	46.69
中央、地方财政收入	万元	14598	1923	23056	25902
#地方财政收入	万元	9558	1586	14625	19470
#各项税收	万元	7701	903	10501	10266
地方财政支出	万元	11861	4745	16116	24996
单位从业人员年平均人数	人	12432	5800	42863	37355
#在岗职工	人	12232	5773	37309	32592
单位从业人员平均货币工资	元	6553	5714	6626	6255
#在岗职工	元	6598	5724	7252	6898
农村居民家庭人均纯收入	元	1689	2083	2085	2317
城乡居民储蓄存款余额	万元	36768	11345	205132	105922
年末耕地面积	千公顷	26.21	22.53	15.54	46.06
水　田	千公顷	6.24	4.45	9.86	21.79
旱　地	千公顷	19.97	18.09	5.68	24.27
农村机械总动力	万千瓦	8.27	3.57	11.72	24.62
化肥施用量(折纯量)	吨	3261	995	5084	24226
农村用电量	万千瓦小时	5544	462	4332	2175.39
有效灌溉面积	千公顷	5.5	4.22	7.22	17.89
农林牧渔业总产值(当年价)	万元	36973	28236	51723	173026
农　业	万元	27267	17756	26871	116739
林　业	万元	3450	3597	1030	1235

表 22—1 续表 39 (1999 年)

指 标 名 称	单 位	隆林各族自治县	西林县	河池市	宜州市
牧 业	万元	5951	6473	21950	50719
渔 业	万元	305	410	1872	4333
农林牧渔业产值指数(上年为 100,不变价格)	%	106.52	109.28	108.89	107.15
农作物播种面积	千公顷	36.34	30.29	44.06	130.77
#粮 食	千公顷	25.79	16.53	26.28	81.5
主要农产品产量					
粮 食	吨	89037	51309	92199	304683
油 料	吨	859	415	2518	13882
甘 蔗	吨	29875	12144	85509	1320901
水 果	吨	7407	7159	14445	30818
生猪出栏	头	99884	58492	250784	466638
生猪存栏	头	172155	97058	134687	333595
羊年末存栏	只	70789	25676	54768	82067
猪牛羊肉产量	吨	7175	5089	20405	39441
水产品产量	吨	675	328	3253	5306
全部工业总产值(当年价)	万元	41300	6710	161804	203706
#国 有	万元	32539	2348	80669	67404
全部工业总产值指数(上年为 100,不变价格)	%	123.1	130.11	113.96	111.49
#规模以上工业	%	124	135.35	116.13	111.7
#国 有	%	124	135.35	106.58	79.26
工业主要经济指标(规模以上)					
企业单位数	个	11	12	47	31
#亏损企业	个	4	3	16	16
#国有及国有控股	个	4	3	14	14
从业人员平均人数	人	2589	721	15747	14288
#国有及国有控股	人	2589	721	12804	13552
工业总产值(当年价)	万元	32539	2348	114714	128275
工业销售产值(当年价)	万元	31515	2231	113070	126636
资产总计	万元	43487	11960	314343	239008
产成品	万元	2310	107	10979	13099
流动资产年平均余额	万元	16574	2575	101227	95610
固定资产净值	万元	20850	4665	152474	125880
产品销售收入	万元	30637	1976	116880	120173
利润总额	万元	2014	95	4662	162
亏损企业亏损额	万元	204	55	2396	4713
利税总额	万元	3785	221	11433	8892
全员劳动生产率(按增加值计算)	元/人	32916	10023	25273	27069
公路里程	公里	400	199	308	370
社会消费品零售总额	万元	13472	6497	106470	118550
#农业生产者	万元	1141	884	12569	10045
小学在校学生数	人	47449	18579	29050	44440
普通中学在校学生数	人	15290	5473	21240	36927
学龄儿童入学率	%	99.24	98.53	98.55	98.48
医院床位数	张	364	181	1234	737
医生数	人	243	142	675	573

表 22—1　续表 40

(1999 年)

指 标 名 称	单 位	罗城仫佬族自治县	环江毛南族自治县	南丹县	天峨县
土地面积	平方公里	2658	4572	3918	3196
年末总人口	万人	35.48	34.25	27.17	14.07
#非农业人口	万人	4.68	5.49	6.09	1.74
人口自然增长率	‰	3.41	5.02	3.97	6.09
社会从业人员	万人	18.05	15.46	13.86	6.31
#在岗职工	万人	1.74	1.81	1.55	0.71
#专业技术人员	万人	0.65	0.64	0.43	0.19
#第一产业	万人	13.57	11.48	8.49	4.87
第二产业	万人	1.92	2.22	2.94	0.42
#工　业	万人	1.59	2.13	2.81	0.27
第三产业	万人	2.56	1.76	2.43	1.02
#农村从业人员	万人	17.08	15.87	10.78	5.77
国内生产总值(当年价)	万元	93336	120372	192539	37812
第一产业	万元	40477	45841	44243	18923
第二产业	万元	28600	49575	96430	6928
#工　业	万元	23624	44522	86474	2939
第三产业	万元	24259	24956	51866	11961
国内生产总值指数(上年为 100,不变价格)	%	106.35	111.5	115.34	108.5
人均国内生产总值(当年价)	元	2629	3560	7097	2687
固定资产投资	万元	21449	30401	47822	16919
#国有经济单位	万元	7761	16640	22203	14909
集体经济单位(含农村集体)	万元	9188	7292	24124	731
房屋施工面积	万平方米	24.32	24.81	7.36	10.88
房屋竣工面积	万平方米	22.37	23.68	7.3	10.46
#住　宅	万平方米	16.62	19.01	4.94	7.02
中央、地方财政收入	万元	6272	11003	24318	2608
#地方财政收入	万元	4896	7726	15847	2300
#各项税收	万元	2923	4987	12277	1203
地方财政支出	万元	9899	11475	19747	5598
单位从业人员年平均人数	人	18214	23987	17841	8115
#在岗职工	人	17479	18238	15387	7246
单位从业人员平均货币工资	元	4943	4619	6456	4786
#在岗职工	元	5101	5469	7106	5182
农村居民家庭人均纯收入	元	2027	1883	2096	1948
城乡居民储蓄存款余额	万元	41409	46790	131177	14891
年末耕地面积	千公顷	22.28	24.5	17.02	15.02
水　田	千公顷	13.9	16.39	8.79	3.56
旱　地	千公顷	8.38	8.11	8.23	11.46
农村机械总动力	万千瓦	9.82	17.1	6.39	7.79
化肥施用量(折纯量)	吨	11550	7255	3123	841
农村用电量	万千瓦小时	2254.8	1264	1522.76	320.75
有效灌溉面积	千公顷	11.86	10.29	5.66	2.43
农林牧渔业总产值(当年价)	万元	63386	75010	68232	29523
农　业	万元	36560	49429	34430	14270
林　业	万元	3733	5192	9356	5070

表 22—1　续表 41　　　　　　　　　(1999 年)

指　标　名　称	单　位	罗城仫佬族自治县	环江毛南族自治县	南丹县	天峨县
牧　业	万元	21826	18695	23346	9837
渔　业	万元	1267	1694	1100	346
农林牧渔业产值指数(上年为 100,不变价格)	%	105.06	108.69	107.63	109.91
农作物播种面积	千公顷	62.85	59.28	35.08	27.21
#粮　食	千公顷	36.93	33.71	22.39	19.9
主要农产品产量					
粮　食	吨	144173	138989	85198	49621
油　料	吨	7915	5578	1283	353
甘　蔗	吨	223733	154667	179	4284
水　果	吨	8572	11890	10038	3472
生猪出栏	头	197301	196000	180978	87677
生猪存栏	头	219682	219943	169893	148556
羊年末存栏	只	39429	33613	20630	39598
猪牛羊肉产量	吨	16447	15585	15587	7473
水产品产量	吨	1803	1910	892	388
全部工业总产值(当年价)	万元	86038	162560	254775	9485
#国　有	万元	19307	16540	19876	4539
全部工业总产值指数(上年为 100,不变价格)	%	111.47	118.64	118.31	110.98
#规模以上工业	%	110.21	107.12	125.82	121.5
#国　有	%	110.22	78.36	100.77	121.5
工业主要经济指标(规模以上)					
企业单位数	个	21	72	39	14
#亏损企业	个	11	11	3	8
#国有及国有控股	个	9	10	2	8
从业人员平均人数	人	5503	11255	13590	1896
#国有及国有控股	人	5019	7523	3914	1896
工业总产值(当年价)	万元	21751	146774	134679	4539
工业销售产值(当年价)	万元	21693	146914	139114	3822
资产总计	万元	55542	117990	195153	36020
产成品	万元	2315	4166	23877	159
流动资产年平均余额	万元	19734	43184	76308	6597
固定资产净值	万元	35516	58057	73961	8480
产品销售收入	万元	21845	145534	135687	3240
利润总额	万元	-2025	1837	17487	-474
亏损企业亏损额	万元	2179	3523	151	503
利税总额	万元	-219	7851	29661	-137
全员劳动生产率(按增加值计算)	元/人	12620	42392	46511	8428
公路里程	公里	203	402	199	351
社会消费品零售总额	万元	25951	36488	48016	15214
#农业生产者	万元	1746	9420	2275	2965
小学在校学生数	人	36626	38516	37669	14920
普通中学在校学生数	人	17115	17753	13220	6497
学龄儿童入学率	%	97.51	95.43	96.43	97.66
医院床位数	张	370	359	507	209
医生数	人	345	308	370	143

表 22—1 续表 42

(1999 年)

指标名称	单位	凤山县	东兰县	巴马瑶族自治县	都安瑶族自治县	大化瑶族自治县
土地面积	平方公里	1738	2414	1981	4098	2716
年末总人口	万人	18.95	27.77	23.64	62.51	41.19
#非农业人口	万人	1.71	2.2	2.28	3.68	6
人口自然增长率	‰	6.75	4.79	5.47	3.81	3.54
社会从业人员	万人	9.19	12.89	11.37	29.94	18.67
#在岗职工	万人	0.89	1.12	1.03	1.73	1.27
#专业技术人员	万人	0.43	0.42	0.43	0.79	0.55
#第一产业	万人	6.57	11	7.9	23.68	13.66
第二产业	万人	1.14	0.5	1.29	2.46	2.01
#工业	万人	0.82	0.4	0.76	1.1	0.97
第三产业	万人	1.48	1.39	2.18	3.8	3
#农村从业人员	万人	8.52	12.32	10.84	31.37	20.58
国内生产总值(当年价)	万元	29311	43795	55318	90222	144320
第一产业	万元	15875	21225	31778	41849	27510
第二产业	万元	5785	7360	9293	16233	90253
#工业	万元	3454	2597	4779	10133	86047
第三产业	万元	7651	15210	14247	32140	26557
国内生产总值指数(上年为 100,不变价格)	%	107.14	104.3	104.88	109.62	109.06
人均国内生产总值(当年价)	元	1552	1576	2345	1445	3497
固定资产投资	万元	11616	18579	11337	17966	28045
#国有经济单位	万元	7190	12998	7801	13533	26382
集体经济单位(含农村集体)	万元	1867	2547	1608	405	476
房屋施工面积	万平方米	7.86	23.6	9.99	13.66	10.17
房屋竣工面积	万平方米	5.64	22.71	7.63	11.69	9.13
#住宅	万平方米	2.48	18.22	6.92	6.6	7.48
中央、地方财政收入	万元	2063	2848	3388	6396	14415
#地方财政收入	万元	1806	2235	2495	4438	5849
#各项税收	万元	919	1620	1341	2592	5022
地方财政支出	万元	6288	8088	7447	13370	10818
单位从业人员年平均人数	人	9860	11854	11052	19527	14810
#在岗职工	人	8958	11198	10080	16709	12880
单位从业人员平均货币工资	元	4363	4685	4587	4914	5359
#在岗职工	元	4732	4871	4916	5606	5977
农村居民家庭人均纯收入	元	1677	1593	1764	1646	1678
城乡居民储蓄存款余额	万元	12913	20067	16003	47316	34069
年末耕地面积	千公顷	9.39	12.02	10.14	35.13	15.89
水田	千公顷	3.52	5.68	4.41	6.98	4.35
旱地	千公顷	5.87	6.34	5.73	28.15	11.54
农村机械总动力	万千瓦	6.12	10.94	4.79	13.81	7.29
化肥施用量(折纯量)	吨	1341	2777	2624	7594	4430
农村用电量	万千瓦小时	162.49	995	556.17	1976.27	686
有效灌溉面积	千公顷	2.58	4.07	3.22	7.46	3.52
农林牧渔业总产值(当年价)	万元	25598	34080	49694	66144	42082
农业	万元	13186	18850	31265	30829	20168
林业	万元	4344	3373	4356	612	1183

表 22—1 续表 43 （1999 年）

指 标 名 称	单 位	凤山县	东兰县	巴马瑶族自治县	都安瑶族自治县	大化瑶族自治县
牧 业	万元	7905	11052	12787	34198	17858
渔 业	万元	163	805	1286	505	2873
农林牧渔业产值指数(上年为 100,不变价格)	%	106.11	104.89	107.54	108.03	107.91
农作物播种面积	千公顷	35.64	32.1	41.19	78.17	38.25
#粮 食	千公顷	24.56	21.16	20.99	68.06	32.49
主要农产品产量						
粮 食	吨	47511	61414	66815	130817	62840
油 料	吨	343	136	728	263	405
甘 蔗	吨	5449	7877	121050	124386	9290
水 果	吨	5756	12340	10045	15960	5752
生猪出栏	头	98454	135512	108322	397840	205328
生猪存栏	头	111866	170671	127840	318996	212728
羊年末存栏	只	56170	154767	85211	222950	225495
猪牛羊肉产量	吨	8133	11478	9892	37476	18081
水产品产量	吨	172	900	1310	858	3617
全部工业总产值(当年价)	万元	11620	8368	14417	34920	104459
#国 有	万元	5840	5307	39	6151	90268
全部工业总产值指数(上年为 100,不变价格)	%	113	79.61	90.44	131.77	115.04
#规模以上工业	%	114.24	79.25	76.19	126.3	117.69
#国 有	%	114.26	79.26		110.27	117.95
工业主要经济指标(规模以上)						
企业单位数	个	14	17	4	18	14
#亏损企业	个	10	9	2	10	7
#国有及国有控股	个	10	9	2	8	7
从业人员平均人数	人	1274	2186	966	2486	2594
#国有及国有控股	人	1274	2186	966	1963	2594
工业总产值(当年价)	万元	5840	5307	6811	9513	90268
工业销售产值(当年价)	万元	5952	4817	6386	9712	90508
资产总计	万元	7872	18003	15717	31949	448664
产成品	万元	404	2138	472	735	530
流动资产年平均余额	万元	1968	9245	5124	11674	17511
固定资产净值	万元	5414	6269	9350	17988	420680
产品销售收入	万元	2183	5175	6059	9595	83986
利润总额	万元	−216	−676	−770	−1842	16865
亏损企业亏损额	万元	222	712	830	2039	600
利税总额	万元	23	−238	−316	−730	33787
全员劳动生产率(按增加值计算)	元/人	13485	7045	25859	13166	320779
公路里程	公里	363	457	301	511	339
社会消费品零售总额	万元	12961	23093	23673	32035	24130
#农业生产者	万元	2705	4444	6293	8155	3120
小学在校学生数	人	23399	31977	30216	68156	44711
普通中学在校学生数	人	6180	14211	10296	24979	17711
学龄儿童入学率	%	95.85	95.65	99.16	90.22	93.56
医院床位数	张	178	180	256	318	245
医生数	人	169	244	203	457	356

1999年广西国民经济和社会发展统计公报

广西壮族自治区统计局

1999年,在自治区党委、自治区人民政府的领导下,全区各地全面贯彻落实党中央制定的努力扩大内需,促进经济增长的一系列政策措施,贯彻落实自治区党委提出的“三大战略、六大突破”及“1234610”农业和农村工作思路,积极推进国有企业改革整顿,千方百计增加投入,开拓市场,扩大内需,调整结构,着力抓好科技与经济结合和扩大对外开放,全力开展扶贫攻坚,在复杂多变的经济形势下,实现国民经济平稳增长,运行质量和效益明显提高。农村经济在遭受严重自然灾害的情况下持续发展,农业结构得到调整,农业生产又获得好收成,农产品质量提高;工业生产平稳增长,整体上实现了扭亏为盈,国有企业三年脱困目标又取得新的重大进展;以交通、邮电、旅游为重点的第三产业快速发展;投资继续增长,结构进一步调整和优化,一批重大项目建成投产;对外贸易和利用外资保持一定规模;市场稳中有升;物价持续低位运行;财政收入稳步增长;金融运行平稳,银行存贷款继续增加;城乡居民生活继续改善;科技、教育、文化、卫生、体育等各项社会事业进一步发展,各族人民团结进步,社会稳定。

初步统计,全区实现国内生产总值2001.68亿元,比上年增长8.3%,其中第一产业增加值580.25亿元,增长7.3%;第二产业增加值711.22亿元,增长7.5%;第三产业增加值710.21亿元,增长10.1%。但经济运行中仍存在一些比较突出的问题,主要是:结构调整进展不快,固定资产投资增长减缓,企业发展后劲不足;外贸出口和利用外资降幅较大;农民收入增长缓慢;就业压力增大。

一、农　　业

农村经济持续发展,粮食产量再创历史最高水平。1999年全区各地认真贯彻落实区党委提出的发展农业和农村经济的“1234610”工作思路,继续调整和优化农业结构,增加科技投入,努力实施种子工程,“三田”建设,农业综合开发等工程,农业生产克服了严重干旱和霜冻的灾害,取得了全面丰收。据统计,全区农、林、牧、渔业总产值843.8亿元,比上年增长7.7%;全年粮食总产量达1722万吨,比上年增长1.2%,再创历史最高水平。其中稻谷1427.4万吨,增长0.3%,玉米178.8万吨,增长6.3%。主要经济作物产量有增有减。甘蔗3220.6万吨,比上年减少10.1%;花生44.9万吨,增长5.7%;黄红麻1.4万吨,下降9.7%;烤烟1.4万吨,下降42.6%。水果产量喜获丰收,创历史新高。全年水果产量405.2万吨,增长24.8%,其中名优水果龙眼产量31.2万吨,增长87.7%,荔枝产量31.0万吨,增长1.9倍。

林业生产平稳发展。全区重点抓好防护林、生态林五大工程建设,全年植树造林6.4万公顷,比上年增长0.1%;幼林抚育作业面积42.7万公顷,封山育林面积425.3万公顷,生态环境继续得到改善。

畜牧业生产稳步增长。全区肉类总产量262.9万吨,比上年增长4.8%;牛奶产量1.3万吨,增长9.0%;肉猪出栏头数2546.9万头,增长5.0%;生猪年末存栏量2309.5万头,增长10.8%;大牲畜年末存栏数808.8万头,比上年减少0.7%。

水产品产量增加,全年水产品产量达230.9万吨,增长6.2%,其中淡水产品产量75.5万吨,增长5.8%;海水产品产量155.4万吨,增长6.4%。

农业生产条件继续得到改善,基础建设得到进一步加强。年末全区农业机械总动力1375.2万千瓦,比上年增长8.9%;全年化肥施用量(折纯)153.8万吨,比上年减少1.1%; 农村用电量28.6亿千瓦小时,增长3.3%;目前全区拥有农田有效灌溉面积147.8万公顷。全年完成除险加固大中型水库14座,水利渠道硬化2645公里,治理水土流失面积950平方公里, 提高了农业抵御自然灾害的能力。

二、工业和建筑业

工业生产平稳增长,整体上实现了扭亏为盈。1999年,我区工业在面临较多困难的情况下,通过广泛深入地推进以产品和产品质量为中心的企业改革整顿,继续深入开展"三项制度"改革,加大扭亏增盈工作力度,全区工业生产保持稳定增长,企业经济效益明显回升并实现了整体扭亏为盈。

工业生产方面:初步统计,1999年全部工业实现总产值1636.4亿元,比上年增长7.0%,完成工业增加值593.01亿元,比上年增长6.6%。其中国有工业企业及产品销售收入在500万元以上的非国有工业企业完成工业总产值909.5亿元,增长7.0%。全区国有及国有控股工业产值634.9亿元,增长6.5%;股份制企业产值127.8亿元,增长13.8%;外商及港澳台企业产值98.2亿元,增长12.0%,均快于国有及国有控股企业生产增长速度。重工业生产增长速度快于轻工业,支柱产业生产"两快两慢"。重工业完成工业产值523.1亿元,增长7.6%,比轻工业快1.2个百分点。在四大支柱产业中,制糖业和有色金属业生产均保持较快的增长速度,分别完成产值99亿元和103.7亿元,增长7.8%和14.0%;水泥和汽车制造业受市场及结构调整影响,生产保持低速增长,仅比上年增长0.6%和3.0%。主要工业产品产量有升有降。钢材增长14.6%,十种有色金属增长19.0%,金属切削机床增长37.2%,平板玻璃增长158.5%;机制糖产量增长8.6%。化学纤维增长42.7%。布、原煤、木材、化肥和汽车等5种产品产量受市场的影响,产量有所下降,分别比上年下降13.9%、19.6%、3.9%、5.2%和12.4%(见表一)。工业产销衔接较好。从5月份起,连续8个月月度工业产品产销率均保持100%以上,全年工业产品产销率达97.0%。

企业经济效益方面:经济效益综合指数大幅上升。1999年全区工业经济效益综合指数为77.9,比上年提高了11.9个百分点。全区工业整体上实现了扭亏增盈,结束了从1996年以来一直处于净亏损的局面。全年实现利润总额3.70亿元,与上年的净亏损额13.30亿元相比,整体上实现扭亏为盈。国有企业大幅减亏, 由上年净亏损14.24亿元减为3.76亿元,减亏幅度达73.6%,国有和国有控股大中型企业增效最为明显,1999年实现利润由上年的净亏损6.78亿元一举扭转为盈利2.82亿元。

表一：

主　要　工　业　产　品　产　量

	计算单位	1999 年	比上年增减％
纱	万　吨	8.45	6.1
布	亿　米0.83	-13.9	
发酵酒精	万　吨	24.3	16.1
机制糖	万　吨	374.3	8.6
卷烟	万　箱	82.75	-5.3
彩色电视机	万　台	0.41	-83.9
原煤	万　吨	816.06	-19.6
原油加工量	万　吨	56.24	-7.6
发电量	亿千瓦小时	247.3	0.9
钢	万　吨	118.85	5.3
钢材	万　吨	108.27	14.6
十种有色金属	万　吨	52.31	19.0
其中：铝	万　吨	16.58	5.0
铅	万　吨	6.98	53.0
锌	万　吨	21.29	15.6
锡	万　吨	3.72	14.3
水泥	万　吨	2062.55	2.7
木材	万立方米	336.40	-3.9
硫酸	万　吨	63.01	1.8
化肥	万　吨	46.14	-5.2
化学农药	万　吨	1.43	11.2
发电设备	万千瓦	7.46	-47.9
金属切削机床	万　台	0.26	37.2
汽车	万　辆	10.22	-12.4
小型拖拉机	万　台	11.23	9.3
程控交换机	万　线	0.13	-9.3
内燃机	万千瓦	976.41	11.6

建筑业继续发展，实现利税大幅增加。全区建筑业资质等级四级及四级以上企业实现增加值35.22亿元，比上年增长2.7%；劳动生产率39779元/人，比上年提高11.0%；实现利税总额8.64亿元，比上年增长32.3%；人均利税2341元，增长34.5%。全年施工单位工程15044个，比上年增加558个；施工工程招投标承包面34.5%，高于上年3.5个百分点。

三、固定资产投资

固定资产投资继续保持增长。1999年，在投资融资形势比较严峻的情况下，全区各地想方设法增加投入，使固定资产投资仍保持一定增幅，并建成了一批重点项目。全年全社会完成固定资产投资额 622.07 亿元，比上年增长 8.8%，按经济类型分，国有单位投资 299.23 亿元，增长 8.2%，非国有经济投资 322.84 亿元，增长 9.4%，增速快于国有经济 1.2 个百分点。按管理渠道分，其中基本建设投资 259.84 亿元，增长 8.0%，更新改造投资 70.10 亿元，增长 0.5%，房地产投资 32.93 亿元，增长 0.8%。全年基本建设、更新改造、其他投资、房地产新增固定资产 173.22 亿元，下降 1.6%；项目建成投产率 43.6%，固定资产交付使用率 45.7%。

投资结构进一步优化，资金主要投向农业、能源、交通等基础产业。在国有及其他投资中，农林牧渔业投资 7.13 亿元，比重由上年的 1.6% 上升为 1.9%；能源工业投资 62.52 亿元，比重由上年的 13.3% 上升为 16.5%；运输邮电通信业投资高达 105.95 亿元，占国有及其他投资的 28.0%；机械电子工业投资 7.98 亿元，比重由上年的 2.0% 上升为 2.1%。

重点项目建设进展顺利。全年列入全区重点建设项目 87 个，其中有工作量的 58 个，完成投资 119.3 亿元。一批重点建设项目已全部或部分建成投产：南宁市管道燃气一期工程、北海市白水塘垃圾处理厂、王灵至三岸高速公路、西江航道二期工程四台发电机组、防城港九、十号泊位码头主体工程等。新增污水处理能力 10 万吨/日，新增高速公路 136 公里。

四、交通运输和邮电

交通运输业持续发展。全区交通运输业以市场为导向，积极推出各种优质服务新项目，增强了企业活力，促进了生产持续发展。全区交通运输、邮电、仓储业实现增加值 137.77 亿元，比上年增长 9.2%。货物周转量完成 743.3 亿吨公里，增长 3.0%，其中：铁路 414.5 亿吨公里，增长 0.9%；公路 254.1 亿吨公里，增长 33.4%；水运 74.7 亿吨公里，下降 18.3%。港口货物吞吐量 2505 万吨，增长 12.1%，其中沿海港口货物吞吐量 1525 万吨，增长 17.9%。旅客周转量完成 436.9 亿人公里，增长 15.0%，其中：铁路 104.7 亿人公里，增长 14.5%；公路 329.8 亿人公里，增长 12.7%；水运 2.4 亿人公里，下降 7.0%。

邮电通讯业持续高速发展。全年完成邮电业务量 64.6 亿元，比上年增长 23.5%；全区新增局用交换机容量 21.39 万门。计算机互联网络户数达到 3.01 万户，增长 1.86 倍。已通电话行政村达 13037 个，占全部行政村的 87.7%。

五、国内贸易与市场物价

消费品市场稳中趋升。全年社会消费品零售总额 791.27 亿元，比上年增长 7.8%。城乡消费同步增长，城镇消费品零售额 437.57 亿元，增长 8.2%，乡村消费品零售额 353.70 亿元，增长 7.3%；私营和个体商业增势较为强劲，全年消费品零售额分别为 21.87 亿元和 399.56 亿元，分别增长 49.0% 和 15.8%，股份制经济 19.14 亿元，下降 13.1%；国有经济消费品零售额 120.97 亿元，增长 3.0%；集体经济消费品零售额 102.93 亿元，增长 0.2%。各种其它经济 126.8 亿元，下降 4.0%；批发零售贸易业、餐饮业比较活跃，分别增长 12.2% 和 9.6%。

物价总水平有所回升。受扩大内需政策实施、粮价回升、燃料提价等诸多因素的影响，物价总水平有所回升，全年商品零售价格总指数为 97.2，比上年提高了 0.9 个百分点；由于粮食价格平稳回升,带动食品消费价格指数比上年上升 1.5 个百分点,从而带动 居民消费价格指数上升 0.7 个百分点。在所调查的十四类商品中,价格指数比 1998 年提高的有五类,其中燃料类提升幅度最大,价格指数比上年上升了 14.3 个百分点。

原材料、燃料及动力购进价格和工业品出厂价格指数分别下降 6.4 个和 4.4 个百分点;农产品收购价格总指数比上年略有回升,但仍下跌 12.4 个百分点(见表二)。表二:

1999 年 市 场 价 格 变 动 情 况

类 别	指数(上年=100)
商品零售价格指数	97.2
城市	96.8
农村	97.6
居民消费价格指数	97.7
城市	97.2
农村	98.2
食品	95.9
粮食	98.3
肉禽及其制品	93.0
油脂类	94.6
蛋类	94.0
水产品类	95.7
鲜菜	97.6
衣着	98.8
家庭设备及用品	98.4
医疗保健	100.3
交通和通讯工具	89.6
娱乐教育文化用品	97.9
居住	100.8
服务项目	102.9
农业生产资料零售价格指数	96.4
化肥	94.4
农药	93.5
薄膜	91.3
农产品收购价格指数	87.6
工业企业原材料、燃料、动力购进价格指数	93.6
工业品出厂价格指数	95.6
固定资产投资价格指数	96.1

六、对外经济贸易和旅游业

外贸出口和利用外资保持一定规模。面对亚洲金融危机后的严峻局面,全区外贸系统和外贸企业知难而进,千方百计克服种种困难,通过进一步提高退税率,加快出口退税进度等政策措施,以及加大调整出口产品结构，拓展出口渠道，搞好出口服务等工作力度，使外贸出口在下半年出现了止跌回升的良好势头。全年海关外贸进出口总额17.53亿美元，比上年下降27.2%，其中出口总额12.47亿美元，下降30.8%，进口总额5.06亿美元，下降16.3%。边境贸易成交活跃，全年边境贸易进出口总额35.1亿元，比上年增长2.4%，其中出口24.95亿元，增长1.2%；进口10.15亿元，增长5.4%。由于新签外商投资项目减少，规模小，利用外资不够理想，全年新签外商直接投资合同项目227个，比上年减少了39个，新签外商直接投资合同外资额6.91亿美元，增长7.6%。全年实际利用外资9.21亿美元，比上年下降28.2%。其中外商直接投资6.37亿美元，下降28.1%。

旅游业发展势头强劲。1999年我区把发展旅游作为新的经济增长点，努力增加投入，加大旅游产品开发和宣传力度，逐步完善旅游配套设施，使其出现了强劲的发展势头，接待国际旅游旅客人数和旅游收入大幅度上升并不断创出新高。全年接待境外旅游游客人数77.68万人次，比上年增长48.2%。其中接待外国游客37.17万人次，增长33.0%；港澳同胞16.71万人次，增长42.1%；台湾同胞23.52万人次，增长94.6%。国际旅游收入15.15亿元，增长26.7%，其中：商品性收入4.42亿元，增长21.4%；劳务性收入10.73亿元，增长29.0%。

七、财政、金融和保险业

财政收支增长较快。全年全区完成财政收入200.38亿元，首次突破200亿元大关，比上年增长9.6%，其中地方财政收入131.58亿元，增长11.1%，企业所得税和个人所得税收入分别增长54.2%和20.4%，成为地方税收收入增长的主要动力。全年财政支出229.78亿元，比上年增长15.8%，其中，基本建设支出增长27.2%，企业挖潜改造资金增长18.2%，科技三项费用增长11.0%，支农支出增长11.9%，教育支出增长13.3%，社会保障补助支出增长3.5倍。

金融形势保持稳定。全区金融系统加大了改革力度，更加注重贷款投资风险的防范，信贷管理进一步规范，推出房改、消费信贷业务，信贷业务范围扩大，存贷款继续增加。年末全社会金融机构存款余额2010.14亿元，比上年末增加213.16亿元，增长11.9%。在国家一再调低利率及开征储蓄利息税的情况下，居民存款增势不减，年末城乡居民储蓄存款达1257.26亿元，比上年末增加存款107.18亿元，增长9.3%。随着企业效益好转，企业存款增加较多，年末企业存款余额564.81亿元，比上年末增加64.47亿元，增量比上年同期多了三成以上。年末全社会金融机构贷款余额1719.19亿元，比上年末增长7.1%，新增贷款114.18亿元，其中短期贷款1106.38亿元，比年初增贷49.05亿元，中长期贷款485.69亿元，比年初增贷50.14亿元。基本建设贷款增多，年末贷款余额317.24亿元，比年初增贷了36.18亿元；技术更新改造贷款继续减少，比上年末减少1.08亿元。资金投向重点突出，工、农、商三块共投入资金贷款761.28亿元，占了全部短期贷款的68.8%，其中：年末工业贷款余额321.95亿元，商业贷款余额329.00亿元，农业贷款余额110.33亿元。货币回笼增加，年末回笼资金98.31亿元，比上年增加19.18亿元。

保险业在激烈的市场竞争中发展壮大。随着住房、医疗、教育等重大改革措施的具体实施，居民保险意识增强，居民购买少儿保险、医疗及养老保险增多。全年保险承保额为5059.42亿元，增长3.6 %，保费收入27.25亿元，增长13.0%，其中财险收入11.85亿元，人身险收入15.4亿元，全年赔付额11.97亿元(含满期死伤医疗给付)。

八、人口与就业

人口过快增长继续得到有效控制，人口发展处于“低出生率、低死亡率、低增长率”阶段。据抽样调查，1999年全区年末总人口为4713万人，比上年增长0.8%，比国家计划少增24万人。总人口中，城镇人口1080万人，农村人口3633万人。全区出生人口70万人，比计划少生20万人；人口出生率为14.96 ‰，人口死亡率为6.93‰，人口自然增长率为8.03‰，人口出生率、自然增长率已连续4年低于全国水平。

就业结构有所变化，就业压力逐渐加大。年末全区职工人数328万人，比上年减少7.5万人，其中国有单位职工259.1万人，减少4.1万人；集体单位职工36万人，减少3.5万人；其它经济类型单位职工32.9万人，增加0.1万人；城镇私营企业和个体从业人员94.5万人，增加12.1万人；职工工资总额200.4亿元，增长3.7%，职工年平均货币工资6100元，增长5.6%。由于调整产业结构，企业关停、并转工作进程加快，年内下岗职工增多，年末国有企业下岗人员达12.78万人，比上年增长了79.0%。年末城镇登记失业人数11.6万人，减少13.4%，年末城镇人口登记失业率为3.3%，比上年略有升高。由于各级政府加快了实施“再就业工程”进度，全年安置就业人员15.86万人，但就业形势仍较为严峻。社会保险体系配套措施逐项出台，目前已有263万人参加了基本养老保险社会统筹(其中离退休人员60万人)，比上年增加42万人。

九、人民生活、福利和环境保护

城乡居民收入继续增加，生活质量有所提高。据抽样调查：全区城镇居民人均可支配收入5620元，比上年增长3.8%；农村居民人均纯收入2048元，增长3.9%。城镇居民人均消费性支出4587元，比上年增长4.7%。消费虽仍以吃为主，但质量有所提高。吃的消费年人均2034元，占消费性支出比重44.3%，比上年低2个百分点；人均文教娱乐消费622元，所占比重为13.6%；旅游消费82元，比上年增长53.8%；人均居住消费587元，所占比重为12.8%。但由于部分企业经济效益较差，下岗职工增多，部分下岗职工生活有所下降。1999年我区扶贫工作成效显著，据有关部门统计，全区又有100万人口摆脱了贫困。目前农村尚有部分农民生活处于贫困线之下，扶贫工作仍十分艰巨。

居民住房条件继续改善，福利事业不断发展。全年城镇竣工住宅面积2286.45万平方米，比上年增加118.79万平方米。农村竣工住宅面积3882.9万平方米，比上年增长5.0%。福利彩票的兴起推动了社会福利事业不断发展，全年全区共销售福利彩票2.6亿元，提取社会福利资金6979.5万元，接受社会捐赠款405.3万元。全区拥有福利病床13886张，共收养8920人，城乡发放各种社会救济金额7172.1万元，发放救济271万人次。

环境保护及治理污染工作力度加大，居民生活环境日益改善。全年实施工业污染环境治理项目596个,完成污染治理项目投资3.67亿元,比上年增加1.95亿元,全区共建立自然保护区62个,其中国家级自然保护区6个,自然保护区面积164.64万公顷。

十、科学、教育、文化、卫生、体育

科研硕果累累,科技与经济的结合有新的突破。全区国有企事业单位共有专业技术人员77.6万人。全年共取得部级以上科研成果323项,获国家科技进步奖5项,其中由广西主持的3项,广西参与的2项;获自治区科技进步奖125项。全区全年取得的重大科技成果有:稀土－铁－过渡金体系相图及其化合物的磁性研究、广西江河沿岸易涝农田避涝粮食增产综合技术措施研究开发、杉木遗传品质改良及速生丰产组装配套技术推广、a－蒎烯合成芳樟醇工业化生产、600mm料层生产技术在50平方米烧结机上的开发与应用等。高新技术成果、科研成果商品化程度提高,全年共签订各类技术合同1533项,成交金额25343.60万元。

教育事业在改革中不断发展。全年共招收研究生610人,普通高等学校招收本专科生32596人,增加7141人;高中阶段、中等职业技术学校在校学生28.35万人(含技工学校学生),比上年减少1.08万人;年末初中在校生36.07万人,增长2.6%;小学在校生596.46万人,减少5.7%;7—12周岁小学学龄儿童入学率达98.5%;以资助失学儿童为目的的“希望工程”、“希望之星”等扶贫助学活动成效显著,使大部分失学儿童重新实现了入学就读的愿望。

文化事业健康稳步发展。年末共有艺术表演团体118个,文化馆101个,公共图书馆195个,博物馆37个,电影放映单位1163个,全年共放映电影11.16万场,观众达1225.19万人次。全区拥有无线电视台26座,无线广播电台22座,有线广播电视台13座,广播人口覆盖率为83.5%,电视人口覆盖率为88.3%。全年共出版报纸55421万份,各种杂志5053万册,图书27161万册,以上三种报刊数量均比上年增加。群众文化生活水平层次不断提高,南宁国际民歌艺术节的成功举办,以及民族艺术表演,新年交响音乐会等多姿多彩的文化活动,大大地丰富了人民群众的业余生活。

医疗卫生条件不断改善。年末拥有医院(含卫生院)病床数8.32万张,比上年增加0.19万张;卫生技术人员12.53万人,比上年增加0.15万人,其中医生6.08万人,增加0.08万人;护师、护士3.99万人,增加0.10万人。各种医疗设备进一步完善,医疗技术水平进一步提高,城乡居民的医疗保健有了根本的保障。

体育事业捷报频传。在参加国际国内重大赛事中,我区体育健儿顽强拼搏,共夺得金牌40枚,银牌42枚,铜牌44枚。全民健康意识增强,各种体育锻炼项目广泛开展,大大提高了全民整体健康水平。

二〇〇〇年三月八日

注明:

1、本公报为初步统计数,正式数以《2000广西统计年鉴》为准;

2、国内生产总值及各项增加值绝对数按现价计算,增速按不变价计算。

3、除有注明外,工业数字均为全部国有工业和产品销售收入在500万元以上的非国有工业企业的数字。

柳州市防洪堤三中堤段。彭紫萍摄

西部大开发 做好水文章

——自治区水电厅

建国以来，广西累计投入完成水利投资120多亿元，已建成各类水利水电力）工程设施29多万座（处），蓄水工程总库容229.38亿立方米，有效库06.4亿立方米，其中:大型水库有26座，中型水库174座，小型水库4174堤防2611公里。农田有效灌溉面积由解放初期的267.07千公顷发展到年的1207.57千公顷，占现有耕地面积的46.33%，治理了易涝面积198.6顷和水土流失面积1110.23千公顷。初步改变了农业“旱涝望天收”的状地方电力总装机达到213.8万千瓦，担负着全区县级以下2/3人口的用电，覆盖全区2/3的地域，供电量超过全区的1/3。

特别是近年来，水利作为广西国民经济发展的基础设施建设步伐进一步。全面实施了广西水利“万千百十”计划：10000公里的渠道硬化工程；多座三类病险水库的除险加固和1000华里江河堤防及标准海堤建设工建设100万亩旱地节水灌溉工程；建设具有代表性、示范性的10项重点。通过“万千百十”计划的实施，重点突破，以点带面，有效地推动了水利事业的发展。

一、实行分级管理责任制度，水库除险加固取得历史性突破。我区有1500病险水库，从1998年开始，水库除险加固全面实行分级负责制和行政首责制，有效地推动了各级政府对水库除险加固工作的紧迫感和责任感，地推动了工作的开展，至今已经完成病险水库除险加固430座。

二、大规模建设地头水柜工程，山区治旱问题将逐步解决。1999年，自投入1000多万元在河池、百色、南宁地区开展地头水柜集雨灌溉治旱工点工作，并制定“以奖代补”的奖励投资政策，调动了广大群众的积极在干旱山区掀起建设地头水柜集雨灌溉工程的大会战。目前，全区已经地头水柜15.23万个。

三、河海堤防建设继续加强，防洪防潮能力明显提高。沿海标准海堤建面启动，现已建成标准海堤50多公里；南宁、柳州、桂林、梧州等城市体系建设步伐加快，沿江防洪堤标准得到不同程度的提高，已经建成50遇防洪堤15公里，20年一遇防洪堤64公里。全区已累计修建加固堤防多公里，初步控制了主要江河的常遇洪水。

当前，中央提出了西部大开发战略，这是实现东部和西部共同富裕的重施。对广西来说，是一个极好的发展机遇，自治区党委曹伯纯书记指出，住这一机遇，其中重要的一条是做好“水”的文章。自治区党委七届六会提出的“1234610”工作思路中明确提出“要加快以水利建设为重点的、农村基础设施建设”。近期广西的水利工作将继续以实施“万千百十”为主要目标，加快建设和完善我区水利防洪治旱减灾体系，力争使水田保收面积达到80%，旱地灌溉面积达到20%，到2010年建成较完善的旱收排灌系统，为农业和国民经济发展创造良好的水利环境。

李里宁厅长陪同曹伯纯书记考察沿海海堤建设。
刘文光摄

地头水柜发挥效益。 王尼忠摄

柳州市国家税务局

位于柳州市龙城路的国税局办公大楼。

［概况］ 1999年，柳州市国家税务局（含柳江县、柳城县国家税务局）共有干部职工946人、助征人员1
其中：硕士研究生文化程度16人，本科文化程度334人，大专文化程度519人；高级职称16人，中级职称157
级职称548人。柳州市国家税务局担负全市及柳江、柳城两县的国家税收工作。征收的主要税种有：增值税、消
营业税、企业所得税；1999年11月1日，开征储蓄存款利息所得个人所得税。管辖的工商业纳税人27,345户。
国有企业1,581户，集体企业5,040户，私营企业954户，个体工商户18,263户，联营企业17户，股份合作企
户，有限责任公司887户，股份有限公司151户，三资企业267户；增值税一般纳税人3,437户，小规模纳税人
户。年内，柳州市国家税务局获全国税务系统信息工作先进单位、柳州市"全心全意依靠职工搞好税收工作先进
柳州市"第十届文明服务杯先进单位"等荣誉称号。该局河南、鹅山等两个征收分局荣获全国税务系统文明单
称号；高新征收分局管理所、柳江县国税局拉堡分局等单位被命名为自治区级"青年文明号"集体；河南征收
命名为全区巾帼文明示范岗。

［收入］ 1999年，自治区国家税务局下达给柳州市国税局的税收计划是168,300万元。上半年，全局共组
入库84,711万元，完成年计划的50.33%。

下半年，自治区国家税务局又给柳州市国家税务局追加税收任务7,500万元，增加了完成任务的难度。柳
家税务局通过对全市20户重点税源企业和特困企业进行调查，分析出上半年税收增长较快的客观因素主要有两
是柳钢集团、金嗓子制药厂、柳州卷烟厂等企业税源增长达8,000万元左右；二是组织收入措施比较得力。调
明，下半年将有五大因素对税收产生负影响：一是企业自身竞争能力减退，效益滑坡；二是通过清理欠税增长
力已竭；三是尚有1.4亿元期初库存没有抵扣，历史包袱沉重；四是由于政策变化引起税源减少4,000多万元；五
等企业受市场影响，产品滞销，价格下降，税源减少约4,000万元。

面对繁重的任务和严峻的形势，市国税局采取了九条措施抓收入：（1）树立全局一盘棋思想，统一部署。
强税源的调查和监控，全面把握税源变化情况。（3）贯彻均衡入库原则，抓好计划的落实。（4）加强稽查工作。
续清理欠税。（6）加强期初存货已征税款的管理。（7）抓紧所得税税款入库工作。（8）做好出口退税管理工作
促征。（9）做发涉外税收工作。截止12月31日，全局累计税收入库175,467万元，比上年实际增收16,675万
中：国内两税入库166,289万元，比上年实际入库多收16,022万元，略超自治区国家税务局下达的税收任务。

［征管］ 1999年，市国家税务局在税收征收管理上规范管理，堵塞漏洞，夯实基础，促进了税收任务的完

税收征管电子化取得新的进步 年初，"金税二期工程"在全市六个征收分局和两个县局全面推开。到年底
采用电子申报的增值税一般纳税人已达到3,190户，申报准确率达到90%以上。"银税计算机联网、通存通
纳税"信息管理开发取得成功，截止11月底，全市五个征收全局和两个县局基本实现了与农行、工商行、建行、商业银行的计算机联网、小规模纳税人基本实现了在银行网点申报纳税，已在银
就近申报纳税的户数达17,150户，占总户数的63%以上。

增值税一般纳税人年审工作如期完成 3月1日至5月31日，市国税局共年审增值税一般纳税人2,906户，占应审户数的91%.注销230户，取消180多户。

认真抓好税务登记换证工作 7月1日至11月31日，市国税局共完成换证21,128户，扣除1-6月注销330户和变更1,836户，实际应换证户为24,873户，换证率为85%，符合自治区国税
关规定。

建立税务管理员制度 为加强征管，市国税局对征收分局所属职责范围进行调整，将一般纳税人集中在管理一所管理，其他管理所和税务所按地段划片管理；将管理员划分驻厂员、户管员
员。其中，在年税源5,000万元以上企业设驻厂员。据统计，全市已设立驻厂员、片管员124人，管户15,333户，为消除漏管漏管员打下了基础。

调整部份征管与流转税职能 根据自治区国税关于调整部份征管与流转税职能的通知精神，市国税局于7月初将增值税管理职能由征管科调整到流转科。

开展征管工作质量考核 8月26日至9月3日，为贯彻实施国家税务总局和自治区国家税务局关于开展征管质量考核工作的通知精神，市国家税务局于8月26日至9月3日对全市各征收分
县局上半年征管工作质量进行考核。考核内容是税务登记率、申报率、入库率、滞纳金加收率、漏征率、申报准确率。通过考核，促进了征管质量的提高。

［稽查］ 1999年，自治区国家税务局下达给柳州市国家税务局税务局收稽查任务11,000万元。年内，市国家税务局稽查部门、分局、县局、稽查人员通过开展税收检查、税收专项检查、交叉
日常检查，共查补税款11，607.5万元，入库率96%。

［依法治税］ 为贯彻执行国务院李岚清副总理年初对税务工作的讲话精神，市国税局坚持依法治税，使柳州市依法治税环境得到明显改善。

查处大案要案 市国税局对柳州市劳联实业股份有限公司、柳州市对外经济贸易公司、中国机械对外经济技术合作总公司等单位虚开增值税专用发票、骗取出口退税案件，依法进行了长时
处工作，配合司法机关收集取证。12月7日，此案在柳州市公开开庭审理，维护了税法的尊严。同年，市国税局还查处涉税犯罪案件6件，并移交司法机关处理。

查处群众举报案件 年内，接到群众举报偷税违法案件51起，逐一进行了查实，共查补偷骗税620多万元。

完成税务代理机构与税务机关的脱钩改制工作 11月底，所有税务干部已撤回，税务代理机构已与税务机关完全脱钩。

税收宣传 4月，是全国第八个税收宣传月。这次宣传月活动的主题是"依法治税，富国强民"。柳州市常务副市长王跃飞代表市府作了重要讲话。柳州市国税局共组织开展各种宣传演艺活动25次，各种税法宣传动员、座谈、对话会58次，悬挂大型横幅75条，发放各类宣传资料12万份，下到企业、市场、乡镇、农村、街道面对面辅导纳税人2万余人（次），先后有十五万余人接受了各种形式税法知识的辅导，产生了广泛的社会影响。

2000年4月，柳州市税务系统和市教委联合组织全市19所小学举行"税收与未来"少年鼓号队队列大赛，在小学生中广泛开展税收宣传，从小培养他们的纳税意识。

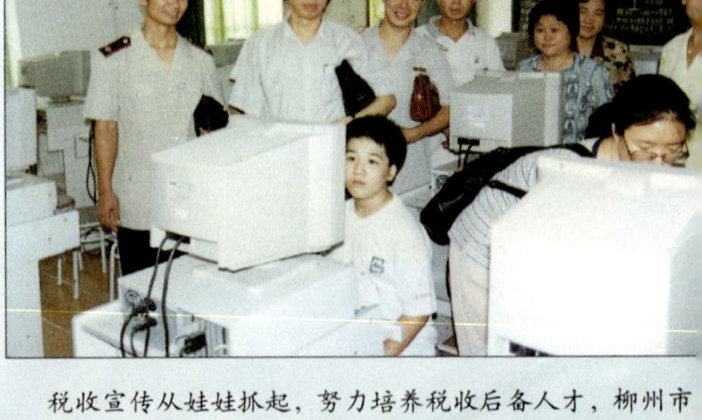

税收宣传从娃娃抓起，努力培养税收后备人才，柳州市
局创办了广西第一所少年税校（柳邕一小）。图为市国税局杨立
长（左二）在少年税校参观学生们操作微机表演。

广西建筑业联合会

广西建筑业联合会成立于1987年5月28日。是广西土木建筑工程勘察、设计、施工、科研、教学以及相关的企业、事业单位，为适应社会主义市场经济发展，联合组成的全区建筑业行业性的社会团体。

广西建筑业联合会主管部门为广西壮族自治区建设厅，社团登记管理机关为广西壮族自治区民政厅，业务上受中国建筑业协会的指导。

名誉会长:王芳春

广西建筑业联合会的宗旨是：在中国共产党的领导下，高举邓小平理论的伟大旗帜，遵守中华人民共和国宪法、法规和各项方针政策，遵守社会道德风尚，为发展和繁荣广西建筑业服务。在政府和会员之间，发挥桥梁和纽带作用。

广西建筑业联合会的业务范围：宣传、贯彻党和国家政策、法律、法规；开展行业业务培训、咨询服务、联谊和交流活动；做好为政府和会员单位服务的工作。

广西建筑业联合会已完成广西建筑业协会组织的网络体系建设，全区14个地市都建立了建筑业联合会。广西建筑业联合会现有会员868家，其中直属团体会员60家。直属会员企业是广西建筑业的骨干企业，他们技术力量雄厚，工程技术水平一流。

广西建筑业联合会自身建设得到加强，机构设置合理。领导班子有：名誉会长1人、会长1人、副会长6人。下设秘书处：秘书长1人，副秘书长4人。秘书处下设办公室，现有专职人员6人。

名誉会长：王芳春　会长：张家炳
副会长兼秘书长：黄大友（法人代表）
秘书处办公室电话：2844239　传真：2844239
通讯地址：南宁市朝阳路49号建委大院

副会长:黄大友（法人代表、兼秘书长）

会长:张家炳

南宁职业技术学院

学院举行隆重热烈的挂牌庆典，自治区和南宁市领导李克、吴恒、余益中、林国强、罗龙等亲临祝贺。

南宁职业技术学院是经国家教育部批准，由自治区和南宁市人民政府共建的一所集普通高等教育、高等职业教育、师范教育、广播电视教育和成人教育为一体的新型综合性高等学校。学院由原南宁职业大学、南宁市广播电视大学，南宁市教育学院合并组建。合并后实现了教育资源共享，办学规模迅速扩大，整体实力进一步强。

学院教学大楼一角

学院现有九个系，开设三十多个专业，在校普通专科生2500多人，教学生5000余人。现有专兼职教师200多名，其中高、中级职称和“双型教师占70%以上，此外，长期聘用一批国内外大学和科研院所及企事单位的教授、专家、学者和高级工程师担任课程教学和实习实践指导，成一支素质好，责任心强的专兼职教师队伍。

学院重视实验室和实训基地的建设。现有电工电子、证券模拟、训练、化学分析、烹饪工艺等30多个实验室以及由300多台586微机的计算机中心，并开设了交互式网络教学系统。另有院办工厂一间，车、铣、刨、磨、钻、铸造等设备。建立了一批校外实训基地和实习单位，各专业学生基本上都有固定的实习实验场所，为培养应用型人才供了保证。

学院以“立足南宁、服务广西，为广西的经济发展和社会进步培格的高级应用型人才”为办学宗旨，抓住教育改革的有利时机，按照口径、强能力、高素质”的教学目标办出高职特色，努力把我院建设一流的地方性大学和全国示范性职业技术学院。

经自治区教育厅和自治区计委批准，我年师范、艺术、理工、文史、外语五大科类，3个专业，面向广西全区招收三年制专科生1420学生毕业时，按照国家有关就业方针和政策，校向有关部门推荐，学生和用人单位双向选择主择业。

学生向学院交纳的学费：普通专科生按区物价局公布的平均价执行；电大普通班学全区电大统一收费标准执行；艺术类学生、高收费均低于物价局公布的平均标准。

欢迎全区各地考生踊跃报读我校！欢迎家长、考生本人或学校、单位就有关招生、录题致电或来人向学院招生办联系、咨询。

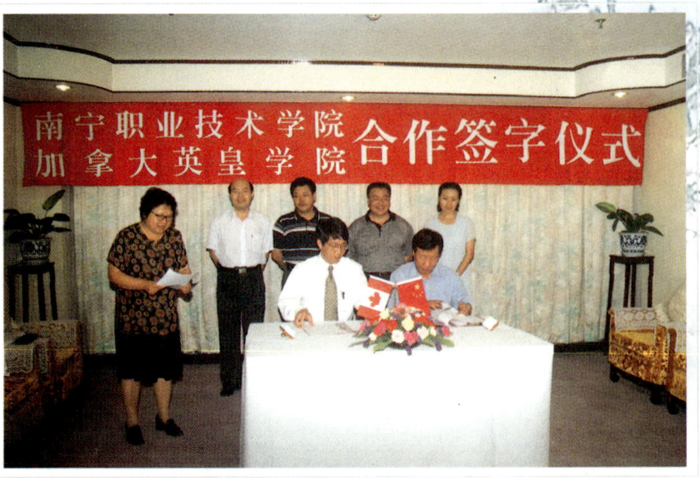

学院领导正在与加拿大英皇学院代表举行合作签字仪式

地址：南宁市民族大道东段95号
邮编：530022
电话：0771-3821226

南宁市摩托车销售公司

南宁市摩托车销售公司侯家山总经理

南宁市摩托车销售公司创建于1984年，是我市唯一集成车销售、配件供
维修服务、信息反馈“四位一体”一条龙服务的摩托车专业公司。十六
来不懈地坚持“服务人民、奉献社会”的经营宗旨，以“引领潮流时尚，推
时尚精品”为经营特色，不断规范自身，提高服务质量，以合理的价格，舒
的购物环境，接纳八方宾客。公司下属三个分公司、四个经营部，商场面
达1500平方米，经营30多个品牌，100多种各个档次国产名车，适应不同
次，不同喜爱消费者的购物需求，年销售额达3亿多元，成为我区规模最
实力最雄厚的摩托车公司。在1998年全国工商联民营会员企业400强排
中，名列213位。

公司自1996年以“创名店卖名品，引名品进店”作为企业发展战略目标
来，先后与厂家合作设立大阳、五羊－本田、建设雅马哈、豪爵铃木四个
牌摩托专卖店，以名、优、新、特车辆引导消费，扬名牌正气，打假冒伪
保护消费者的合法权益起到良好的作用。这四个品牌连年被区、市消协
荐为消费者喜爱的名优商品，公司连续五年荣获市政府评为完成社会消费
零售总额先进单位。

公司坚持“靠质量服务起家，靠最佳信誉兴店”的服务方针，遵循“顾
是我们的衣食父母”的经营理念，专设三包维修服务部，内设800平方米的
修车间，积极做好车辆的售前、售中和售后服务，连续多年被厂家授予“优
维修服务站”称号；公司已连续四年荣获自治区、南宁市消协评为“消费
信得过企业”；连续七年荣获自治区工商局评为“重合同守信用企业”；先
六次荣获中共南宁市委、政府授予“先进单位”称号。

南宁市摩托车销售公司三包维修服务部现场

南宁市摩托车销售公司唐山路商场内景

荣获消费者信得过单位铜匾

南宁市摩托车销售公司唐山路商场外景

南宁糖业股份有限公司

南宁糖业股份有限公司(简称：南宁糖业)创建于1999年4月26日，5月27日“南宁糖业”5600万股流通股票在深圳证券交易所挂牌上市。公司所在地位于中国大西南的广西壮族自治区首府南宁市，陆运、空运、江河运输便捷，是大西南出海大枢纽，广西外贸商品进出口基地。公司是由南宁市六家大中型制糖、造纸企业组成的大型集团企业，国家扶持的512家国有重点企业之一，为国家认定的大型一档企业，具有对外进出口经营权，公司拥有5000多员工，其中各类专业技术人员1100多人，注册资产6.22亿元，占地面积518000平方米。主要产品有：机制糖、机制纸、食用酒精以及各类综合利用产品共8大类15个品种。公司产糖量占广西食糖总量的10%，全国食糖总量的4%，年销售额超10亿元，年创利税1.5亿元。2000年2月全公司通过了ISO9002质量体系认证。公司拥有稳定的客户和广大的营销网络，产品远销欧洲、中东、东南亚等国家和地区，并被国内外著名的百事可乐、可口可乐、健力宝等厂商列为原料定点厂。

目前，公司正在将业已形成的生产规模和资源优势通过生产布局、产业结构的科学、合理调整，达到规模经营、专业化生产、资源配置最优化及股东利益最大化的目的。公司还将通过资本市场运营采取收购、兼并、控股、合资、联合等方式扩大经营和实力，形成以蔗糖生产为主业、多元化综合经营的跨行为、跨地域的现代化企业集团。

南宁糖业希望与您携手共创美好明天！

公司网址：http://www.nnsugar.com/
董事长：熊可模(总经理)
公司办公室电话：(0771)4911323
传真：(0771)4912771
公司经营部电话：(0771)4913315 4915366
传真：(0771)4915693 4912822
E-mail:nntygs@public.nn.gx.cn
nnty@nnsugar.com

公司通过国际质量体系认证

甘蔗渣造纸生产

公司主导产品

柳州市质量技术监督局

在开展'99质量月宣传活动中，唐东江局长接受《质量纵横》节目组的记者采访。

我局执法工作人员，深入市场认真检查商品质量，维护市场的经济秩序。

柳州市质量技术监督局是在自治区质量技术监督局领导下，统一管理和组织协调全市标准化、计量和质量工作的职能部门，承担综合管理和行政执法两大职能。多年来，技术监督局坚持："以质量为中心，标准化、计量为基础"的工作方针，紧紧围绕柳州经济发展，深化改革，深入企业，务实技术基础，开展以产品和产品质量为中心的全面整顿，推动技术创新。该局本着"规范市场，扶优治劣"的宗旨，加大流通领域的质量监督，该局与市委宣传部、贸易局、工商行政管理局等部门一起，开展"百城万店无假货"活动，努力实现"引导消费，服务企业"。该局坚持以"铁腕抓质量"，加大打击，依法惩处制售假冒伪劣的不法行为，有力地维护了企业和消费者的合法权益，被誉为"质量卫士"，为柳州经济繁荣和社会进步作出了贡献。荣获柳州市"文明机关"、"行风评议"先进单位等光荣称号。

柳州市质检所对质检业务实行计算机网络管理，图为该所业务科工作站在网上下达质检任务。

柳州市质量技术监督局为正处级行政单位，内设办公室、计量管理科、标准化科、质量监督科、认证科、法规宣教科。下辖柳州市质量监督检验所、柳州市计量技术测试研究所、广西五金家电产品检测站等技术机构和柳州市技术监督稽查队、柳州市组织机构代码管理中心。

柳州质量技术监督学校在'99质量月宣传活动中，开展文艺宣传表演。

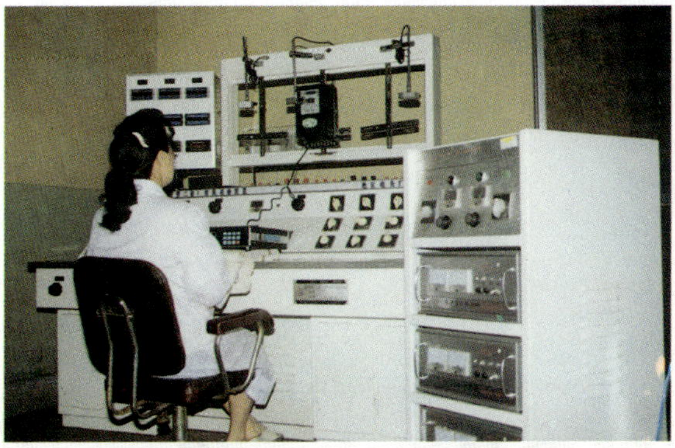

图为计量技术测试研究所工程技术人员正在电学室检定电能表。

抓队伍建设　创平安大道

柳州地区交通管理工作成绩斐然

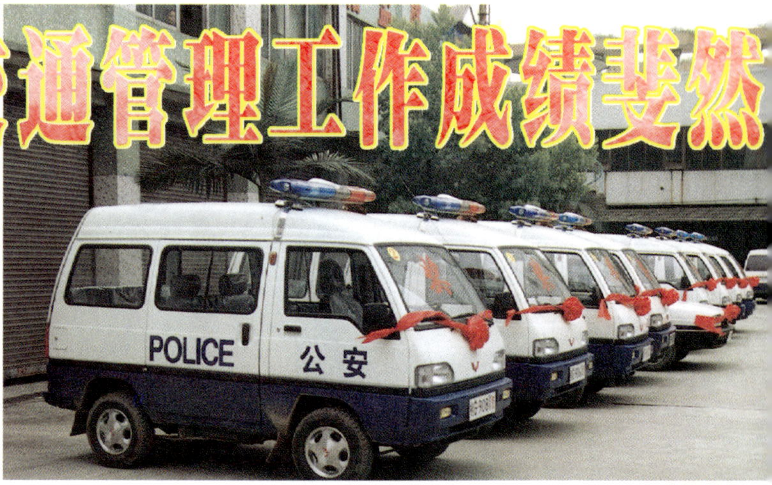

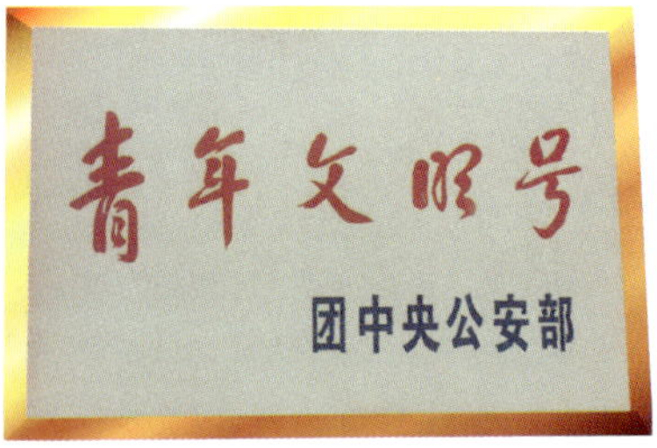

一九九九年以来，柳州地区交警支队以“创造新业绩，树立新形象”为目标，扎实开展队伍建设和交通管理业务工作，取得了显著成绩。在队伍建设上，该支队从严字出发，抓政治、抓思想、抓作风、抓勤政廉政，全面提高民警的政治、业务素质及拒腐防变能力。一年中，该支队民警严格执法，热情服务，共为群众办实事、好事1721件，为群众排忧解难910起，为扶贫助残及希望工程捐款33600元，扶助失学儿童109人。在执行公务中共拒宴请805次，拒礼贿820次，折款82370元。在规范化建设上，该支队硬件软件两手同时抓，明确责任，加大投入，加强监督，连续三年通过上级公安机关严格考核验收，成为成绩优异的达标单位，获公安厅交管局奖励公路巡逻车九辆。

一年多来，该支队还把创建“平安大道”，确保道路安全畅通作为交管工作的重头戏来抓，在国道沿线建立交通安全文明村和文明学校，在力开展交通安全宣传活动，全面整顿交通秩序，狠狠打击车匪路霸。该支队投入资金，新购巡逻车12辆，增设道路标志牌2050块，建立交通安全文明学校22个，出动警力5083人次，纠正违章112800起，扣车5428辆，扣证22086本，行政拘留28人，有力维护了道路的安全畅通。由于成绩显著，一年来该支队相继荣获“自治区公安系统先进单位”、“公安交通管理工作先进单位”、“规范化建设达标先进单位”、“柳州地区文明单位”、“全区安全生产先进单位”等称号。

★新華大酒店★

<u>广西新华大酒店</u>是广西壮族自治区新华书店产权所属的国家标准二星级涉外旅游饭店，是广西旅游饭店业协会和中国旅游饭店协会会员，也是全国新闻出版新华旅游协作网常务理事单位。酒店地处南宁市，楼高十一层，总面积六千多平方米，拥有豪华套间及标准客房93套，设有风味中餐厅、KTV包厢、酒吧、大中型多功能会议室、大型现代歌舞厅、Disco歌厅、美容美发厅、商务中心、购物商场、票务、IDD及40车位的停车场等服务设施。

酒店还开设了国内旅行社——广西新华旅行社，并获中越边境旅游业务特许经营权，拥有一批从事旅游多年，经验丰富的旅游业务骨干和导游队伍，且具有良好的企业信誉和外部关系，可为旅游者及旅游同行的旅游提供优质理想的服务。本旅行社主要业务有：中越异国风情游，北海南国海滨游，桂林山水游，壮乡民族风情游；中国公民国内游；会议团体、散客游等。

新华大酒店被评为南宁市98、99年度安全先进单位和卫生先进单位，旅行社也被评为“99年度广西十强国内旅行社”。我们每一位新华人正以“主动、热情、耐心、周到”的服务，真诚地盼望您的到来，为宾客提供优质的旅游服务。

正门

地址：广西南宁市民族大道69号
电话：(0771)5850641　5881822转3108、3203、3123
传真：(0771)5850604
邮编：530022

餐厅

大舞厅

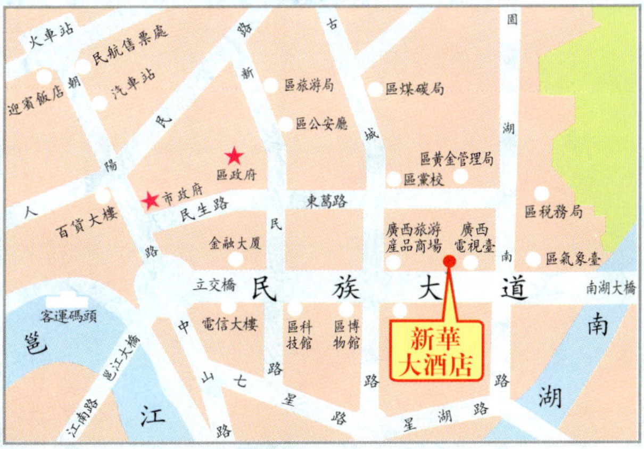

标准房

地理位置

广西南宁市高维食品有限公司

广西南宁市高维食品有限公司是广西新崛起的最大的专业豆奶生产企业之一。本公司拥有两个设计能力为年产7,200吨的专业豆奶厂，本公司技术人员经过长期反复研究与实践，通过对设备、工艺、技术的改造、更新，突破了液态软包装豆奶常温储存难关，在不加任何防腐剂的条件下常温保存3个月，成功开发出适合国人口味的“正珠豆奶”、“洁珠豆奶”、“联珠豆奶”等系列产品，其中“正珠豆奶”多次荣获南宁市“消费者喜爱的名优商品”及广西区消协推荐“消费者信得过名优产品”称号，并以其天然、新鲜、可口、营养等特色被选为广西第九届运动会唯一专用的豆奶饮品。

本公司采用现代先进生产设备，运用酵素失活和瞬间超高温杀菌等新工艺，生产线配有CIP自动清洗系统，产品在全封闭的生产线中一次完成。本公司产品以优质东北大豆为原料，不添加防腐剂，营养丰富、口感细腻、豆香浓郁、无豆腥味、物美价廉，切合国人对高蛋白、低热量天然饮料的要求，产品投放市场后受到广大消费者的热烈欢迎，产品供不应求。

“回归自然，健康人生”是我们的目标，我们将一如既往地以优质产品和普通价格回报广大消费者，为振兴我国豆制品行业而不懈努力。

本公司现有示范工厂，欢迎有志于豆制品行业的各位同行业及朋友来人、来电、来函洽谈合作事宜。

公司总经理：陈艳珠

地址：中国广西南宁市北际路34号
电话：0771-3164750
邮编：530011
传真：0771-3157906
E-mail:shth@163.net
联系人：黄先生、石先生、赵小姐

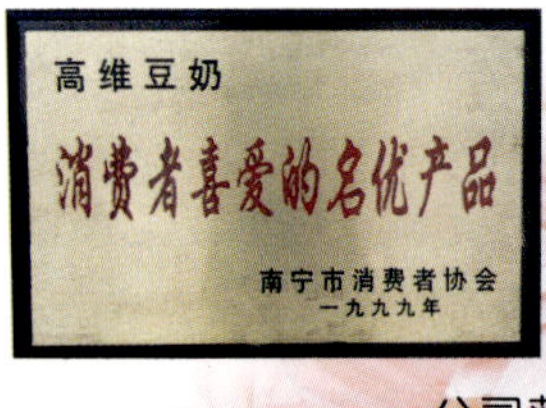

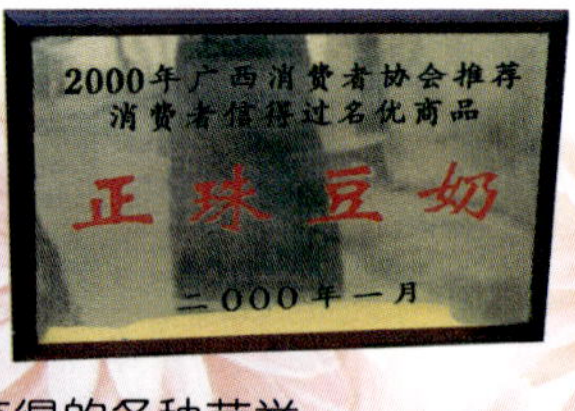

公司获得的各种荣誉

成品车间

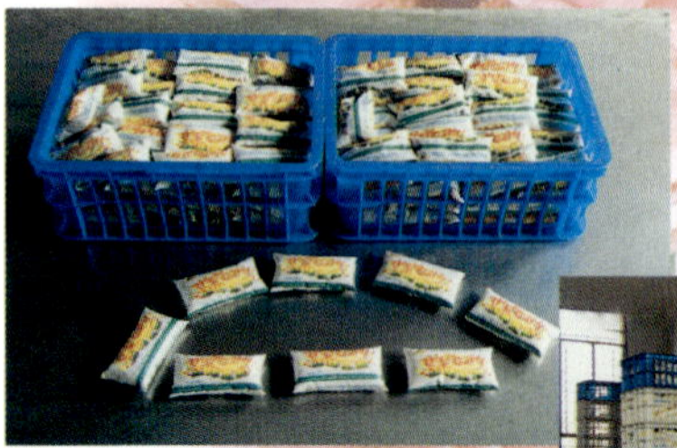

公司生产出来的产品

公司生产车间一角

中国蛇协研究急危重症医学研究所

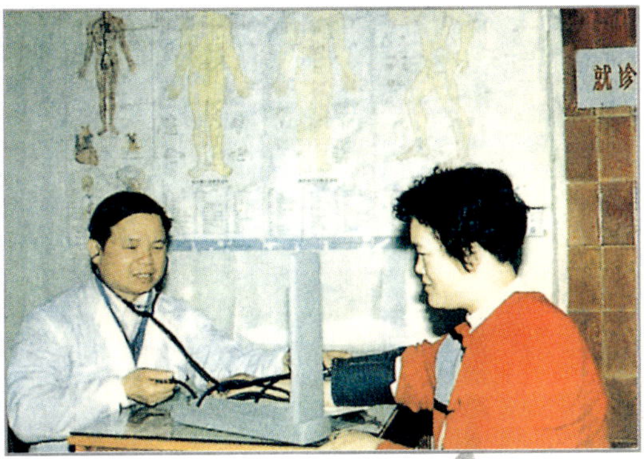
林可干所长定期到门诊诊治疑难病症

中国蛇协急危重症医学研究所是一所专门从事蛇伤及心脑血管血栓病等危重
抢救及蛇类资源医用研究、特效疏通微循环血流等生命科学的开发利用的全民医学科研事
机构，该所隶属中国农村卫生协会蛇伤防治与蛇类资源医用研究专业委员会(简称中国蛇
)。1993年附属心脑血管血栓病专科正式对外服务，现有医护人员23人，其中主任医师1
，副主任医师3人，中级人员8人，病床50张。他们发现和提出了“微循环血流不畅是引
疾病、有碍健康、促进衰老损寿的早期主要原因”的理论，并据此研制和创立了特效疏通
循环血流提高细胞内ATP含量法专有技术系列，在近十年的实验研究和临床观察显示：防
动脉硬化有效率100%；蛇伤致自主呼吸、心跳骤停抢救成功率为95%，伴临床脑死亡抢
成功率在85%左右，不留严重后遗症；急性心肌梗死、脑梗死的抢救成功率在85%左右，
出血的抢救成功率在80%左右，且70%不留严重后遗症；降低血液粘稠度有效率100%；
化血栓有效率80%。此项专有技术系列对预测、防治、保健、抢救、康复心脑血管血栓病
括高血压、高血脂、糖尿病、癌症等)已获得优于目前常规医疗方法的效果。

业务科室：主要有心脑血管血栓病科、周围血管血栓病科、肿瘤血栓病科、血栓病预测
健科、残疾康复学科、现代物理诊断科、指脉微循环、血液流变学、生命微观生物物理监
研究室、生物资源医用研究室等。

主要仪器设备：24小时动态心电图，B超诊断仪，高压氧舱，体外反搏仪，脑电地形图
、微循环、血液流变学检测仪，心、肺、脑复苏全套ICU，低强度激光血管内照射平衡疗
仪等。

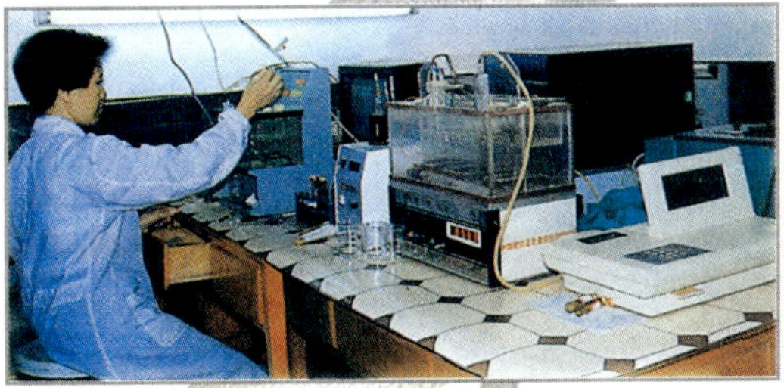
实验室一角

特色专业：

①蛇伤急危重症心肺脑复苏；

②运用“特效疏通微循环血流提高细胞内ATP含量法的专有技术”系列治疗脑血管急
、脑梗塞、脑出血、脑血栓形成、脑动脉硬化、脑萎缩、老年性痴呆、中风后遗症、冠心
、心绞痛、高血压、糖尿病，动脉硬化。各种心律失常、癫痫、哮喘、肺心病、红斑性
疮，风湿、类风湿性关节炎、痛风性动脉炎、精神分裂症、硬皮病、牛皮癣、进行性肌营
不良、各种中、晚期肿瘤、乙肝；肾病、突发性耳聋、突发性视力下降、失明等。

③预测、预报心脑血管血栓病(含高血压、动脉硬化、糖尿病、精神分裂症、癌症等)。

地址：广西南宁市滨湖路3-1号
电话：0771-5315131　5311992
邮编：530021
电子邮件：SRACELkg@Public.nn.gx.cn

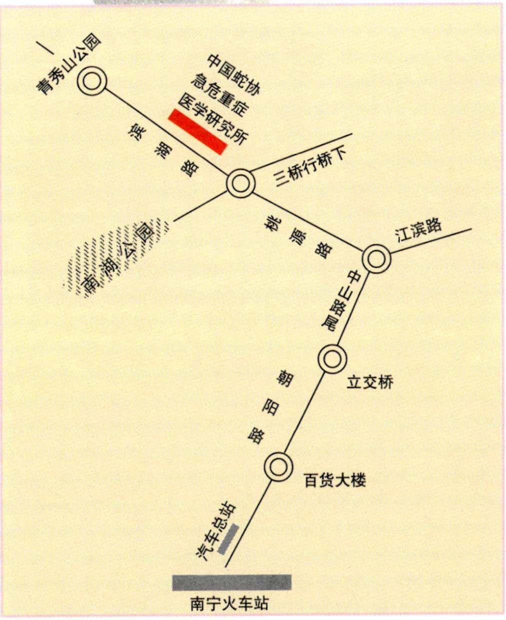

研究所线路图

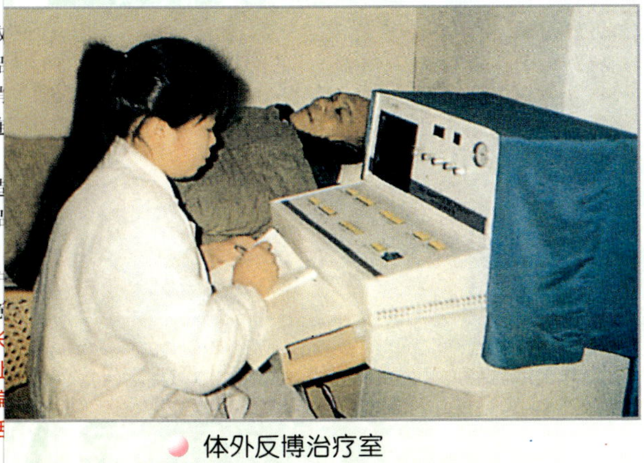
体外反博治疗室

柳州地区民族师范学校

校长：罗文权

柳州地区民族师范学校位于柳州市柳邕路，学校前身是柳州地区师范学校升格为柳州师专后，于1985年6月迁到现址回建的。校园占地面积144.58亩，教职工231人。现有大专、中师两个办学层次。大专部开设有大文、大理两个专业，学生90人；中师部开设有普通师范、体育师范、艺术师范三个专业。在校学生45个班、2150人，其中苗、瑶、侗、壮、仫佬等少数民族学生占80.3%。

一、校基本建设已形成规模，教学、生活等设施较为配套。除了常规教室、学生公寓及功能齐备的办公楼外，还拥有音乐楼、实验楼、艺术楼、图书馆、学生餐厅等建筑及多媒体教室、微格教室、音乐实验室、语音室、微机室、美术教室、舞蹈练功房等专用教室13个，教工住宅楼5栋(教职工都住校内、且住宿条件较好)，总建筑面积近5万m^2；学生运动场地宽敞，除各种球类及体操运动场地外，还有400米标准田径场；理化生实验室仪器较为配套，开出率达100%；图书馆藏书15万册、各种报刊杂志394种，常规教室也已全部配备了现代教学设备。

校门雄姿

二、师资队伍建设富有成效，学术氛围浓厚。现有专任教师113人，形成以26名高级讲师和75名讲师为主体的学科门类配套且具有良好素质的教师队伍。有63名教师获得硕士研究生主干课程进修合格证书，有9名教师正在攻读研究生学历。近年来，教师在省部级以上刊物发表学术论文200多篇，编著出版教育类书籍56种，参加地市级以上教学论文或教研课比赛有200多人次获奖。学校正在实施教育部课题2项，中央教科所课题1项，教育厅课题4项。

三、实行"以块为主，条块结合"的管理方式，下移管理重心，缩小管理跨度，使学校朝着横向到边、纵向到底的精细型管理方向发展，逐步形成良好的校风、教风、学风。

四、学校注重师生员工的思想政治工作，致力于以提高教育质量为核心的内涵发展，取得了一系列管理成果。学校于1994年被确立为"中国——联合国儿童基金会合作加强师资培训项目学校"，先后被授予自治区"文明单位"、自治区"文明单位标兵"、自治区"爱国卫生先进集体"、自治区"先进基层党组织"等荣誉称号，同时也是全国语言文字"先进单位"、全国民族团结进步模范集体、全国五四红旗团委创建单位、全国教育科学"九五"规划国家级重点课题"整体构建学校德育体系的研究与实验"九九年度先进实验学校，被自治区教育厅确定为"首批科技教育示范学校"。学生勤奋向上，文明守纪，近年来参加省级以上各类比赛，有1000多人次获奖；在自治区历年的教学质量评估中，成绩都名列前茅。经对78个用人单位追踪调查表明，用人单位对毕业生良好的职业道德和专业素质表示满意(其中职业道德满意率为99.6%，专业素质满意率为99.0%)。

多媒体总控室

五、发挥学校辐射功能，近年来深入到柳州地区所属的广西"老、少、边、山、穷"县举办各种类型培训班31班次，受训教师2554人。

地址：柳州市柳邕路　　邮编：545005　　电话：0772-3250824

文艺表演

军训一角

广西玉林市歌舞团

该团是广西地市级国营专业文艺表演团体，成立于一九五九年十一月，曾演过《洪湖赤卫队》、《刘胡兰》、《小二黑结婚》、《刘三姐》、
白毛女》、《沂蒙颂》、《红灯记》、《沙家浜》、《智取威虎山》、《苦难情侣》、《糊涂爹娘》、《玫瑰花》、《过江龙大闹港九》……等一批大
的歌舞剧及样板戏。现是广西歌舞剧实力雄厚的团体之一，有全套进口的音响、灯光设备。多年来先后到浙江、福建、海南、广东等
演出。经常与香港明星万梓良、许秋怡、成奎安、梁雁玲、王书麒及国内著名歌星董文华、宋祖英、蒋大为等同台演出。该团多为年
美貌的专科毕业的艺员，服装别具一格，富于青春朝气及魅力，表演风格既强劲又优美，深受观众的欢迎，电台、电视台多次录制播
，享有很高的声誉，有“青春魅力”之称。

人：唐经云
址：玉林市万花路豸塘里44号
话：(0775)2824036,2838885

著名歌星董文华同台演出合影

迎澳门回归大型晚会剧照

董事长李恩阶

白纸绘新图

——玉林江南纸业有限公司剪影

座落在玉林市西郊的玉林江南纸业有限公司创建于1990年1月，其前身是玉豸造纸厂。在艰苦创业的九年里，特别是自1995年成立玉林江南纸业有限公司以来，公司董事长李恩阶带领全体员工团结拼搏，严抓管理，依靠科技更新，使企业不断发展壮大，他们用心血和汗水描绘了崭新的图画，在一张白纸上写下了一串辉煌的数字：

——厂房　由建厂初期的800平方米扩展到17600平方米，昔日简陋陈旧的厂房被宽敞明亮的楼房所取代。

——设备　由原来的1条1092生产线增加到1092生产线4条，1575生产线2条，除墨设备4台，锅炉3台。

——人员　由建厂时仅有16名员工的小厂一跃成为现有职工208人，上规模、出品牌的中型企业。

——资产　由建厂时的30万元扩大到现有固定资产1400万元、流动资金400万元。

——产品　由单一的油毡原纸、炮竹纸，增加到瓦楞纸、中档卫生纸和高档“雅丽牌”卫生纸、“家乐牌”卫生纸，产品畅销全广西各市及广东、海南、湖南等省。

——产值　自1996年起，连续3年产值超过千万元，年创税利在200万元以上，成为地方财税一大支柱。

由于成绩突出，农业部授予企业管理合格单位，该公司多次被评为国家技术监督局“三级企业”、“自治区评为先进乡镇企业”、“重合同
信用企业”、“玉林市发展乡镇企业先进单位”、“科技示范企业”、“纳税大户”和“模范纳税户”。公司董事长李恩阶荣获玉林市经济能人、
秀乡镇企业家、乡镇企业先进工作者等光荣称号。

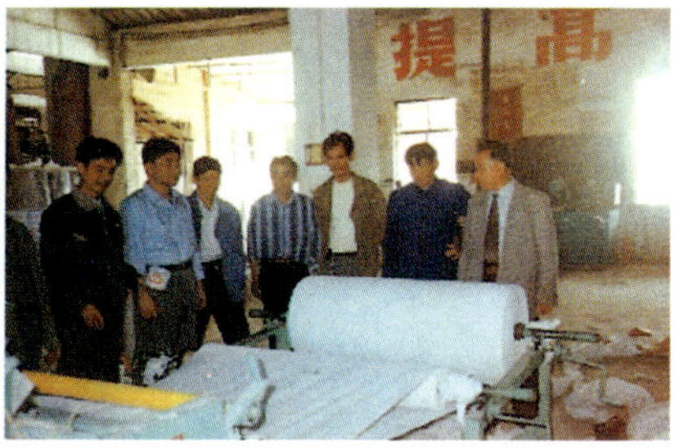

公司董事长李恩阶深入卷筒生产车间与工人们一道研究技改问题

在玉林市召开的全国领导工作重点难点研讨会全体代表到江南纸业有限公司视察

南宁一中

南宁一中创办于1918年，是广西历史名校之一。解放后，学校规模不断发展扩大，现共有42个教学班，学生2153人。

学校地处人民路西端，占地80余亩。校园内乔木修篁，绿草成荫，鸟语花香，环境优美。学校硬件建设不断完善，建有两幢教学楼，一幢综合楼，一幢科技实验楼，一幢图书艺术楼，建有篮球场、排球场、羽毛球场和带看台的标准足球场。学校实验设备为一类配置，能够开出教材规定的全部演示实验和分组实验。拥有包括大屏幕视听设备在内的3个电化教室、1个语言实验室和1个计算机教室。有安装一流设备的音乐教室、美术教室和舞蹈厅。图书馆藏书7万册，对学生实行开架借阅。

南宁市一中教学综合楼

学校坚持解放思想，实事求是的思想路线，遵循不等不靠，重在“
展”的原则，确立了“创一流学风、一流校园、一流管理、一流质
的办学目标和“求高、求变、求新、求精”的办学策略，内强素质，
塑形象，加大了师资队伍的建设力度，加大了设备建设的力度，加大
内部管理改革的力度。

学校拥有一支师德高尚、业务过硬的教师队伍，其中高级教师23
一级教师72人，特级教师1人，全国优秀教师3人。1998年以来，
人被南宁市政府认定为学科带头人，22人被认定为教学骨干；在中学
有的12个学科当中，先后有9个学科共12名教师获得过全区、全市
学竞赛一等奖，其中物理科有1人曾获全国物理优质课竞赛二等奖。

学校全面贯彻党和国家的教育方针，加强“科研兴校”，努力探
素质教育的办学模式。面向全体学生，重视思想品德的塑造和良好行
习惯的养成教育，常年开展“五优学生”评比，坚持“值周班”轮
举行丰富多采的团、队活动，每年评选学校“十佳学生”和科技、文
体美“特长生”。学校获得南宁市“文明单位”、“花园式单位”、自治
“社会治安综合治理模范单位”、“爱国卫生先进单位”和“无毒单位

特级教师刘为群与同组老师研究实验课教学。

学校优良的办学传统、务实求真的办学风格、敬业爱生的师资队
作为隐形和显形教学资源，逐步成为南宁一中的办学特色，发挥着强
的育人功能，取得了教育、教学的丰硕成果。1992年以来，南宁市教
对高中毕业班工作评估中，一中七年获得奖励。初中毕业班成绩逐年
高，初步形成教学质量逐年提高的良性循环。

学校还积极地开展课外科技、文化、体育活动，成立有计算机、
模、红十字青少年课外活动小组和各种球队、舞蹈队。学校足球队19
年夺得南宁市中学生运动会足球冠军、全区中学生足球赛亚军；1999
夺得全区体育传统项目学校足球赛冠军；2000年在宋庆龄基金会主办
“荔乡杯”全国少儿冬令营足球赛上，作为唯一的一支业余队，以逼平
名国脚唐尧东率领的辽宁省体校少年队的好成绩夺得亚军；计算机小
1999年曾得广西中学生计算机知识竞赛总分第一、南宁市信息学（计
机）竞赛初中组二等奖，航模小组在空模与海模区、市竞赛中，均获
拔尖的好成绩。……为此，学校被命名为自治区“贯彻体育、卫生两
‘条例’优秀学校”、“体育传统项目学校”和“科技教育示范学校”。

南宁市一中足球队合影。

校长：时毓桂
地址：云亭街56号
电话：2821968　282935
邮编：530012

广西物资集团总公司

抓改革重建机制激活力再现生机

国家国内贸易局局长杨树德(中)在广西物资集团总公司总经理张元生的陪同下视察广西机电设备总公司别克轿车销售公司。

广西物资集团总公司是1996年6月由自治区物资厅转制组建成立经自治区人民政府同意实行国有资产授权经营，是广西国有资产授权营的试点单位。广西物资集团总公司现有全资子公司17个，独立核算业和联营公司57个。职工3691人，离退人员780人。集团总公司资产额为109857万元，净资产22085万元。主要经营汽车及配件、机电产品金属材料、化轻建材、废旧金属等生产资料和仓储、餐饮等服务项目。销售额最高达35亿元，利润4000万元。

在刚刚过去的1999年，集团总公司党组解放思想，团结拼搏，知而进，狠抓企业改革整顿和扭亏增盈，取得了明显的成效。主要经济术指标超额完成了年初制定的计划。据统计，共购进13.48亿元，比上增长23.72%，销售14.40亿元，比上年实际增长23.22%；仓储和市场收2909万元，比上年增长16.87%。实当年效益1150万元。经营出现了良的发展态势，市场占有率和竞争力显提高。去年，集团总公司的销售长幅度，在全国31个省市物资集团司中，名列第5位。

根据自治区部署，集团总公司组把企业改革整顿作为“天大的来抓，实行“一把手工程”，提出了基础，转机制，顺体制”的工作思对困难企业，采取整体改制、切块立、合并等办法，分别组建了有限司、股份合作制企业11个。目前这企业经营形势已经好转，逐步走出生存发展的路子。广西金属回收有

广西物资集团总公司投资兴建的广西建材市场，已经成为南宁及周边地区规模最大的建材市场。

任公司是由亏损严重、无法营的广西物资再生拆船总公改制组建的，1999年回收报汽车1200辆，实现利润30元。

集团总公司运用国有资产权经营的优势，对资产、经项目进行调整、重组，优化源配置，提高资本营运效。对有发展前景的公司、有益的经营项目给予支持。如广西节能设计院调整升格为团总公司直属企业，取得了级设计资质，扩大经营空，提高了竞争能力。今年，他攻克了国内一著名科研机构攻不下的难题，成功地解决锅炉蒸发量与热效率问题，打开了广西、广东市场，年的设计投资额达到1200万元，成为一个新的经济增长点。

广西物资集团机电总公司整车展示厅。

1998年以来，集团总公司全面深化企业三项制度改革。人事制度的改革，做到能上能下，打破了干部的“铁交”，对直属17个公司的法人代表全部实行聘任制，中层干部基本做到了竞聘上岗。劳动制度的改革，全部实行劳合同用工制度，所有员工都签订了劳动合同，确立了劳动关系，在岗职工实行双向选择，竞争上岗。分配制度的革，封存档案工资，员工收入与效益挂钩，活工资占80%以上。

积极开展代理配送业务，建立新型的工商关系和商商关系，扩大销售。机电设备总公司是国家汽车代理试点企之一，至今已经与上海大众、一汽、二汽、天津厦利等10多个汽车厂家建立了代理关系,，取得了22个汽车品的销售代理权，销售规模不断扩大，市场占有率不断提高。1999年汽车销售额达到11.38亿元，比上年有较大幅的增长。同时集团总公司还开办了广西汽车、钢材、建材等9个生产资料市场，年销售额达到20亿元以上。

展望未来，我们决心以建立现企业制度为目标，以产权制度改为核心，对广西物资集团总公司行战略性改组，进一步强化和明以国有资产为纽带的母子公司关全面加强企业管理，转换经营制，逐步建立起适应市场经济要的管理体制、经营机制和营销制不断提高经济实力，增强竞争把一个充满生机与活力的物资团带进21世纪。

（文字、图片由广西物资集团总公司办公室提供）

广西物资集团外商投资有限公司参加’99广西国际民歌节商品展销会车展盛况。

绿树环抱中的中尧水厂供水机房

南宁市自来水公司

南宁市自来水公司始建于1934年，现已发展成为一个拥有固定资产近4.7亿元，员工1400余人，集自来水生产、销售、服务和多元经营为一体的国家大型二类供水企业。该公司拥有自来水生产供应资质、给水排水乙级设计资质、给水排水乙级工程监理、工民建工程乙级工程监理和市政工程市二级、土建工程市四级的施工资质，可承揽5万m^3/日水厂的设计和城市管道设计，最高年工业总产值13198.42万元(现行价)。1999年在全国供水行业中经济指标排序是：供水量18位，售水量15位，销售收入18位，全员劳动生产率13位。

公司目前设有河南、中尧、西郊、凌铁、陈村5座水厂，日供水设计能力达84万立方米。1991年以来年供水量连年突破2亿立方米大关。覆盖市区供水面积110.20平方公里，市区供水率达100%。公司在发展城市供水事业中，注重技术创新和企业改制管理。其中，1996年引用外资投资建成的日供水能力20万m^3的陈村水厂是广西自动化程度最高、技术水平最先进的水厂。目前利用日方贷款投资建设的南宁市第六座水厂—三津水厂正在筹建中。公司采用“三遥”调度系统对全市管网压力进行24小时监测，从美国、日本引进先进设备对水质进行三级检测，供水水质优于国家大型二类供水企业标准。公司中心化验室经国家计量认证，早于1994年12月升格为“国家城市供水水质监测网络南宁监测站”，是广西唯一的国家级水质检测中心，可检测项目达146项。公司1999年还实现了与南宁市自来水科技实业有限责任公司、(香港)光达国际发展有限公司、南宁市高新技术开发投资公司共同投资，成立了中外合资性质的南宁市生源供水有限公司，并实现了有效运转。

公司供水调度大楼

公司机构还下设有建筑安装工程处、营业收费处、管网所、综合厂、安装服务公司、广威实业公司和技工学校、银水服务部、物业公司等单位，大力发展第三产业，涉及的项目有给水排水设计、给水排水及工民建工程监理、管道安装、餐饮业、饮料生产与销售、净水剂生产与销售、车辆维修、汽车货运、物业管理等。其中，广威实业公司是目前南宁市饮料生产厂中较具竞争实力的单位之一，公司生产的“凉元帅”品牌纯净水共5个系列饮料产品达30多种，年生产能力10万吨，该品牌1999年被评为南宁市“消费者喜爱的名优产品”和广西纯净水行业中唯一的广西优质产品。

公司长期坚持两个文明一起抓，先后获得“广西经济效益‘百强企业’”、“全区三好企业”、“全区职工思想政治工作先进单位”、“南宁市先进单位”、“南宁市红旗基层党组织”、“广西安全生产标准化企业”、“南宁市明星企业”、“全国公用行业规范化服务优秀单位”等荣誉称号，1995年至1999年以来，连续5年获得振兴南宁市经济效益杯劳动竞赛“金杯奖”，1999年还被评为自治区文明单位。

公司总经理：谭良良
单位地址：南宁市体育路4号
电　　话：(0771)4822126
　　　　　(0771)4816953
邮　　编：530031

企业获得的部份荣誉牌匾。

陈村水厂沉淀池

广威实业公司“凉元帅”品牌纯净水。

广西柳州市机床工具厂

工厂大门

厂长：曾广健

厂办公大楼

我厂是以生产汽车零部件为主的乡镇企业，隶属于黄村乡。工厂位于河西郊区，占地面积18000平方米，其中生产车间面积5500平方米，绿化面积6100平方米，是一个环境优美的花园式工厂。

我厂创建于1984年，现有职工210人，其中大专以上学历人员39人。为柳微、柳汽、柳特、柳发等厂家配套生产钣金冲压件和焊合总成部件，主要产品有微型汽车厢板、车厢横梁、换档操纵机构总成、VH、立式上横梁与立板总成、VH、左右中立柱内板焊合总成、6330左右前大灯罩、门铰链总成、发动机油底壳等近百个品种。是区、市汽车零部件定点生产厂，在1995、1997年市汽配行业综合评比中均被评为甲类企业，并获得柳微厂授予98年度“质量优胜奖”，连年被区、市评为“先进乡镇企业”、“重合同守信用单位”。1999年完成生产总值1639.4万元，税利303.2万元。

多年来，我厂始终坚持“以质量求生存、以科技谋发展”的宗旨，为适应汽车工业大规模批量生产的需要，先后进行了两期技术改造，建立以500T、315T、250T压力机、液压机为主的钣金冲压生产线；以数控仿形铣床结合车、铣、刨、磨等设备组成的模具加工生产线；以悬挂焊机、座式焊机组成的焊合总成部件生产线等三条主要生产线，现有设备113台套，具备了为20万辆微型车配套生产的能力。

我厂已于2000年1月30日通过ISO9002质量体系认证。目前，我厂将在原有生产设备和加工能力的基础上进行第三期技术改造，提高机械组合加工的能力，进一步加强技术开发和创新，提高产品技术含量，不断加强内部管理，吸收、培养技术人才，坚持走“科技兴厂”之路，力争把我厂建设成为汽车零部件“小巨人”型专业生产企业。

厂址：广西柳州市石烂路中段
电话：3652987

AQC
质量体系认证证书
广西柳州腾龙汽车附件制造厂
GB/T19002-1994 idt ISO 9002:1994 标准

厂区一角

冲压车间

广西九月九酒业有限责任公司

广西九月九酒业有限责任公司系广西壮族自治区内最大的一家从事酒类贸易的民营企业。注册资金壹佰万元人民币，公司总部设在广西首府南宁市，下设柳州分公司、宝灵名酒行以及桂林、河池、玉林、百色、北部湾地区等5个办事处，市场营销网络覆盖广西境内70%以上的县级以上城市。目前主要经营茅台酒及茅台系列酒如九月九的酒、茅台王子酒、茅台醇等。

本公司成立于一九九九年元月，现有从业人员40余人，虽为酒界新军，但人员配备合理到位，为客户服务周到热情，一年多来得到各界的好评，在广西酒界享有盛誉。现我公司通过进一步的调整，加强了内部管理，强化了营销力度，将会以更新的姿态和永远向上的精神，竭诚为社会服务。

公司地址：南宁市中华路旅游商品批发市场615号
电话：0771—2418133　传真：0771—3168561
国酒专卖店：南宁市七星路130-52号
电话：0771—2834777　邮编：530011

柳州化学工业集团有限公司

柳州化工集团有限公司是化肥、化工、建材等为一体的国家大型一档企业，其前身——柳州化肥厂于1967年建成投产，是全国重点化肥骨干企业，也是广西最大的化肥生产企业之一。公司占地135万平方米、员工近4000人，其中专业技术人员880人，具备了从科研、开发、设计、施工到生产经营管理的一条龙配套能力。

公司年生产能力为总氨20万吨，各类产品年产量合计超过50万吨。主要产品有：尿素、硝酸铵、多孔粒状硝酸铵、液氨、纯碱、氯化铵、碳酸氢铵、硫酸钾、盐酸、生物钾肥、浓硝酸、硝酸钠、亚硝酸钠、甲醇、甲醛、液体二氧化碳、复混肥、铝型材、超细滑石粉、硫磺、透明质酸（保湿因子）、香精和香料等。

公司设备、技术、管理、资金综合实力雄厚，建立了完善的质量保证体系，获得了国家进出口商品认证中心的ISO9002质量体系认证。生产、销售、服务各环节均处于严格的监控状态，产品硝酸铵一直保持部优产品和广西名牌产品称号，多孔粒状硝酸铵为广西名牌产品，尿素为广西优质产品。产品供不应求，远销海内外。我们愿与各界同仁携手共进，为中国的化肥化工行业的发展竭诚献力！

公司董事长　吴铭爵

企业领导班子

厂址：广西柳州市北雀路67号
电话：(0772)　2514313
传真：(0772)　2514313
邮编：545002

南宁电线电缆厂

厂长：刘超海

南宁电线电缆厂创建于1958年，是机械工业部定点生产厂，国家中型二类企业，是广西生产电线电机的一家综合性企业。南宁地处西南，具有沿边、沿海、沿江的优势，是大西南出海大通道的枢纽，交通运输十分便利。我厂下设六个车间，一个合资厂。工厂占地10万平方米，现有职工880人，其中工程技术人员70名，高级工程师10名，他们正与分布在全厂各管理部门的经济师、会计师、统计师们一起为本企业的发展做出贡献。我厂拥有5372万元固定资产，270台生产设备，每年工业产值都在亿元以上。我厂实验大楼拥有完备的实验和检测设备，为本厂六大类近千种规格的电线电缆产品质量提供了可靠的保证。电子计算机的应用，使工厂的管理提高到一个更高的水平。

本厂不仅能按中国标准（GB 、JB）生产，还可以按国际电工委员会（IEC）标准生产，也可以按不同用途进行非标电缆的设计制造。本厂目前生产的电线电缆品种有：电工圆铝杆、裸铝绞线与钢芯铝绞线、钢芯稀土铝绞线、塑料绝缘电力电缆和控制电缆、塑料绝缘电线、聚脂漆包线、纸包线和玻璃丝包线、各种铝管材等。

本厂产品销往全国各地，广泛用于输配电工程、电机、电站、铁路交通等行业。著名的广东大亚湾核电站、天生桥－－广东、天生桥－－平果等十多条500KV输变电线路均使用本厂的钢芯铝绞线和钢芯稀土铝绞线产品。本厂产品质量可靠，服务周到，多种产品获得广西优质产品称号。1993年我厂成为中国500家最大电气机械及器材制造企业之一。

厂址：南宁市北湖路东五星6号
电话：(0771)　3327020
邮编：　530001

南宁水泥制品总厂

厂大门

钢筋混凝土排水管

环形预应力混凝土电杆

南宁水泥制品总厂创建于1964年，是广西水泥制品企业中投产最早、生产规模最大、产品品种规格最多、技术力量较强的国有中型一档企业。全厂占地面积16.39万平方米，现有在册职工683人。1993年步入“中国500家最大建材工业企业”行列(按利税)；1999年通过ISO9002质量认证；目前是中国水泥制品协会自应力管分会和排水管分会的副主任单位，连续13年评为“重合同、守信用”单位。多次获得自治区、南宁市先进企业称号。

我厂目前生产的“环宇牌”系列产品有：自应力砼输水管(年生产能力200公里)；预应力砼输水管(年生产能力40公里)；钢筋砼排水管(年生产能力50公里)；环形预应力砼电杆(年生产能力15万根)。其中自应力砼输水管曾荣获全国、自治区建材行业质量评比第一名和区优质产品；预应力砼输水管荣获自治区新产品开发成果三等奖和科学技术进步三等奖；环形预应力砼电杆荣获国家建材局部优产品和自治区名牌产品及优质产品奖；顶进施工法用大口径钢筋砼排水管荣获1999年度自治区新产品优秀成果二等奖和南宁市科技进步二等奖；是中国水泥制品工业协会和中国工程建设标准化协会的推荐产品。

我厂的产品除畅销广西各地外，还远销到广东、云南、海南等省。

地址：广西南宁市西乡塘东路7号
法人代表：陶伯强
电话：(0771)3835981
传真：(0771)3835981
销售副厂长：何国卡
电话：(0771)3833446
供销科长：叶显荣
电话：(0771)3833058
邮编：530003

矿长：黄国友

书记：韦高国

矿长察看苗木生产情况

广西黎塘瓷业有限公司

广西黎塘瓷业有限公司前身是南宁地区黎塘瓷器厂，初建于一九五八年，有40多年生产瓷器的历史。为适应社会主义市场经济发展需要，根据有关法规，经南宁地区行署批准同意于一九九六年十一月改制为股份有限公司。

公司占地面积近12万平方米，资产总额2548万元，员工650人，其中各类专业技术人员66人，并拥有一批熟练的技术工人。生产主要产品有系列荷口汤盘、杯、碟、成套茶具等。年产超过1800万件，产品以造型美观、轻薄、洁白而驰名中外，85%产品出口中东、南美、越南、香港、东南亚等国家和地区。

改革开放以来，产品产量、质量和经济效益稳步上升，多次荣获自治区经济效益先进单位和南宁地区劳动竞赛优胜奖。10多年来产品畅销不衰，生产经营年年有利润。

董事长兼总经理：朱君馨
党委书记、副董事长兼副总经理：陈远禄
地址：黎塘镇龙岩路61号
邮编：530409
电话：(0771)8012407
电挂：4920

柳州锌品股份有限公司

柳州锌品集团总经理蒋文杰

组建于1998年4月17日的柳州锌品集团是以柳州锌品股份有限公司为核心企业，包括柳州市化学冶炼工业公司、柳锌劳动服务公司、柳锌有色金属开发公司的大型企业。其前身是创建于1951年的柳州锌品厂。

集团总部和第一生产基地位于柳州市白沙路南端、第三大桥旁，在市北郊鹧鸪江、马厂及东郊静兰村等地设有第二、第三生产基地，共占地94万 m^2。拥有18个生产厂，现有职工5000多人，资产总额9.5亿元。目前已形成年产系列氧化锌7万吨、立德粉3.5万吨、锌锭3万吨、硫酸15万吨、其它锌化合物产品2万吨能力。1997年12月企业通过ISO9002质量体系认证。集团拥有自营出口权，产品畅销国内外。国优名牌“芭蕉牌”氧化锌产量居世界第一，集团是全国最大的立德粉生产厂家之一。

1999年完成工业总产值(90年不变价)7.48亿元，增长4.61%；销售收入10.29亿元，增长7.63%；自营出口创汇632万美元，增长38.29%；利润21.97万元，整体扭亏为盈，与上年同期亏损1575.42万元相比，净增1792.39万元。

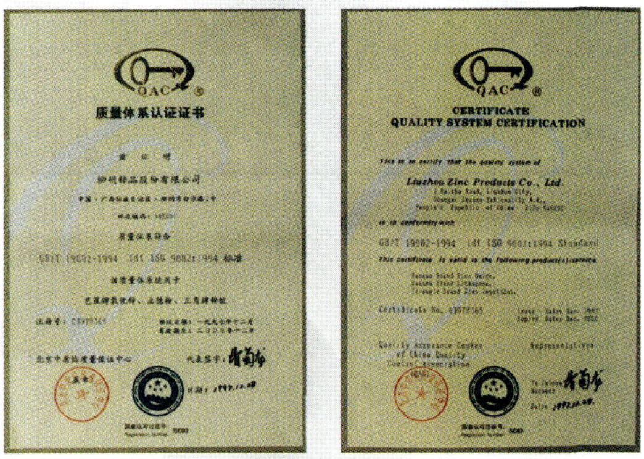

企业1997年12月获得中质协颁发的ISO9002质量体系认证证书

柳州锌品集团第一基地——白沙路基地办公大楼一角

总经理：谢崇治

广西柳州铁路旺

旺达装饰工程总公司是目前铁路局人员素质高、科技含量最大、施工力量最强的，集室内外装饰设备安装、给排水、电力、消防施工为一体的全民所制建筑企业。企业坚持以人为本，在改革中培育造就一大批科管人才，公司现有全民职工300多人，其中级工程师五名、其他工程技术人员50多名、工人高技师及技师三人。

公司高举“发展才是硬道理”的创业思想，不断宽经营领域，狠抓人本管理，始终坚持“质量第一、全至上、精工细作、服务一流”的宗旨，年年完成上下达的产值利润指标，实现连续十年无任何事故。近来，先后完成广东省、广西壮族自治区及铁道部投资湛江火车站、北海市路海宾馆、桂林北始发站、百色防培训中心、铁路局调度指挥中心等大型重点工程的内外装饰、玻璃幕墙、照明、消防、中央空调等设备

壮观路海宾馆之夜

桂林新客站大厅一角

雄伟的湛江火车站